Kurt Rohrbach

im·puls 2

Handbuch für die Lehrperson

MIT BEITRÄGEN VON

Wanda Grütter
Ben Lobgesang
Marc Marchon

HELBLING

Innsbruck • Esslingen • Bern-Belp

SYMBOLERKLÄRUNG

 E12   Hörbeispiel

 E16   instrumentales Playback

Videobeispiel

Multimedia-Anwendung

Aufgabe zur Vertiefung

Diese Seite kann auf der Download-Oberfläche (siehe unten) heruntergeladen werden.

Abkürzungen:
SB = Schülerbuch
LB = Handbuch für die Lehrperson
HB = Hörbeispiel

DIGITALES ZUSATZANGEBOT

Arbeitsblätter, Noten und Beurteilungsbögen können online über die Helbling-Website abgerufen werden. Gehen Sie dazu auf die Seite **www.helbling.com/code** und geben Sie den Zugangscode ein:

GMU4-A9KE-D6WN-DPQ8

Impressum

Redaktion Alexandra Nothacker
Satz Chris Günthner, Stuttgart
Notensatz Susanne Höppner, Neukloster
Layout Chris Günthner, Stuttgart
Illustration Elisa Bellotti, Pavia
Covergestaltung Marinas Werbeagentur, Innsbruck
Druck TZ – Verlag & Print GmbH, Roßdorf b. Darmstadt

ISBN 978-**3-86227-370**-6

1. Aufl. A1¹ | 2020

INHALT

Einleitung IV

Rhythmussprachen IX

Die Visualisierungen: Music:Eyes - See what you hear XI

Hilfestellungen zur Beurteilung .... **XIV**

1 HOHE UND TIEFE STIMMEN **4**

2 OHRENSPITZER 1 .... **18**

3 TANZ MIT! **28**

4 PLAY THAT BEAT! **44**

5 ÜBERALL MUSIK **62**

6 MUSIKALISCHES WISSEN **76**

7 STIMMEN IM CHOR **86**

8 OHRENSPITZER 2 .... **98**

9 MOVE YOUR FEET! **112**

10 WIR SPIELEN MUSIK **124**

11 GESTALTEN UND EXPERIMENTIEREN **136**

12 STIMMEN DER WELT **144**

13 MUSIK IN FORM **156**

14 DEIN AUFTRITT! **166**

15 MUSIK LESEN & SCHREIBEN **174**

16 LET'S SING **184**

17 AUF DER BÜHNE **192**

18 COOLE MOVES **200**

19 BAND-FEELING **208**

20 KLANGWELTEN **224**

Beurteilungsbögen 232

Arbeitsblätter 243

Quellenverzeichnis 262

Verzeichnis der Multimedia-Apps auf der CD-ROM 263

Verzeichnis der Arbeitsblätter 264

EINLEITUNG

Ein kompetenzorientiertes Unterrichtswerk für das siebte bis neunte (zehnte) Schuljahr (Band 2)

im·puls ist ein zweibändiges Lehrwerk, das neue Wege für den Musikunterricht aufzeigt: Es geht um lustvolles Singen und Musizieren, um einen motivierenden Umgang mit Bewegung und Tanzen und um die Freude am Üben musikalischer Grundlagen und Themen.

Eine einfache Verständlichkeit und Handhabung ist die Intention von im·puls: Klare Strukturen, Textreduktion, Musik und Musizieren im Zentrum sowie das Erfahren von Musik von innen heraus tragen dazu bei. im·puls berücksichtigt besonders das mittlere Lernniveau und heterogene Klassenzusammensetzungen und tut dies durch einen betont praxisbezogenen Ansatz, der Kompetenzgewinn transparent macht und zum aktiven Musizieren anregt, ohne das nötige Handwerkszeug der Musiklehre auszublenden und die Reflexion zu unterlassen.

Das Lehrwerk im·puls folgt sowohl den Anforderungen eines kompetenzorientierten Musikunterrichts wie auch dem Prinzip des aufbauenden Lernens von Musik. Dabei werden die musikalischen Kompetenzen praktisch erprobt, mehrmals geübt und gefestigt und mit kulturellen Kontexten verbunden.

Das Lehrwerk basiert auf sechs Kompetenzbereichen, welche durch die aufbauenden Leitgedanken stufenweise erarbeitet werden:

1. SINGEN UND SPRECHEN
2. HÖREN UND SICH ORIENTIEREN
3. TANZEN UND BEWEGEN
4. MUSIZIEREN
5. GESTALTUNGSPROZESSE
6. PRAXIS DES MUSIKALISCHEN WISSENS

Die sechs Kompetenzbereiche bilden den Fachbereich umfassend ab und beschreiben den aktiv handelnden Umgang mit Musik. Sie werden mehrperspektivisch und vielseitig miteinander in Verbindung gebracht. Die Kompetenzbereiche „Gestaltungsprozesse" und „Praxis des musikalischen Wissens" sind mit allen Kompetenzbereichen zu verbinden, um gestalterische Prozesse und theoretische Inhalte der Musik erfahrbar zu vermitteln.

Jeder Kompetenzbereich ist in thematische Schwerpunkte gegliedert, welche die Orientierung innerhalb des Kompetenzbereichs erleichtern.

Singen und Sprechen	Hören und sich Orientieren	Tanzen und Bewegen	Musizieren
• Stimme im Ensemble • Stimme als Ausdrucksmittel • Liederrepertoire	• Akustische Orientierung • Begegnung mit Musik in Geschichte und Gegenwart • Bedeutung und Funktion von Musik	• Sensomotorische Schulung • Körperausdruck zu Musik • Bewegungsanpassung an Musik	• Musizieren im Ensemble • Instrumente als Ausdrucksmittel • Instrumentenkunde
Gestaltungsprozesse			
• Themen musikalisch erkunden und darstellen • Gestalten zu bestehender Musik • Musikalische Auftrittskompetenz			
Praxis des musikalischen Wissens			
• Rhythmus, Melodie, Harmonie • Notation			

Jeder der sechs Kompetenzbereiche wird in mehreren Kapiteln hervorgehoben und durch das Buch hindurch spiralcurricular weiter ausgebaut. Dies ist auch in einem Farbleitsystem dokumentiert. So wird beispielsweise dem ersten Kompetenzbereich „Singen und Sprechen" (hellblau, siehe Inhaltsverzeichnis) in den Kapiteln „Hohe und tiefe Stimmen" (SB, Seite 4), „Stimmen im Chor" (SB, Seite 86), „Stimmen der Welt" (SB, Seite 144) und „Let's sing" (SB, Seite 184) besondere Bedeutung geschenkt.

Natürlich werden in diesen Kapiteln auch andere Kompetenzen (siehe farbliche Markierungen im Lehrerband) eingeführt und geübt, der Schwerpunkt liegt hier jedoch auf dem Kompetenzbereich „Singen und Sprechen".

Das musikalische Lernen geschieht durch die verschiedenen Angebote, die sich die Schülerinnen und Schüler aktiv handelnd erarbeiten. Die Entwicklung musikalischer Kompetenzen vollzieht sich dabei einerseits im linearen Sinn aufbauend und andererseits in einer Spirale (in unterschiedlichen Zusammenhängen und Differenzierungsstufen) wiederkehrend, siehe oben.

Der Fachlehrplan dient als Kompass für das Planen und Durchführen von Musikunterricht, also auch für das vorliegende Lehrwerk. Somit gelten auch die didaktischen Grundsätze:
• Heterogenität
• Verbindung der Sinne
• Eigengestalterische Prozesse
• Handeln, Wissen und Können
• Technikerwerb und Üben
• Musikvermittlung
• Fachsprache

Einfach und praxisorientiert

Mit sinnvoll aufeinander aufbauenden Lernschritten ist im•puls als Kursbuch und als Leitfaden durch die Themen der Lehrpläne für die Klassen 7 bis 9 (10) zu verwenden.
Besonderes Augenmerk wird dabei auf den Aufbau in kleinen Schritten gelegt, sodass auch lernschwächere Jugendliche die Möglichkeit erhalten, die geforderten Kompetenzen zu erlangen.
Im vorliegenden Band 2 werden Inhalte und Kompetenzen vom Ende des sechsten Schuljahres ganz bewusst noch einmal kurz aufgenommen, um die vielerorts auftretenden beträchtlichen Unterschiede in einer Klasse ausgleichen zu können. Die Praxis des musikalischen Wissens wird sorgfältig in kleinen Schritten wiederholt, dann aufgebaut, entwickelt und gefestigt. Kompetenzen wie das Anwenden einer Rhythmussprache, das Singen relativer Notennamen nach Handzeichen oder der mündliche und schriftliche Umgang mit halben, Viertel- und Achtelnoten sind Kompetenzen, welche die Lehrpläne bereits dem dritten und vierten Schuljahr zuordnen. Mit der Idee des zirkularen Lernens ist es empfehlenswert, die früher erarbeiteten Kompetenzen zu nutzen und zu pflegen und mit sinnvollen Anwendungen weiterzuführen. Dabei bringen viele neue Unterrichtsideen, der spielerische Umgang mit einzelnen Kompetenzen und unterschiedliche Zugangsarten zu musikalischen Materialien viel Abwechslung für die Schülerinnen und Schüler und helfen ihnen, das Selbstvertrauen zu stärken und Spaß am eigenen Musizieren zu haben.
Stufengerechte Aufgabenstellungen fördern die Eigeninitiative der Schülerinnen und Schüler, motivieren sie in ihren praktischen Erfahrungen im Umgang mit musikalischem Grundmaterial und entwickeln und festigen ihre musikalischen Kompetenzen.

Kompetenzpalette

Die oben erwähnten inhaltsbezogenen Kompetenzbereiche werden im Zuge eines konkretisierten Kompetenzbegriffes in weitere Kompetenzaufbauten ausdifferenziert:

Die Schülerinnen und Schüler können ...
• singen und sprechen und kennen ihre Stimme.
• Instrumente spielen.
• sich zu Musik bewegen und kennen Tänze aus unterschiedlichen Zeiten, Stilen und Kulturen.
• variieren, experimentieren, erfinden und darstellen.
• Musik lesen, notieren, umsetzen.
• Musik aus unterschiedlichen Zeiten und Kulturen hören und beschreiben.
• über Musik sprechen und Toleranz gegenüber den verschiedenen Erscheinungsformen von Musik erwerben.
• kulturelle Kontexte herstellen.
• Musik anleiten.

im•puls und die Lehrpersonen

Die einfach erfassbaren, gut durchführbaren Unterrichtseinheiten orientieren sich durchgehend am kompetenzorientierten Lehrplan und geben der Lehrperson die Sicherheit, die Anforderungen des siebten bis neunten / zehnten Schuljahrs abzudecken. Alle Kompetenzen sind in diesem didaktischen Begleitband als Ausgangslage der Unterrichtseinheiten ersichtlich (siehe LB, Seite XXI ff.).
Das Konzept und die Struktur der einzelnen Doppelseiten ermöglichen es auch Lehrpersonen mit wenig Erfahrung im Musikunterricht, lustvolle und erlebnisreiche Musikstunden zu gestalten und zu ritualisieren. Kostengünstige Alltagsgegenstände, die während des ganzen Jahres eingesetzt werden können, erlauben es auch ohne große Anschaffungskosten, einen motivierenden Musikunterricht zu initiieren und fächerübergreifend zu gestalten.

V

Das Lehrwerk unterstützt die Lehrperson bei der Vorbereitung und Durchführung des Musikunterrichts und fördert in vielen Teilen und Aufgaben das selbstständige Arbeiten der Jugendlichen.

Das umfangreiche, vielseitige Angebot und der erprobte Aufbau des Lehrwerks helfen Lehrpersonen mit unterschiedlichen Voraussetzungen, auch in Situationen mit besonderen Anforderungen in heterogenen Klassen, bei der Vorbereitung eines kompetenten Unterrichts.

Das breitgefächerte Angebot muss nicht vollständig durchgearbeitet werden. Es empfiehlt sich aber, die individuelle Auswahl in der vorgegebenen Reihenfolge (von vorne nach hinten) zu erarbeiten, damit die Lerngebiete Schritt für Schritt – im „aufbauenden Musikunterricht" – behandelt werden können. Dabei helfen auch weiterführende Ideen, ergänzende Informationen und fundiertes Hintergrundwissen im Handbuch für die Lehrpersonen.

Die Begleitmaterialien (Audio-CDs, Video-DVD und Multimedia-CD-ROM) vereinfachen Vorbereitung und Durchführung des Unterrichts mit auf den Inhalt des Schülerbandes abgestimmten Hörbeispielen, Videos und digitalen Applikationen.

Der Aufbau von Kompetenzen

Mehrere Themen und Kompetenzen werden in diesem Lehrwerk durchgehend aufgebaut, geübt, vertieft und mit unterschiedlichen Herangehensweisen immer wieder neu aufgegriffen.

Dazu gehören: Genaues Hinhören, Gehörschulung, instrumentale Liedbegleitung, Stimmschulung und Umgang mit der Stimme usw.

Kompetenzstufen werden aber auch oft innerhalb von Doppelseiten aufgebaut, wie das nachfolgende Beispiel aufzeigt.

Beispiel für Kompetenzbereich „Hören und sich Orientieren": Die Schülerinnen und Schüler können musikalische Aspekte bewusst verfolgen und aufzeigen (z. B. Instrumentierung, Form, Interpretation).

Beispiel: „Die Songstraße" (SB, Seite 22/23)

Einstieg	• Bild mit Treppen, unterschiedlichen Häusern und Brücke zeigt den Jugendlichen die Idee, dass ein Song auch als Straße verstanden werden kann, an der man entlangspaziert. • Aufgabe 1: Am Song „Blowing in the Wind" nehmen die Schülerinnen und Schüler bewusst wahr, dass es unterschiedliche Formteile – vorerst nur Strophe und Refrain – gibt.
Erarbeiten	• Mit der Übersicht der wichtigsten Formteile in der populären Musik mit Kurzbeschreibungen wird das notwendige Wissen zum Üben der Kompetenzstufe erarbeitet.
Üben/ Anwenden	• Aufgabe 2: Die Jugendlichen üben, die Formteile gemäß den Kurzbeschreibungen in den Songs „Hit the Road Jack" und „Hallelujah" hörend wiederzuerkennen. • Sie halten die Resultate schriftlich fest. • Aufgabe 3: Das Wissen zum Formteil Bridge wird angewendet, die Unterschiede gegenüber Strophe und Refrain werden untersucht.
Transfer	• Die Multimedia-App „Die Songstraße" ermöglicht einen digitalen Zugang zum Thema: Per Drag & Drop können die Jugendlichen zu weiteren Songs die Formteile als Treppen, Häuser und Brücken (siehe SB, Seite 22 oben) in eine korrekte Reihenfolge bringen. • Zusätzlich werden die Formteile Prechorus und Interlude eingeführt.
Kompetenz- erweiterung spiralcurri- cular	• SB, Seite 13, Aufgabe 3: Vergleich verschiedener Interpretationen • SB, Seite 19: Hören – Sehen – Erkennen • SB, Seite 34, Aufgabe 1: Umbrella • SB, Seite 43, Box „Wissen": Das Arrangement • SB, Seite 94, Aufgabe 2: Form • SB, Seite 96/97: Eine kleine Nachtmusik • SB, Seite 102/103: Le Sacre du printemps • SB, Seite 118, Aufgabe 1: Funky Rondo • SB, Seite 127, Aufgabe 3: Der ganze Kanon • SB, Seite 128/129: Ein königliches Konzert • SB, Seite 144, Box „Woher stammt diese Musik?" • SB, Seite 156/157: Musik in Form • SB, Seite 160: Slawische Tänze, Nr. 8 • SB, Seite 163, Aufgabe 3: Boléro • SB, Seite 164/165: Top in Form: Die Sonatine

Differenzierung

im•puls 2 bietet zahlreiche Möglichkeiten zur Differenzierung innerhalb einer Klasse:

a) Reichhaltige Aufgaben

Reichhaltige Aufgaben sind ein fester Bestandteil eines kompetenzorientierten Unterrichts und im Schülerband vielerorts zu finden. Sie lassen unterschiedliche Lösungswege zu und beziehen sich auf mehrere Handlungsaspekte.

Beispiel 1: „Notationsarten" (SB, Seite 56)

Zum Lösen der Aufgabe 2b „Nehmt ein Blatt Papier und gestaltet euren Höreindruck möglichst präzise und farbig" ist nicht relevant, welches Vorwissen die Jugendlichen mitbringen. Auch wenn sie den Klang einer Flöte nicht von jenem einer Trompete unterscheiden können oder keine punktierten Noten im Hörbeispiel heraushören, können sie dennoch ihr ganz individuelles Hörempfinden in einer ihnen freigestellten Form zu Papier bringen. Gleiches gilt auf dem andern Ende der Skala für jene Jugendlichen, die etwa seit Jahren ein Instrument spielen und sich sogar vorstellen können, wie die Partitur zum Hörbeispiel ungefähr aussehen könnte.

Beispiel 2: „Mit Musik gestalten" (SB, Seite 74)

In Aufgabe 2 haben die Jugendlichen bereits ohne Vorgaben Instrumente gewählt. Aufgabe 3 lautet nun: „Interpretiert auf euren Instrumenten oder singt folgende Anweisungen: Einzelne Tropfen fallen vom Himmel, dann immer mehr bis zum prasselnden Regen, der dann langsam wieder abnimmt." Die Schülerinnen und Schüler können diese Aufgabe unabhängig davon lösen, ob ihnen der Unterschied zwischen Achtel- und Sechzehntelnoten bekannt ist.

b) Sternchen-Aufgaben

Dies sind Aufgaben zur Vertiefung und/oder für fortgeschrittene Schülerinnen und Schüler.

Beispiel: „Joy to the World" (SB, Seite 91)

Die Jugendlichen haben das Lied „Joy to the World" mit Stimmen erarbeitet und eine Liedbegleitung dazugespielt. Aufgabe 5c fragt nun: „Kann jemand die Melodie auf einem Instrument spielen?" und eröffnet damit die Möglichkeit für musikalisch Talentierte, ihren Beitrag auf einem höheren Leistungsniveau beizusteuern.

Rhythmische Schulung

Auch für die Rhythmische Schulung gilt: Nur die Übung macht den Meister. Die Tabelle zeigt, wie die Thematik im ersten Drittel des Buchs immer wieder aufgenommen, neu beleuchtet und mit unterschiedlichen Zugängen erarbeitet wird.

Seite	Thema
8	Betont/unbetont: schwere und leichte Silben in einem Rhythmus
9	Text rappen
10	6/8-Takt unterschiedlich interpretieren
28	Grundrhythmus/Puls in Bewegung
31	Eigene Rhythmen erfinden und umsetzen
32	Rhythmussprachen anwenden
34 – 39	Rhythmen in Bewegung umsetzen
40	Workshop: Punktierte Noten
42	Rhythmen und Bodypercussion
44	Mit Rhythmusbausteinen zum viertaktigen Pattern
47	Workshop: Grundrhythmus des Schlagzeugs
48	Workshop: Grundpatterns für Bassinstrumente
57	Musizieren im Swing-Feeling
77	Wiederholen, festigen
78	Rhythmen mit Zählzeiten lesen und klatschen

Relative Solmisation

Bei der Relativen Solmisation handelt es sich um eine altbewährte Methode, Tonfolgen und Melodien ganzheitlich zu erfassen, die Töne zu zeigen und greifbar zu machen. Relative Notennamen und Solmisation haben für den Musikunterricht und das Singen einige unschlagbare Vorteile:

- Schwächeren Kindern hilft das Singen mit Handzeichen auf die Dauer, eine klare Tonvorstellung zu entwickeln.
- Singen mit relativen Notennamen bedeutet auch, dass die Vorzeichen zunächst entfallen können.
  So-Mi klingt immer gleich, egal ob das Lied in C-Dur oder E-Dur notiert worden ist.
- Die Schülerinnen und Schüler können mit der Solmisation eine recht große Sicherheit beim Blattsingen entwickeln.

Für die Schülerinnen und Schüler sind die Handzeichen anfänglich ein Spiel, das aber erhöhte Konzentration verlangt, da die Handzeichen gleichzeitig mit dem Singen der Noten gezeigt werden.

Beispiel: Handzeichen und Silbennamen

Da davon ausgegangen werden kann, dass in manchen Schulen die Handzeichen und die relativen Notennamen schon im dritten und vierten Schuljahr angewendet worden sind (siehe diverse Lehrpläne), wird nicht wie bei Kodály mit der Rufterz (So-Mi) begonnen, sondern in kurzen Lernschritten die Tonleiter mit allen Handzeichen verbunden.

Seite	Thema	Relative Notennamen
14	Einführung, Wiederholung	Relative Notennamen
15	Handzeichen werden eingeführt (oder von 3./4. Schulj. übernommen)	Singen mit do, re, mi ...
59	Dreiklänge in Dur und Moll	Do-mi-so / La-do-mi
77	Musikalisches Wissen	Singen mit do, re, mi ...
82	Parallele Tonleitern	Singen und Spielen
86	Dreiklänge singen	Einsingen
90	Joy to the World	Melodie erarbeiten
82/123	Tonleitern und Dreiklänge	In unterschiedlichen Tonarten anwenden
139	Dreiklänge singen	Akkordzerlegung
175	„In the Summertime"	Melodie erarbeiten
178	Tonsprünge	Intervalle singen
181	Noten schreiben	Notendiktat

Rhythmussprachen

Ähnlich wie bei der Solmisation handelt es sich auch bei den Rhythmussprachen um eine altbewährte Methode, die international immer wieder verändert und modifiziert worden ist. Die Erfahrung hat gezeigt, dass Personen, die mit einer Methode aufgewachsen sind oder sie jahrelang verwendet haben und wissen, dass sie funktioniert, kaum bereit sind, eine andere anzuwenden. Da alle gängigen Rhythmussprachen ihre Vorteile, aber auch ihre Schwächen haben, wurde in diesem Buch ganz bewusst darauf verzichtet, nur eine zu verwenden. Rhythmussprachen für den Umgang mit Rhythmen zu verwenden ist sinnvoll, da es das Lernen und die praktische Umsetzung der Notenschrift deutlich vereinfacht.

Unterschieden werden folgende Rhythmussprachen:
- Bewegungs-Rhythmussprache: Seit Jahrzehnten werden bei kleineren Kindern Rhythmen häufig mit Bewegungen sicht- und hörbar gemacht. Sie können gehen und hören ihre Schritte auf dem Boden, sie laufen schneller, machen kleinere Schritte oder hüpfen und können hören, dass jede Bewegung anders klingt. Mit dieser Methode werden die Rhythmen aber auch für Jugendliche und besonders für musikalisch Schwächere leicht erkennbar, erlebbar und greifbar.
- Die Ta-te-Rhythmussprache, auch Taktsprache genannt, wird an vielen Schulen eingesetzt. Auch sie ist ein Hilfsmittel zur Erfassung der Rhythmen. Ihr Aufbau ist so geregelt, dass die gesungenen Silben klarmachen, auf welcher Unterteilung des Pulsschlags die Noten beginnen. Beispiel: Auf den Puls werden die Silben mit „ta" gesprochen, auf unbetonte Noten mit „te". Woher diese Taktsprache kommt und wer sie erfunden hat, ist unklar. Gesichert ist aber, dass sie bereits in den 1950er-Jahren in der Lehrerinnen- und Lehrerausbildung angewendet worden ist.
- Wer Rhythmen mit Zählzeiten (siehe SB, Seite 78 und 132) interpretieren kann, erreicht ein absolut präzises Resultat. Aus diesem Grund wird diese Methode vor allem an Musikhochschulen praktiziert. Für begabte Schülerinnen und Schüler sind die Zählzeiten sicher eine Option, die aber besondere Konzentration und Lernbereitschaft voraussetzt.

Weitere in der Musikpädagogik bekannte Systeme (siehe auch die Übersicht auf der rechten Seite):
- Rhythmussprache nach Zoltán Kodály (1882–1967): Er verwendet absolute Rhythmussilben, die den jeweiligen Notenwerten entsprechen.
- Rhythmussprache nach Edwin E. Gordon (*1927): Er verwendet relative Rhythmussilben, die sich auf die Taktschwerpunkte beziehen.

RHYTHMUSSPRACHEN

Notenwert	Kodály	Taktsprache	Bewegung
ta-o	ta-a	stehen
ta	ta	Schritt
ti-ti	ta-te	laufen (ternär: schlendern)
ti-gi-ti-gi	ta-ga-te-ge	schneller laufen
ti-i gi	ta-e-ge	hüpfen
ti- ti-gi	ta-te-ge	Lauftraining
ti-gi ti	ta-ga-te	Dauerlauf
gi ti-i	ta-ga-e	stolpern
ta-i-a ti	ta-a-te	hinken
gi ti gi	ta-ga-e-ge	ausweichen
ti ta ti	ta-te-a-te	spazieren
Triola	ta-te-ti	Marathon

Edwin E. Gordon

Das System der Rhythmussilben von Gordon bezeichnet die Schwerpunkte mit „du", die Unterteilung davon mit „dei", und die ungerade Unterteilung mit „da" und „di" (z. B. im 6/8-Takt). Die jeweils nächst-kleinere gerade Unterteilung erhält die Silbe „te".

Beispiel:

du   du   du dei du te dei te   du   dei te du te dei   du   dei   du dei - dei du

Ohne an dieser Stelle detailliert auf die einzelnen Vor- und Nachteile einzugehen, sei hier erwähnt, dass mit den beiden Rhythmussprachen von **Kodály** und **Gordon** sehr gute Resultate erzielt werden können. (Für weitere Informationen zu diesen Rhythmussprachen siehe „Music Step by Step 1", Aufbauender Musikunterricht in der Sekundarstufe 1", Helbling Seite 62.) Für begabte Schülerinnen und Schüler und für junge Instrumentalistinnen und Instrumentalisten an Musikschulen sind sie das richtige Mittel, die richtige Sprache. Die Silben sind zwar lautmalerisch, aber auch sehr abstrakt und theoretisch aufgebaut und klingen für viele Pubertierende deswegen recht eigenartig.

Durchschnittlich begabte oder schwächere Schülerinnen und Schüler haben mit der einfachen **Bewegungs-Rhythmussprache** eindeutig weniger Mühe, kommen rascher zu einem akzeptablen Resultat und können sich die Worte und die dazugehörenden Notenbilder gut merken.

Doch für jede Rhythmussprache mit Silben gilt: Je komplizierter die Rhythmen werden, desto klarer wird die Beschränktheit dieses Hilfsmittels. Aus diesem Grund wurden in im•puls 2 auch die **Zählzeiten** eingeführt, die den fortgeschrittenen Schülerinnen und Schülern eine ganz präzise Möglichkeit zum Lesen von Rhythmen ermöglichen. Diese Leseart wird auch auf mehreren Metronomen und Metronom-Apps angewendet.

Sie als Lehrperson können selber entscheiden, welche Rhythmussprache Sie anwenden wollen – idealerweise in Absprache mit Kolleginnen und Kollegen der unteren und oberen Schulstufen.

Weitere Schwerpunkte in im•puls

a) Gemeinsames Musizieren

im•puls ist zwar ein Lehrwerk und kein Ersatz für eine breit angelegte Liedersammlung. Dennoch bietet der Schülerband eine Fülle von neuen und bekannten Liedern, Mitspielsätzen, Bodygrooves und Tänzen, die es den Musiklehrenden ermöglichen, auf vielfältige Weise mit den Schülerinnen und Schülern Musik zu gestalten. Dabei wird auch hier ein aufbauendes Prinzip eingehalten, indem neue rhythmische oder tonale Schwierigkeiten in „Workshops" vorbereitet werden (z.B. zu den Themen „Tonsyteme", „Rhythm Section", „Nach Noten singen", „Tonsprünge" usw.). Eng verzahnt sind die Stücke jeweils mit kulturerschließenden Themen.

Auf den allermeisten Doppelseiten werden die Schülerinnen und Schüler aufgefordert, Lied- und Rhythmusbegleitungen zu übernehmen und selbst zu musizieren. Auch hier wurde auf einen konstanten Aufbau Wert gelegt, vom einfachen Spielen auf den Grundtönen der Begleitakkorde bis zu komplexeren Dreiklangbegleitungen (siehe dazu z.B. SB, Seite 40, 43, 84, 139, 214). Die grafische Notation der Liedbegleitungen ermöglicht es auch schwächeren Schülerinnen und Schülern, an Stabspielen, Klaviertastaturen und diversen Orff-Instrumenten sinnvolle und ansprechende Begleitungen zu spielen (siehe dazu SB, Seite 43).

b) Workshops

In Workshops werden spezielle musikalische Themen vorgestellt, eingeführt und mithilfe einfacher Beispiele geübt und gefestigt. Die konsequent wiederkehrenden und kohärenten Lern- und Übungssequenzen lassen nach drei Jahren einen echten Kompetenzgewinn erwarten.

Didaktisch konzipierte und dennoch eigenständige Lieder und Songs unterstützen die Arbeit an Inhalten der Musiklehre, sodass die Arbeit an musiktheoretischen Themen Spaß macht.

c) Einbindung von multimedialen Anwendungen

Die vielfältigen Entwicklungen in der Musikpraxis und die laufenden Veränderungen in den Hörgewohnheiten der Schülerinnen und Schüler verlangen nach ständig wechselnden Unterrichtsformen.

Die aktuellen technischen Neuerungen im Bereich der Musikrezeption und Musikproduktion bedeuten (fast) immer auch eine Bereicherung für den Musikunterricht. Musikalische Strukturen und Musiklehre können nun auch visualisiert und animiert werden – was völlig neue Lernwege ermöglicht. im•puls bietet dazu mehrere Möglichkeiten und Anregungen:

- Zum einen werden im Buch einige Apps kurz vorgestellt, welche nicht nur den Musikunterricht bereichern, sondern sich vor allem als besonders nützliches Hilfsmittel und Übungsgerät für die Schülerinnen und Schüler eignen, zum Beispiel Metronom-, Klaviertastatur- oder Aufnahmegerät-Apps. Wo es im schulischen Rahmen erlaubt ist, hat sich der Einsatz mobiler Endgeräte im Musikunterricht als äußerst motivierend herausgestellt. Dieser Aspekt ist aber optional.
- Zum anderen bietet die im•puls Multimedia-CD-ROM ein umfangreiches multimediales Angebot mit kleinen Lernapplikationen zu verschiedenen Themen der Musiklehre (z.B. klingende Partituren, interaktive Rhythmusbaukästen oder Lernspielen oder eine interaktive Notentafel). Damit macht nicht nur das Lernen, sondern auch das Unterrichten Spaß.
- Visualisierungen von Musikstücken (siehe dazu LB, Seite XI ff.)

d) Kernstoff und vertiefende Aufgaben

Um unterschiedlichen Stundentafeln und Lernniveaus gerecht zu werden, sind die Aufgaben differenzierend gestellt. Aufgaben zur Vertiefung sind mit entsprechenden Symbolen (Sternchen) gekennzeichnet. So werden die Unterrichtenden in der Auswahl entlastet und können die Sequenzen innerhalb des Buchs individuell an ihre Lerngruppe anpassen.

e) Konsequente mediengestützte Anwendungsorientierung

im•puls 1 wurde im Juli 2019 mit dem 24. Comenius EduMedia-Award ausgezeichnet. Hervorgehoben wurde dabei der durchdachte Aufbau und das flächendeckende, unterstützende Medienangebot des Lehrwerks. Dazu gehören:

- Eine Multimedia-CD-ROM, die ein umfangreiches multimediales Angebot mit kleinen Lernapplikationen zu verschiedenen Themen (siehe oben) bietet.

- 4 Audio-CDs, die alle Hörbeispiele zu den Aufgaben des Schülerbands, Originalaufnahmen der Songs sowie Playbacks für eigene musikalische Gestaltungen enthalten.
- Eine Video-DVD, die Filmsequenzen (Visualisierungen, Kurzfilme, Tutorials usw.), Tanzanleitungen und Videoclips beinhaltet.

In im•puls 2 wurde die mediengestützte Anwendung, dem Alter der Schülerinnen und Schüler angepasst, weiter intensiviert.

f) Musik-Visualisierungen

Erstmals bietet ein Lehrwerk die Möglichkeit, sogenannte Visualisierungen von Musikstücken in die Erarbeitung mit einzubeziehen. Dadurch fällt es Schülerinnen und Schülern leichter, das Gehörte zu sortieren, zu verfolgen und evtl. eigene Ideen der Visualisierung umzusetzen. Konkrete Aufgaben dazu finden Sie im Folgenden und an den jeweiligen Stellen in den Kapitelkommentaren.

DIE VISUALISIERUNGEN: MUSIC:EYES – SEE WHAT YOU HEAR

 >> HINWEIS: Eine ausführlichere Anleitung zur Arbeit mit Music:Eyes findet sich im Downloadbereich dieses Buches zum Ausdrucken. Folgen Sie dazu den Anweisungen vorne auf Seite II dieses Handbuchs.

Was ist Music:Eyes?

Music:Eyes ist ein neues, Browser-basiertes, digitales Tool für den Musikunterricht und an der Schnittstelle von Musik (Hören und sich Orientieren, Gestaltungsprozesse, Praxis des musikalischen Wissens), Bildnerischem Gestalten und digitalen Technologien angesiedelt. Es arbeitet mit Musikvisualisierungen, die auf Partituren basieren. Der Fokus liegt auf einer intuitiven, kreativen Auseinandersetzung mit komponierter Musik und ermöglicht auch Schülerinnen und Schülern mit wenig Vorkenntnissen einen einzigartigen Zugang zu einer Partitur.

a) Erweiterung der musikalischen Wahrnehmungsfähigkeit

- Music:Eyes ist ein „GPS für Musik". Es führt Hörerinnen und Hörer durch eine musikalische Landschaft und hilft ihnen beim Voraushören.
- Durch die visuelle Repräsentation jedes Instruments mittels unterschiedlicher Formen und Farben in einer grafischen Partitur erleichtert Music:Eyes das Verständnis unbekannter und komplexer Musikstücke, das Heraushören einzelner Instrumente aus einer Partitur und eine differenzierte Wahrnehmung der Komposition.
- Musikalische Formen können beispielsweise durch unterschiedliche Farbgebung des Hintergrundes sichtbar gemacht werden.

b) Bereitstellen eines interaktiven Spielplatzes zum Auskundschaften und Gestalten

- Mit dem Music:Eyes-Animator gestalten Schülerinnen und Schüler mutig, innovativ und mit viel Phantasie eigene visuelle Interpretationen von Musikstücken. Dabei können sie zeigen, wie sie wichtige musikalische Dimensionen wie Dramaturgie, Artikulation, Dynamik oder Form erfassen.
- Sie lernen, sinnstiftende künstlerische Entscheidungen vorzunehmen, indem sie durch die Wahl kontrastierender Formen, Farben, Hintergründe und Fließgeschwindigkeiten einzelner Stimmen oder dynamischer Kamerabewegungen eine eigene visuelle Komposition erstellen. Das Musikstück wird dadurch zu ihrem eigenen!
- Durch die Benutzung der innovativen Multi-Track-Technologie können Schülerinnen und Schüler sowohl die Audiospur wie auch die Visualisierung eines jeden Instruments ein- und ausschalten und dadurch hören, wie Instrumente alleine oder in Gruppen klingen.

Die Music:Eyes-Visualisierungen in im•puls 2

Die Visualisierungen, die speziell für im•puls erstellt wurden, können über folgenden Link erreicht werden: https://impuls2.musiceyes.org.

Folgende Musikstücke werden dort visualisiert:
- „I Need a Dollar" (Aloe Blacc)   SB, Seite 18/218
- „Le sacre du printemps" (Strawinsky)   SB, Seite 102
- „Kanon in D" (Pachelbel)   SB, Seite 126
- „Alla Hornpipe", gekürztes Arrangement (Händel)   SB, Seite 128
- editierbar: „Alla Hornpipe", Original (Händel)   SB, Seite 128
- editierbar: „Sonatine" (Clementi)   SB, Seite 164

a) Analyse von Visualisierungen im Unterricht
(Beispiel „I Need a Dollar")

Aufgabenstellungen:
1. Die Klasse wird aufgefordert, die Bassstimme genau zu verfolgen.

>> HINWEIS: Ohne Visualisierung kann die Lehrperson nicht wissen, ob alle tatsächlich auf die richtige Stimme hören, oder vielleicht die Bassstimme mit der Fußpauke oder einem anderen Instrument verwechseln. Können die Jugendlichen aber die Bassstimme als „Stimme mit den hellblauen Fünfecken" definieren, wird die Fokussierung des Hörens klar ersichtlich.

2. Die Stimmen und die Grafik (von oben nach unten) hörend und beobachtend miteinander in Beziehung setzen:
   - Gelbe Kreise/Ovale: Singstimme
   - Rote Quadrate: Klavierstimmen
   - Gelbe Dreiecke (oder Quadrate): Bläserstimmen
   - Hellblaue Punkte: Gesangseinwürfe
   - Hellblaue Fünfecke: Bassstimme
   - Graue/grüne Rhomben und Dreiecke (ganz unten): Schlagzeugstimmen
   - Beobachten, wie verschiedene Hintergrundfarben die Formteile unterscheiden.
   - Die Bedeutung der großen/kleinen Zeichen (lange/kurze Töne) erkennen.
   - Wann setzen Instrumente ein/aus?

b) Bearbeitungen von Visualisierungen im Unterricht
(Beispiel: Bearbeitung von „Alla Hornpipe", Original (Händel) oder der „Sonatine" (Clementi))

Anleitung:
1. Seite aufrufen: https://impuls2.musiceyes.org.
2. Klicken auf: „Kapitel 10: Georg Friedrich Händel – Alla Hornpipe (das Original)" oder „Kapitel 13: Muzio Clementi – Sonatine op. 36 Nr. 1".

>> HINWEIS: Der Einfachheit halber wird empfohlen, mit der Sonatine von Clementi zu beginnen (nur zwei Stimmen, nämlich die linke und rechte Hand des Klaviers).

3. Runterscrollen, auf „Starte den Editor" und dann auf „Gestalte nun!" klicken.
4. Den nun erscheinenden Link in die Zwischenablage kopieren und ihn beispielsweise in einem Notizprogramm oder einem Word-Dokument abspeichern.

>> HINWEIS: Der Link kann auch später mit der Taste „Link kopieren" (unten links) gespeichert werden. Nach Unterbrechung einer Arbeit kann diese dadurch wiederaufgenommen werden, dass dieser Link in einem Browser aufgerufen wird. Um eine neue Arbeit zu beginnen, einfach erst die Browserdaten löschen.

Bearbeitungsmöglichkeiten:

Momente „Momente": Textelemente in die Visualisierung einbauen. Diese werden während einiger Sekunden oben in der Mitte der Animation angezeigt.

Noten „Noten": Farbe, Form, Art der Sichtbarkeit und Hervorhebung und Tiefe der einzelnen Stimmen auswählen.

Triggers „Triggers": Trigger sind Auslöser. Einen Zeitpunkt festlegen, bei dem eine neu definierte Einstellung (Form, Farbe, Scroll-Geschwindigkeit, Übergänge, Kamerawinkel, Effekte usw.) gestartet werden soll.

Phrasierung „Phrasierung": Mehrere Noten miteinander zu einer Phrasierungslinie verbinden.

Am rechten oberen Rand des Visualisierungsfensters:

 Einstellungen: Zahlreiche Bearbeitungsmöglichkeiten: z. B. Taktstriche anzeigen, Geschwindigkeit des Musikstücks verändern, Schriftgröße verändern, Gitternetz oder Notennamen einfügen, Boomwhackerfarben anwählen, Schärfe- und Helligkeitsparameter einstellen usw.

 Mischpult: Die Lautstärken der einzelnen Stimmen nach Belieben variieren.

 Kamera: Unter „Triggers" eingestellte Kamerawinkel während der laufenden Visualisierung verändern.

 Textelemente: Unter „Momente" eingefügte Textelemente während der laufenden Visualisierung aktivieren/ deaktivieren.

Es empfiehlt sich, die Arbeit regelmäßig zu speichern – eine „Speichern"-Taste ist unten rechts zu finden.

c) Erste Schritte bei der Clementi-Sonatine

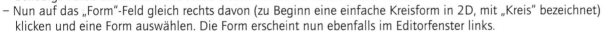
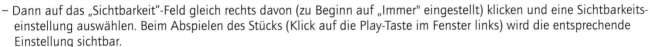

Farben, Formen und Sichtbarkeit der Stimmen auswählen.
- Anfangsposition ist eine Einstellung beim Feld „Noten" zum Zeitpunkt 00:00:000.
- Beim Feld „Right Hand" auf die zu Beginn graue Farbe klicken und eine beliebige Farbe auswählen. Die Farbe erscheint nun im Editorfenster links.
- Nun auf das „Form"-Feld gleich rechts davon (zu Beginn eine einfache Kreisform in 2D, mit „Kreis" bezeichnet) klicken und eine Form auswählen. Die Form erscheint nun ebenfalls im Editorfenster links.
- Dann auf das „Sichtbarkeit"-Feld gleich rechts davon (zu Beginn auf „Immer" eingestellt) klicken und eine Sichtbarkeits-einstellung auswählen. Beim Abspielen des Stücks (Klick auf die Play-Taste im Fenster links) wird die entsprechende Einstellung sichtbar.

>> HINWEIS:
- Eine detaillierte Anleitung zu vielen anderen Bearbeitungsmöglichkeiten findet sich im Downloadbereich .
- Die Website von Music:Eyes bietet zudem in deutscher und englischer Sprache ein gut verständliches Tutorial für einen erleichterten Einstieg in die Thematik an (siehe „Video-Anleitung" im Editor-Bereich des jeweiligen Stückes).

d) Aufgabenstellungen – Beispiele

1. Den Instrumenten (neue) grafische Zeichen und Farben zuordnen, eventuell unter Berücksichtigung der Instrumenten-familien (Streicher, Holzbläser usw.).
2. Erscheinungsformen der Formteile gestalten, beispielsweise mit einem oder mehreren der Trigger „Hintergrundfarben", „Scroll-Geschwindigkeit", „Kamerawinkel".
3. Eine oder mehrere Stimme/n durch den Trigger „Noten-Leuchten" hervorheben.
4. Eine oder mehrere Stimme/n dadurch hervorheben, dass alle anderen bei „Noten" – „Sichtbarkeit" auf „Gedimmt" oder „Verdeckt" gestellt werden.
5. Einen prägnanten oder überraschenden Moment im Stück durch den Trigger „Blitz" erhellen.
6. Formteile oder Stimmungen mit einem „Moment" betiteln („Durchführung", „Exposition", „traurig", „fröhlich", „unheimlich" oder mit einem einkopierten Emoji).
7. Wenn die Musik intensiver wird oder schneller zu fließen scheint, den Trigger „Scroll-Geschwindigkeit" erhöhen und später wieder reduzieren. Beispiel: bei Sekunde 41 in der Clementi-Sonatine
8. Musik und Zeitfluss werden unterschiedlich erlebt. Mögliche interessante Diskussionen:
   - Wem gefällt die Visualisierung besser, wenn der Trigger „Magnetischer Effekt" auf „Mittel" oder „Hoch" eingestellt ist, und warum? Wie fühlen sich die Noten mit dem „Magnetischen Effekt" an?
   - Wer möchte die Noten in der Zukunft voraussehen („Noten"– „Sichtbarkeit"– alle außer „Während des Spielens", „Aufdecken" und „Verdeckt") und wer nicht? Warum?
   - Wem gefällt ein schnellerer Trigger „Scroll-Geschwindigkeit" und wem ein langsamerer? Warum?
9. Ungewissheit oder Überraschung in der Musik – zum Beispiel in der Durchführung der Clementi-Sonatine – dadurch darstellen, dass bei „Noten"– „Sichtbarkeit" die Stimmen auf „Fade in/out" oder „Während des Spielens" gestellt werden.
10. Nachdem die Klasse das Tool und seine Möglichkeiten kennengelernt und erkundet hat, nachfragen, welche Einstellungen und Veränderung in den Beispiel-Visualisierungen angewandt wurden:
    - https://impuls2.musiceyes.org/helbling/clementi oder
    - https://impuls2.musiceyes.org/helbling/hornpipe#original

HILFESTELLUNGEN ZUR BEURTEILUNG

Das Beobachten, Beurteilen und Erweitern der Aufgaben dient im kompetenzorientierten Musikunterricht vor allem dazu, den Lernstand der Schülerinnen und Schüler zu erfassen, das Lern- und Übungsangebot zu planen und das individuelle Lernen angemessen zu unterstützen.

a) Summative Beurteilung

Der Lernerfolg am Ende einer Unterrichtseinheit, eines Lehrgangs oder eines Themas wird in einer Bewertung (schriftliche Einschätzung, Noten u. a.) zusammengefasst. Es kann auch eine Bewertung der Kompetenz im Sinne einer Qualifikationsprüfung sein.

Summative Beurteilung ist die bilanzierende Rückmeldung zu einem Produkt oder zu einer Lernkontrolle (Prüfung, schriftliche Arbeit, vokale Präsentation u. a.).

b) Formative Beurteilung

Bei Lernfortschrittskontrollen sammelt die Lehrperson fortlaufend Informationen zu Lernfortschritten, dokumentiert Stärken und Schwächen der einzelnen Schülerinnen und Schüler und gibt situativ konkrete, lernrelevante Rückmeldungen zu spezifischen Unterrichtssituationen.
Formative Beurteilung ist eine förderorientierte Rückmeldung zum Lernprozess.
Beispiel: Korrekturen und Interventionen während des praktischen Musizierens sind Maßnahmen, um die Wahrscheinlichkeit der Zielerreichung zu erhöhen.
Drei Aspekte stehen im Vordergrund:
• Welches ist die angestrebte Kompetenzstufe?
• Was können die Schülerinnen und Schüler bereits, wo befinden sie sich im Lernprozess?
• Welche weiteren Maßnahmen/Unterstützungen zum Erreichen der angestrebten Kompetenzstufe sind notwendig?
Idealerweise findet ein formativer Beurteilungsanlass zu einer angestrebten Kompetenzstufe in leicht abgeänderter Form mindestens zweimal oder mehrmals jährlich statt, damit die Entwicklung der Einzelperson beurteilt werden kann.

c) Prognostische Beurteilung

Sie überprüft, ob die Voraussetzungen für eine erfolgreiche Teilnahme an einem nächsten Abschnitt in der Bildungslaufbahn gegeben sind (Laufbahnentscheide).
Sie stützt sich auf Ergebnisse der summativen Beurteilung und schließt formative Beurteilung mit ein.

Beispiele für Beurteilung im Unterricht

Basierend auf den nachfolgenden Erläuterungen sind im Anhang dieses Handbuchs für Lehrpersonen Hilfestellungen für Beurteilungen im Unterricht zusammengestellt.
Direkt verknüpft mit Inhalten aus dem Schülerband finden sich zu allen sechs Kompetenzbereichen jeweils ein formativer und ein summativer Beurteilungsvorschlag.
Grundsätzlich können alle Kompetenzen formativ und/oder summativ bewertet werden. Im Sinne einer transparenten Beurteilung kommuniziert die Lehrperson sowohl die im Fokus stehenden Kompetenzen wie auch die entsprechenden Beurteilungskriterien.
Indem der Aufbau und die Erweiterung von Kompetenzen zielorientiert begleitet und unterstützt werden, gewinnt die förderorientierte (formative) Beurteilung an Bedeutung.

a) Vorbereitung

Folgende Fragen sollten für eine Beurteilung im Unterricht geklärt werden:

Was wird beurteilt?	Beurteilungsform	Wie? Beurteilungsart	Wer?	Wie erfolgt die Rückmeldung?
• fachliche und überfachliche Kompetenzen und Kompetenzerweiterungen	• Lernkontrolle • Produkt • Prozess	• formativ • summativ • prognostisch	• Lehrperson (Fremdbeurteilung) • Schülerinnen und Schüler (Selbstbeurteilung) • Schülerinnen und Schüler (Fremdbeurteilung)	• Dialog • Bericht mündlich und/oder schriftlich • Prädikat (z. B. Note)

b) Durchführung einer summativen Beurteilung

Eine summative Beurteilung ist prozessabschließend und bilanzierend. Sie findet also zu einem in der Regel definierten Zeitpunkt statt, zu dem eine Unterrichteinheit finalisiert und ein erfolgreicher Kompetenzerwerb überprüft werden soll. Im Idealfall basiert eine summative Beurteilung auf möglichst eindeutig zu beobachtenden Kriterien.

Formative und summative Beurteilungen können sowohl als Selbstbeurteilung als auch als Fremdbeurteilung durch Schülerinnen und Schüler aus der Klasse sowie die Lehrperson erfolgen. Wichtig ist, dass ein Vergleich der Selbst- mit der Fremdbeurteilung durch die Lehrperson stattfindet.

c) Durchführung einer formativen Beurteilung

Eine formative Beurteilung ist prozessbegleitend und förderorientiert. Einen Prozess kann man ebenso wenig zu einem einzigen Zeitpunkt beurteilen wie die Resultate einer individuellen Förderung. Im Idealfall erfolgt eine formative Beurteilung in drei Phasen über einen bestimmten Zeitraum, der je nach Beurteilungsanlass nur eine Woche oder mehrere Jahre umfassen kann.
- Phase 1: Erproben
- Phase 2: Reflexion über bereits Entstandenes
- Phase 3: Weiterentwicklung

In den Hilfestellungen zu formativen Beurteilungen im Anhang (LB, Seite 232 ff.) sind Beurteilungskriterien zu diesen drei Phasen ausformuliert. Die Lehrperson hält ihre Beobachtungen schriftlich fest.

>> HINWEIS: Je eine ausformulierte Hilfestellung pro Beurteilungsform sind gleich anschließend abgedruckt, zu allen anderen Kompetenzbereichen finden sich weitere Beispiele im Anhang auf den Seiten 232 – 242 und auch zum Download 🖥.

Kompetenzbereich Singen und Sprechen – SUMMATIVE BEURTEILUNG
(auch für Selbstbeurteilung möglich)

Kompetenz: Die Schülerinnen und Schüler können in mehrstimmigen Liedern ihre Stimme halten.

Aufgaben zu Doppelseite 88/89:

- Erarbeitet zu viert die Solostimme und den dreistimmigen Chor der Strophe von „Couldn't Keep It to Myself".
  Die Originalaufnahme und das Playback 🔘 B10 und ✏️ B11 können euch dabei unterstützen.

- Beachtet die Beurteilungskriterien unten, bevor ihr mit dem Erarbeiten beginnt

- Singt die Strophe mit Wiederholung auswendig der Klasse vor.

Beobachtbare Beurteilungskriterien*	4 P	3 P	2 P	1 P
Die gewählte oder zugeteilte Stimme liegt in einer geeigneten Tonlage für die eigene Stimme.				
Korrekte Ausführung der Melodie				
Eingehaltenes Metrum, eingehaltener Rhythmus				
Korrekte Einsätze				
Verständlicher Liedtext				
Auswendiges Vortragen				

4 Punkte = sehr sicher gelöst; 3 Punkte = sicher gelöst; 2 Punkte = ausreichend sicher gelöst; 1 P = nicht ausreichend sicher gelöst

Totale Punktzahl: 24   Erreichte Punktzahl: _____

Beurteilungsvorschlag**

Beurteilung	sehr gut	gut	genügend	ungenügend
Punktzahl	=/> 21	=/> 15	=/> 9	< 9

* Es lohnt sich im Sinne einer möglichst korrekten und objektiven Beurteilung ohne Zeitdruck, die Präsentationen zu filmen.

** Aufgrund unterschiedlicher Beurteilungssysteme in Deutschland, Österreich und der Schweiz verzichten wir hier auf eine Notengebung in Zahlen.

Kompetenzbereich Singen und Sprechen – FORMATIVE BEURTEILUNG
(auch für Selbst- oder Fremdbeurteilung durch andere Jugendliche möglich)

Kompetenz: Die Schülerinnen und Schüler können Texte Groove-bezogen interpretieren und rappen (z. B. Hip-Hop).

Aufgabe zu Doppelseite 8/9: Sprich den Text des Refrains und zwei zusammenhängende Verse der Strophe 1 möglichst im Rhythmus der Originalaufnahme A8 oder des Playbacks A7.

Phase 1 – Erproben: Die Lehrperson überprüft und beurteilt die Textauswahl (Länge zur Musik), Aufteilung der Silben, mögliche Auftakte u. a.

Beobachtbare Beurteilungskriterien	ja	eher ja	eher nein	nein	Bemerkungen
Refrain-Text passt in 8 Takte.					
Die beiden Strophen-Verse passen in 16 Takte.					
Pausen sind erkannt und werden eingebaut.					
Auftakte sind erkannt, wo vorhanden.					
Puls und Sprechtempo sind passend.					

Phase 2 – Reflexion über bereits Entstandenes: Selbst- oder Fremdbeurteilung der Darbietung, der Koordination zwischen Text und Musik, Textverständlichkeit.

Beobachtbare Beurteilungskriterien	ja	eher ja	eher nein	nein	Bemerkungen
Text ist deutlich gesprochen, verständlich.					
Es wird fließend gesprochen.					
Stimme ist kräftig und ausgelastet.					
Rhythmus und Metrum stimmen.					

Phase 3 – Weiterentwicklung: Die Lehrperson überprüft und beurteilt die Verarbeitung der Erkenntnisse, Verbesserungen, neue Ideen, die Weiterentwicklung bis zum Endprodukt.

Beobachtbare Beurteilungskriterien	ja	eher ja	eher nein	nein	Bemerkungen
Textkorrekturen sind angepasst.					
Textgestaltung ist interessanter, lebendiger.					
Betonungen – auch synkopische – beleben den Rap.					
Mimik und Gestik unterstützen den Inhalt.					

Beurteilungskriterien zu den sechs Kompetenzbereichen (Vorschläge, Beispiele)

Die folgenden Tabellen zeigen Beispiele und sind nicht umfassend. Grundsätzlich können alle Kriterien formativ und/oder summativ bewertet werden.

SINGEN UND SPRECHEN

Seite im SB/LB	Thema	Kriterien	formativ	summativ
5, 7	Mehrstimmigkeit ohne Noten	Eine gewählte Stimme kann gehalten werden. Die Intonation ist korrekt. Rhythmus und Timing stimmen.	x	
9, 110, 220	Text rappen	Textverständlichkeit/Gestaltung. Text wird fließend gesprochen. Stimme ist kräftig und ausgelastet. Präsentation wirkt konzentriert.	x	
7, 12, 86, 145, 149, 189	Mehrstimmigkeit	In zweistimmigen Liedern wird die Stimme gehalten. Kann sich in der Gruppe integrieren. Kann auf den Partner hören und singen.	x	x
14, 91, 175	Blattsingen	Silbennamen und Tonhöhen stimmen. Die Intonation ist korrekt. Die Präsentation ist fließend.	x	x
88, 125, 177, 216, 221	Sprachrhythmus	Interpretation/Präzision von Sprache und Rhythmus sind korrekt. Die eigene Stimme wird gehalten.	x	
10, 94, 176, 217	Schwerpunkte/Puls	Die unterschiedlichen Taktarten werden richtig umgesetzt.	x	
104,127, 185,190, 195	Stimmgestaltung	Die Stimme kann unterschiedliche Klangfarben erzeugen.	x	

HÖREN UND SICH ORIENTIEREN

Seite im SB/LB	Thema	Kriterien	formativ	summativ
19, 23, 97, 164	Formteile wurden erkannt.	Anzahl richtiger Lösungen		x
58, 99, 122	Klänge und Melodien differenziert hören und unterscheiden	Anzahl richtiger Lösungen		x
126, 197	Musikstücke/Stilarten	Die Beispiele können memoriert und wiedererkannt werden.	x	x
18, 19, 99, 126, 128, 226	Instrumentenkunde	Die unterschiedlichen Klänge können memoriert und wiedererkannt werden.	x	x
58, 82, 122, 139	Dur/Moll	Das Tongeschlecht wird hörend erkannt. Die Tonleitern werden korrekt gesungen. Die Halbtonschritte werden bewusst gesungen.	x	x
126, 128, 160	Differenziert Hören	Eine Einzelstimme kann im Mehrklang herausgehört und in der Partitur verfolgt werden.	x	

TANZEN UND BEWEGEN

Seite im SB / LB	Thema	Kriterien	formativ	summativ
35, 113, 114, 115, 119, 160	Bewegungen	Koordination von Bewegungen und Musik ist richtig.	x	
42, 114, 176	Bodypercussion	Die Verbindung von Bewegung und Rhythmus ist richtig.	x	
35, 37, 39, 200, 203	Tanzen	Die Schritte sind der Musik angepasst. Der Puls wird umgesetzt.	x	
35, 231	Choreografien mit Gegenständen	Die Requisiten werden korrekt angewendet. Die Bewegungen werden memoriert. Die rhythmische Umsetzung ist korrekt.	x	
47	Körperkoordination	Drei gleichzeitige Rhythmen (Bewegungen) werden richtig gespielt.	x	

MUSIZIEREN

Seite im SB / LB	Thema	Kriterien	formativ	summativ
10, 124, 130, 133, 142, 162	Rhythmen	Die Umsetzung von notierten Rhythmen ist korrekt. Die Präsentation zeigt Genauigkeit und präzise Interpretation.	x	x
59, 142, 150	Noten und Pausen	Die Umsetzung ist richtig. Der Ablauf ist fließend und im vorgegebenen Tempo.	x	
49, 51, 55, 61, 69, 126, 130, 187	Instrument spielen	Die eigene Instrumentalstimme kann in der Gruppe gehalten werden. Spielt konzentriert über eine längere Phrase. Rhythmik / Metrum stimmt.	x	
85, 167	Improvisation	Die Improvisation ist richtig und rhythmisch angepasst.	x	

Seite im SB/LB	Thema	Kriterien	formativ	summativ
24, 65, 67, 75, 139, 198	Musik erfinden	Kreative, passende Tonfolgen erfinden.	x	
80, 100, 102,104, 108,120, 146, 196	Recherche Musik	Vollständigkeit der Arbeit, persönlicher Einsatz	x	x
30, 56, 64, 67, 198	Musikalische Experimente	Eigene Rhythmen und Melodien erfinden. Das Resultat ist kreativ und entspricht der Vorlage.	x	
173, 191, 192	Auftritts-Kompetenz	Bewegt sich sicher vor Publikum.	x	
104, 153, 164, 184, 191	Musik kritisieren	Kann objektiv über Musik sprechen. Verwendet ein passendes Vokabular.	x	
71	Liedtext schreiben	Betonte/unbetonte Silben erkennen. Text in Verbindung mit Taktlängen bringen. Text funktioniert auf vier Takte. Eigener Text kann der Melodie angepasst werden.	x	x
32, 44	Eigene Rhythmen	Die Verbindung von eigenen Rhythmen und Rhythmussprache ist korrekt.	x	x
24, 139	Improvisation	Mit dem kleinen Tonvorrat kann eine sinnvolle Stimme erfunden werden. Der Rhythmus ist angepasst.	x	

Seite im SB/LB	Thema	Kriterien	formativ	summativ
14, 76, 178	Handzeichen	Die Zeichen und Tonhöhen sind korrekt. Die Flexibilität in der Umsetzung ist angepasst.	x	
175, 180	Notenschrift	Die Schreibweise (Notenabstände usw.) ist korrekt. Die richtigen Töne wurden erkannt und richtig notiert.	x	x
76, 82, 136, 178	Absolute Notennamen	Die Stammtöne mit absoluten Notennamen werden korrekt benannt. Kann die Stammtöne auf einem Instrument spielen.	x	x
41, 79, 176	Rhythmen	Die Umsetzung von notierten Rhythmen ist korrekt.	x	
76	Musikalische Zeichen	Die Bezeichnungen sind korrekt und vollständig.		x
59, 134, 139	Dreiklänge	Dur- und Moll-Dreiklänge werden hörend erkannt und umgesetzt. Dreiklänge können mit Silbennamen gesungen werden.	x	x
82	Parallele Tonleitern	Dur- und Moll-Tonleitern werden erkannt und können transponiert werden.	x	x

Kompetenznachweise in im•puls 2

Stimme im Ensemble

	Kompetenz: Die Schülerinnen und Schüler ...	Seiten
SINGEN UND SPRECHEN	können in der Klasse mehrstimmig im Kanon singen.	91, 172
	können ihre Stimme im chorischen Singen integrieren und sich für das gemeinsame Musizieren engagieren.	6, 10, 88, 90, 94, 96, 154, 188
	können in zweistimmigen Liedern ihre Stimme halten.	7, 12, 145, 149, 91
	können im chorischen Singen den Anweisungen der Lehrperson bezüglich Einsätze, Tempo und Dynamik folgen.	150, 154
	können Lieder in der Klasse oder in Gruppen üben (z. B. Ausdauer zeigen, Konzentration beibehalten) sowie Interpretationsmöglichkeiten erproben und vergleichen.	88, 90, 96, 150, 154, 158, 170, 186, 188
	können in mehrstimmigen Liedern ihre Stimme halten.	12, 186
	können ihren spezifischen Beitrag im mehrstimmigen chorischen Singen leisten (z. B. Rhythmus, Solo, Bewegung).	90, 94, 188
	können ein begleitetes Lied solistisch oder in Gruppen vortragen.	110, 152, 190, 218, 220

Stimme als Ausdrucksmittel

	Kompetenz: Die Schülerinnen und Schüler ...	Seiten
SINGEN UND SPRECHEN	können Artikulationen beim Singen differenziert anwenden (Vokale und Konsonanten).	54
	können ihre Stimme für unterschiedliche Ausdrucksformen und Stimmexperimente einsetzen (z. B. Beatboxing, Vocal-Percussion).	168, 222
	können ihre Stimmlage entdecken, festigen und Töne mit der Stimme sicher treffen.	5, 16, 185
	können mit ihrer Stimme unterschiedliche Klangfarben erzeugen.	16
	können zwischen Kopf- und Bruststimme unterscheiden und beide einsetzen.	16
	können die eigene Stimme im Tonumfang erweitern und kräftigen.	5, 6, 7
	können ihren Tonumfang erkennen und gezielt einsetzen.	5, 6, 7, 87, 175, 195
	können Texte mit oder ohne Begleitung rhythmisch darstellen.	10, 70, 72, 110, 222
	können Texte Groove-bezogen interpretieren und rappen (z. B. Hip-Hop).	8, 52, 70, 72, 110, 168, 220
	können eigene Texte einem vorgegebenen Rhythmus anpassen (z. B. viertaktige Patterns).	70, 72
	können eigene Song- und Raptexte schreiben und interpretieren.	70, 72

Liedrepertoire

	Kompetenz: Die Schülerinnen und Schüler ...	Seiten
SINGEN UND SPRECHEN	können Lieder, Kanons und Volkslieder singen und verfügen über ein Repertoire.	91, 172, 145, 206
	können ausgewählte Lieder aus verschiedenen Stilarten singen (z. B. klassische Musik, Pop, Jazz).	54, 104, 126, 170, 186, 194, 218
	können die Eigenart von Liedern aus unterschiedlichen Kulturen singend interpretieren und dem entsprechenden kulturellen Kontext zuordnen (z. B. Liebeslied, Heimatlied, Hymnen, Lieder zu Festen und Ritualen verschiedener Länder, Jahreszeitenlied).	88, 146, 148, 152, 196
	können Beispiele aus der aktuellen Musikszene singen und ihre musikalischen Präferenzen einbringen.	54, 126, 190, 218, 220
	können Lieder aus unterschiedlichen Stilarten singen, die sprachlichen Besonderheiten berücksichtigen und den damit verbundenen Ausdruck erproben.	8, 116, 148, 152, 206
	können Singtechniken aus verschiedenen Stilarten unterscheiden und erproben (z. B. Kunstlied, Popgesang).	194
	können Lieder und exemplarische Kunstlieder aus Geschichte und Gegenwart solistisch oder chorisch interpretieren.	22, 23, 152, 154

Akustische Orientierung

	Kompetenz: Die Schülerinnen und Schüler ...	Seiten
HÖREN UND SICH ORIENTIEREN	können die Unterschiede von Geräusch, Ton und Mehrklang erkennen, nach ausgewählten Kriterien ordnen und beschreiben.	24, 178, 182, 214, 231
	können musikalische Verläufe hörend verfolgen, zeigen und beschreiben (z. B. Melodieverlauf, Lautstärke).	12, 22, 96, 128, 146, 152, 188
	können musikalische Formen unterscheiden und hörend wiedererkennen (z. B. Rondo, Liedform).	22, 94, 128, 210
	können musikalische Aspekte bewusst verfolgen und aufzeigen (z. B. Instrumentierung, Form, Interpretation).	20, 120, 146, 162, 164, 168, 212, 218, 226, 228
	können zu einem gehörten Musikstück eigene Fragen generieren und mögliche Antworten diskutieren.	116, 214
	können gehörte Musikabschnitte mithilfe einer Partitur musikalisch beschreiben.	22, 128, 162, 164

Begegnung mit Musik in Geschichte und Gegenwart

	Kompetenz: Die Schülerinnen und Schüler ...	Seiten
HÖREN UND SICH ORIENTIEREN	können exemplarische Musikbeispiele unterscheiden und einen Bezug zu Lebenswelten von Menschen herstellen.	38, 60, 108, 146, 210
	kennen Biografien einiger Komponistinnen und Komponisten und Ausschnitte aus ihren Werken.	20, 102, 126, 128, 170. 198
	können exemplarische Musikstücke in Bezug zu Vergangenheit, Gegenwart und Kulturräumen ordnen.	21, 64, 108, 150, 194
	können sich mit Musik von Mitschülerinnen und Mitschülern auseinandersetzen und deren Musikvorlieben und Musiktraditionen mit Respekt begegnen.	104, 153, 172, 184, 191
	können zu musikgeschichtlichen Werken Musikkulturen recherchieren und deren Eigenheiten hörend erkennen.	20, 56, 100, 102, 108
	können Musik bezüglich ausgewählter Merkmale in musikgeschichtliche und gesellschaftliche Bezüge einordnen (z. B. politische Musik, Singstimmen in verschiedenen Stilen).	80, 146, 196
	kennen einzelne Musikerinnen und Musiker und Komponistinnen und Komponisten der Gegenwart und können deren Musik mit eigenen Fragen begegnen und besprechen (z. B. Komponistin oder Komponist der Postmoderne, Musikerin oder Musiker der Popszene).	64, 108, 120, 198, 226

Bedeutung und Funktion von Musik

		Kompetenz: Die Schülerinnen und Schüler ...	Seiten
HÖREN UND SICH ORIENTIEREN	**Bedeutung und Funktion**	können in Werkbegegnungen Eindrücke beschreiben und typische Aufführungsorte vermuten und zuordnen (z. B. Kirche, Konzert, Tanzmusik).	204, 194, 196, 226
		können ausgewählten Hörbeispielen Stimmungen und Lebenssituationen zuordnen und beschreiben.	158
		können bei Musikbeispielen hörend Eindrücke sammeln und diese in einen Bezug zu den eigenen musikalischen Präferenzen bringen.	20, 158, 226
		können die Wirkung eines Musikstücks aus persönlicher Sicht darlegen und begründen.	64, 66, 104, 194, 226
		können Funktionen exemplarischer Musikbeispiele erkennen und einem gesellschaftlichen Kontext zuordnen (z. B. Disco, Filmmusik, Nationalhymne).	80, 120, 158, 194
		können Atmosphären von Musikwerken und deren Wirkungsfelder differenziert wahrnehmen und dazugehörige Hintergründe erarbeiten (z. B. soziale, geschichtliche Aspekte).	102, 196, 226, 228
	Gehörschutz	kennen die Gefahr von anhaltend lauter Musik und können Schutzmaßnahmen für das Gehör treffen (z. B. Kopfhörer).	106
		kennen die Folgen von intensiver Gehörbelastung (Dauer, Lautstärke) und können sowohl als Musizierende als auch beim Musikkonsum verantwortungsvoll mit ihrem Gehör umgehen.	106

Sensomotorische Schulung

	Kompetenz: Die Schülerinnen und Schüler ...	Seiten
TANZEN UND BEWEGEN	können Musik und musikalische Parameter im Körper empfinden und fantasievoll darstellen (z. B. Refrain eines Lieds, melodische Phrase).	113, 118
	können ihren Körperpuls wahrnehmen, ihren Atem sowie ihre Körperspannung mit Musik in Verbindung bringen.	114, 118

Körperausdruck zu Musik

	Kompetenz: Die Schülerinnen und Schüler ...	Seiten
TANZEN UND BEWEGEN	können musikalische Formen und Gestaltungsprinzipien mit Bewegung ausdrücken.	102, 118, 120,
	können Assoziationen zu Musik bilden und mit Bewegung darstellen (z. B. sommerlich, heiter, übermütig, monoton, sehnsüchtig, gefährlich).	28, 121, 139, 173, 193
	können mit Objekten, Kostümen und Requisiten Bewegungselemente ausformen und damit ausgewählte Musik darstellen.	173, 193
	können in Gruppen musizieren und dazu passende Bewegungsabläufe erfinden.	34, 36, 114
	können Melodie und Rhythmus eines Lieds sowie Texte mit Körpersprache und -ausdruck unterstützen (z. B. Song, Sprechgesang).	10, 30, 216
	können zu Musikstücken vorgegebene Bewegungsabläufe übernehmen, variieren sowie Improvisationen in Gruppen entwickeln.	34, 36, 38, 116, 148, 176, 188, 202, 212

Bewegungsanpassung an Musik und Tanzrepertoire

	Kompetenz: Die Schülerinnen und Schüler ...	Seiten
TANZEN UND BEWEGEN	können Tanzschritte und Handfassungen in Gruppenformationen ausführen.	38, 202
	können zu einem Musikstück eine einfache vorgegebene Choreografie üben und ausführen.	38, 114, 118
	können Rhythmusmuster in passende Bewegung umsetzen und Grundschritte aus verschiedenen Tanzstilen ausführen (z. B. Polka, Rock 'n' Roll).	202, 204
	können zu Musik aus verschiedenen Ländern unterschiedliche Rollen tanzen (z. B. Kreis-, Volks-, Folkloretanz).	116
	können ungewohnte Taktarten und Taktwechsel in Schrittkombinationen ausführen (z. B. 5-er, 7-er, Wechsel 3/4 – 6/8).	176
	können Funktionen des Tanzes und der dazugehörenden Musik in verschiedenen gesellschaftlichen Situationen erkennen (z. B. Paartanz, sakraler Tanz, Jugendkultur).	102, 204
	können Bewegungs- und Tanzausschnitte und charakteristische Tanzfiguren in musikalischen Projekten einsetzen (z. B. in einem Musical).	116, 193, 204

Musizieren im Ensemble

Kompetenz: Die Schülerinnen und Schüler ...	Seiten
können eine Melodie- oder Rhythmusstimme in der Gruppe spielen (z. B. Ostinato).	30, 32, 42, 76, 94, 186, 188
spielen mit dem Klasseninstrumentarium und können sich dem Tempo und dem musikalischen Ausdruck der Klasse anpassen.	46, 48, 50, 68, 76, 110, 134, 138, 140, 142, 186, 188
üben einfache Klassenarrangements und können dabei Interpretationsmöglichkeiten ausprobieren, vergleichen und ihre Vorstellung realisieren (z. B. ein Stück lustig, traurig, schleppend, gehetzt spielen).	42, 54, 56, 126, 198
können ausgewählte Rhythmus- und Melodiepatterns (z. B. aus verschiedenen Kulturen, Epochen und Stilen) spielen und deren Besonderheit erkennen.	8, 30, 42, 68, 100, 134, 138, 140, 142, 176, 222, 228
können nach Improvisationsvorlagen in der Gruppe musizieren (z. B. Harmoniefolge, Blues-Tonleiter, Pentatonik).	59, 60, 84, 215, 228
können Musik aus verschiedenen Kulturen, Epochen und Stilen im Klassenarrangement spielen.	186, 220, 222, 228
können Elemente aus Musikstilen adaptieren oder verfremden.	198, 216, 222

Instrument als Ausdrucksmittel

	Kompetenz: Die Schülerinnen und Schüler ...	Seiten
Akustische Instrumente	können sich in Gruppenimprovisationen einlassen, dabei Spielregeln definieren und musizierend miteinander kommunizieren.	74, 140, 198
	können eine eigene Klangpartitur gestalten und diese mit Instrumenten umsetzen.	24, 64, 230
	können musikalische Impressionen zu Stimmungen und Emotionen erfinden, spielen und Gegensätze herausarbeiten (z. B. heiter/bedrohlich, Glück/Trauer).	226, 230
	können zu Begriffen musikalische Spannungsverläufe entwickeln und spielen und dabei verschiedene Artikulationen anwenden (z. B. wachsen, fliegen).	24, 64, 230
	können Patterns und Ostinati anwenden und verändern (z. B. Improvisationsmuster).	46, 68, 134, 138, 140, 142, 228
	können schriftliche Darstellungen umsetzen (z. B. Partiturausschnitt, Tabulatur, Akkordbezeichnung) und als Vorlage für eigene Ideen verwenden.	198, 216, 218, 228
Musikelektronik und neue Medien	können Rhythmusstrukturen übernehmen und erfinden und aktuelle Patterns umsetzen (z. B. mit Apps).	32, 42
	können mit elektronischen Medien (z. B. Smartphone, Keyboard) musikalisch experimentieren.	52, 68, 74, 212
	können Instrumente der aktuellen Musikszene ausprobieren und Erfahrungen im Umgang und Spiel mit diesen Instrumenten sammeln.	212
	kennen ausgewählte Musiksoftware und können diese erkunden, testen und für musikalische Aufgaben einsetzen.	24, 52, 78, 212
	können Klänge aus ihrer Umwelt elektronisch aufnehmen, verändern und damit musikalisch experimentieren und anwenden.	24
	können ein Klangarrangement mit Instrumenten und elektronischen Klangquellen umsetzen.	52, 94, 134

The left vertical label for both tables reads **MUSIZIEREN**.

Instrumentenkunde

Kompetenz: Die Schülerinnen und Schüler …	Seiten
können ausgewählte Instrumente unterscheiden und beschreiben.	19, 99, 144, 162
können beim Bau von einfachen Instrumenten Gesetzmäßigkeiten der Klangerzeugung ermitteln und anwenden (z. B. Erzeugung unterschiedlicher Tonhöhen durch Längenteilung mit Hilfe einer Saite).	26, 130
können Prinzipien der Klangerzeugung fantasievoll anwenden und in unterschiedlichen Situationen zum musikalischen Gestalten einsetzen (z. B. streichen, schlagen, blasen).	130, 230
können Instrumentengruppen unterscheiden und einzelne Formationen beschreiben (z. B. Quartett, Orchester).	26, 226, 08, 210
können einzelne Instrumente der aktuellen Musikszene (z. B. Pop, Elektro, zeitgenössische Musik) unterscheiden und erkennen.	46, 48, 50, 68
können Schallwellen, Obertöne, Klangfärbungen und akustische Phänomene hörend verstehen und kommentieren.	130, 182
können die Möglichkeiten der elektronischen Verstärkung und -bearbeitung erkennen und anwenden (z. B. Verstärkung der Singstimme mit Mikrofon).	168, 218, 220
können in einem notierten Musikstück (z. B. Partitur) Instrumente erkennen und beschreiben.	160, 162, 164

Die Spalte MUSIZIEREN steht seitlich an der Tabelle.

Themen musikalisch erkunden und darstellen

Kompetenz: Die Schülerinnen und Schüler …	Seiten
können Erlebnisse (z. B. Nachmittag im Schwimmbad) als musikalische Impulse nutzen, diese weiterentwickeln und musikalische Darstellungsformen finden.	140, 169, 172, 227, 230
können zu Themen (z. B. Geschichte, Kunstwerk, Emotion) eine einfache Musik entwickeln und ausgestalten.	24, 74, 226
können zu musikalischen Fragestellungen kreative Lösungen finden (z. B. Wie klingt die Musik der Großeltern? Wie klingt eine Filmszene, ein Sportanlass?).	24, 66, 84, 146, 158
können eine musikalische Collage zu einem aktuellen Thema entwickeln und produzieren (z. B. aus ihrem Interessensbereich, Thema aus der Gesellschaft).	196, 210, 224
können in der Gruppe eine Performance oder einen Videoclip zu einem Thema produzieren und vertonen.	24, 84, 230

Die Spalte GESTALTUNGSPROZESSE steht seitlich an der Tabelle.

Gestalten zu bestehender Musik

Kompetenz: Die Schülerinnen und Schüler …	Seiten
können zu bestehender Musik eigene musikalische Mitspielaktionen erfinden.	34, 113, 118, 120, 160
können zu bestehender Musik eine bildnerische, theatralische oder tänzerische Gestaltung entwickeln.	34, 38, 56, 114, 118, 120, 172, 190, 206, 210
können Episoden aus einem Musiktheater in eine szenische Darstellung bringen.	193
können musikalische Vorbilder und deren Performances erkunden und in persönlicher Weise adaptieren.	172, 210
können zu Musik Assoziationen bilden, eine thematische Auswahl treffen (z. B. Liebe, Protest, Macht) und diese in Musik und andere Medien umsetzen.	56, 146, 196, 226
können aus einem gewählten Musikstil eine kurze Reproduktion oder Improvisation entwickeln und zeigen.	120, 198, 212, 228

Die Spalte GESTALTUNGSPROZESSE steht seitlich an der Tabelle.

Musikalische Auftrittskompetenz

	Kompetenz: Die Schülerinnen und Schüler ...	Seiten
GESTALTUNGSPROZESSE	können ein Musikstück allein oder in der Gruppe zur Aufführung bringen (z. B. Musizieren mit Klasseninstrumentarium am Elternabend).	36, 64, 88, 94, 126,142
	können ein Lied in Form einer ausgearbeiteten Präsentation alleine oder in der Gruppe zur Aufführung bringen.	30, 206
	können eigenen musikalischen Präsentationen und denen der Mitschülerinnen und Mitschüler kritisch und gleichzeitig wertschätzend begegnen.	42, 84, 190, 198, 206, 222, 230
	können den Wert von Vorbereitung und Übung in einem Projekt erkennen und Einsatz und Leistungen von Projektmitwirkenden wertschätzen.	218, 230
	können Zusammenhänge zwischen Bühnenpräsenz, Bühnentechnik und der Qualität der musikalischen Darbietung erkennen und benennen.	104, 172, 190
	können ihre instrumentalen, tänzerischen und stimmlichen Fähigkeiten vor Publikum oder auf der Bühne präsentieren.	34, 38, 206

Rhythmus, Melodie, Harmonie

		Kompetenz: Die Schülerinnen und Schüler ...	Seiten
PRAXIS DES MUSIKALISCHEN WISSENS	**Rhythmus**	können unterschiedliche Taktarten mit Stimme, Bewegung oder Instrument umsetzen (z. B. 2/4, 4/4, 3/4, 6/8).	176, 94, 217
		können rhythmische Motive mithilfe einer Rhythmussprache anwenden (hören, lesen, spielen).	32, 40, 132
		können rhythmische Motive mit Triolen und ternären Rhythmen lesen und wiedergeben.	56, 58, 60, 82, 214
		können Rhythmen aus punktierten Noten und Synkopen klatschen und spielen.	40, 76, 90, 170
		können gleichzeitig zwei Rhythmen üben und spielen (z. B. Bodypercussion).	78, 132, 148
		können rhythmische Sequenzen und zusammengesetzte Taktarten mit Stimme, Bewegung und Instrumenten umsetzen (z. B. 7/8, 5/8).	176
	Melodie	können nach visuellen Impulsen und Handzeichen einfache Tonfolgen und die Dur-Tonleiter singen.	6, 14, 174, 180
		können Halb- und Ganztonschritte in der Dur- und Moll-Tonleiter erkennen (lesen, hören, singen).	82, 122, 178
		können kurze Melodien mit relativen Notennamen singen (z. B. Solmisation).	14, 76, 90, 92
		können die Beziehung zwischen Dur- und paralleler Moll-Tonleiter erkennen (z. B. C-Dur und a-Moll).	82, 122, 178
		können weitere Tonsysteme singend erleben und vergleichen (z. B. Blues-Tonleiter).	84, 92
		können Intervalle mit Liedanfängen in Verbindung bringen und umgekehrt.	178
		kennen spezielle Tonsysteme (z. B. Kirchentonarten, Zwölftonmusik).	92
	Harmonie	können die harmonische Funktion der drei Hauptstufen anwenden.	58, 122
		können große und kleine Terz und Quinte im Zusammenklang erkennen und anwenden (Dreiklang).	122, 178, 214
		können die leitereigenen Dreiklänge der Dur-Tonleiter bestimmen und anwenden.	58, 60, 122
		können den Septakkord erkennen und anwenden.	214

Notation

	Kompetenz: Die Schülerinnen und Schüler ...	Seiten
PRAXIS DES MUSIKALISCHEN WISSENS	können kurze Tonfolgen erfinden, erkennen und notieren.	76, 180
	können die Stammtöne benennen und notieren (absolute Notennamen) und kennen die Bedeutung von Vorzeichen (Kreuz und b).	84, 214
	können notierte Melodien spielen und kurze Tonfolgen notieren.	12, 76, 130, 150, 180
	können rhythmische Motive mit Sechzehntelnoten und punktierten Noten lesen und schreiben.	42, 132, 180
	können die chromatische Tonleiter notieren.	92
	kennen weitere Symbole der traditionellen und grafischen Musiknotation (z. B. Dynamik, Artikulation).	160, 162, 164
	können eine Einzelstimme in mehrstimmigen Notenbildern hörend verfolgen (z. B. in einer Partitur).	160
	können musikalische Ideen mittels Notenschrift kommunizieren.	180

Schlussbemerkung

Musik wirkt als Kommunikator, stärkt die Persönlichkeit der Jugendlichen und den sozialen Umgang der ganzen Klasse, schafft Empathie, trainiert die Fein- und Grobmotorik, bildet die Stimme, das Gehör und das rhythmische und tonale Empfinden. Lehrpersonen, die Musik unterrichten dürfen, haben eine wundervolle, aber auch anspruchsvolle Aufgabe. Um diese zu strukturieren und das aufbauende Unterrichten zu vereinfachen, wurde im•puls geschaffen.
Nicht zu viel über Musik zu reden, sondern zu handeln, zu spielen, zu üben, zu wiederholen und zu verbessern, das verschafft dem Musikunterricht Nachhaltigkeit. Die Ideen der Jugendlichen in den Unterricht einfließen zu lassen, ihnen einen geeigneten Rahmen zu geben, um sich zu präsentieren, das macht einen lustvollen Musikunterricht aus. Alltagsgegenständen neues Leben einzuhauchen, mit ihnen zu spielen und zu musizieren, das ist gerade auf dieser Stufe innovativ.
im•puls unterstützt die Schülerinnen und Schüler in ihren Versuchen, „einfach Musik zu machen", motiviert sie in ihrer musikalischen Entwicklung und hilft ihnen Toleranz gegenüber den verschiedenen Erscheinungsformen von Musik zu erwerben.

1

HOHE UND TIEFE STIMMEN

„SINGEN IST DAS FUNDAMENT ZUR MUSIK IN ALLEN DINGEN".

(Georg Philipp Telemann)

„BEI UNS IST GESANG DIE ERSTE STUFE DER BILDUNG."

(Johann Wolfgang von Goethe)

Als Einstieg in das Thema bietet es sich an, auf die Zitate zu Beginn der Seite 4 im SB einzugehen und mit der Klasse zu besprechen. Dabei kann geklärt werden, wer die Verfasser der Zitate sind und was der Ausdruck „… in allen Dingen" bedeutet.

• Begrüßung 💿 A1 🎬 Begrüßung, Nr. 1

Für das lockere, lustige Begrüßungsritual braucht es keine Ansage. Es kann im Stuhlkreis oder in freier Verteilung im Raum durchgeführt werden.

- Die Lehrperson geht auf eine Schülerin oder einen Schüler zu und begrüßt mit Handschlag: „Hallo, guten Morgen! Hey, was geht ab? …" Dabei wird das Begrüßungsritual mit den Bewegungen langsam vorgezeigt.
- Anschließend stellen sich jeweils zwei Personen einander gegenüber. Zunächst wird der Rhythmus des Begrüßungsverses mehrmals geklatscht, dann der Text dazugesprochen. Der Bewegungsablauf (Bodypercussion und Hand-Shakes) wird wie folgt geübt:
- **1. Takt:** Händeschütteln oder wahlweise rechte Hand nach oben in die rechte Hand des Partners klatschen.
- **2. Takt:** Fragende Geste mit Armen nach außen.
- **3. Takt:**
  - Ausgangsposition: In leichter Hocke, rechte Hand vorne, linke Hand hinten. Auf die beiden Achtelnoten die Hände an den Oberschenkeln abwischen (mit rechter Hand nach hinten, mit linker Hand nach vorne und umgekehrt).
  - Einmal in die Hände klatschen.
  - Beide Partner heben die rechte Hand auf Kopfhöhe (siehe Bild) und klatschen einmal in die Hand des Partners. Hand drehen und noch einmal in die Partnerhand klatschen.
  - Mit beiden Händen beim Partner abstoßen.
  - Rhythmus des 3. Taktes:

		nach innen	nach außen	
Beide Hände an Oberschenkeln abwischen	klatsch	Mit rechts in rechte Partnerhand klatschen		Mit beiden Händen abstoßen

- **4. Takt:** Vier Schritte zur nächsten Partnerin gehen, dazu zweimal klatschen, dann mit dem Finger auf die anvisierte Person zeigen („Hey, du!").
- Gelingen die Bewegungsabläufe flüssig, kann das Ritual zum Groove auf der CD durchgeführt werden: Aufstellung paarweise, frei im Raum verteilt beginnen alle nach dem Intro (ab ca. 0'23") mit der Begrüßung und gehen im vierten Takt zum nächsten Partner usw.

• Begrüßung 💿 A1 🎬 Begrüßung, Nr. 1

>> TIPP: Es empfiehlt sich, auch in den Folgestunden das Begrüßungsritual mit Musik ca. zwei Minuten lang durchzuführen. Als Begleitalternative kann eine Gruppe von Jugendlichen einen Begleitrhythmus im 4/4-Takt mit Perkussionsinstrumenten (siehe z. B. SB, Seite 77) spielen.

>> HINWEIS: Als Hilfe zur Einstudierung kann das Video hinzugezogen werden.

➡ Da sich Begrüßungsrituale bei Jugendlichen rasch ändern und schnell auch wieder „aus der Mode" kommen, gibt man der Klasse die Möglichkeit, neue Texte zu erfinden.

- Mit der Klasse besprechen: Wie könnte der Text im zweiten und dritten Takt verändert werden? Welche Begrüßung finden die Schülerinnen und Schüler „cool"?
- Wird ein neuer Text verwendet, kann dieser an die Wandtafel geschrieben werden.
  Beispiel: 1. Takt: „Hallo, guten Morgen!"
  2. Takt: „Super, dass du da bist!"
  3. Takt: „Cool, man! Hey, Alter!"

>> TIPP: Die Rhythmen können je nach Text abgeändert werden. Eventuell auch unterschiedliche Sprachen integrieren!

• Warm-up

Diese Übung sehr ruhig und gemächlich singen und am Ende des dritten Takts genügend Zeit zum Atemholen einräumen. Als zusätzlichen Ansporn zur Konzentration und zum „Begreifen" der Tonhöhen können die Töne mit Handzeichen (siehe dazu SB, Seite 15) gezeigt werden.

>> HINWEIS: Auf eine gut aufgerichtete Körperhaltung achten!

• Music in My Heart ✏ A2

Das freie Singen/Erfinden einer zweiten und dritten Stimme wurde in „im•puls", Band 1, am Beispiel des Lieds „Michael Row the Boat Ashore" (siehe SB 1, Seite 59 und 94) eingeführt. Nach dem gleichen Prinzip wird nun auch der vorliegende Song einstudiert (zur Einstudierung und Begleitung bietet sich das Playback an). Dabei kann genau nach den Angaben im SB vorgegangen werden. Eine detaillierte Erläuterung zu diesem „mehrstimmigen Singen ohne Notenvorlage" findet sich im SB und LB, Seite 6 und 7.
Wichtig ist,

- dass die Singenden realisieren, dass bei jeder Stimme der Rhythmus und der Liedtext identisch sind und
- dass sie möglichst lange auf demselben Ton singen und erst einen Ton höher oder tiefer singen, wenn „ihr" Anfangston etwas „schräg/falsch" klingt. Diese Stellen sind im Liedtext rot markiert.

• Einsingen mit Song-Zitaten 💿 A3–5

Mit den kurzen Ausschnitten aus internationalen Songs kann ein ausgewogener Chorklang exemplarisch geübt werden. Jede Zeile steht für sich alleine, wird jeweils mehrmals wiederholt und hat keinen Zusammenhang mit den folgenden Ausschnitten.

- Mit sehr ruhigem, unaufgeregtem Tempo beginnen.
- Es empfiehlt sich, mehrmals einstimmig (fett gedruckte Noten) zu singen, nach und nach eine weitere Stimme dazuzunehmen und den Schlusston/-akkord gemäß Dirigat ausklingen zu lassen.
- Zu den Aufnahmen singen (dort werden alle Stimmen mitgespielt).
- Nach Bedarf und Fähigkeiten des Klassenchors jeweils um einen Ton höher anstimmen.
- Ziel: Gleichzeitig Hören und Singen. Alle nehmen den Chorklang bewusst war und überprüfen den Zusammenklang.
- Möglicher Ablauf: 1. Durchgang: einstimmig, 2. Durchgang: mehrstimmig, 3. Durchgang: einstimmig einen Ton höher, 4. Durchgang: mehrstimmig usw.

VOICE TRAINING

> **Kompetenzen**
>
> Die Schülerinnen und Schüler können ...
>
> - ihre Stimme im chorischen Singen integrieren.
> - die eigene Stimme im Tonumfang erweitern und kräftigen.
> - Musik aufmerksam hören und diese alleine oder in der Gruppe mit Bewegungen umsetzen.
>
> **Material**
>
> A6

Sing With Me

SINGEN UND SPRECHEN

❶ a **Varianten** zu dieser Übung:

- Die ganze Übung in einem Atemzug auf Text singen und den letzten Ton möglichst lange aushalten – dann ruhig und tief einatmen. Dies fördert bei den Schülerinnen und Schülern das Bewusstsein und die Notwendigkeit eines gezielten Umgangs mit der Atmung beim Singen.
- Singen mit relativen Notennamen und Handzeichen: Do – mi – so – la – so – mi – do.
- Tonumfang nach oben erweitern: jedes Mal einen Halbton höher.

b Diesmal bleiben die Singenden auf einem beliebigen Ton stehen. Idealerweise auf einem Ton, auf dem sie sich von der Tonhöhe her wohlfühlen und wo ihre Stimme besonders gut und kräftig klingt.
Im besten Fall werden alle Töne erklingen, und es entsteht ein Dursextakkord (z. B. C6). Die Singenden halten ihren Ton so lange aus, bis die Dirigentin oder der Dirigent abwinkt.

Das kommt mir spanisch vor

TANZEN UND BEWEGEN

❷ a Dieses kleine Bewegungsspiel wird in Spanien in den unterschiedlichsten Variationen von Kindern in Schulen, aber auch anlässlich Animationsveranstaltungen in Ferienhotels gespielt. Dazu stellen sich alle in lockerer Chorformation auf.

- Im Unterricht ist es schnell eingeübt, wenn die Lehrperson die Solostellen (den ersten Takt pro Zeile) vorspricht und die Klasse im zweiten Takt imitiert. Bei einem späteren Durchgang kann auch eine Schülerin oder ein Schüler den Solotakt übernehmen.
- Die vierte Zeile ebenfalls zu Beginn taktweise einüben und erst in einem zweiten Schritt zweitaktig durchführen.

≫ TIPP: Mit dem ersten Einüben bereits auf pointierte Aussprache (puño = punio) und exakten Rhythmus achten!

b Besonderheiten in den Bewegungen:

- Die zum Oberkörper zeigenden Fäuste werden gegeneinander gepatscht.
- Auf „Hey!" werden beide Arme in die Luft geworfen.

≫ HINWEIS: Bei den meisten Klassen können Text und Bewegungen gleichzeitig eingeübt werden.

c Die Schülerinnen und Schüler erfinden nun mit den bekannten Wörtern und Bewegungen eigene eintaktige oder zweitaktige Variationen. Jeweils vier Personen stellen sich vor der Klasse auf und zeigen und sprechen nacheinander ihre Variation. Die Klasse imitiert.

Ein Live-Arrangement A6

Hier geht es darum, ein Lied mehrstimmig ohne Chor-Notenvorlage zu singen.
Dass diese Aufgabe für die Klasse viel einfacher ist, als vielleicht angenommen, merkt man erst,
wenn man es ausprobiert hat!

3 **a** Gemeinsam wird mehrmals das Lied „Banks of the Ohio" gesungen. Dabei ist es hilfreich, als Begleitung
das Playback mitlaufen zu lassen oder den Gesang mit einem Instrument zu begleiten (Gitarre oder Klavier).

- Ziel ist es, Text und Melodie auswendig zu können.
- Als Wiederholung und Festigung auch mit einem tieferen oder höheren Anfangston beginnen.
- Anschließend (oder in der nächsten Musikstunde) geht es darum, dass alle immer gemeinsam
  alle Stimmen singen. Begonnen wird mit der tiefsten Stimme.

>> HINWEIS: In allen Stimmen kann beim Wechsel des Akkords ein Ton sowohl höher als auch tiefer gesungen
werden! Wichtig ist, dass nur an den Stellen mit farbiger Schrift der Ton verändert gesungen wird.
Als Referenz dazu kann auf die Begleitung gehört werden. Beim schwarz geschriebenen Text geht es wieder
zurück auf den Anfangston.

Tiefe Stimme
Mit identischem Text und Rhythmus wird der Text „I asked my love to take a …" auf dem Anfangston d'
gesungen. Beim folgenden „walk …" einen Ton höher oder tiefer singen.

Mittlere Stimme
Vorgehen wie bei der tiefen Stimme: Doch diesmal bleiben alle auf dem dritten Ton (fis') und wechseln bei
den grün markierten Textstellen auf den nächst höheren oder tieferen Ton.

Hohe Stimme
Vorgehen wie bei der tiefen und der mittleren Stimme: Diesmal bleiben alle auf dem Wort „love", das auf dem
Ton (a') gesungen wird, und wechseln nur bei den blau markierten Textstellen auf den nächst höheren oder
tieferen Ton.

b Nach dem Singen in den drei Tonlagen (tief, mittel, hoch) geht es nun darum, dass jede Schülerin und jeder
Schüler die für sich beste Stimmlage herausfindet. Dabei wird darauf gehört, wo die eigene Stimme am
vollsten klingt. Evtl. kann die Lehrperson helfen, die beste Stimmlage zu finden.

- Alle überlegen und probieren aus, welche Stimme ihnen am leichtesten gefallen ist (kein Kratzen,
  kein Pressen usw.) und teilen sich bei der Choraufstellung in die jeweilige Stimmlage ein.
- Es werden drei Gruppen gebildet: tiefe, mittlere und hohe Stimme. Alle drei Gruppen haben denselben
  Anfangston! Nun singen alle drei Stimmen gleichzeitig, ohne die eigentliche Hauptmelodie.

>> HINWEIS: Vermutlich wird die angestrebte Dreistimmigkeit nicht gleich zu Beginn richtig klingen. Manche
werden in die lauter klingende Gegenstimme abdriften, andere werden in die Hauptmelodie abgleiten usw.
Hier gilt ganz besonders: Erst die Übung macht den Meister, erst die Wiederholung in mehreren Stunden
bringt den erwünschten Wohlklang!

- Nach mehreren Übungsdurchgängen kann eine kleine Gruppe oder eine Solistin zum mehrstimmigen Chor
  die Hauptmelodie singen, eventuell mit Mikrofon. Durch den dreistimmigen Satz klingt das Lied nun voller
  und interessanter.

>> HINWEIS: Das Finden der „eigenen" Stimme und das Singen ohne Notenvorlage ist ein zentraler Punkt im
Musikunterricht und ein großer Schritt in Richtung eigene Improvisation. Daher sollte dieses Vorgehen auch
auf andere Lieder angewendet werden, sodass die Schülerinnen und Schüler diese Art von Mehrstimmigkeit
immer wieder üben und anwenden.

WENN DER VORHANG FÄLLT

Kompetenzen

Die Schülerinnen und Schüler können ...

- Texte Groove-bezogen interpretieren und rappen (z. B. Hip-Hop).
- Lieder aus unterschiedlichen Stilarten singen, die sprachlichen Besonderheiten berücksichtigen und den damit verbundenen Ausdruck erproben.
- ausgewählte Rhythmus- und Melodiepatterns (z. B. aus verschiedenen Kulturen, Epochen und Stilen) spielen und deren Besonderheit erkennen.

Material

- A4-Papier
- Diverse Instrumente für das Begleitpattern

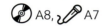 A8, A7

SINGEN UND SPRECHEN

1

a Im Refrain zum Lied „Wenn der Vorhang fällt" thematisiert Freundeskreis: Was wir auf der Bühne der Öffentlichkeit sehen, ist oft nicht die ganze Wahrheit. Manchmal haben sich die vermeintlich „Guten" unfairer oder illegaler Mittel bedient, um an ihre Position zu kommen. Oder aber sie haben ihre Macht oder ihre Bekanntheit ausgenutzt.

Beispiele:

- „Gute" Fussballstars von Weltklasseformat hinterziehen Steuern.
- „Gute" Geistliche missbrauchen ihre Schüler auf Klosterschulen.
- „Gute" Staatsoberhäupter manipulieren Wahlen zu ihren Gunsten.

Umgekehrt werden vermeintlich „Böse" oft zu Unrecht geächtet oder beschimpft.

Beispiele:

- „Böse" Menschenrechtsaktivistinnen und -aktivisten werden angeklagt, wenn sie Flüchtlinge in Seenot retten und sie mit ihren Schiffen anschließend illegalerweise ans Festland bringen.
- „Böse" Künstlerinnen und Künstler sitzen in Gefängnissen, weil sie Bilder gemalt haben, die auf Missstände in ihrem Land aufmerksam machen.
- „Böse" Angestellte machen als sogenannte „Whistleblower" illegale Machenschaften in ihrem Unternehmen einer breiten Öffentlichkeit bekannt und müssen deswegen oft Schimpf und Schande über sich ergehen lassen.

b Das Aufschreiben des Refrain-Textes in vier Zeilen auf ein separates Blatt dient der Vorbereitung für Aufgabe 2.

GESTALTUNGSPROZESSE

2

a Der Text aus Aufgabe 1 (lila) wird mehrmals rhythmisch gelesen. Die als betont wahrgenommenen Silben fallen mit dem Puls des Fußes zusammen.

Varianten:

- Text zuerst mehrmals ohne Puls sprechen und betonte Silben unterstreichen, anschließend mit Puls überprüfen.
- Text im 4/4-Takt anschließend „alla breve" (in Halben) lesen.

b Mehrere Resultate können korrekt sein, wenn die Notenwerte variieren. Die betonten Silben sollten aber im Sprechfluss dieselben ergeben.

>> HINWEIS: Möglich ist auch, dass mehrere Schülerinnen und Schüler korrekte Teile der Lösung beisteuern.

c Darauf achten, dass das Tempo des Begleitgrooves beim Rappen eingehalten wird.

>> TIPP: Eventuell geben sich Schülerinnen und Schüler gegenseitig ein Feedback dazu:
„Bei ‚geblendet vom Szenario' warst du einen Tick schneller als der Begleitgroove."

 A7

3

a Die drei Beispiele A, B und C unterscheiden sich durch unterschiedliche Notenwerte bei einzelnen Silben oder dadurch, dass sie auf- oder volltaktig beginnen. Der natürliche Sprechfluss lässt nur Version B als korrekte Lösung zu.

b Wie die zweite Zeile in Aufgabe 3a kann auch die vierte Zeile des Textes in mehreren Versionen gesprochen werden. Etwas schwieriger sind die beiden Phrasen „Wenn der Vorhang fällt, sieh hinter die Kulissen" und „Geblendet vom Szenario erkennt man nicht." Hier fallen die betonten Zählzeiten 1 und 3 in zwei Fällen nicht mit dem effektiven Zeitpunkt der gerappten Silbe zusammen:

- Bei „fällt" erklingt das gesprochene Wort eine Achtelnote vor der betonten Zählzeit 3.
- Bei „-o" im Wort „Szenario" erklingt die gesprochene Silbe eine Achtelnote vor der betonten Zählzeit 1.

Diese rhythmischen Verschiebungen bewirken beim Zuhören das Gefühl des im Rap und Hip-Hop charakteristischen und fließenden Zusammenspiels von Stimme, Beat und Melodie – dem „Flow".

4

a Zusätzlich zu einer hohen Lautstärke und Intensität ist auch auf eine deutliche Aussprache zu achten. Im Hintergrund kann dazu der Begleitgroove oder die Originalaufnahme (Refrain etwa bei 01'28'') abgespielt werden.

 A8, A7

b **Varianten:**

- Den ganzen Text nur flüstern, die betonten Silben aber laut rufen.
- Klasse in vier Gruppen aufteilen und diese jede Aufgabe einmal übernehmen lassen:
  - Den Text rappen.
  - Die betonten Silben rufen.
  - Einen Beatbox-Rhythmus mit oder ohne Mikrofone gestalten.
  - Eine einfache Begleitung an Perkussionsinstrumenten spielen.

5

Begleitpattern

a Der Text wird mehrmals fließend gelesen, ohne die Betonungen und Schwerpunkte hervorzuheben.

b Der Strophen-Text ist ziemlich umfangreich. Daher als mögliche Variante die sechs Abschnitte auf zwei, drei oder gar sechs Gruppen verteilen, die sich als jeweilige Experten mit der Originalaufnahme darauf vorbereiten.

 A8

c Die Xylofonstimme kann auch von einem Tasteninstrument übernommen werden. Die unteren beiden Stimmen des Drumsets (Bass Drum und Snare Drum) können auch von einer Bongo oder einer Conga gespielt werden.

SINGEN UND SPRECHEN

SINGEN UND SPRECHEN

MUSIZIEREN

AMERICA

Rhythmusübung

a Die unterschiedliche Aufteilung der sechs Achtel in 3+3 und 2+2+2 ist für viele Jugendliche nicht ganz einfach umzusetzen. Besonders im Originaltempo, also relativ schnell, holpern häufig die Achtelnoten auf der linken Hand.

Aus diesem Grund sollte neben dem Rhythmuspattern im SB auch noch folgende Version ausprobiert werden, die in der Regel bei vielen Schülerinnen und Schülern eine gleichmäßigere Aufteilung der Achtel zur Folge hat:

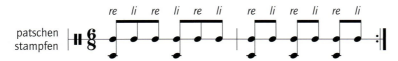

>> HINWEIS: Gibt es koordinatorische Schwierigkeiten mit dem Patschen und gleichzeitigen Stampfen, wird zunächst ein langsames Tempo gewählt.

b Vorgehen gemäß SB

c Der 6/8-Takt wird pro Takt in Zweier- und in Dreiergruppen unterteilt. Dadurch entsteht ein Rhythmus mit wechselnden Betonungen.

2 **Refrain**  A9

a Der Original-Refrain beinhaltet dreimal den Rhythmus von Aufgabe 1b und einen leicht variierten Schlussteil in der Melodie. Der Rhythmus bleibt unverändert.

b Es empfiehlt sich, zuerst den Text ohne Rhythmus zu lesen und dann in einem langsameren Tempo die Bodypercussion dazuzuspielen.

>> TIPP: Nach und nach das Tempo steigern, dann zum Hörbeispiel singen und spielen.

MU

Klavierbegleitung (Ostinato)

Gemäß Aufteilung der rechten und linken Hand bei der Bodypercussion, werden auch die Klavierbegleitung und/oder folgende Xylofonbegleitung gespielt.

Begleitung für Xylofon:

MUSIZIEREN

3 **Strophe**  A9

a Musical-Texte sind nicht immer ganz unproblematisch und werden häufig von Kritiken zerrissen. Als Beispiel dazu kann der deutsche Text des vorliegenden Songs gelten. Interessanterweise haben hier der englische und deutsche Text teilweise unterschiedliche Aussagen. Es kann diskutiert werden, was der Grund dafür sein könnte:

- Ist es der ungewöhnliche Rhythmus, der eine identische Aussage mit den unterschiedlichen Silbenzahlen der Sprachen nicht zulässt?
- Könnte es die unterschiedliche Texterwartung des europäischen und amerikanischen Publikums sein?

Auch die unterschiedlichen Ansichten zwischen Frauen und Männern in dieser Szene können thematisiert werden.

>> HINWEIS: Die Strophe beginnt im Hörbeispiel bei 00'20''.

b In dieser Szene sind die Frauen aus Puerto Rico besonders vorwitzig und übermütig. Ggf. finden sich einige Schülerinnen, die dieses „freche" Singen übernehmen können.

SINGEN UND SPRECHEN

4 **a/b** Den Schülerinnen und Schüler wird vermutlich auffallen, dass der deutsche Text vor allem der Strophe durch die teilweise falschen Silbenbetonungen sehr holprig klingt. Sie werden sich daher eher für den englischen Text entscheiden.

- Refrain und Strophe mit deutschem und englischem Text, die instrumentale Begleitung und die Bodypercussion können auf mehrere Gruppen verteilt werden.
- Die Schülerinnen und Schüler versuchen herauszufinden, welches Arrangement, welche Kombination der Gruppen am besten klingt.

SUS

STIMMEN AUF UNTERSCHIEDLICHEN WEGEN

Kompetenzen

Die Schülerinnen und Schüler können ...

- in mehrstimmigen Liedern ihre Stimme halten.
- Texte mit und ohne Begleitung rhythmisch sprechen.
- Lieder in verschiedenen Sprachen, Epochen und Stilen interpretieren.
- einzelne Melodieverläufe oder rhythmische Verläufe in einem Lied oder Musikstück hörend verfolgen, zeigen und beschreiben.

Material

- A4-Papier
- Video „Die Kinder des Monsieur Mathieu"

 A10, A12–14, A11, Vois sur ton chemin (komplettes Leadsheet)

Vois sur ton chemin

Das Lied stammt aus dem sehr erfolgreichen französisch-schweizerischen Film „Die Kinder des Monsieur Mathieu" (Originaltitel: „Les Choristes") aus dem Jahr 2004:
Der arbeitslose Komponist Clément Mathieu erhält 1949 eine Anstellung als Aufseher in einem französischen Internat für schwer erziehbare Jungen. Dessen Direktor „erzieht" seine Schüler nur mit Prügel und Arrest. Gegen den Widerstand des Direktors gründet Mathieu einen Chor und gewinnt allmählich das Vertrauen seiner widerspenstigen Schützlinge.
Es lohnt sich, den ganzen Film mit der Klasse anzuschauen. Er zeigt die Verhältnisse in einem Internat im Jahr 1949 und bietet zahlreiche kleine Chor-Episoden, die viel über die fruchtbare Zusammenarbeit zwischen den Schülern und ihrem Dirigenten zeigen.
Vergnügliches Beispiel: Szene mit Einsingen und Stimmeinteilung. Auch der Unbegabteste wird integriert – als Notenständer!

1 **a** Der erste Teil des Lieds wird mehrmals angehört. Dabei sollen die Schülerinnen und Schüler versuchen, die beiden unterschiedlichen Stimmen genau mit dem Zeigefinger zu verfolgen. Einmal die obere, das andere Mal die untere Stimme. A10

b Die Stimmen können wie folgt beschrieben werden:

- In der Strophe sind die beiden Stimmführungen sehr ähnlich. Sie unterscheiden sich in der Tonhöhe.
- Im Refrain sind die Unterschiede markanter, zum Beispiel im Rhythmus, in der Textaufteilung, in den Pausen.

2 **a–d** Nachdem die Klasse die Stimmen jeweils gemeinsam auf neutrale Tonsilbe „na, na" gesungen hat, wird sie in zwei Gruppen (zwei Stimmen) aufgeteilt. Diese übernehmen die beiden Stimmen und singen das ganze Stück (weiter auf neutrale Tonsilbe) mehrmals zur Originalaufnahme und dann zum Playback.
Wenn die Schülerinnen und Schüler fit in der französischen Sprache sind, kann entschieden werden, den Liedtext zu singen. Vor dem Singen sollte allerdings der Text fließend gelesen werden können – und das ist nicht ganz einfach. Genügend Zeit und Geduld einplanen! A11

>> HINWEISE:

- Je besser die Singenden wissen, was der Text bedeutet, desto sicherer wird die sprachliche Umsetzung gelingen. Siehe dazu die sinngemäße Übersetzung des Liedtextes auf SB, Seite 13 (Info!-Box).
- Da der Tonumfang in beiden Stimmen gut zu bewältigen ist, kann die Klasse in zwei beliebige Gruppen geteilt werden. Es klingt jedoch besser, wenn die beiden Stimmen mit Mädchen und Jungen durchmischt sind. Wenn die obere Stimme von Mädchen und die untere Stimme von Jungen mit Stimmbruch gesungen wird, ist der Abstand zwischen den beiden Stimmen zu groß und klingt schlecht.
- Im Anhang des LB, Seite 243 findet sich das komplette Leadsheet.

HO

SINGEN UND SPRECHEN

Polyfonie und Homofonie

Polyfonie: Neben der im SB genannten Bedeutung „vielstimmig" meint Polyfonie in der Musik auch „selbständig", oder „unabhängig" und bezieht sich auf die einzelnen Stimmen, die eine eigene Stimmführung aufweisen. Einer der berühmten Komponisten für diesen Stil war J. S. Bach, der vor mehr als 300 Jahren lebte.

Homofonie: Die Stimmen in einem homofonen Satz sind rhythmisch gleich oder gleich gebildet und stehen damit im Gegensatz zu den selbständigen Stimmen der Polyfonie.

Den Gegensatz zwischen diesen beiden Formen der Stimmführung gilt es im Unterricht herauszuarbeiten. Die Choreinwürfe aus „Couldn't Keep It to Myself" (siehe oben und im SB auf Seite 88) können dabei als Beispiel für Homofonie und als Gegenbeispiel zu „Vois sur ton chemin" (polyfoner Satz) herangezogen werden.

Vergleich verschiedener Interpretationen 💿 A12–14

3 a/b Folgende Gemeinsamkeiten und Unterschiede können herausgearbeitet werden:

	Beyoncé	**Candan Erçetin**	**Christina Aguilera**
Gleich wie Original	• Ablauf • Refrain • Akkorde und Harmonien	• Zwischenteil (e le e …) • Melodie • Ablauf	Eingangspattern mit Klavier ist identisch, Harmoniefolge
Abweichend vom Original	• Stimme 1 wird solistisch vorgetragen. • Strophen staccato (im Original legato)	• Stimme 1 wird solistisch gesungen. • Instrumentierung • Das typische Eingangspattern wurde vereinfacht. • Andere Sprache, neue Stilistik	Basierend auf dem Klavierpattern wurde ein ganz neues Stück gemacht: Neuer Text, andere Instrumentierung usw.

SINGEN UND SPRECHEN

HÖREN UND SICH ORIENTIEREN

NACH NOTEN SINGEN

Kompetenzen

Die Schülerinnen und Schüler können ...

- nach visuellen Impulsen und Handzeichen einfache Tonfolgen und die Dur-Tonleiter sowie kurze Melodien mit relativen Notennamen singen.
- kurze Tonfolgen erfinden und notieren.

Material

- Notenpapier und leeres A4-Papier
- Klavier oder Xylofon

Dass Schülerinnen und Schüler „vom Blatt singen", ist für viele Lehrpersonen ein unerreichbarer Wunschtraum. Mit notwendigem, regelmäßigen Üben, einer gewissen Beharrlichkeit und geeignetem Übungsmaterial können aber beachtliche Erfolge und ein großer Schritt hin zum Blattsingen gemacht werden.

Nach diesem Workshop kann mit einfachen Übungen jede Gelegenheit (Liedanfänge, einfache Abschnitte usw.) für kleine Blattsingübungen genutzt werden.

Auch wenn den Schülerinnen und Schülern das Prima-vista-Singen zunächst nicht über das gesamte Lied gelingt, werden sie sich doch zunehmend an den Noten orientieren und sie als Gedächtnisstütze anwenden können.

Relative Solmisation

Gerade zum Erlernen des Vom-Blatt-Singens bietet die Relative Solmisation entscheidende Vorteile. Diese sinnvolle didaktische Möglichkeit erhält in letzter Zeit wieder vermehrt Aufmerksamkeit (wobei im Umgang mit relativen Notennamen und Handzeichen regional große Unterschiede bestehen). Das zeigen Veröffentlichungen in neuen Lehrmitteln und aktuellen Fachzeitschriften, welche die Thematik wieder aufgreifen.

In vielen Schulen werden die Handzeichen bereits im zweiten oder dritten Schuljahr eingeführt, um die Töne für die Kinder auch visuell greifbar zu machen.

Bei der Relativen Solmisation handelt es sich um eine bewährte Methode, Tonfolgen und Melodien ganzheitlich zu erfassen, die Töne zu zeigen und greifbar zu machen. Für die Schülerinnen und Schüler sind die Handzeichen anfänglich ein Spiel, das aber erhöhte Konzentration verlangt, da die Handzeichen gleichzeitig mit dem Singen der Noten gezeigt werden.

Relative Notennamen und Solmisation haben für den Musikunterricht und das Singen einige unschlagbare Vorteile:

- Besonders schwächeren Kindern hilft das Singen mit Handzeichen auf die Dauer, eine klare Tonvorstellung zu entwickeln. Die Töne werden ergriffen und dadurch begriffen; sie werden visualisiert.
- Singen mit relativen Notennamen bedeutet auch, dass die Vorzeichen zunächst entfallen können. So-Mi klingt immer gleich, egal ob das Lied in C-Dur oder E-Dur notiert worden ist.
- Die Schülerinnen und Schüler können mit der Solmisation eine recht große Sicherheit beim Blattsingen entwickeln.

>> **HINWEIS:** Wie seit Jahren vielerorts in der Praxis angewendet, wird auch in diesem Buch klar die Unterscheidung gemacht:

- **Mit relativen Notennamen (do, re, mi) wird gesungen.**
- **Die absoluten Notennamen (c, d, e) werden beim Musizieren mit Instrumenten angewendet.**

1 **a** Es ist sinnvoll, diese Aufgabe zu Beginn mit der ganzen Klasse zu machen.

- Die Lehrperson zeigt kurze Tonfolgen auf der Abbildung des Glockenturms (bei do beginnen, anfänglich keinen Ton überspringen). Die Klasse singt die gezeigten Töne mit Silben („do re mi" usw.).
- Dann spielen 1–2 Schülerinnen und Schüler dieselben Töne auf einem Instrument (z. B. Klavier, Keyboard, Xylofon).
- Anschließend erhält die Klasse Gelegenheit, die Aufgabe in kleinen Gruppen zu üben und zu vertiefen.

b/c Alle versuchen, eine eigene kurze Melodie aufzuschreiben. Dabei sollen die Töne der eben gesungenen Tonleiter verwendet werden, ohne einen Ton zu überspringen.
In kleinen Gruppen singt jede Person ihre Melodie vor.

2 **a/b Immer schön der Reihe nach**

- Die Klasse singt mit der Lehrperson und auch alleine mehrmals die Tonleiter hinauf und hinunter.
- Die Klasse singt die erste Zeile mit relativen Notennamen und Handzeichen.
- In kleinen Gruppen versuchen die Jugendlichen, die Zeile nochmals zu singen.
- Dieses Vorgehen wird auf Zeile 2 übertragen.
- **Variation:** Die Zeilen können auch rückwärts (von hinten nach vorne) gesungen werden.

Und jetzt mit Sprüngen

- Das Vorgehen von oben wird auf Zeile 3 und 4 übertragen.
- Die Klasse sitzt im Kreis und singt die vier Zeilen nacheinander.
- Noch einmal von vorne: Jede Person singt der Reihe nach einen Takt alleine.
- Evtl. kann eine Schülerin oder ein Schüler eine Zeile alleine singen.

Liedanfänge

3 **a/b Lösungen:**

1 „Music in My Heart" (siehe SB, Seite 5)
2 „We Are the Champions"
3 „Charpentier: Te Deum" (Eurovisionsmelodie)

4 Vorgehen gemäß SB

HAPPY ENDING (MIKA)

Kompetenzen

Die Schülerinnen und Schüler können ...

- ihre Stimmlage entdecken, festigen und Töne mit der Stimme sicher treffen.
- mit ihrer Stimme unterschiedliche Klangfarben erzeugen.
- zwischen Kopf- und Bruststimme unterscheiden und beide einsetzen.

Material

- A4-Papier und Stifte
- Instrumente: Klavier, Keyboard, Xylofon, Gitarre o. a.
- Videobeispiel „Happy Ending" (Mika)

   A15/16

Gemeinsames Lesen der Einleitung und Brainstorming: Warum heißt es Bruststimme, warum Kopfstimme?
Möglicher Antworten:
- Weil man mit gehobener Brust und tief/stark singt.
- Weil man die Stimme in der Brust spürt.
- Weil man oben „durch den Kopf" singt und dadurch weniger Druck aufbringen kann.

❶ Brust- und Kopfstimme erleben

Alle stehen auf, suchen sich einen festen Stand oder setzen sich aufrecht vorne auf die Stuhlkante. Mehrmals tief einatmen und auf einem langen „fff ..." ausatmen.

Anschließend die folgende Übung mehrmals singen, jeweils einen Ton tiefer.

no   no   no

INFO!

Der Mensch als Resonanzkörper

Der menschliche Körper ist der Resonanzkörper unserer Stimme. Ohne ihn würde sie kaum wahrgenommen. Als Vergleich dient beispielsweise eine akustische Gitarre. Durch das Zupfen der gespannten Saiten erklingt ein Ton (Stimmbänder). Ohne den Korpus wäre der Ton kaum hörbar, wie z. B. bei einer (geschlossenen) elektrischen Gitarre.

a Nun legen alle eine Hand auf die Brust und wiederholen die Übung. Es muss nicht laut gesungen werden, um die Vibration zu spüren.

- Wo ist die Vibration gut spürbar?
- Wann ist sie am besten spürbar?
- Ändert sich das Gefühl je nach Tonhöhe und Lautstärke?

b Gleiche Übung wie bei a, doch diesmal in umgekehrter Reihenfolge, von unten nach oben.

- Auf/In der Brust ist keine Vibration spürbar, dafür beim Kopf. Wo?
  (Schläfen, Stirn, Hinterkopf, Wangenknochen, Nasenbein usw.)

❷ Mein Tonumfang

Die vier farbigen Balken zeigen die Tonregister Sopran, Alt, Tenor, Bass (Zwischenregister wie Mezzo-Sopran oder Bariton werden hier nicht explizit erwähnt). Diese Lagen kennen die Jugendlichen eventuell vom chorischen Singen oder haben zumindest schon einmal davon gehört.
Durch das Erfassen des Tonumfangs kann das geeignete Tonregister bestimmt werden.

a Diese Aufgabe kann mit der ganzen Klasse oder in Gruppen gelöst werden. Da der Klang der eigenen Stimme anders wahrgenommen wird als von der Umwelt, beraten sich die Jugendlichen gegenseitig. Ergeben sich Unterschiede, wenn ein Instrument (Klavier, Gitarre) mitspielt?

SINGEN UND SPRECHEN

SUS

b Dasselbe Vorgehen wie bei a, diesmal aber in die Höhe

c Durch Ausprobieren, Spüren und Hinhören finden alle ihren „kritischen Ton". An dieser Stelle kann der Ton mit der Bruststimme nicht mehr schön gesungen werden, zu viel Druck ist nötig. Der Wechsel in die Kopfstimme wirkt erleichternd.

 a Die Tonbeispiele von Falsett und Kopfstimme werden angehört und besprochen (Tonhöhe, Klangfarbe, Wirkung auf die Zuhörenden). A15

b Alle heben die Hände oder machen sich eine Notiz, sobald die Stimme in eine andere Lage wechselt.

Stimmlagen

Es gibt auch eine so genannte Mittelstimme. Sie verbindet Brust- und Kopfstimme und ist durch viel Stimmtraining und eine fundierte Stimmtechnik erlernbar. Gute Sängerinnen und Sänger können den Wechsel von der Brust- zur Kopfstimme über den Weg der Mittelstimme nahezu unmerklich vollziehen.

Typisch für schnelle Wechsel der Stimmlagen ist beispielsweise das Jodeln. Entsprechende Tonbeispiele oder YouTube-Videos finden sich im Netz.

Happy Ending (Mika)

Die Anwendung zeigt jeweils die Frequenzbilder einer wütend, gelangweilt und erfreut klingenden Stimme. Interaktiv wird die Präsentation, indem die Jugendlichen via integriertem Mikrofon des Computers ihre eigene Stimme beliebig oft aufnehmen und die entsprechenden Frequenzbilder als Wellenform betrachten.

Falsett- und Kopfstimme in der Popmusik A16

Zunächst können weitere Beispiele für Sängerinnen und Sänger mit ausgeprägter Falsett-/Kopfstimme zusammengetragen werden:
James Blunt, Matthew Bellamy („Muse"), Freddie Mercury („Queen"), Mariah Carey
Diese Künstlerinnen und Künstler verfügen alle über einen sehr großen Stimmumfang.

4 a Die Aufgabe kann anhand des Hörbeispiels (CD) oder eines Videoausschnitts (Suchmaske auf YouTube: „Mika" und „Happy Ending") durchgeführt werden.
Im Song setzt Mika die Kopfstimme bei den langen und hohen Tönen ein, die Bruststimme jeweils im zweiten Teil der Phrase (blaue und rote Markierung im Notenausschnitt).

b Gemeinsam und unter Anleitung der Lehrperson singen alle den Refrain zum Hörbeispiel mit.
Eine Liedbegleitung findet sich außerdem auf SB, Seite 134.
Wichtig ist nun, die langen und hohen Töne fein und bewusst in der Falsett-/Kopfstimme zu singen.
Gleichzeitig werden die jeweils darauffolgenden tieferen Phrasen in deutlicher Bruststimme gesungen.
Dies muss nicht laut sein, aber bestimmt.

>> TIPP: Zur Verdeutlichung kann die Körperhaltung oder -bewegung verändert werden: Bei Falsett-/Kopfstimme mit dem Oberkörper leicht hin und her schwanken oder sich etwas nach hinten fallen lassen. Beim Einsatz der Bruststimme die Hände auf die Brust legen.

2 OHREN-SPITZER 1

Der Titel des Kapitels nimmt die Aufgabenstellungen vorweg: Indem wir „die Ohren spitzen", hören wir genau hin. Als Einstieg in die Thematik kann der Unterschied zwischen „hören" und „zuhören" aufgegriffen werden (ggf. Vergleich mit den englischen Begriffen „to hear" und „to listen").

Die Jugendlichen suchen Beispiele für Alltagssituationen, in denen sie entweder etwas nur hören oder genau zuhören (müssen). Anschließend wird der Transfer zur Musik gemacht: Wann hören wir „nur" Musik und wann hören wir ihr genau zu? Z. B. Hintergrundmusik in Warengeschäften versus Erkennen einzelner Instrumente in einem Arrangement.

Ggf. können weitere Informationen zum Hörvorgang anhand der Eingangssätze thematisiert werden.

• Rätsel für die Ohren 💿 A17/A18 🎬 I Need a Dollar (Videoclip und Streichquintett), Nr. 2/3

Der Song „I Need a Dollar" von Aloe Blacc wird vorgestellt und angehört (Studio-Version, noch ohne Video): 💿 A17

- Die Schülerinnen und Schüler notieren alle Instrumente, die sie heraushören können (Keyboard, Bass, Schlagzeug, später Bläser wie Trompete, Posaune).
- Nun wird das Video gezeigt und alle vergleichen und korrigieren ihre Notizen. 🎬 Nr. 2
- Unklarheiten werden im Plenum besprochen, nachdem das Video ein zweites Mal abgespielt wurde. Die Notizen können entsprechend ergänzt werden (z. B. Saxofon).

Die Schülerinnen und Schüler werden darauf aufmerksam gemacht, dass es von einem Lied manchmal mehrere Versionen gibt.

Beispiele:

- langsame vs. schnelle Version
- Radiomix-Version (z. B. mehr elektronische Elemente)
- „Unplugged"-Version (akustische Instrumente, kleinere Besetzung)
- klassische Version (mit Orchester, Streichquartett usw.)

Nun wird die zweite Version des Songs vorgespielt. Wiederum sollen die Jugendlichen die Instrumente identifizieren und die Namen auf das Blatt notieren. Im Anschluss werden die Veränderungen diskutiert und so die Lösung gemeinsam erarbeitet. Beim Betrachten des Video zur Aufnahme können die Ergebnisse noch einmal verglichen werden.

💿 A18, 🎬 Nr. 3

Lösung:

In der zweiten Version wird der Sänger von einem Streichquintett begleitet, es handelt sich also um eine klassische Unplugged-Version.

• Instrumenten-Parcours 💿 A19

- Im Plenum werden die Instrumente auf dem Bild kurz besprochen und Fragen der Klasse beantwortet. Welche Instrumente kennen die Schülerinnen und Schüler nicht?
- Auf einem Blatt Papier werden die Nummern 1–24 notiert. Das Hörbeispiel wird nach jeder Nummer angehalten, damit die Schülerinnen und Schüler den Namen des jeweiligen Instruments eintragen können. Danach wird das nächste Beispiel abgespielt.
- Nach der Hörübung tauschen die Schülerinnen und Schüler die Blätter mit ihren Nachbarn und korrigieren gegenseitig ihre Ergebnisse.

>> HINWEIS: Es empfiehlt sich, nach der Korrektur alle Hörbeispiele noch einmal zu hören, mit dem Hinweis, dass diese Höraufgabe (eventuell im Zusammenhang mit einer Bewertung) in drei Wochen noch einmal wiederholt wird.

• Hören – Zählen – Singen 💿 A17

Zuerst geht es nur darum, dass die Schülerinnen und Schüler mit den Fingern im Takt (den Puls) klopfen.
Dies kann als Trockenübung folgendermaßen aufgebaut werden (die Lehrperson macht es jeweils vor, die Klasse steigt dazu ein):

- Der Puls wird mit allen Fingern gleichzeitig geklopft.
- Dazu wird gezählt: „1, 2, 3, 4" (wiederholend) = ein Takt
- Nun werden die Zählzeiten („1, 2, 3, 4") auf Daumen, Zeige-, Mittel- und Ringfinger verteilt, der Puls bleibt derselbe.
- Die erste Minute des Lieds wird abgespielt. Gemeinsam wird dazu geklopft und korrekt gezählt (Zählzeit „1" ist immer der Daumen).

>> HINWEIS: Im Musikunterricht kommt es immer wieder vor, dass die Anzahl von Takten gezählt werden muss. Dies wird hier mit folgendem Vorgehen geübt: Die erste Zahl ist immer die Taktzahl. Es wird nun folgendermaßen gezählt:
„**1**, 2, 3, 4 – **2**, 2, 3, 4 – **3**, 2, 3, 4" usw.

- Der Einwurf „Hey, hey" kommt viermal vor. Mit genauem Zuhören und Zählen (siehe Hinweis oben) soll herausgefunden werden, wo genau diese Einwürfe vorkommen. Es dürfen auch Notizen gemacht werden. Die Vorschläge werden im Anschluss besprochen.
- Gemeinsam wird nun geklopft und das „Hey, hey" an den korrekten Stellen mitgesungen.

>> HINWEIS: Die Lehrperson sollte immer selbst mitklopfen und mitzählen, da sich die Lernenden so visuell orientieren können (besonders die schwächeren). Es sollte darauf geachtet werden, dass niemand aufhört zu klopfen.

Lösung:
>> HINWEIS: Die Zählung beginnt nicht beim Intro, sondern direkt beim Einsatz der Gesangsstimme!

Das „Hey, hey", kommt im ersten Refrain und der ersten Strophe nach demselben Muster – jeweils nach dem zweiten sowie vierten Takt auf die Zählzeit 4:

- 1. Takt: „**1**, 2, 3, 4"
- 2. Takt: „**2**, 2, 3, Hey, hey"
- 3. Takt: „**3**, 2, 3, 4"
- 4. Takt: „**4**, 2, 3, Hey, hey"

• Hören – Sehen – Erkennen 🎬 Music:Eyes

>> HINWEIS: Grundsätzliches zu den Music:Eyes-Visualisierungen siehe LB, Seite XI ff. in der Einleitung.

Die Visualisierungen sind Hörhilfen und Anschauungsmaterial zugleich. In diesem Beispiel geht es darum, dass die Partitur des Stücks in einer klingenden grafischen Notation den Schülerinnen und Schülern zeigt, wie die einzelnen Instrumente und die Singstimme verlaufen und wie sie im Zusammenklang eingesetzt werden.
Beim Betrachten der Visualisierung können folgende Aufgaben gestellt werden:

- Beschreibt, mit welchen Farben Singstimme, Bass, Blasinstrumente usw. angezeigt werden.
- Was bedeuten große und kleine grafische Elemente?
- Klatscht die Snare-Stimme mit oder singt die Stimmen der Blasinstrumente.
- Notiert beim Anhören die Formteile (siehe Kasten im SB) in der richtigen Reihenfolge.

Lösung Formteile-Reihenfolge:

1.	Intro	4 Takte
2.	Refrain	8 Takte
3.	1. Strophe	8 Takte
4.	Refrain 2	4 Takte
5.	Bridge 1	7 Takte
6.	2. Strophe	8 Takte
7.	Refrain	8 Takte
8.	Bridge 1	7 Takte
9.	Bridge 2	8 Takte
10.	3. Strophe	8 Takte
11.	4. Strophe	8 Takte
12.	Refrain	8 Takte
13.	Coda	8 Takte

MUSIC:EYES

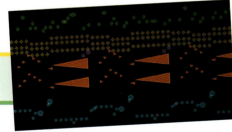

Lösung:

	Querflöte	Horn	Harfe	Tenorsaxofon	Gong	Synthesizer	Große Trommel	Posaune	Violine	E-Bass	Pauken	C-Flöte	Kastagnetten	Trompete	Schellentamburin	Gitarre akustisch	Cello	Kleine Trommel/ Snare	E-Gitarre	Becken	Fagott	Flügel/Klavier	Klarinette	Hi-Hat
	1	2	3	4	5	6	7	8	9	10	11	12	13	14	15	16	17	18	19	20	21	22	23	24

SPRECHEN ÜBER MUSIK

> **Kompetenzen**
>
> Die Schülerinnen und Schüler können ...
>
> - musikalische Verläufe und Aspekte bewusst verfolgen und beschreiben (z. B. Instrumentierung und Text).
> - bei Musikbeispielen hörend Eindrücke sammeln und diese in einen Bezug zu den eigenen musikalischen Präferenzen bringen und andere Präferenzen akzeptieren.
>
> **Material**
>
> - Farbige Kärtchen und Stifte
>
> A20/21

Der Schwerpunkt dieser Doppelseite liegt auf dem Artikulieren der eigenen Meinung und dem Akzeptieren anderer Meinungen. Der jeweilige Standpunkt muss keineswegs geteilt, er soll jedoch respektiert werden. Es ist wichtig, den Jugendlichen ein Verständnis dafür zu vermitteln, dass jede und jeder das Recht auf einen eigenen Geschmack und eine eigene Meinung hat.

Musik kann durch ihre Beschaffenheit Gefühle und Stimmungen bei uns auslösen. Im Unterricht wird darauf hingearbeitet, dass die Eindrücke über die Musik möglichst präzise in Worte gefasst werden können – und das ist gar nicht so einfach.

Morgenstimmung 🎵 A20

>> **HINWEIS:** Informationen zu dem – der „Morgenstimmung" zugrunde liegenden – Tonsystem Pentatonik siehe auch SB, Seite 92

① **a** Einige Vorschläge zu dieser Aufgabe finden sich oben rechts auf Seite 20 im SB oder in der nebenstehenden Grafik.

b Hier geht es nicht um richtig oder falsch, sondern um die Feststellung, dass Musik auf unterschiedliche Personen anders wirken kann.

c Im Notenbild ist erkennbar:
- Die Bindebogen zeigen die „Atmungsbogen", die großen Linien im Orchesterklang.
- Eine sanfte Melodie liegt über ausgehaltenen Akkordtönen.
- Die Melodie zeichnet sich durch „schwebende", hohe Klänge mit einem relativ kleinen Tonumfang aus.
- ➡ Die im Notenbild erkennbaren Elemente unterstützen eine sanfte, schwebende, beruhigende Wirkung.

aufregend *verstörend* *beschwingt* *schwebend* **sanft** *tänzerisch* *hart* *verhalten* *beruhigend* **grob**

INFO!

> **Musik-Parameter**
>
> Parameter (griechisch für: etwas messen, vergleichen) ist ein aus den Naturwissenschaften entlehnter Begriff und bezeichnet in der Musik elementare Aspekte wie Tondauer, Tonhöhe und Tonstärke/Lautstärke. Nicht korrekt im historischen Sinne werden manchmal auch Harmonie und Rhythmus als musikalische Parameter bezeichnet.

HÖREN UND SICH ORIENTIEREN

2 **a** Vor der Zuordnung wird der Ausschnitt noch einmal gehört. Dann werden die aus Aufgabe 1 erarbeiteten Adjektive den drei Zutaten der Adjektiv-Maschine zugeordnet:

- **Musikalische Parameter** (siehe Info!-Box auf Seite 20): Vorwiegend Achtel und punktierte Viertel sowie halbe Noten. Hohe Töne in den Flöten, eher tiefere Töne in den Streichern, alle spielen „piano".
➡ Mögliche Adjektiv-Zuordnung: verhalten, beruhigend

- **Besetzung**: Musikalisches Thema zuerst in der Flöte, dann in der Oboe. Streicher und Fagott spielen Begleittöne.
➡ Mögliche Adjektiv-Zuordnung: sphärisch, schwebend

- **Musikalische Gestaltung**: ruhige Legatoklänge, langsames Tempo, nur wenige Instrumente (Melodie-Motiv zunächst nur in einem einzigen Instrument, zuerst Flöte, dann Oboe)
➡ Mögliche Adjektiv-Zuordnung: aufbauend, steigernd

b Einige „Zutaten" der Adjektiv-Maschine (Vorschläge der Schülerinnen und Schüler) werden wohl nicht ganz eindeutig den einzelnen Aspekten zugeordnet werden können. Durch die Diskussion über die Zuordnung kann aber ein Gespräch über die gehörte Musik entstehen.

Weitere Formulierungsmöglichkeiten:
- „Wenn ich die Musik höre, taucht für mich ein Bild eines Sonnenaufgangs auf, weil …"
- „Wenn das Filmmusik wäre, könnte ich mir vorstellen …"
- „Hier wird eine Spannung aufgebaut mit …"

Es bleibt mystisch  A21

3 Das Vorgehen bei Aufgabe 3 entspricht dem der Aufgaben 1 und 2. Die Lösungen werden besprochen.

4 **a** Die beiden Beispiele stammen vom selben Komponisten. Für die „ungeübten" Ohren vieler Jugendlicher ist es schwer, die Unterschiede auszudrücken. Umso mehr lohnt es sich, die Verschiedenheiten mit den drei Aspekten der Adjektiv-Maschine in der Klasse zu evaluieren und zu bearbeiten. Auffällige Unterschiede erkennen die Schülerinnen und Schüler voraussichtlich in den Instrumenten (Beginn mit Flöte in hoher Lage – Beginn in tiefer Lage mit tiefen Streichern, Fagott), und in der unterschiedlichen musikalischen Gestaltung (legato – staccato).

b In einer Art musikalischer Gegenüberstellung der beiden Ausschnitte zeigen die Jugendlichen mit Bewegungen, wie sie die Musik empfinden.

Beispiele für Bewegungen:
- Morgenstimmung – weiche, langsame Bewegungen
- In der Halle des Bergkönigs – nervöse, kurze Bewegungen

5 Mit der im Vorigen erarbeiteten Beschreibung der „unbekannten, klassischen" Musik ist nun der Einstieg geschaffen, auch die Lieblingsmusik der einzelnen Schülerinnen und Schüler kompetent zu beschreiben und evtl. Kritik am täglichen Musikkonsum zu üben.

- Die Klasse in vier bis sechs Gruppen aufteilen und unterschiedliche Songs beschreiben lassen. Die Auswahl der Songs sollte sowohl von der Gruppe als auch von der Lehrperson mitbestimmt werden.

>> HINWEIS: Mit der Aufgabe soll noch einmal deutlich gemacht werden, dass es nicht um „gute" oder „schlechte" Musik geht, sondern um eine differenzierte Aussage zu einem Musikstück. Zentraler Punkt dabei ist, dass die Klasse nun einen Pop- oder Hip-Hop-Song nach dem identischen Vorgehen beschreiben und einschätzen kann und dabei lernt, über „ihre" Musik differenziert zu sprechen.

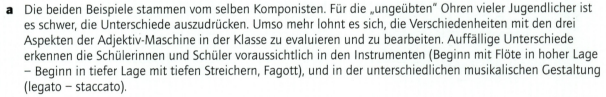

GESTALTUNGSPROZESSE

GP

HO

GP

GP

DIE SONGSTRASSE

> **Kompetenzen**
>
> Die Schülerinnen und Schüler können ...
>
> - musikalische Verläufe hörend verfolgen, zeigen und beschreiben.
> - musikalische Formen unterscheiden und hörend wiedererkennen.
> - gehörte Musikabschnitte musikalisch beschreiben.
>
> **Material**
> - A4-Papier und Stifte
>
> A22–25, Hit the Road, Jack

Nach dem Lesen des Einleitungstexts und der Bildbetrachtung überlegen die Schülerinnen und Schüler, ob sie Lieder kennen, bei welchen sie die hier dargestellten Formteile zuordnen können.

Beispiele:

- „I Need a Dollar" (siehe SB, Seite 19)
- „Wenn der Vorhang fällt" (siehe SB, Seite 9)

Blowing in the Wind A22

Hier wird der Fokus auf zwei der wichtigsten Formteile gelegt: Strophe und Refrain.

1 a Die Schülerinnen und Schüler bestimmen anhand des Hörbeispiels die beiden Teile in dem abgebildeten Ausschnitt.

b Der Song wird gemeinsam gesungen und die Lehrperson gibt währenddessen mit Handzeichen die Lautstärke an. Der Refrain soll etwas lauter gesungen werden als die Strophen.

c Alle notieren den Ablauf der Strophen und Refrains (Reihenfolge).

Lösung: Immer 1x Strophe, dann 1x Refrain. Die jeweils ersten 24 Takte gehören zur Strophe (setzen sich zusammen aus 3 x 8 Takten), die letzten 8 Takte sind Refrain.

Formteile

Im Plenum werden die Infos zu den einzelnen Formteilen vorgelesen und besprochen. Jeder Formteil hat in der Regel auch bestimmte Charakteristika. Ob diese Vorgaben für alle Songs zutreffen, wird an Hand von einigen Beispielen überprüft, z. B. an den Songs oben in der Einleitung.

Die Songstraße

Die Jugendlichen können das Erkennen und richtige Anordnen von Formteilen an drei weiteren Songs üben. Per Drag & Drop werden die Gebäude-, Treppen- und Brückenteile zur korrekten Songstraße eingereiht. Die Anwendung enthält eine Korrekturfunktion und die zusätzlichen Formteile „Prechorus" und „Interlude".

a Die beiden Songs „Hit the Road, Jack" und „Hallelujah" werden je einmal gehört, damit die Klasse einen Eindruck von der Art des Songs und dem Ablauf bekommt. A23 / A24

b Beim zweiten Durchgang werden die Formteile beider Songs (Intro, Strophe, Refrain, Outro) während des Durchlaufs in chronologischer Reihenfolge notiert und anschließend besprochen.

>> TIPP: Sollte die Klasse Mühe haben, die Formteile direkt aufzuschreiben, kann vorerst bei laufendem Song im Plenum jeweils die Hand gehoben und der entsprechende Formteil wie z. B. „Strophe" oder „Refrain" gerufen werden. Dies bringt ein wenig Leben ins Geschehen und gleichzeitig werden Schwächere unterstützt, ohne dass dies erwähnt werden müsste. Beim darauffolgenden Durchgang wird dann notiert.

Lösung:

- „Hit the Road, Jack" (ganzer Song): Intro (4 Takte) – Refrain (2 x 8 Takte) – Strophe 1 (8 Takte) – Refrain (2 x 8 Takte) – Strophe 2 (12 Takte) – Refrain (2 x 8 Takte) – Outro (Fade Out)
- „Hallelujah" (Ausschnitt 0'00''–1'56''): Intro (1 Takt) – Strophe 1 (8 Takte) – Refrain (5 Takte) – Strophe (8 Takte) – Refrain (4 Takte) – Fade Out

 c Wenn der Aufbau/die Form der Songs allen klar geworden ist, werden gemeinsame symmetrische Auffälligkeiten (z. B. die Länge der Strophen) gesucht.
Wie lang (wie viele Takte) hat eine Strophe oder ein Refrain? Um das herauszufinden, müssen die Takte der einzelnen Formteile gezählt werden (siehe dazu SB, Seite 18, „Hören – Zählen – Singen").

>> HINWEIS: Mit folgendem Vorgehen können die Takte gezählt werden: Die erste Zahl ist immer die Taktzahl. Es wird nun folgendermaßen gezählt:
„**1**, 2, 3, 4 – **2**, 2, 3, 4 – **3**, 2, 3, 4" usw.

>> TIPP: Mithilfe des Anhangs LB, S. 261 kann „Hit the Road, Jack" auch gesungen werden. 📝

Because of You A25

Der Formteil Bridge wird aufgegriffen (siehe „Formteile" im SB). Noch einmal werden die wichtigsten Charakteristika erwähnt: neue Seite des Songs, z. B. durch neue Texte, andere Harmonien; kann das Gefühl einer „Überleitung" hervorrufen und kommt oft nur einmal in einem Song vor.

 a Gemeinsam wird der Song von Kelly Clarkson gehört, wenn möglich gleich mitgesungen. Die Klasse achtet auf die Bridge – die Lehrperson gibt ein Zeichen, sobald sie beginnt (siehe Songausschnitt im SB).

>> HINWEIS: Die Bridge beginnt ca. bei Minute 2'05'' des Hörbeispiels.

b Die Bridge wird wiederholt abgespielt und mit Hilfe der Noten einige Male gesungen.

c Beim nochmaligen Hören des Songs werden nun Unterschiede zwischen Strophe/Refrain und Bridge herausgearbeitet. Alle notieren sich, welche Besonderheiten die Bridge mit sich bringt und wodurch sie sich auszeichnet.

Lösung: (mögliche Antworten):

- Die Melodiestimme der Bridge ist tiefer, bewegt sich im ersten Teil im Tonumfang einer Quarte (b–es') und klingt im zweiten Teil eine Oktave höher, erzeugt somit Spannung. Sie leitet so auf den wiederkehrenden Refrain über.
- Der Text ist neu und kommt kein anderes Mal so im Lied vor.
- Auch harmonisch zeigt sich ein neues Pattern.

WAS WÄRE EIN FILM OHNE MUSIK?

Kompetenzen

Die Schülerinnen und Schüler können …

- ausgewählte Musiksoftware erkunden, testen und für musikalische Aufgaben einsetzen.
- Klänge aus ihrer Umwelt elektronisch aufnehmen, verändern und damit musikalisch experimentieren und anwenden.
- einen Videoclip vertonen und ihr musikalisches Projekt präsentieren.

Material

- A4-Papier, A3-Papier und Stifte
- Filmausschnitt „Road Runner & Coyote, Episode 6"
- Tablets mit der App „SoundOscope", Kopfhörer

 The Kid, Nr. 4

PMW

Der Infotext wird gemeinsam gelesen. Haben die Schülerinnen und Schüler schon einmal einen Stummfilm gesehen? Sie erzählen von ihren Erfahrungen. Gemeinsam wird überlegt, in welchen Situationen nonverbale Kommunikation besonders wichtig ist (z. B. für Personen ohne Gehör, allgemein als Körpersprache).

Bei der Bildbetrachtung könnten folgende Punkte erwähnt werden:

- Etwas beobachten, sich erschrecken, nicht entdeckt werden, vorsichtig sein usw.
- Welche Musik könnte dazupassen (Situation/Stimmung)? Möglichkeit: kurz innehaltend, dann aufgeregt, bedrohlich

Stummfilme mit Geräuschen und Sounds ergänzen Nr. 4

GESTALTUNGSPROZESSE

1

a Die Klasse wird in Dreier-/Vierergruppen aufgeteilt und die Lehrperson zeigt den Filmausschnitt aus dem Chaplin-Stummfilm „The Kid" (Dauer: 2'20"). Der Ausschnitt wird besprochen, mögliche Hintergrundmusik und Action-Geräusche aufgezählt und exemplarische Realisierungsmöglichkeiten (z. B. klirrendes Glas) aufgezeigt.

b Die Schülerinnen und Schüler experimentieren mit geeigneten Gegenständen und Instrumenten.

>> TIPP: Wiederkehrende Geräusche wie das Zerbrechen von Glas, oder einzelne Schritte könnten mit einem Recording-App (z. B. „SoundOscope") aufgenommen und an passender Stelle eingespielt werden.

c Die Schülerinnen und Schüler versuchen sich in die Situation und die Person hineinzuversetzen. Zu jeder Person soll eine Art „Motiv", ein typisches musikalisches und wiederkehrendes Merkmal gefunden werden.

>> TIPPS:
- Hilfreiche Überlegungen können sein: Wie bewegt sich die Person? (schnell, langsam, hastig, träge usw.), Wie ist ihr Gesichtsausdruck? (böse, freundlich, schockiert, traurig usw.) und weitere ähnliche Fragen.
- Ein einfaches Motiv auf einem Xylofon oder Keyboard kann auch von einer Person ohne instrumentale Vorkenntnisse gespielt werden.
- Die Aufgabe wird einfacher, wenn für die Personen jeweils unterschiedliche Instrumente verwendet werden. Beispiele: Xylofon für den Jungen; ein etwas quietschender Keyboard-Sound für Chaplin; Geräusche/Töne auf einer E-Bass-Saite für den Polizisten.

d Auf einem A3-Papier zeichnet jede Gruppe einen Zeitstrahl (siehe Beispiel im SB) und notiert sich darauf die Geräusche, die sie „hörbar" machen möchte (Dauer: 2'20"). Dann übt jede Gruppe ihre Geräuschabfolge zum Film und präsentiert dies anschließend der Klasse. Die Unterschiede und besonders gut gelungene Umsetzungen werden besprochen.

Arbeit mit Aufnahme- und Videoschnittprogrammen

Für die folgenden Aufgaben wird die bereits bekannte App „SoundOscope" oder ein anderes Recording-Programm heruntergeladen. Außerdem wird der Film „Road Runner" benötigt. Dieser kann leicht im Internet gefunden werden (Suchwort: „Road Runner and Coyote, Episode 6").

2 **a/b** Vorgehen gemäß SB

c Die im Storyboard aufgelisteten Sounds werden entsprechend des Storyboards mit einer Recording-App aufgenommen. Zunächst werden die Sounds am besten als Liste vorbereitet.

- Die Schülerinnen und Schüler schreiben ihre kreierten Sounds auf, geben ihnen passende Namen und notieren, wie und womit sie gespielt werden.
- Ist diese Vorarbeit erledigt, wird mit der Erstellung einer Sound-Library begonnen: Die Sounds werden per Recording-App (z. B. „SoundOscope") aufgenommen und entsprechend benannt.
- Im Anschluss werden aufgenommenen Sounds auf die Sharing-Plattform geladen und in einen separaten Ordner gelegt, der mit dem Namen der Schülerin oder des Schülers beschriftet ist. So sind die Aufnahmen zur Weiterarbeit bereit.

  ›› TIPP: Als geeignete Sharing-Plattform für die gemeinsame Verwendung von Dateien eignet sich z. B. „MyDrive". Gewisse Schulen verfügen auch über ein internes Netzwerk, auf das zugegriffen werden kann.

3 Im Unterschied zu den beiden ersten Aufgaben, wo die Sounds und Geräusche „live" zum Film gespielt worden sind, geht es bei der Aufgabe 3 darum, dass Ton und Film in eine Videobearbeitungsprogramm integriert werden.

  ›› HINWEIS: Mehrere Videoschnittprogramme werden gratis im Netz angeboten. Die Anwendung setzt aber eine gewisse Einarbeitungszeit voraus. Bevor die Aufgabe im Unterricht verwendet wird, sollten Lehrperson sowie Schülerinnen und Schüler (oder einige besonders Interessierte) bereits mit einem Programm vertraut sein.

- Ziel der Aufgabe ist es, dass das Video von „Road Runner and Coyote" mit Tonspuren und den kreierten Sounds aus der persönlichen Sound-Library ergänzt wird. Dabei sollen die Tonspuren nach dem individuellen Storyboard verlaufen.
- Nach dem Importieren des Films erstellen die Gruppen mehrere Tonspuren und importieren die in Aufgabe 2 kreierten Sounds in das Videoschnittprogramm. Sie platzieren die Sounds an der entsprechenden Stelle und verwenden dazu ihr Storyboard aus Aufgabe 2. Weitere Sounds werden ergänzt und ebenfalls an geeigneten Stellen platziert.

4 Im Rahmen einer Präsentationslektion werden die Filme der Klasse vorgeführt.

Was wäre ein Film ohne Musik? – Videosequencer

Mit diesem aufs Wesentliche reduzierten Videosequencer können die Jugendlichen den animierten Kurzfilm „Stairs" oder importierte Filmsequenzen vertonen.
Bestehende oder eigene Soundeffekte und Instrumente können sie einfügen, schneiden, verschieben und die einzelnen Spuren passend abmischen.
Auch das abschließende Exportieren der Ergebnisse ist möglich.

GESTALTUNGSPROZESSE

GESTALTUNGSPROZESSE

VIELSEITIGE SAITEN

Kompetenzen

Die Schülerinnen und Schüler können …

- ausgewählte Instrumentengruppen unterscheiden.
- beim Bau von einfachen Instrumenten Gesetzmäßigkeiten der Klangerzeugung ermitteln und anwenden.

Material

- A4-Papier und Stifte
- Schachteln, Kisten, Blech-/Plastikdosen, Gummibänder, Schnur, Metalldraht, Holzstücke/Bleistifte, Maßbänder
- Gitarre, verschiedene Saiteninstrumente

PRAXIS DES MUSIKALISCHEN WISSENS

Als Einstieg in die Thematik werden die Schülerinnen und Schülern nach Saiteninstrumenten gefragt, die sie im Musikraum sehen können. Neben Instrumenten wie Gitarre oder E-Bass werden vielleicht Klavier oder Snare Drum nicht sofort erkannt (siehe dazu die folgende Info!-Box).
Dann können auch noch weitere Saiteninstrumente genannt werden.
Beispiele: Viola (Bratsche), Violoncello (Cello), E-Bass, Ukulele, Mandoline, Zither, Cembalo.

INFO!

Klavier, Cembalo und Snare Drum

Klavier und **Cembalo** sind beides Tasteninstrumente mit Saiten. Beim Klavier wird durch das Drücken einer Taste ein „Filz-Hammer" auf die Saiten geschlagen. Im Unterschied dazu wird beim Anschlag einer Cembalotaste die Saite durch eine ausgeklügelte Mechanik mit Kielen gezupft. Deshalb kann das Cembalo auch als Zupfinstrument bezeichnet werden.

Die **Snare Drum** (klassisch: „kleine Trommel") verfügt über Schnarrsaiten, die per Schiebe-, Dreh- oder Hebelmechanismus ein- oder ausgespannt werden können, wobei sich der Klang verändert.

INFO!

Saiten-herstellung

Die Bilder werden gemeinsam angeschaut und die frühe Herstellung von Saiten thematisiert.

Hört genau hin

Die Eigenschaften der Saiten und ihre Auswirkung auf die Tonhöhe werden besprochen.

- **Beispiel:** Die Lehrperson fragt, woran man Saiten mit unterschiedlichen Durchmessern erkennt. Antwort: an der Dicke der Saite. Am Beispiel der sechs Saiten der Gitarre (tiefste = dickste Saite) und einem anderen Saiteninstrument zeigt die Lehrperson einen Vergleich mit verschiedenen Instrumenten auf: E-Bass, tiefer Klang = dicke Saiten versus Violine, hoher Klang = dünne Saiten.
- Neben der Dicke der Saite spielen auch die Länge und die Spannung eine entscheidende Rolle. Diese Gesetzmäßigkeit wird ebenfalls an unterschiedlichen Instrumenten vorgeführt.

Alle bearbeiten die Aufgabe 1a. Je nach Größe der Klasse und vorhandenem Material kann die Reihenfolge der weiteren Aufgaben variiert werden. Die Materialien werden verteilt.

1 **a** Die Schülerinnen und Schüler experimentieren gemäß der Aufgabe mit unterschiedlichen Gegenständen und achten besonders auf die Spannung und die Tonhöhe, die sich dabei verändert.

b **Lösung:** Das gespannte Gummiband klingt bei etwa einem Drittel der Länge am besten. Bei einem richtigen Instrument wird der tiefste Ton auf der dicksten Saite, der höchste Ton auf der dünnsten Saite erzeugt.

c Als kurze Melodie kann z. B. ein bekanntes Kinderlied oder ein gut singbarer Popsong verwendet werden. Nach dem Experiment erfolgt die Besprechung der Beobachtungen und Ergebnisse im Plenum.

2

a Die Jugendlichen schauen sich im Raum um, öffnen Schränke usw. und erstellen eine Liste aller Saiteninstrumente. Sie machen sich eine Notiz, wenn ihnen der Name eines Instruments nicht einfällt.

b Eine Umspinnung ist die schraubenförmig aufliegende Wicklung (oft aus Kupferdraht) um den Saitenkern (meist aus Nylon oder Stahldraht) herum.

>> TIPP: Eine lose Saite mit Umspinnung zur Veranschaulichung herumreichen.

INFO!

Das Monochord

Im Plenum wird die Info!-Box gelesen. Ist kein Monochord vorhanden, zeigt die Lehrperson die Gesetzmäßigkeiten der Saitenteilung an einem anderen Saiteninstrument.

>> TIPP: Vorzugsweise wird ein Instrument mit Bünden verwendet – die Saitenteilung ist optisch besser nachvollziehbar.

INFO!

Teilungsverhältnisse

Die Zeichnung zeigt die Teilungsverhältnisse bei Saiteninstrumenten. F bezeichnet ein Gewicht, durch das die Saite unter Spannung steht. Zur Veranschaulichung weist die Skala 12 Teilschritte auf (kleinster gemeinsamer Nenner, analog zu den 12 Halbtonschritten innerhalb einer Oktave, siehe Griffbett der Gitarre). Wird die Saite von links nach rechts verkürzt, ergeben sich zunehmend höhere Töne, wenn der klingende Teil (rechts) gezupft wird.

Die Gesamtlänge der ungekürzten Saite wird mit l bezeichnet. Bei einer Verkürzung der Saite/des klingenden Teils ...

... um $\frac{3}{12} l = \frac{1}{4} l$ klingt sie eine Quarte höher ...

... um $\frac{4}{12} l = \frac{1}{3} l$ klingt sie eine Quinte höher ...

... um $\frac{6}{12} l = \frac{1}{2} l$ klingt sie eine Oktave höher ...

... als die ungekürzte Saite.

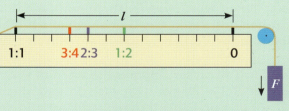

3

Je nach Art und Größe des Instruments variieren die gemessenen Distanzen – in sich bleiben die Teilungsverhältnisse aber bestehen. Es ist deshalb besonders wichtig, dass das mathematische Prinzip verstanden wird.
- Vorgehen gemäß SB
- Die Jugendlichen experimentieren mit den Teilungsverhältnissen. Sie finden neue Töne, messen die Distanzen (Länge des nicht-klingenden/des klingenden Teils der Saite) und schreiben diese auf.
- Die Aufgabe kann auch rechnerisch gelöst werden.
  Beispiel: Ganzton (große Sekunde) bei einer Saitenlänge (Grundton) von 65 cm: Verkürzung um

$\frac{1}{6} l \rightarrow 65 \times 0{,}16 = 10{,}83 \ cm$

>> TIPP: Die Klasse kann in zwei Gruppen aufgeteilt werden. Eine Gruppe löst die Aufgabe rechnerisch, die andere durch Ausprobieren und messen.

GP

PRAXIS DES MUSIKALISCHEN WISSENS

PMW

3

TANZ MIT!

TANZEN IST ...

Die Aussagen unter „Tanzen ist...“ werden gemeinsam diskutiert. Was denken die Schülerinnen und Schüler dazu? Wie erleben sie das Tanzen? Welche Aussagen unterstützen sie, welche nicht – und warum? Welche Rolle spielt das Umfeld, der Anlass, die Art der Musik – kurz: welche Rahmenbedingungen müssen stimmen, um sich beim Tanzen wohlzufühlen? Was meinen Aussagen wie „Tanzen ist loslassen und festhalten zugleich"?
Beispiel: Sorgen loslassen, den Alltag loslassen, Stress loslassen, ohne Choreografie „frei" tanzen versus jemanden führen oder sich führen lassen (gemeinsames Tanzen), an einer Choreografie festhalten, sich auf konkrete Bewegungsabläufe konzentrieren.

Die Antworten auf diese Fragen bieten eine Plattform, auf der sich sowohl die Schülerinnen und Schüler untereinander als auch die Lehrperson und die Jugendlichen besser kennenlernen. Geschieht dies in einem wertfreien Setting und pflegt die Klasse eine gewisse Gesprächskultur, schafft das Vertrauen und stärkt das Gemeinschaftsgefühl. Außerdem erhält die Lehrperson so bereits einen Einblick in die Vorlieben und/oder fachlich-tänzerischen Kompetenzen einzelner Klassenmitglieder.

Im ersten Teil dieser Doppelseite werden sechs Tanzstile genannt (Techno – Line Dance – Hip-Hop – Rock 'n' Roll – Walzer – Ballett), deren Eigenschaften und speziellen Bewegungselemente von den Schülerinnen und Schülern recherchiert und der Klasse vorgestellt werden. Im zweiten Teil erarbeiten die Jugendlichen eine Choreografie auf Grundlage einer bereits bekannten Bodypercussion oder einzelner Elemente davon. Körperbewegung und Körpermusik werden so in Kombination gebracht.

• Aufwärm-Training 🔘 **A26** 🎬 Aufwärm-Training, Nr. 5

Diese ersten Aufwärm-Übungen sind recht einfach. Dabei sollte aber besonders auf die rhythmische Präzision – nicht jeder kann sofort im Takt gehen – und auf eine gewisse Leichtigkeit und Eleganz geachtet werden.

›› HINWEISE:
• Wichtig ist die genaue Interpretation der Grafik: Wird der ganze Fuß aufgesetzt, oder nur die Ferse oder der Fußballen? Als Hilfe dient das Video.
• In Tanzchoreografien wird in der Regel auf acht Zählzeiten gezählt. Da jede Zeile wiederholt wird, ist es sinnvoll, auch hier von eins bis acht zu zählen.

Als erweiterte Aufgabenstellung können die Schülerinnen und Schüler in Vierergruppen neue, eigene Tanzschritte erfinden.

• Tanzstile

Die Klasse wird in sechs Gruppen aufgeteilt. Jede Gruppe wählt einen Tanzstil oder die Lehrperson teilt sie z. B. durch Auslosen zu. (Erfahrungsgemäß wird dies als eine faire Art der Zuteilung empfunden, sollte keine Einigung möglich sein.)

- Die Gruppen recherchieren im Internet, schauen sich Videos zu dem jeweiligen Tanzstil an und machen sich Notizen über Geschichte und Herkunft sowie über typische Bewegungsformen und die entsprechende Musik.
- Idealerweise können die Gruppen sich zum Einüben einer kurzen Choreografie auf mehrere Räume verteilen, um sich nicht gegenseitig zu stören. Wenn diese nicht zur Verfügung stehen, verteilen sich die Gruppen in verschiedene Ecken des Musikraums. Die Aufgabe eignet sich auch als Vorbereitung zu Hause.
- Die Choreografien werden der Klasse vorgeführt. Wenn möglich tragen die Gruppen dazu noch besondere Aspekte des Tanzstils vor.

• Bodypercussion tanzen

Als Einstieg wird ein bereits bekannter Bodypercussion-Ablauf gewählt. Ist dieser nicht vorhanden, kann das folgende, eher einfache Beispiel verwendet werden (bei Bedarf erweitern):

Zählzeit	1	+	2	+	3	+	4	+	5	+	6	+	7	+	8	+
Klatschen		X					X				X		X	X		
Auf Oberschenkel patschen	X			X	X			X		X		X	X			

Für die Wahl des Musikstücks sollten einfache Regeln vorgegeben werden:

- In zwei bis drei Minuten muss sich die Gruppe auf ein Stück geeinigt haben – sonst entscheidet die Lehrperson.
- Zum Einüben von Tanzschritten oder Bodypercussion sollte das Musikstück nicht allzu schnell sein. Idealerweise eignet sich Musik im Tempo 82 bis 90 bpm (siehe Hörbeispiel zum Aufwärm-Training, A26).

Nach diesem Einstieg soll ein neuer Bewegungsablauf entwickelt werden. Dazu dient als Orientierung das Beispiel im SB. Die Jugendlichen suchen und erfinden dazu eigene Schritte, Bewegungsabläufe und lassen ihrer Kreativität freien Lauf.
Anschließend werden die Elemente der Bodypercussion und der Musik zusammengebracht und mehrmals geübt, bevor sie der Klasse vorgestellt werden.

>> HINWEIS: Damit zu einem späteren Zeitpunkt auf diesen Erfahrungen aufgebaut werden kann, werden die Choreografien festgehalten.

Vorschlag für zwei Möglichkeiten:

- Die Elemente werden so notiert, dass sie von anderen nachgespielt werden können. Eventuell in einer Tabelle wie oben.
- Die Lehrperson macht mit dem Smartphone eine Filmaufnahme, die an einem Rechner der Schule gespeichert wird (Einverständnis der Schülerinnen und Schüler vorausgesetzt).

29

BECHER-PERCUSSION

Kompetenzen

Die Schülerinnen und Schüler können …

- eine Rhythmusstimme in der Gruppe spielen.
- ausgewählte Rhythmuspatterns spielen.
- ein Lied in der Form einer ausgearbeiteten Präsentation in der Gruppe zur Aufführung bringen.

Material

- Mind. 1 Becher pro Person
- Rhythmuskarten (siehe Vorlage im Anhang)
- Unbeschriftete Kärtchen
- A4-Papier und Stifte

 A27, Rhythmus- und Aktionskarten

MU

Gemeinsam wird ein Blick auf die Überschrift und das Bild geworfen. Die Lehrperson fragt die Klasse nach weiteren Verwendungsmöglichkeiten von Trinkbechern. Kommt der bekannte „Cup Song" zur Sprache, kann dies gleich als Aufhänger zum Einstieg in die Thematik genutzt werden. Zu Beginn geht es darum, alle Klangmöglichkeiten eines Bechers zu erforschen, vorerst ohne Fremd- oder Zusatzmaterial, wie Stifte usw. Alle erhalten einen Becher und starten mit der Aufgabe 1.

1 **a** Die Schülerinnen und Schüler testen möglichst viele Klang- und Spielarten mit Bechern aus.

b Die Erfahrungen werden im Plenum ausgetauscht und vorgeführt.

>> TIPP: Die Schülerinnen und Schüler sollen sich im Raum verteilen. Bei Platzmangel bietet es sich an, auf dem Boden, dem Stuhl oder an Tischen zu experimentieren. Ein Zeitfenster von 3 bis 5 Minuten sollte hierfür reichen und dies vorab kommuniziert werden.

MU

Der Becherkreis – Warm-up A27

In der Folge geht es darum, einen eigenen kurzen Rhythmus zu erfinden, den alle nachspielen.

2 **a** Die Lehrperson wendet die Aufgabe exemplarisch an und spielt den Rhythmus vor. Alle spielen ihn gemeinsam nach. Dies wird ein paarmal wiederholt, bis das Zusammenspiel gut klappt.

>> HINWEISE:
- Die Becher können mit den Fingern oder der Handfläche angespielt oder auf dem Tisch hin- und hergeschoben werden. Experimentiert wird außerdem mit den verschiedenen Flächen des Bechers (Seite, Boden, Öffnung, siehe Bild im SB, Seite 30).
- Hilfreich ist es, wenn der Rhythmus mit einer Rhythmussprache gesprochen wird (siehe dazu die folgenden Seiten im SB, Seite 32 und 33).

Bevor die Klasse mit den weiteren Teilaufgaben fortfährt, werden diese besprochen, um Fragen bereits im Vorfeld zu klären. Die Lehrperson verweist auf die unter Aufgabe 1 erforschten verschiedenen Spielmöglichkeiten und betont, dass der eigene Rhythmus ganz einfach sein soll und nichts Kompliziertes erwartet wird.

b Alle probieren mit ihrem Becher einen einfachen, eintaktigen Rhythmus aus.
Als Vertiefung einen zweitaktigen Rhythmus auf dem Arbeitsblatt (rechte Seite) notieren.

c Im Kreis werden die Rhythmen vorgespielt, die Klasse spielt jeweils nach (wie im Beispiel von Aufgabe 2a). Die Lehrperson dirigiert, sie spielt ein konstantes Metrum (z. B. mit einem Holzblock) und gibt die Einsätze.

d Wenn Aufgabe 2c gut geklappt hat (mit Metrum), wird ein weiterer Durchgang mit denselben Rhythmen zum Playback-Rhythmus (Hörbeispiel A27) gemacht.

MUSIZIEREN

❸ Bechermusik

a Die Gruppe experimentiert zunächst mit weiteren Rhythmen. Anschließend spielt eine Person der Gruppe einen Rhythmus, dann setzen nach und nach die anderen Gruppenmitglieder mit je einem neuen Rhythmus mit ein.

b Die Gruppen besprechen den Ablauf ihrer Performance und üben gemäß den Angaben im Buch.

c Die Gruppen wählen einen Song aus, zu dem die Performance gespielt werden soll. Hier ist es wichtig, dass ein Lied mit passendem Tempo gewählt wird. Dies ist jeweils kurz zu prüfen, bevor der Song definitiv ausgewählt wird.

> **» TIPP:** Will die Lehrperson die angemessene Songauswahl sicherstellen, zeigt die Gruppe den Songvorschlag. Die Lehrperson gibt ihre Zustimmung oder lässt die Gruppe ein passenderes Lied wählen.

❹ a Die Lehrperson erläutert die Aufgabe. Sie teilt die Klasse in Gruppen ein, verteilt die Rhythmuskarten sowie die unbeschrifteten Kärtchen (siehe LB, Anhang, Seite 245 🖼).

b Die Gruppen gehen gemäß den Erläuterungen im SB vor: Mit den Rhythmuskarten wird ein Rhythmus gelegt. Dieser wird klatschend geübt.

c In der Gruppe wird nun ausprobiert, wie der Rhythmus mit unterschiedlichen Becher-Aktionen umgesetzt werden kann. Auf die unbeschrifteten Kärtchen zeichnen sie je eine Aktion / Bewegung (siehe Beispiele im SB, Seite 31). Dann denken sie sich eine Geschichte aus, in die sie ihre Performance einbetten, z. B.: Im Restaurant sitzen alle am Tisch, einer beginnt mit einem Rhythmus, die anderen steigen ein.

❺ a **» TIPP:** Es ist hilfreich, wenn von dem festgelegten Rhythmus und den Aktionskärtchen ein Foto gemacht wird, falls in einer späteren Lektion das Thema wieder aufgenommen wird.

b Das Thema „musikalisches Üben" ist vielen Jugendlichen nicht geläufig. Es ist wichtig, ihnen klar zu machen, dass es nicht nur darum geht, dass alle den Rhythmus und die Aktionen korrekt durchführen. Es geht auch um ein genaues Miteinander:

- Vor jedem Durchgang wird präzise eingezählt.
- Optisch wird auf das Zusammenspiel der Becher-Choreografie geachtet.
- Akustisch wird das genaue Zusammenklingen der Becher überprüft.

Becher-Percussion im Sitzen

- Erfindet zu zweit einen Becher-Percussion-Rhythmus.
- Übt den Rhythmus im Zeitlupentempo ein (laut mitzählen).
- Versucht, am Ende den Rhythmus ohne laut mitzuzählen vorzutragen!

	1	+	2	+	3	+	4	+		1	+	2	+	3	+	4	+

Kopieren für Unterrichtszwecke erlaubt. © Helbling

BEWEGUNGSMUSTER & RHYTHMUSSPRACHEN

Kompetenzen

Die Schülerinnen und Schüler können ...

- eine Rhythmusstimme in der Gruppe spielen.
- Rhythmusstrukturen übernehmen und erfinden und aktuelle Patterns umsetzen.
- rhythmische Motive mithilfe einer Rhythmussprache anwenden.
- rhythmisierte Silben und Wörter an ein vorgegebenes Tempo anpassen und Bewegungen rhythmisieren.
- Puls und Taktschwerpunkt in Bewegung umsetzen, halten und unterschiedliche Rhythmusmuster wiederholen.

Material

- A4-Papier und Stifte

 A28, Rhythmussprachen

Dieser Workshop verbindet Rhythmussprache (siehe dazu auch Einleitung, Seite IX und Anhang, Seite 246) mit Körpermusik. Wurde bereits mit im•puls Band 1 gearbeitet, kann auf die dort aufgebauten Kompetenzen angeknüpft werden (Band 1, Kapitel 3, SB, Seite 30–39).

Zu den Rhythmussprachen und Zählzeiten: In diesem Buch werden zwei häufig verwendete Rhythmussprachen und alternativ die Anwendung von Zählzeiten angeboten, so wie sie in Aufgabe 2a untereinander notiert sind. Es empfiehlt sich, mit der Bewegungs-Rhythmussprache („Schritt", „laufen") zu beginnen und je nach Bedarf das Angebot mit einer anderen Rhythmussprache zu erweitern (Vor- und Nachteile der verschiedenen Rhythmussprachen siehe Aufgabe 2).
Letztendlich entscheidet die Lehrperson, welche Rhythmussprache für die Klasse sinnvoll ist.

❶ Vorübung A28

a Die Jugendlichen erarbeiten den vorgegebenen Rhythmus selbständig (2–3 Minuten). Sie achten auf die genaue Ausführung von Sprache und Bewegung (simultan). Im Anschluss spielt die Lehrperson ein Metrum (z. B. mit einem Tamburin), zu dem die Klasse den Rhythmus ausführt (sprechen und bewegen).

>> **HINWEIS:** Bei der halben Note („ste-hen") wird auf dem ersten Viertel ein Schritt gemacht, auf dem zweiten Viertel wird der andere Fuß neben den ersten auf den Boden gesetzt. Man bleibt einen Moment stehen!

b Alle führen die Bewegungen zum Hip-Hop-Groove aus und festigen das Geübte. Die Lehrperson macht mit und korrigiert gleichzeitig die Schülerinnen und Schüler.

 A28

c Vom simultanen Sprechen und Bewegen wird zu simultanen Bewegungen gewechselt. Hier wird die Koordination der Jugendlichen gefördert. Die Hände (klatschen) führen denselben Rhythmus aus wie die Füße (stampfen).

❷ Übung 1

a Wie bei Aufgabe 1a verteilen sich alle im Raum, gehen den Rhythmus der Übung 1 und sprechen dazu die erste Zeile der Rhythmussprachen („Schritt Schritt ..."). Die Lehrperson spielt wieder das Metrum dazu.

b Die Klasse übt alle Zeilen (drei Rhythmussprachen) sprechend und klatschend.
Dann werden die Vor-/Nachteile der Rhythmussprachen zusammengetragen:

- Die Bewegungsformulierungen („Schritt Schritt …") bilden den Rhythmus besonders plastisch ab und sind besonders für Schwächere gut verständlich.
- Die Taktsprache (ta te) ist etwas abstrakter, aber eindeutig.
- Die Zahlen sind am gängigsten, aber nicht einfach anzuwenden.

c+d Diese Aufgabe braucht wenig Vorbereitung und ist schnell gemacht. Durch regelmäßige Wiederholungen mit unterschiedlichen Anforderungen erlernen die Jugendlichen „fast automatisch" einen routinierten Umgang mit der Notenschrift.
Werden vier Blätter hintereinandergelegt, entsteht ein viertaktiger Rhythmus. Bei mehreren Gruppen können die Rhythmen gleichzeitig/mehrstimmig geklatscht und/oder mit Bodypercussion und Instrumenten interpretiert werden.

>> HINWEIS: Dieser Übungstyp kann praktisch auf jedem Kompetenzstand der Klasse angepasst werden, da immer die Rhythmen verwendet werden, die die Schülerinnen und Schüler bereits kennen und notieren können. Wenn diese Übung also zu einem späteren Zeitpunkt im Schuljahr wiederholt wird, können dort dann auch Pausen, Sechzehntelnoten und komplizierte Rhythmen verwendet werden.

❸ **Übung 2**

Das Vorgehen ist identisch mit dem der Aufgabe 2 (Übung 1). Der Unterschied besteht einzig darin, dass nun auch Sechzehntelnoten verwendet werden.

Rhythmusbaukasten:

Durch Ziehen einzelner vorgegebener Bausteine in eine leere Zeile können die Jugendlichen im Modus „Baukasten" eigene Rhythmen erfinden, abspielen und üben. Im Modus „Ratespiel" hören sie Rhythmen heraus. Unter jedem Baustein werden die Rhythmen mit den drei Rhythmussprachen gemäß SB, Seite 32 verbalisiert. Die Jugendlichen wählen eine Rhythmussprache aus und sprechen sie während den Übungen mit.

Rhythmustrainer:

Bei Klick auf den Abspielknopf startet die Anwendung und vorgegebene Takte können mitgeklatscht und mit der gewünschten Rhythmussprache mitgesprochen werden.

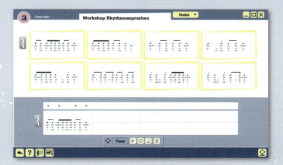

❹ Ein paar Möglichkeiten, wie Pausen gespielt/geklatscht werden können, werden ausprobiert.
Neben den im SB angegebenen Möglichkeiten, bietet es sich auch an, die Pausen zu summen („mm").

>> HINWEIS ZU DEN BEISPIELEN IM BUCH: Das Klatschen in die Luft geschieht lautlos, die Hände berühren sich nicht. Es wird lediglich die Klatschbewegung angedeutet.

- In der Klasse wird besprochen, wem welche Art der Pause am besten liegt und warum. Manche sprechen evtl. lieber die Silben „mm" oder „sa", da die Koordination mit der Stimme leichter fällt als mit einer zusätzlichen Bewegung. Es kann aber auch gerade umgekehrt sein.
- Alle wählen eine Spielart und üben die drei Zeilen.

>> TIPP: Übung 2 c wiederholen, jetzt aber (auch) mit Sechzehntelnoten und -pausen.

GESTALTUNGSPROZESSE

GP

TANZENDE REGENSCHIRME

Kompetenzen

Die Schülerinnen und Schüler können ...

- zu einem Lied oder Musikstück passende Bewegungen finden und ausformen.
- in Gruppen Bewegungsabläufe erfinden.
- zu Musikstücken vorgegebene Bewegungsabläufe übernehmen und variieren.
- zu bestehender Musik eine tänzerische Gestaltung entwickeln.
- ihre tänzerischen Fähigkeiten vor Publikum präsentieren.

Material

- A4-Papier und Stifte
- Regenschirme (1 pro Person)
- Videobeispiel „Singing in the Rain/Umbrella" (Glee)

 A29,  Raindance, Nr. 6/7

Umbrella – Mashup

Die Informationen zum Mashup von „Umbrella" werden diskutiert. Es bieten sich Fragen an, wie:

- Kennen die Jugendlichen weitere Mashups?
- **Beispiele:** Jay Z vs. Linkin Park – „CNumb/Encore", Stevie Wonder vs. Metallica – „Sad But Superstitious" David Guetta vs. The Egg – „Love Don't Let Me Go (Walking Away)"
- Was ist der Unterschied zu einem Remix? Beim Remix wird nur das bestehende Lied in sich verändert (z. B. elektronisch).

1 a Vorgehen gemäß SB. Das Video ist auf YouTube zu finden. Dafür den Titel „Singing in the Rain/Umbrella" sowie „Glee" in die Suchmaschine eingeben.

b Vor der Beschäftigung mit diesem Aufgabenteil werden die Formteile eines Songs wiederholt (siehe SB und LB, Seite 26). Außerdem werden die beiden Songs „Singing in the Rain" (auf YouTube oder einer gängigen Streaming-Plattform zu finden) und „Umbrella" gehört. A29

Dann verfolgen die Jugendlichen den Ablauf (Formteile) des Mashups im Video und notieren ihn.

Lösung: Intro (ähnlich „Umbrella") – „Umbrella" (Strophe) – „Singing in the Rain" (Refrain) – „Umbrella" (Bridge) – „Umbrella" (Strophe) – „Singing in the Rain" (Refrain) – Übereinanderlagerung beider Songs.

2 a Die Jugendlichen verteilen sich im Raum und schauen alle in dieselbe Richtung – zur Lehrperson (= choreografische Aufstellung). Die Beispiele aus dem SB werden in der Klasse ausprobiert. Die Lehrperson leitet die Klasse an, zeigt die Bewegungen langsam vor und alle machen mit.

Beispiele:

- Schirme öffnen und schließen (oben, vor dem Körper, rechts, links).
- Die geschlossenen Schirme abstellen (rechts, links, vor dem Körper).
- Die geschlossenen Schirme abstellen und im Takt rundherum gehen.
- Offene Schirme drehen und/oder kreisen lassen.
- Usw.

Beispiel einer Kombination über 4 Takte (Tanzsequenz) zum Video von „Glee":
Öffnen und Schließen der Schirme vor dem Körper auf den Zählzeiten 1 und 2 sowie 5 und 6 (Pause auf 3 und 4 sowie 7 und 8, damit genügend Zeit für den Wechsel bleibt).

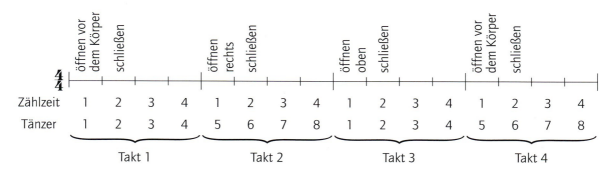

Die Bewegungselemente werden beliebig miteinander kombiniert. Vorerst geht es darum, sie fließend und zum Takt ausführen zu können. Je nach koordinativen Fähigkeiten der Schülerinnen und Schüler passt die Lehrperson die Kombinationen an.

>> TIPP: Die Lehrperson zählt fortlaufend laut im Takt (1 bis 8 = 2 Takte à 4 Schläge) und gibt jeweils kurz vor einem Wechsel das nächste Element bekannt. Es bietet sich an, auf den Zählzeiten 3/4 und 7/8 oder taktweise jeweils keine Bewegungen zu machen, oder nur auf der Stelle zu gehen, damit in Ruhe das nächste Element angekündigt werden kann.

b Zum Song „Umbrella" von Rihanna werden die geübten Elemente eingesetzt. A29
Der Beginn könnte sich wie folgt gestalten:

- Intro (4 Takte, 2 x auf 8 zählen):
  - 1. Takt: Auf der Stelle im Takt gehen
  - 2. Takt: Schirm vor dem Körper abstellen und rundherum gehen (rechts).
  - 3. Takt: wie 1. Takt
  - 4. Takt: wie 2. Takt, aber links herumgehen.
- Rap (8 Takte): Das Beispiel aus 2a mit Wiederholung (2 x 4 Takte) einbauen.
- Strophe Gesang (8 Takte): Weitere Elemente (evtl. bereits geübt) einbauen:
  - Offene Schirme kreisen, geschlossene Schirme abstellen usw.
  - Standortwechsel (im Takt gehen und Schirme z. B. über dem Kopf halten)
  - Elemente evtl. wiederholen.
- Bei Bedarf fortfahren (Refrain: 8 Takte + Bridge: 8 Takte) oder vorerst diese Teilchoreografie üben und danach mit Aufgabe 3 fortfahren.

Choreografie zur Strophe 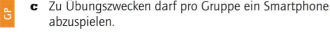 Nr. 6/7

3 **a** Das Video (Gesamtaufnahme DVD-Nr. 6) zur Choreografie von Seite 35 wird angeschaut und einzelne Teile nach genauer Betrachtung auf der Buchseite ausgewählt. Diese werden in die Choreografie von Aufgabe 2b eingebaut oder dienen zu deren Erweiterung (z. B. im Refrain oder Zwischenspiel einsetzen).

b In kleinen Gruppen setzen die Jugendlichen die Aufgabe gemäß SB um. Hier können die Videoausschnitte zu den einzelnen Teilen hilfreich sein.

c Zu Übungszwecken darf pro Gruppe ein Smartphone eingesetzt werden, um das Lied „Umbrella" (Rihanna) abzuspielen.

4 **a** Jede Gruppe zeigt der Lehrperson die geübten Teile (A und B). Bei Bedarf gibt die Lehrperson Tipps oder korrigiert die Choreografie. Gelingt der Ablauf flüssig, werden die Teile C und D geübt. Wenn auch die Bewegungen dieser Teile gut einstudiert sind, können alle vier Teile (evtl. zur Musik) aneinandergereiht werden. 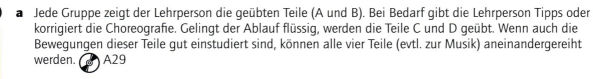 A29

b Hier können z. B. Elemente und Bewegungen aus Aufgabe 2b zusammen mit denen aus Aufgabe 4a kombiniert werden. Die Choreografie zum Refrain sollte sich aber auf jeden Fall von den anderen Teilen (A, B, C, D) unterscheiden (z. B. Abfolge der Elemente ändern, neue Elemente einbauen, Schrittfolgen umgestalten usw.)

c Die gesamte Choreografie mit dem eigenen Refrain wird der Klasse vorgetanzt.

BREAKING: DER TANZ DES HIP-HOP

> ### Kompetenzen
>
> Die Schülerinnen und Schüler können ...
>
> - zu einem Lied oder Musikstück passende Bewegungen finden und ausformen.
> - in Gruppen Bewegungsabläufe erfinden.
> - zu Musikstücken vorgegebene Bewegungsabläufe übernehmen und variieren.
> - in der Gruppe oder alleine vor anderen tanzen.
>
> ### Material
>
> - A4-Papier und Stifte
>
> A30, Breaking, Nr. 8–12, Hip-Hop-Lückentext

INFO!

> ### Breakdance
>
> Breakdance oder Breaking ist eine Tanzform, die ursprünglich auf der Straße getanzt wurde. Sie entstand als Teil der Hip-Hop-Bewegung unter afroamerikanischen Jugendlichen in Manhattan und der südlichen Bronx im New York der frühen 1970er-Jahre.
> Clive Campell alias DJ Cool Herc nannte die Tänzer auf seinen Partys „Break Boys", da sie zu den Breaks (Schlagzeug-Breaks und/oder improvisierten Scratch-Einlagen) tanzten.
> Getanzt wurde Funk oder Hip-Hop. Für viele Jugendliche bot Breakdance eine Alternative zur Gewalt der städtischen Straßen-Gangs. Die Tanzform fordert viel athletisches Können und ist heute weltweit verbreitet und anerkannt. Die kulturelle Botschaft gründet auf dem Gedanken eines Zusammenlebens, das frei ist von Grenzen bezüglich Rasse, Geschlecht oder Alter.

1

a Im Plenum werden Erfahrungen zum Thema Breakdance, Hip-Hop (-Tanz) ausgetauscht.
- Macht jemand aktiv Hip-Hop? Wo? Wie lange? Mit wem?
- Folgende Aspekte könnten angesprochen werden: tänzerisch/fachlich, körperliche Bewegung/Betätigung, Gemeinschaftsgefühl beim Tanzen allgemein

>> TIPP: Evtl. das Thema Hip-Hop bereits hier mit dem Lückentext im Anhang, siehe LB Seite 251 f., thematisieren.

b Die Klasse inklusive Lehrperson stellt sich im Kreis auf. Die Lehrperson spielt von CD einen Hip-Hop-Groove und macht eine einfache Tanzbewegung auf vier Zählzeiten vor. A30

Beispiel:
- 1: rechter Fuß vor (Ferse auf den Boden), Arme seitwärts abwinkeln
- 2: rechtes Knie zum Bauch, beide Fäuste auf Knie
- 3: rechten Fuß abstellen, Arme seitwärts abwinkeln
- 4: linkes Knie zum Bauch, beide Fäuste auf Knie

Etwas schwieriger:
- 1: in die Grätsche springen
- 2: zurückspringen (Füße zusammen)
- 3: einmal um die eigene Achse drehen
- 4: in die Hände klatschen

Alle machen die Tanzbewegung nach und wiederholen sie mehrfach. Nun erfindet jede Person eine eigene Bewegung und die Klasse tanzt sie nach oder mit.

c Die drei besten Bewegungen werden ausgesucht und gemäß SB getanzt.

>> TIPP: Aufteilung in drei Gruppen: Jede erfindet zwei Bewegungen, die sie der Klasse vorführt. Daraus werden die drei besten gewählt und gemäß Aufgabe 1c getanzt.

Sidebar: TANZEN UND BEWEGEN

Vier typische Hip-Hop-Elemente 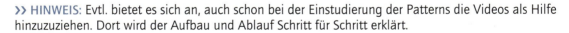 Nr. 8–12

2

In vier Gruppen üben die Jugendlichen die Patterns 1–4 gemäß den Angaben auf SB, Seite 37 ein. Sobald die Bewegungsabläufe gut funktionieren, tanzt die ganze Klasse zum jeweiligen Video.

>> HINWEIS: Evtl. bietet es sich an, auch schon bei der Einstudierung der Patterns die Videos als Hilfe hinzuzuziehen. Dort wird der Aufbau und Ablauf Schritt für Schritt erklärt.

Sidebar: TUB

3

a Sofern in Gruppen gearbeitet wurde, kommt die Klasse hier wieder zusammen. Im Plenum werden die Patterns aneinandergereiht – vorerst ohne Musik. Hier zeigt sich, ob alle die Bewegungsabläufe korrekt interpretiert haben, andernfalls wird das jeweilige Video hinzugezogen. Im Anschluss tanzen alle die Choreografie zur Musik oder zur Video-Gesamtaufnahme. A30, Nr. 8

b Die Schülerinnen und Schüler kreieren einen neuen Tanz gemäß dem Beispiel im SB.

>> TIPP: Die Aufgabe kann im Rahmen eines Gruppenprojekts erweitert werden (Projekt „Hip-Hop-Tanz"). Solche Arbeiten wirken besonders motivierend, wenn die Jugendlichen ihre eigene Musik verwenden dürfen.

Sidebar: GESTALTUNGSPROZESSE

TANZENDE GUMMISTIEFEL

Kompetenzen

Die Schülerinnen und Schüler können ...

- Tanzschritte und Handfassungen in Gruppenformationen ausführen.
- zu einem Musikstück eine einfache vorgegebene Choreografie üben und ausführen.
- zu Musikstücken vorgegebene Bewegungsabläufe übernehmen und variieren.
- zu bestehender Musik eine tänzerische Gestaltung entwickeln.
- ihre tänzerischen Fähigkeiten vor Publikum präsentieren.

Material

- A4-Papier und Stifte
- Gummistiefel (1 Paar pro Person)

🎵 A31/32, 🎬 Gumboot-Dance Grundtechniken, Nr. 13–18

INFO!

Gumboot-Dance

Der Tanz mit den Gummistiefeln entstand Ende des 19. Jahrhunderts in den Goldminen Johannesburgs (siehe auch SB, Seite 38). Sportliche Aktivitäten und Musik dienten den Arbeitern der Goldminen als Abwechslung und Unterhaltung in ihrem harten Leben. Tanzwettbewerbe entwickelten sich bald zu einer beliebten Aktivität. So war es ziemlich naheliegend, dass die Arbeiter die Gummistiefel, die sie in den Minen trugen, als Musikinstrumente umfunktionierten.

Einige Unternehmer gestatteten es den besten Tänzern, die die Männer friedlich unterhielten, eigene Tanzgruppen zu bilden. Diese Gruppen sangen in ihrer Heimatsprache, oft in Metaphern verschlüsselt vom elenden Leben, schlechten Lohn, schäbigen Vorgesetzten, aber auch von Familie, Heimweh und Liebe. Die Weißen hörten amüsiert zu, verstanden jedoch nicht den Sinn der Darbietungen.

Als sich bei den Tanzwettbewerben in den ersten Jahrzehnten des 20. Jahrhunderts ein eigener Stil entwickelt hatte, kam die Gitarre hinzu. Heute besteht das Begleitensemble häufig aus Gitarre, Akkordeon und Violine.

Vorübung: Move 1 …

a Im Internet findet man unter „Gumboot Dance" mehrere Videos. Die Jugendlichen vergleichen die Schritt-kombinationen mit den Elementen der Info!-Box „Grundtechniken". So sind die Bewegungen einfacher nachzuvollziehen. Alle probieren ein paar Elemente aus.

b Im Kreis oder in Choreografie-Aufstellung übt die Klasse die vier Elemente aus Move 1 (siehe Vorübung) und spricht den Bewegungsablauf laut mit.

… und jetzt mit Musik

Zur Einführung im Unterricht ist es wohl am einfachsten, wenn passende Popmusik und/oder Hip-Hop-Rhythmen eingesetzt werden. Dabei gilt es darauf zu achten, dass anfänglich nicht zu schnelle Musik ausgewählt wird (ca. bpm = 84 bis 90).
Paul Simon nahm in seinem Album „Graceland" den Titel „Gumboots" auf, der im Stil des südafrikanischen Mbaqanga (Township Jive) gehalten ist. Auf YouTube kann dieser Song angehört und eingesetzt werden. Gut geeignet ist auch „Diamonds on the Soles of Her Shoes" auf demselben Album.

a Jede Gruppe wählt in Absprache mit der Lehrperson ein passendes Lied. Anschließend studieren die Gruppen ihre eigene Choreografie ein.

b Die Gruppen tanzen ihre Tänze zur selbstgewählten Musik oder dem Hörbeispiel von der CD der Klasse vor.
 A31

c Aus den Gruppen-Resultaten von Aufgabe 2b wird eine Choreografie für die ganze Klasse zusammengestellt. Vorgehen bei der Einstudierung: Gruppe 1 tanzt vor, alle tanzen gemeinsam, Gruppe 2 tanzt vor, alle tanzen gemeinsam usw.

Tanzanleitung für Gumboots 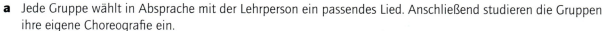 A32 Nr. 13–18

Die Tanzfiguren können nach der Anleitung im Buch und/oder den Tanzvideos eingeübt werden.

Jedes Bild bezieht sich auf eine Zählzeit. Die Tanzanleitung besteht aus einem Grundschritt (Marking Time) und mehreren Saluthis (einer Art Strophe). Der Grundschritt wird so lange ausgeführt, bis der „Leiter" ein Saluthi ankündigt (mit einem Ruf). Ist ein Saluthi getanzt, wird wieder in den Grundschritt gewechselt. Die Reihenfolge der einzelnen Saluthis kann frei gewählt werden.

Gemeinsam oder in Gruppen werden alle Teile geübt und danach eine Choreografie gestaltet. Pro Gruppe übernimmt eine Person die Funktion des „Leiters", um die Saluthis anzukündigen. Zum Abschluss führen alle ihre Gumboot-Tänze zur Musik vor.

PUNKTIERTE NOTEN UND SYNKOPEN

Kompetenzen

Die Schülerinnen und Schüler können …

- rhythmische Motive mithilfe einer Rhythmussprache bewusst hören und anwenden.
- Rhythmen aus verschiedenen Notenwerten und Pausen lesen und umsetzen, z. B. singen, spielen, klatschen).
- können punktierte Noten und Synkopen klatschen und spielen.

Material

 A33, ✐ A34

PMW

WISSEN!

Punktierte Noten

In der Wissen!-Box werden die punktierten Achtel, Viertel- und halbe Noten erläutert. Der Punkt hinter einer Note verlängert diese um die Hälfte ihres Werts. Die praktische Anwendung davon wird erläutert. Alle erkennen: Eine punktierte Viertelnote ist gleich lang wie drei Achtelnoten, eine punktierte Achtelnote ist gleich lang wie drei Sechzehntelnoten usw.

PMW

❶ a Vermutlich kennt ein Teil der Schülerinnen und Schüler die Funktion eines Punktes hinter der Note schon. Dennoch lohnt es sich, die Thematik aufzugreifen und von den Jugendlichen wiederholen zu lassen.

b Die Rhythmuszeile in der Wissen!-Box wird mit einer oder beiden Rhythmussprachen gesprochen und geklatscht. In einem zweiten Schritt dieselbe Zeile noch einmal klatschen und sprechen. Diesmal klopft der Fuß vier Zählzeiten vor und tippt anschließend den Puls über alle vier Takte.

Die Synkope – rhythmische Würze

MU

Vorübung in Kreisformation:

- Alle schreiten in einem ruhigen Tempo am Platz.
- Dazu auf die Zählzeit „und" klatschen: „1 <u>und</u> 2 <u>und</u> 3 <u>und</u>" usw.

❷ a+b Am Platz weitergehen und dazu die Zeile aus der Wissen!-Box sprechen: „Syn-ko-pe, Schritt, Schritt". Die Schülerinnen und Schüler probieren aus, wie dieser rhythmische Baustein namens „Synkope" klingt. Sie sollen dabei bewusst wahrnehmen, dass die zweite und dritte Silbe des Wortes Syn-ko-pe genau zwischen den Zählzeiten liegen – dann, wenn der Fuß oben ist.

❸ Die vier Takte werden gemäß SB gespielt: nur auf Grundtönen oder mit allen Akkordtönen (zusätzlich die Töne in Klammer dazunehmen, siehe auch SB, Seite 43). Evtl. können Gitarre und Klavier mit Akkorden/ Dreiklängen begleiten.

>> HINWEIS: Es ist sinnvoll, einen Begleitrhythmus mitspielen zu lassen; je nach Können der Schülerinnen und Schüler wird er mit Schlagzeug oder entsprechenden Instrumenten gespielt. Mögliche Begleitrhythmen finden sich im SB, Seite 47.

>> TIPPS:

MUSIZIEREN

- Als Alternative können folgende Instrumente die Schlagzeugklänge ersetzen:
  - Hi-Hat-Stimme = Cabasa
  - Snare-Drum-Stimme = Djembé
  - Bass-Drum-Stimme = große Trommel
- Die Begleitung passt auch zum Lied „Calypso" (im•puls Band 1, Seite 42).

4 **a–c** Vorgehen gemäß SB

5 Die erworbene Kompetenz zu punktierten Noten und Synkopen wird nun am Lied „All Night, All Day"
angewendet.

- Das Vorgehen in den Aufgaben a bis d entspricht zwar einer gängigen Liedeinführung, hier wird aber
  der Schwerpunkt auf die rhythmische Struktur des Lieds gelegt.
- Mit den entsprechenden Aufgaben erarbeiten die Schülerinnen und Schüler möglichst selbständig
  Rhythmus und Liedtext.

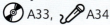 A33, A34

IM FAST-FOOD-RESTAURANT

Kompetenzen

Die Schülerinnen und Schüler können …

- Rhythmusstrukturen übernehmen und erfinden und aktuelle Patterns umsetzen.
- rhythmische Motive mit Sechzehntelnoten und punktierten Noten lesen.
- eine Melodie- oder Rhythmusstimme in der Gruppe spielen.
- einfache Klassenarrangements üben/anwenden und Interpretationsmöglichkeiten ausprobieren, vergleichen und ihre Vorstellung realisieren.
- eigene musikalische Präsentationen und die der Mitschülerinnen und Mitschüler kritisch und gleichzeitig wertschätzend begegnen.

Material

- A3-Papier und Stifte
- Instrumente:
  - Perkussion (Cajón, Bongos, Conga, Tamburin, Djembé, Claves usw.)
  - Holz-/Schlaginstrumente (Xylofon, Klangstäbe usw.)
  - Metallinstrumente (Metallofon, Klangstäbe usw.)

 A35, Pommes mit Ketchup!, Nr. 19

Pommes mit Ketchup!

1 a Im Workshop auf Seite 32–33 wurden drei Rhythmussprachen thematisiert. Alle sprechen und klatschen mit einer dieser Rhythmussprachen die fünf Rhythmen und üben die Bodypercussion. Bei Unklarheiten und/oder als Einführung kann das Video eine Hilfe sein. A35

b Gemäß SB werden die Rhythmen pro Zeile in fünf Gruppen geübt. Danach trägt die Klasse das Stück zusammen, jede Gruppe spielt nacheinander ihre Zeile folgendermaßen:

- nur klatschen
- mit Bodypercussion
- die einzelnen Zeilen nacheinander, dann gleichzeitig

c Die Klasse spielt mehrmals das ganze Stück gemeinsam durch, dann im Kanon. Da alle fünf Rhythmen im Kanon sehr anspruchsvoll sind, sollte ein erstes Ziel sein, nur zwei oder drei der notierten Rhythmen im Kanon einzuüben.

>> TIPPS:
- Die Lehrperson arrangiert „live" das Zusammenspiel, indem sie einzelne Rhythmen aussetzen oder solo spielen lässt.
- Eine Person spielt mit dem Klavier/Keyboard die Akkorde aus dem Kasten „Notation Liedbegleitung" zu dem Arrangement dazu.

2 a Wie bei Aufgabe 1a üben alle den Break in „ihrer" Rhythmussprache. Anschließend wird dazu in den Gruppen von Aufgabe 1 eine Bodypercussion innerhalb von ca. 10 Minuten erfunden. Die Resultate werden der Klasse vorgestellt. Die beste Version – oder eine neue Zusammenstellung aus einzelnen Elementen – wird mit der Klasse einstudiert.

b Die Wissen!-Box zum Arrangement wird gelesen und besprochen. Jede Gruppe entwirft ein Arrangement und schreibt dieses in übersichtlicher Form auf ein A3-Papier oder an die Wandtafel.

c Während eine Gruppe vorspielt, verfolgen die anderen das Arrangement des Stücks und notieren eventuelle Abweichungen.

WISSEN!

Das Arrangement

Arrangieren heißt: Etwas gestalten, zurechtlegen, organisieren. Diese Ausdrücke sind auf das Arrangement in der Musik übertragbar. Das Beispiel im Kasten gibt den Schülerinnen und Schülern eine Vorstellung davon, wie ihr eigenes Arrangement aussehen könnte. Sie arbeiten mit folgenden Bausteinen:

- Rhythmen aller Zeilen
- Anzahl Takte (pro Formteil wählbar)
- Break (mit Wiederholung)

Daraus entstehen je nach Bedarf: Intro, A-Teil, B-Teil, Refrain, Bridge, Outro usw., die zu einem Stück (= Arrangement) zusammengefügt werden.

 a Passende Perkussionsinstrumente können sein: Cajón, Bongos, Conga, Tamburin, Djembé, Claves (Schlaghölzer).

>> TIPP: Je nach Größe der Gruppen eventuell nur ein bis zwei Instrumente integrieren, die anderen Mitglieder führen weiterhin die Bodypercussion aus. Fühlt sich die Gruppe sicher im Spiel, werden die Instrumente weitergereicht. Vorteil dieses Vorgehens sind die Aufteilung der Instrumente bei einem Mangel an Inventar und die besser kontrollierbare Lautstärke. Die Jugendlichen regulieren die Lautstärke so, dass sich alle Gruppenmitglieder (auch klatschend) hören können.

b Mögliche Probleme/Ideen:

- Vielleicht sind bestimmte rhythmische Übergänge auf dem Instrument schwieriger zu spielen, als es bei der Bodypercussion der Fall war, dann muss das Arrangement umgestellt werden.
- Welche Zeilen sind einfach zu verbinden?
- Welche schwierigen Übergänge müssen noch geübt werden?
- Müssen die Instrumente immer gespielt werden? Ein- und Aussetzen kann Abwechslung bringen. Auch hier ist weniger manchmal mehr.

c Im Plenum wird der Kasten „Notation Liedbegleitung" besprochen. Die Gruppen besorgen sich die entsprechenden Instrumente und einigen sich darauf, wer Holz- und wer Metallinstrumente spielt; auch Keyboard oder Gitarre u. a. sind denkbar. Die Gruppen üben die Begleitung mit den Grundtönen, und erweitern sie bei Bedarf (und Sicherheit) mit Akkordtönen, siehe Grafik im Kasten.
Für die Begleitung teilen sich die Jugendlichen in der Gruppe auf: Holzinstrumente, Metallinstrumente, Perkussion, evtl. Klatschen/Gesang.

>> TIPP: Die Gruppen schreiben ihr erweitertes Arrangement auf ein neues Blatt, das hilft der Übersicht.

Notation Liedbegleitung

Diese Art der Notation für Liedbegleitungen wird in den folgenden Kapiteln immer wieder verwendet und im SB auf Seite 43 exemplarisch erläutert.
Weitere Anwendungen dazu finden sich z. B. auf den Seiten 45, 53, 54, 55 und 59.

 Gemäß SB werden drei neue Gruppen gebildet, die zuerst nacheinander, dann gleichzeitig spielen. Es versteht sich, dass mit diesen drei Gruppen wiederum neue Klang- und Kombinationsmöglichkeiten entstehen. Ob nun ein neues Arrangement notiert werden muss, oder ob die Lehrperson die Einsätze der einzelnen Gruppen spontan dirigiert, hängt von der Flexibilität aller Beteiligten ab.

Es bietet sich an, auch hier zu rotieren, sobald das Zusammenspiel gut funktioniert hat. So spielt jede Gruppe einmal Bodypercussion und spricht den Text dazu, einmal spielt sie die harmonische Begleitung mit Stabspielen und anderen Instrumenten sowie einmal die rhythmische Begleitung mit Perkussion.

MUSIZIEREN

PLAY THAT BEAT!

Auf dieser Doppelseite werden mögliche Begleitpatterns zum Refrain des Songs „What About Us" von Pink erarbeitet. Im Fokus stehen dabei die drei Teilbereiche Rhythmus, Instrumentalbegleitung und Gesangsmelodie.

Als Einstimmung auf den Song dieser Doppelseite kann zunächst das dazugehörige Musikvideo mit seinen teilweise exzentrischen Tanzszenen angeschaut werden. Mit Eingabe des Songtitels und der Interpretin wird es problemlos auf YouTube gefunden.

Je nach Klassensituation und Anzahl der Schülerinnen und Schüler kann danach der Refrain und Gesangspart entweder im Plenum oder in Gruppenarbeit – drei Gruppen für je einen Teil – eingeübt werden.

• Rhythmus

Das Beispiel zeigt ein viertaktiges Pattern aus zwei der sechs verschiedenen Rhythmen unten im Kasten. Der vierte Takt ergibt eine Steigerung, die zum erneuten Anfang überleitet.

- Es ist sinnvoll, die Rhythmusbegleitung nicht in jedem Takt zu verändern, sondern wie im Beispiel nur den vierten Takt zu variieren.
- Das viertaktige Pattern wird mit Instrumenten, Klatschen oder Alltagsgegenständen geübt und dann gleichzeitig zu den Ergebnissen der anderen Gruppen gespielt.
- Die Ergebnisse jeder Gruppe werden kritisch beurteilt. Sind sie zu schwerfällig geraten, müssen eventuell einzelne Gruppen und/oder Instrumente weggelassen werden? Können die Patterns verfeinert, ergänzt oder umgestaltet werden?

• Begleitung

Die harmonische Begleitung besteht ebenfalls aus einem viertaktigen Pattern, das zum Refrain viermal wiederholt wird. Schülerinnen oder Schüler ohne instrumentale Vorkenntnisse spielen zum Beispiel auf einem Xylofon oder auf einer beschrifteten Klaviertastatur die Grundtöne:

| E E E E | C C C C | G G G G | G G G G :‖

Andere Jugendliche in der Klasse können zusätzlich mit Gitarrenakkorden, Klavier oder einem anderen Instrument begleiten.

›› VARIANTEN:
- Zu Beginn wird die Begleitung mit Viertelnoten gespielt, später können mit denselben Tönen und Akkorden auch Rhythmen aus dem Kasten auf SB, Seite 44 gespielt werden.
- Holzxylofone spielen alle Töne, Metallofone nur die Zählzeiten 2 und 4 (mit Quadraten gekennzeichnet).

Anschließend spielen die beiden Begleitgruppen (Rhythmus und Begleitung) zusammen und beachten ein exaktes Zusammenspiel.

• Gesang 💿 A36

- Als Rhythmusübung wird die erste Zeile mit einer Rhythmussprache gelesen und geklatscht – die zweite und dritte Zeile sind identisch.

Refrain					C			
Dau-er-lauf	Schritt	Pause	Pause	Dau-er-lauf	hüp-fen	hüp-fen	hüp-fen	...
ta-ge-te	ta	sa	sa	ta-ge-te	ta-e-ge	ta-e-ge	ta-e-ge	...

- Der Liedtext wird mehrmals langsam, aber rhythmisch gelesen, dann zum Hörbeispiel gelesen und gesungen.

›› HINWEIS: An verschiedenen Schulen gilt der Grundsatz: Das Mikrofon macht den Gesang nur lauter, nicht besser. Darum sollten die einzelnen Schülerinnen und Schüler erst ins Mikrofon singen, wenn Text und Melodie auswendig eingeübt sind.

Als Abschluss der Lektion werden die drei Bereiche gemeinsam gespielt und gesungen. Evtl. kann auch ein kleines Arrangement einstudiert werden:

– Intro 1:   4 Takte   nur Rhythmus
– Intro 2:   4 Takte   Rhythmus und Begleitung
– Refrain: 16 Takte   Tutti mit Gesang
– Instrumental: 8 Takte   Rhythmus und Begleitung
– Refrain: 16 Takte   Tutti mit Gesang

RHYTHM SECTION 1: DAS SCHLAGZEUG

Kompetenzen

Die Schülerinnen und Schüler können ...

- im Zusammenspiel die Mitspielenden wahrnehmen und auf ihre Spielart reagieren.
- mit dem Klasseninstrumentarium spielen und sich an Tempo und musikalischem Ausdruck der Klasse anpassen.
- Patterns und Ostinati anwenden und kreativ damit umgehen.
- ternäre und binäre Spielweisen unterscheiden.
- einzelne Instrumente der aktuellen Musikszene (z. B. Pop, Elektro) unterscheiden und erkennen.

Material

- Schlagzeug
- Große Trommel, Cabasa, Cajon, Djembé, Tambourin u. a.

🔘 A37/A38

1 Gemeinsam wird der Einleitungstext zur Rhythm Section gelesen und besprochen. Es soll allen bewusst werden, dass in der aktuellen Musik das Zusammenspiel dieser vier Instrumente – auch wenn sie digital am Computer eingespielt werden – eine zentrale Rolle für den Groove des ganzen Stücks spielen.

a Die drei Ausschnitte werden angehört und der Stil der Musik in der Tabelle notiert. Zur Auswahl stehen: Jazz, Hip-Hop und Rock. 🔘 A37

b+c Wie präzise die Instrumente unterschieden werden sollen, wird von der Lehrperson entschieden.
Beispiel: Nur Tasteninstrument oder Hammondorgel und Rhodes (E-Piano)?

Lösung 1:

	(HB 1) Hip-Hop: Too Hot Coolio	(HB 2) Jazz: Gimme Some Bill Evans	(HB 3) Rock: Emily Adam Green
Schlagzeug		x	x
Elektronisches Schlagzeug	x		
Perkussion	x	x	
E-Bass		x	x
Kontrabass			
Keyboard-Bass	x		
Hammondorgel		x	
Rhodes (E-Piano)	x		
Akustische Gitarre			x
Elektrische Gitarre			x

HÖREN UND SICH ORIENTIEREN

Vereinfachte Lösung 2:

	(HB 1) Hip-Hop: Too Hot	(HB 2) Jazz: Gimme Some	(HB 3) Rock: Emily
Musikstil	Hip-Hop	Jazz	Rock
Schlagzeug	x	x	x
Perkussion	x	x	
Bass	x	x	x
Tasteninstrument	x	x	
Gitarre			x

Der Grundschlag

 a–c • Die ganze Klasse spielt die Einzelinstrumente des Schlagzeugs nacheinander, dann gleichzeitig in verschiedenen Tempi und immer mit Metronom.
- Die Achtelnoten werden in der ternären wie auch binären Variante geübt.
- Wer sich sicher fühlt, spielt direkt am Schlagzeug, die anderen spielen mit Bodypercussion weiter.

>> HINWEIS: Ist kein Schlagzeug vorhanden, wird das Rhythmuspattern auf verschiedene Instrumente und Personen aufgeteilt.

Beispiel:

Person 1   **Person 2**

Bass Drum und Snare an Cajon oder Djembé   Hi-Hat mit Cabasa, Shaker oder Schellenring

- Danach wird das Notenbeispiel mit den drei Instrumenten in einem Notensystem genauer betrachtet, besprochen und als Übung abgeschrieben.

 a Vorgehen gemäß SB

 b In beiden Grooves wurde nur die Bass Drum verändert. Dennoch werden diese „kleinen" Änderungen mehreren Schülerinnen und Schülern Schwierigkeiten bereiten, da die Koordination dreier Bewegungen nicht ganz einfach ist. Kein Problem: Die Grooves können auch zu Hause weiter geübt werden.

Der Grundschlag im Swing A38

Es empfiehlt sich, die Aufgaben 2 und 3 im Swing-Feeling von Grund auf zu wiederholen und die Unterscheidung allen bewusst zu machen:

- Binäre Spielweise: Achtelnoten in der Hi-Hat werden gerade, also als Achtelnoten gespielt.
- Ternäre Spielweise: Achtelnoten in der Hi-Hat werden als Triolenviertel und -achtel gespielt. Somit entsteht der typische Swing-Rhythmus (siehe Grafik im SB).

>> HINWEIS: Zu beachten ist, dass die Schreibart immer identisch ist: Es werden Achtel notiert!

RHYTHM SECTION 2: E-BASS UND KONTRABASS

Kompetenzen

Die Schülerinnen und Schüler können ...

- mit dem Klasseninstrumentarium spielen und sich an Tempo und musikalischem Ausdruck der Klasse anpassen.
- im Zusammenspiel die Mitspielenden wahrnehmen und auf ihre Spielart reagieren.
- Patterns und Ostinati anwenden und kreativ damit umgehen.
- einzelne Instrumente der aktuellen Musikszene (z. B. Pop, Elektro) unterscheiden und erkennen.
- eigene musikalische Fähigkeiten einschätzen und diese innerhalb eines musikalischen Auftrags bewusst zum Einsatz bringen.

Material

- E-Bass, eventuell Kontrabass
- Bassklangstäbe, Tasteninstrumente

A39

Für eine Bassbegleitung eignen sich auch Keyboard oder Synthesizer speziell gut, da viele Basslinien in aktuellen Songs elektronisch gespielt werden.

>> HINWEIS: Spezielle Bass-Sounds auf den Tasteninstrumenten suchen und mit der Klasse geeignete Sounds auswählen.

Grundpatterns für Bassinstrumente A39

 a Die Patterns werden angehört und den fünf Notenbeispielen zugeordnet.
Lösung: B, C, E, A, D

b–d Vorgehen gemäß SB

Die Töne auf dem E-Bass

Bei einfachen Songs ist es auch einem „Nicht-Bassisten" möglich, eine Bassbegleitung zu spielen, da die Grundtöne in der Regel nebeneinanderliegen.

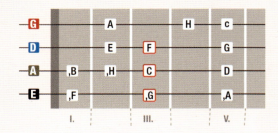

Beispiele:
Für einen Song (z. B. Blues) in C-Dur mit den drei Dur-Dreiklängen C-Dur, F-Dur und G-Dur, liegen die drei benötigen Grundtöne jeweils im selben Bund nebeneinander. Als Rhythmus können die Beispiele von Aufgabe 1 verwendet werden.

>> ZUSATZAUFGABE: Vergleiche die Grundtöne für einen Song in D-Dur (Dreiklänge D-Dur – G-Dur – A-Dur) oder einen Song in E-Dur (Dreiklänge E-Dur – A-Dur – H-Dur).

>> TIPP: Zur Orientierung auf dem E-Bass-Griffbrett kann auch versucht werden, eine Tonleiter zu spielen, z. B. eine F-Dur-Tonleiter oder eine G-Dur-Tonleiter:

F-Dur-Tonleiter

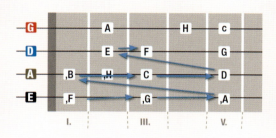

G-Dur-Tonleiter

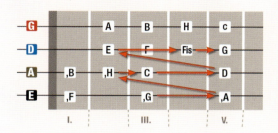

❷ Das Bassfundament

>> HINWEISE:
- 1. Zeile: Betrifft die drei Grundakkorde von F-Dur.
- 2. Zeile: Betrifft die drei Grundakkorde von C-Dur.
- 3. Zeile: Betrifft die drei Grundakkorde von G-Dur.

Immer liegen die drei Grundtöne nebeneinander.

INFO!

Akkordbezeichnungen

Die Bezeichnungen und die Bedeutung für den E-Bass werden mit der Klasse besprochen.

❸ Schlagzeug und Bass

Die Aufgaben a bis c können von kleineren Gruppen selbständig erarbeitet werden. Als Schlagzeugstimme (Drums) kann einer der Grooves von SB, Seite 47 dienen.

Die folgenden zwei Beispiele zeigen, wie die Resultate der Gruppen aussehen könnten.

Sie eignen sich aber auch dazu, den etwas fortgeschritteneren Gruppen als Input vorgelegt zu werden.

Beispiel 1:

Beispiel 2:

HIP-HOP-BEGLEITUNG

Kompetenzen

Die Schülerinnen und Schüler können ...

- mit dem Klasseninstrumentarium spielen und sich an Tempo und musikalischem Ausdruck der Klasse anpassen.
- einzelne Instrumente der aktuellen Musikszene (z. B. Pop, Elektro) unterscheiden und erkennen.
- eigene musikalische Fähigkeiten einschätzen und diese innerhalb eines musikalischen Auftrags bewusst zum Einsatz bringen.

Material

- Schlagzeug und/oder Perkussionsinstrumente
- Bassklangstäbe, Tasteninstrumente
- Keyboard

 A40

Begleitpattern 1: Drums

Für Schülerinnen und Schüler mit schneller Auffassungsgabe werden die zwei ersten Aufgaben, als Fortsetzung der Rhythm Section (SB, Seite 46–49), sehr einfach sein – sie können eventuell gleich die Aufgabe „Für Profis" einüben.

Unerfahrenen Instrumentalistinnen und Instrumentalisten zeigt die Grafik (noch einmal) den Grundschlag eines Schlagzeugs, der mit diesem Instrument oder alternativ mit mehreren Perkussionsinstrumenten umgesetzt werden kann. Die unterschiedlichen Farbmarkierungen erleichtern die Zuordnung: blau = Sticks, rot = Cajón, grün = tiefe Trommel.

Begleitpattern 2: Bass

Auch hier hilft die übersichtliche Schreibweise, die Bassstimme exakt auf verschiedene tiefklingende Instrumente zu übertragen.

>> HINWEIS: Die Farben entsprechen hier den Akkordtönen in der Aufgabe 3, Beispiel 1.

Begleitpattern 3: Keyboard

Es empfiehlt sich, an dieser Stelle mit der ganzen Klasse die Klaviertastatur zu besprechen (siehe dazu letzte Umschlagsseite hinten im SB):

- die C-Dur-Tonleiter (mit den Wiederholungen in verschiedenen Oktavlagen) auf den weißen Tasten
- die Funktion der schwarzen Tasten (Halbtonschritte), hier auch die Abweichungen bei nebeneinanderliegenden weißen Tasten ohne schwarzer Taste dazwischen
- die Notennamen
- die Fingerpositionierung für die Dreiklänge des Begleitpatterns in Aufgabe 3

a Die Lehrperson macht die Klasse darauf aufmerksam, dass das identische Begleitpattern für Keyboard (oder Klavier) im SB dreimal auf folgende Weise notiert worden ist:

- mit Buchstaben (Notennamen)
- auf der Klaviertastatur
- mit Notenschrift

b >> HINWEIS: Dieses Begleitpattern könnte mit einem oder zwei Tönen auch auf einem Xylofon gespielt werden.

MU

MU

MUSIZIEREN

„Still D.R.E." A40

 Die in den vorigen Aufgaben erarbeiteten Begleitpatterns stammen aus dem Song „Still D.R.E.", die nun zum Hörbeispiel musiziert werden sollen. Zunächst werden die drei Patterns auf den Instrumenten Schlagzeug, Bass und Keyboard (Aufgabe 1, 2 und 3) nochmals wiederholt und gleichzeitig gespielt.

>> TIPPS:
• Das Schlagzeug beginnt in einem ruhigen Tempo (bpm = 80).
• Nach vier Takten setzt der Bass ein.
• Wenn die beiden Instrumente exakt zusammenspielen, setzt das Keyboard ein.
• Nach einigen Wiederholungen wird der Schluss – auf dem ersten Ton des Patterns (A-Dur) – gespielt.
• Im nächsten Durchgang beginnen alle gleichzeitig.

Nun wird das ganze Pattern zum Hörbeispiel gespielt. Hier setzen zunächst Bass und Keyboard gleichzeitig ein, dann kommt das Schlagzeug hinzu.

>> HINWEIS: Nicht zu laut spielen, damit das Hörbeispiel von allen Beteiligten noch gehört wird.

5 Es bieten sich neben dem Originaltext des Songs viele andere – auch deutschsprachige – Raptexte an, die sich über den Beat rappen lassen. Für Anfänger ist der Text vom Song „Astronaut" von Sido/Andreas Bourani sehr gut geeignet.

Weitere gut zu rappen Texte sind:
• Samy Deluxe „S.O.S."
• Blumentopf „Erzähl mir was"
• Fard „Peter Pan"

Es ist ebenso möglich, dass die Schülerinnen und Schüler Texte aktueller Rapsongs oder selbstgeschriebene Texte rappen.

>> HINWEIS: Neben den Rap-Texten, die sich im SB finden, ist es auch möglich, einen Hip-Hop-fremden Text zu rappen, zum Beispiel ein Gedicht.

Venedigs erster Tag (gekürzt)
von C.F. Meyer

Eine glückgefüllte Gondel gleitet auf Canal grande,
An Giorgione lehnt die Blonde mit dem roten Samtgewande.
„Giorgio, deiner Laute Saiten hör ich leise, leise klingen" –
„Julia Vendramin, Erlauchte, was befiehlst du mir zu singen?"

„Nichts von schönen Augen, Giorgio! Solches Thema sollst du lassen!
Singe, wie dem Meer entstiegen diese wunderbaren Gassen!
Fessle kränzend keine Locken, die sich ringeln los und ledig!
Giorgio, singe mir von meinem unvergleichlichen Venedig!"

„Meine süße Muse will es! Es geschieht!" Er präludierte.
„Weiland, eh des heil'gen Markus Flagge dieses Meer regierte,
Drüben dort, wo duftverschleiert Istriens schöne Berge blauen,
Sank vor ungezählten Jahren eine Dämmrung voller Grauen.

Durch das Dunkel huschen Larven, angstgeschreckte Hunde winseln,
Schreie gellen, Stimme warnen: `Löst die Boote! Nach den Inseln!'
In den Lüften haucht ein Odem, wie es in den Gräbern modert –
Schaurig tagen Meer und Himmel! Aquileja brennt und lodert!"

...

HANDY-, TABLET- UND COMPUTERMUSIK

Kompetenzen

Die Schülerinnen und Schüler können …

- ausgewählte Musiksoftware erkunden, testen und für musikalische Aufgaben einsetzen.
- ein Klangarrangement mit Instrumenten und elektronischen Klangquellen umsetzen.
- Hip-Hop-Texte rappen.

Material

- Tablets oder iPads
- Diverse Instrumente
- Notizpapier und Stift

 A41

Das Schulfach Musik ist spannend, abwechslungsreich und verändert sich stetig. Es ist noch gar nicht so lange her, dass die aktuelle Musikszene im Unterricht Einzug gehalten hat, und die Möglichkeiten der digitalen Musikindustrie werden noch lange nicht von allen Lehrpersonen vollumfänglich genutzt. Andererseits verlangen die vielfältigen Entwicklungen in der Musikpraxis und die laufenden Veränderungen in den Hörgewohnheiten der Schülerinnen und Schüler nach sich ständig ändernden Unterrichtsformen – die Anforderungen an die Lehrpersonen nehmen weiter zu.

Digital musizieren

Seit einiger Zeit hält nun eine weitere technische Neuerung mit Riesenschritten Einzug in die Musikräume der Schulen: das iPhone, das iPad sowie weitere Smartphones und Tablets.
Die Erfahrung hat gezeigt, dass es gar nicht mehr utopisch ist, diese Geräte im Unterricht einzusetzen. Einerseits haben bereits verschiedene Schulen iPads angeschafft – die Initiative dazu kam häufig aus der Fachschaft Musik – und setzen diese in verschiedenen Fächern ganz gezielt ein. Andererseits hat sich gezeigt, dass der Aufforderung, ein App-fähiges Gerät in den Unterricht mitzubringen, beachtlich viele Jugendliche folgen können.

>> TIPP: Das iPad ist auch ideal, um ein fehlendes Instrument im Schul-Equipment zu ersetzen, z. B. einen Kontrabass o. Ä.

1

a Da das riesige App-Angebot im Netz laufend erneuert, verändert und erweitert wird, lohnt es sich, mit der Klasse die aktuellen Anwendungen der einzelnen Schülerinnen und Schüler zu evaluieren – auch für die versierte Lehrperson gibt es immer wieder Entdeckungen und Überraschungen.

b Die bekannten Apps werden in die drei Hauptanwendungsbereiche unterteilt.
Beispiele:

- **Instrumente spielen:** Pocket organ, Gitarre, ibone, Pocket drums
- **Tonaufnahme:** Garage band, Audacity, SoundOscope, Cubase
- **Musik allgemein:** Tuning fork, Tempo, Music theory

GP

2 Vorgehen gemäß SB

>> **TIPP:** Mit den Jugendlichen besprechen, wer in der nächsten Unterrichtsstunde eine (bis dato unbekannte) App vorstellen möchte.

>> **HINWEIS:** Der Umgang mit Apps aus dem Netz, besonders die Thematik des Datenschutzes ist wesentlicher Teil der Medienerziehung in der Schule. Vor Installation der Apps sollte daher die Lehrperson zusammen mit einer Fachkraft aus diesem Bereich an der Schule die Nutzung der Apps datenschutzrechtlich überprüfen.

GP

Instrumentalbegleitung A41

3 Der Refrain des bekannten Songs von Bruno Mars „Count on Me" basiert auf einem viertaktigen Begleitpattern. Ob nun alle Stimmen mit Tablet oder einzelnen Instrumenten akustisch gespielt werden, kann von der Lehrperson entschieden werden.

- Zuerst wird der Song angehört und mitgesungen, wobei der Schwerpunkt vor allem auf den Refrain gelegt wird.
- Nach der Einführung in die Praxis einer Rhythm Section auf den Seiten 46–49 sollte es vielen Schülerinnen und Schülern nicht schwerfallen, die Instrumentalbegleitung mit virtuellen oder realen Instrumenten (mindestens auf den Grundtönen des Akkords) mitzuspielen.
- Alle werden bald merken, dass das Musizieren auch mit virtuellen Instrumenten nicht ganz einfach ist. Die Anforderungen beim Musizieren mit Tablets sind vergleichbar mit dem Musizieren auf traditionellen Instrumenten: Absolute Konzentration, rhythmische Präzision und musikalisches Einfühlungsvermögen sind Grundbedingungen.

>> **TIPP:** Mit etwas Übung kann der dreistimmige Begleitrhythmus (Hi-Hat, Snare, Bass Drum) auch von einer Person mit beiden Händen auf dem Display gespielt werden. Alternativ: auf zwei Personen aufteilen.

MUSIZIEREN

HEY, SOUL SISTER

Kompetenzen

Die Schülerinnen und Schüler können …

- Intonation und Artikulation differenziert anwenden.
- Lieder aus verschiedenen Stilarten singen (z. B. klassische Musik, Pop, Jazz).
- Beispiele aus der aktuellen Musikszene singen und ihre musikalischen Präferenzen einbringen.
- Klassenarrangements üben und dabei Interpretationsmöglichkeiten vergleichen, ausloten und ihre Vorstellung umsetzen.

Material

- Schulinstrumentarium und eventuell Ukulele

 A42

Eine Begleitung mit Off-Beats

Hier wird der Einstieg über das Begleitpattern, respektive über das basierende Rhythmusmuster gemacht. Sämtliche instrumentalen Kompetenzen, die auf den vorangegangenen Seiten (SB, Seite 46–53) erarbeitet worden sind, werden hier nun angewendet und gefestigt.

Als Begleitinstrumente können sowohl traditionelle Instrumente als auch Tablets und iPads eingesetzt werden.

a Die Lehrperson gibt ein ruhiges Tempo vor (z. B. bpm = 90). Alle stehen auf und gehen am Platz zum vorgegebenen Puls. Jedes Mal, wenn der Fuß sich hebt, wird der Off-Beat mit Hand-claps geklatscht (siehe Notenbeispiel auf SB, Seite 54 unten). Stimmt der Klassensound, wird dieselbe Übung zum Hörbeispiel dazugemacht. Der Schlussteil beginnt ca. bei 03'11". A42

b Das Akkordschema zu Intro und Strophe (kleine Abweichung im letzten Takt) wird besprochen, die Instrumente auf die Begleitgruppe verteilt.
- Das Schlagzeug spielt den Grundrhythmus (siehe SB, Seite 47).
- Die Gitarre spielt eine fortlaufende Achtelnoten-Begleitung gemäß Akkordschema (siehe auch Power-Chords im SB, Seite 68).
- Tasteninstrumente spielen Viertelnoten auf den Grundtönen oder, wenn möglich, auf den Dreiklängen.
- Zwei bis drei Instrumente (z. B. Xylofon, Ukulele, Klavier) spielen die Off-Beats mit den Grundtönen oder den Dreiklängen.

>> HINWEIS: Eine zweite Gruppe kann eventuell selbständig, ausgerüstet mit Buch und CD-Player, gesanglich Intro und Strophe erarbeiten.

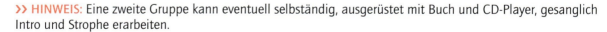

2 Im Plenum wird der Refrain angehört, der Text mitgelesen und der ganze Refrain mehrmals gesungen. Die Akkordreihenfolge im Refrain unterscheidet sich zu den übrigen Teilen dadurch, dass der d-Moll-Akkord weggelassen wird und eine übliche 4–5–1–Verbindung vorherrscht. Diese abgeänderte Akkordbegleitung wird besprochen und geübt. A42

3 **a** Das Arrangement kann sich danach richten, wo die besonderen Fähigkeiten der Klasse liegen. Gibt es besonders gute Sängerinnen oder Sänger? Ist der Gitarrist so virtuos, dass er eine Soloimprovisation oder die Keyboarderin die Melodie der Strophe instrumental spielen könnte?

Beispiel für ein Arrangement:

Intro	4 Takte	nur instrumental
Intro	4 Takte	mit Gesang
Strophe	16 Takte	Tutti
Zwischenspiel (wie Intro)	4 Takte	Tutti, inkl. Off-Beat klatschen
Strophe	16 Takte	Tutti
Refrain	9 Takte	Tutti
Outro (wie Intro)	4 Takte	nur instrumental

>> TIPP: Mit untenstehenden weiteren Strophen ist es auch möglich, den ganzen Song aufzuführen.

b Dem Üben eines Songs sollte immer wieder genügend Zeit eingeräumt werden, ebenso der kritischen Reflexion, was technisch, rhythmisch, instrumental oder gesanglich noch verbessert werden könnte. Dies kann auf mehrere Stunden verteilt werden.
Eine Aufnahme des Musizierergebnisses mit einem digitalen Endgerät kann manchmal etwas frustrierend sein, da sie nie einer ausgewachsenen Studioaufnahme gleichkommt. Ist diese Tatsache aber allen Teilnehmenden bewusst, können Unstimmigkeiten und Fehler besser analysiert werden.

Hey, Soul Sister (weitere Strophen)

Strophe 2
Just in time, I'm so glad
you have a one-track mind like me.
You gave my life direction,
a game show love connection we can't deny.
I'm so obsessed, my heart is bound
to beat right out my untrimmed chest.
I believe in you, like a virgin, you're Madonna
and I'm always gonna wanna blow your mind.

Strophe 3
The way you can cut a rug
watching you 's the only drug I need.
So gangster, I'm so thug,
you're the only one I'm dreaming of you see.
I can be myself now finally.
In fact there's nothing I can't be;
I want the world to see you be with me:

Möglicher Ablauf: Intro (mit Wdh.) – 1. Strophe – Refrain – 2. Strophe – Zwischenspiel (wie Intro) – Refrain – 3. Strophe – Refrain – Outro (wie Intro)

MUSIZIEREN

NOTATIONSARTEN

PMW

Guido von Arezzo zeigte um das Jahr 1000 als Erster, wie klingende Musik auf vier Notenzeilen geschrieben werden konnte. Dennoch dauerte es noch einmal rund 400 Jahre, bis man mit der heute gebräuchlichen Notenschrift verbindliche Tonhöhen und Tonlängen genau aufzeichnen konnte.

Im Zuge der elektronischen und experimentellen Musik des 20. Jahrhunderts genügte aber auch diese Notenschrift nicht mehr. Für spezielle Klangereignisse und Geräusche mussten neue Notationsarten erfunden werden.

❶ Mit zwei Beispielen wird aufgezeigt, wie Musik notiert werden könnte. Die traditionelle Notation als dritte Art kennen die Schülerinnen und Schüler bereits.

Eine kurze Diskussion zum Thema, wie man Musik auch noch auf andere Arten notieren könnte – und die entsprechenden Vor- und Nachteile – kann die Klasse zu eigenen Kreationen motivieren.

a Die beiden Notationsarten haben gemeinsam, dass die einzelnen Stimmen untereinander aufgeschrieben sind. Die Orientierung ist somit dieselbe: Wann spielen welche Instrumente zusammen?

Verschiedene Interpretationsarten sind vor allem bei Notation 2 möglich.

- Wellennotation: Dynamik oder Tonhöhe?
- Punkte: Wie werden kleine/große Punkte unterschieden?

Sowohl das Klasseninstrumentarium als auch das Inventar kann zum Einsatz kommen (Schränke, Stühle, Hocker, Orff- und Perkussionsinstrumente, Papier, Stifte usw.).

b Jedes Gruppenmitglied wählt eine Stimme, eine Person klopft den Puls.

Gemeinsam übt die Gruppe beide Partituren.

c **Lösung** zu Notation 1 in traditioneller Notenschrift:

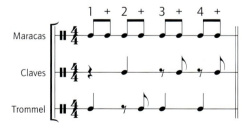

PRAXIS DES MUSIKALISCHEN WISSENS

❷ **a** Gemeinsam hört die Klasse das Hörbeispiel aus Igor Strawinskys „Le sacre du printemps" an. B25

b Dann zeichnen/malen die Schülerinnen und Schüler ihre Eindrücke auf ein Blatt – sie orientieren sich dabei an der Notation 2 aus Aufgabe 1. Möglichst individuelle Ergebnisse sind hier gewünscht. Es gibt kein richtig und kein falsch.

c Bei diese Aufgabe geht es nicht darum, dass das Resultat der Gruppen gleich klingen soll wie das Original. Hier geht es vielmehr darum, den Charakter, eventuell ein Motiv oder einen vereinfachten Rhythmus wiederzuerkennen.

GP

3 Blue I, II, III ist ein Triptychon. Es besteht aus drei abstrakten Ölgemälden die der spanische Künstler Joan Miró (1893–1983) im Jahr 1961 gemalt hat.

a Zu Beginn muss in der Gruppe diskutiert werden:

- Wie wird der rote Strich gespielt? Beispiel: von oben nach unten, auslaufend, grell / hart, schreiend, elektronisch, kratzend ...
- Was bedeuten die schwarzen Punkte? Beispiele: kurze / lange, laute / leise Töne, Rhythmen, welche Tonhöhe ...
- Wie klingt der blaue Hintergrund mit der feinen Struktur? Mit welchen Instrumenten / Gegenständen wollen wir die „Partitur" umsetzen? In welcher Reihenfolge erklingen die einzelnen Instrumente?

b Nachdem die Gruppen ihre Resultate von Aufgabe 3a präsentiert haben, wird im Plenum diskutiert und ausprobiert, wie das Bild gedreht und neu interpretiert werden kann (siehe Abbildungen im SB). Die Gruppen erhalten den Hinweis, dass das Bild auch von unten nach oben und/oder von rechts nach links „gelesen" werden kann, bevor sie sich einer weiteren Interpretation widmen.

Notationsarten – Bild „Bleu II"

Mit dieser Anwendung lässt sich das Bild „Bleu II" im Großformat betrachten und mit anklickbarem „Drehbutton" jeweils um 90 Grad nach rechts drehen.

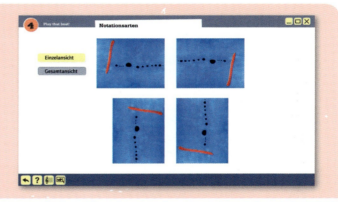

c Als Abschluss wird aus den einzelnen Interpretationen ein „Gesamtkunstwerk" arrangiert und gespielt. Die verschiedenen Bilder können als Kanon, als Rondo oder gleichzeitig, mehrstimmig gespielt werden.

4 Im Plenum wird das Thema „Swing-Feeling" (oder: ternäre Phrasierung) wieder aufgegriffen und gefestigt. Eventuell wird die Rhythmusübung auf Seite 47 (Der Grundschlag im Swing) kurz wiederholt. Bildbetrachtung: Bei Stücken im Swing-Feeling wird der Rhythmus häufig mit Brushes (Besen) gespielt.

- Das tabellarisch angegebene Notenbeispiel wird besprochen, gelesen und einige Male geklatscht.
- Die drei Stimmen der Partitur werden auf drei Gruppen aufgeteilt und dann gleichzeitig wiedergegeben.

5 Viele Lieder aus dem Pop- oder Jazz-Bereich werden „ganz normal" notiert. Einzig das „ternär-Zeichen" unter dem Liedtitel weist darauf hin, dass das Lied ternär, also im Swing-Feeling gesungen wird.

Mis - ter What - cha - call - um, what - cha

a Der Rhythmus mit der ternären Phrasierung von Aufgabe 4 wird nun zum Lied geübt und präzise angewendet.

b Bevor das Lied langsam gesungen wird, liest die Klasse den Liedtext fließend und rhythmisch exakt. Das Spezielle bei dieser Melodie ist die Aufteilung der Töne. Es wird fast immer mit den Tönen eines Dreiklangs oder eines umgekehrten Dreiklangs gesungen. Dabei fallen die Betonungen jeweils auf den ersten und fünften Ton.

Mis - ter What - cha - call - um, what - cha   do - in' to - night?_

Zum Hörbeispiel: Das Notenbeispiel entspricht der Hitversion von Glenn Miller. Wie es im Jazz üblich ist, singt Bette Middler ihre eigene Version und weicht ab Takt neun vom Notenbeispiel ab. 🎵 B1

»» HINWEIS AN DIE KLASSE: Rhythmus und Text werden beibehalten. Versucht die Melodieführung aus dem SB beizubehalten oder eine eigene zu erfinden.

DREIKLÄNGE

Kompetenzen

Die Schülerinnen und Schüler können …

- einen Dreiklang im Notenbild erkennen und Dur- und Moll-Dreiklänge unterscheiden.
- die leitereigenen Dreiklänge der Dur-Tonleiter bestimmen und anwenden.
- die harmonische Funktion der drei Hauptstufen in Dur und Moll erkennen und anwenden.
- Triolen und ternäre Rhythmen lesen und umsetzen.

Material

- A4-Papier und Stifte (auch Farbstifte)
- Orff- und Perkussionsinstrumente (Xylofon, Maracas, Claves, Trommel usw.)
- Evtl. kleines Band-Equipment

 B2

Vermutlich werden einige Schülerinnen und Schüler bereits Erfahrungen mit Dreiklängen gemacht haben. Je nach Wissensstand der Klasse lohnt es sich, die grundsätzlichen Informationen im Zusammenhang mit Anwendungen der Dreiklänge zu wiederholen: Dazu wird der Einleitungstext gelesen und besprochen.

❶ **a** Auf allen zur Verfügung stehenden Klaviertastaturen (Keyboard, Klavier, Tablet) spielen die Schülerinnen und Schüler einzeln oder in Gruppen alle Dreiklänge auf den weißen Tasten und notieren das Tongeschlecht (Dur/Moll).

b Lernpsychologisch ist es von Vorteil, wenn alle Dreiklänge auch aufgeschrieben werden.
Die Resultate werden mit dem WISSEN!-Kasten verglichen und besprochen.

❷ **a** Die Melodie des „Dreiklangs-Blues" wird besprochen und analysiert. Die Klasse soll erkennen …

- dass die weiß hinterlegten Takte alle identisch sind. Das Bluesmotiv, im ersten Takt eingeübt, wiederholt sich in den folgenden weißen Takten.
- dass die Melodie nur die drei Dur-Dreiklänge verwendet.
- dass der Dreiklang auf der ersten (I.) Stufe (C-Dur) dreimal und der Dreiklang auf der vierten (IV.) Stufe (F-Dur) zweimal vorkommt.
- dass der Dreiklang auf der fünften (V.) Stufe einmal als Dreiklang und im letzten Takt als Vierklang (Dominantseptakkord, siehe SB, Seite 214) erscheint.
- dass die Melodie im Swing-Feeling (ternär) gespielt wird.

Die Akkordbegleitung der 12-taktigen Bluesmelodie wird besprochen.

- Für Schülerinnen und Schüler mit wenig instrumentaler Erfahrung dienen die farbigen Kästen über den Noten als Hilfe. Sie können auf dem Grundton des Akkords an einem Xylofon und/oder einer Keyboard-taste pro Takt die Viertelnoten spielen (siehe dazu auch SB, Seite 43, Liedbegleitung).
- Nach der Einführung von Schlagzeug und Bass (Rhythm Section 1 und 2, SB, Seite 46–49) können die beiden Instrumente zur Begleitung eingesetzt werden.

b Die Melodie kann mit den unterschiedlichsten Instrumenten gespielt werden.

>> TIPP: Mit der Klasse besprechen: Wer kann in der nächsten Musikstunde mit einem Instrument den „Dreiklang-Blues" spielen? Für die Jugendlichen ist es beruhigend, wenn sie zu Hause vorab die Melodie üben können.

PMW

MUSIZIEREN

❸ **a** Um die Dreiklänge zu erfahren und zu festigen, werden sie, unterstützt von der Lehrperson an einem Instrument mit den relativen Notennamen gesungen.

b Dieselbe Übung nur mit den Moll-Dreiklängen.

   ≫ HINWEIS: Spätestens ab der sechsten (VI.) Stufe sind die Töne für die Singstimme sehr hoch und nicht mehr für alle Beteiligten singbar. Hier könnten die Notennamen nur noch gesprochen werden.

c Diese Aufgabe ist nicht ganz einfach und wird auch entsprechend vorgestellt. Die Erfahrung bei Aufgabe 3b hat gezeigt, dass die notierte Übung einen großen Stimmumfang erfordert.
Als Variante (eventuell für Fortgeschrittene) werden nun dieselben Dreiklänge jeweils vom gleichen Ton aus gesungen. Die Schülerinnen und Schüler müssen also für jeden Dreiklang folgende Überlegungen anstellen:

- Wie lauten die Notennamen des Dreiklangs?
- Erklingt er in Dur oder in Moll?
- Der erste und der dritte Ton bleiben in der Tonhöhe unverändert (Quinte).
- Der mittlere Ton verändert sich, je nachdem ein Dur- oder ein Moll-Dreiklang gesungen wird.

Die Lehrperson unterstützt nach Möglichkeit mit dem Klavier das Singen der Schülerinnen und Schüler.

MUSIZIEREN

Dreiklänge – Look & Click

Spielerisch lernen die Jugendlichen die Dreiklänge und Akkorde in Dur und Moll kennen. Man wählt zuerst eines von drei Levels und anschließend einen von zwei Modi (Modus 1 = Dreiklänge nacheinander gespielt; Modus 2 = Dreiklänge gleichzeitig gespielt). Es erscheinen und erklingen Dreiklänge. Man klickt Dur oder Moll und sammelt dabei möglichst viele Punkte innerhalb der vorgegebenen Zeit.

STORMY MONDAY

Kompetenzen

Die Schülerinnen und Schüler können ...

- einen Dreiklang im Notenbild erkennen und Dur- und Moll-Dreiklänge unterscheiden.
- die leitereigenen Dreiklänge der Dur-Tonleiter bestimmen und anwenden.
- Triolen und ternäre Rhythmen lesen und umsetzen.

Material

- A4-Papier und Stifte (auch Farbstifte)
- Orff- und Perkussionsinstrumente (Xylofon, Maracas, Claves, Trommel usw.)
- Evtl. kleines Band-Equipment

 B3, 4

Der Einleitungstext im SB ist eine erste Information zum Blues. Wie detailliert dieses Thema im Weiteren besprochen werden soll, muss die Lehrperson entscheiden. Einige Stichworte dazu:

- der weltweite Sklavenhandel und Rassismus
- die Situation der schwarzen Bevölkerung in den USA im 19. und 20. Jahrhundert
- Worksongs der amerikanischen Sklaven
- die Musikentwicklung der schwarzen Bevölkerung in den USA (Blues, Spirituals, Gospel, Jazz, Rhythm & Blues usw.)

1 **a** Die beiden Versionen des Songs „Call It Stormy Monday" werden angehört.   B3, 4

b Die anschließende Besprechung soll einige Unterschiede thematisieren.

MUSIZIEREN

Beiden Versionen gemeinsam:	Version T-Bone Walker	Version B. B. King
– Bluesform – Songtext – Ternärer Rhythmus – Tonart: G-Dur – Gitarrensolo	– Bläser-Intro – Band-Arrangement – Dominante Trompete	– Intro: Git.-Akkord – Freie Text-/Rhythmusinterpretation – Sparsame Instrumentierung – Zurückhaltende Rhythm Section

Call and response

GP

Wie im SB beschrieben, wird dieses Prinzip in zwei Versionen praktiziert.

1. Das Frage-Antwort-Prinzip im Songtext erschließt sich, wenn die Strophe gelesen und übersetzt wird:

   Sie nennen es stürmischen Montag, aber der Dienstag ist genauso schlecht.
   Sie nennen es stürmischen Montag, aber der Dienstag ist genauso schlecht.
   Mittwoch ist das Schlimmste, aber Donnerstag ist auch traurig.

2. Das zweite Prinzip beinhaltet das Frage-Antwort-Spiel zwischen Sänger und „seinem" Instrument. Bei beiden Hörbeispielen ist diese Wechselwirkung gut zu hören.

60

GESTALTUNGSPROZESSE

❷ Melodie und Text

a Der englische Text und die Übersetzung des Liedtextes (siehe linke Seite unten) zeigen das „call and response"-Prinzip.

b Die Melodie wird auf verschiedenen Silben gesungen. Dabei wird besonders auf das ternäre (Swing-) Feeling geachtet.

c Nach dem „call and response"-Prinzip können die Schülerinnen und Schüler in kleineren Gruppen eigene Texte schreiben. Ggf. kann ein weiteres Beispiel (aus Band 1) zur Veranschaulichung dienen.

I woke up this morning, my Baby was gone.
Woke up this morning, my Baby was gone.
I feel so bad, I am all alone.

Text: B. B. King / Jules Taub
© Career BMG / Discoton

❸ Akkordbegleitung

MU

Die Bluesbegleitung wurde auf den Seiten 58/59 eingehend vorgestellt. Für die vorliegenden Aufgaben gibt es nur eine, für viele Schülerinnen und Schüler aber nicht unwesentliche Änderung: Hier wird die Bluesbegleitung nun in G-Dur (nicht mehr in C-Dur) gespielt.
Die Dur-Dreiklänge auf der ersten (I.), vierten (IV.) und fünften (V.) Stufe werden besprochen und geübt, bevor die ganze Begleitung gespielt wird.

❹ Rhythmusbegleitung

Wenn sowohl der Gesang rhythmisch genau gesungen als auch die Akkordbegleitung flüssig gespielt werden können, musiziert die Klasse den Blues mit Perkussionsinstrumenten und/oder Schlagzeug.

5 ÜBERALL MUSIK

Musik kann „vielsaitig" sein, wenn sie mit Harfe, Gitarre, Zither oder Klavier gespielt wird. Dass sie aber auch äußerst vielseitig ist, zeigen die folgenden Doppelseiten. Musik klingt nicht nur mit traditionellen Instrumenten, sie kann überall erklingen, sei es nun auf einem Tisch, mithilfe eines Computers oder mit „Müllinstrumenten" und Alltagsgegenständen.

Die vier Arbeitsbereiche auf dieser Doppelseite können im Plenum nacheinander erarbeitet werden. Möglich ist aber auch folgendes Vorgehen: Vier Gruppen bilden. Jede Gruppe erarbeitet in ca. acht Minuten je ein Arbeitsfeld. Gleich anschließend werden die vier Resultate gleichzeitig gespielt. Die Lehrperson gibt ein ein gemeinsames Tempo vor und zählt an. Anschließend wechseln die Gruppen zur nächsten Aufgabe.

• Table Drum

- Für den viertaktigen Rhythmus kann eine der Rhythmussprachen, wie sie z. B. auf SB, Seite 32/33 oder Seite 40 gezeigt sind, ausgewählt werden. Zunächst den Rhythmus sprechen, dann sprechen und klatschen, dann wie abgebildet spielen.
- **Varianten:**
  - Den Rhythmus von hinten nach vorne spielen.
  - Vier Gruppen bilden, dann im Kanon spielen. Jeweils nach dem ersten Takt einsetzen.

  >> HINWEIS: Bei der hohen Note (zweites Bild) wird mit den Fingernägeln beidhändig auf der Tischplatte gekratzt.

- Die Schülerinnen und Schüler experimentieren mit weiteren Klängen auf der Tischplatte, z. B. Klopfen mit einzelnen Fingerspitzen oder Knöcheln; Wischen mit der flachen Hand usw. Dann erfinden sie einen eigenen, eintaktigen Rhythmus und notieren diesen auf ein gefaltetes Blatt (siehe Rhythmusblätter, SB, Seite 63, oberer Kasten).

• Rhythmusblätter

Dieses praktische Hilfsmittel, das sich an die Möglichkeiten und rhythmischen Kompetenzen der Lernenden anpasst, wurde bereits an anderen Stellen im Lehrwerk verwendet. Daher ist es den Schülerinnen und Schülern bereits bekannt und kann hier leicht eingesetzt werden. Nach eigenem Ermessen kann die Lehrperson auch Aufgaben oder Einschränkungen vorgeben.

Beispiele:

- Auf jedem Blatt muss mindestens eine Pause vorkommen.
- Der Rhythmus soll Viertel-, Achtel- und Sechzehntelnoten enthalten.
- Mindestens eine punktierte Note soll verwendet werden.
- Ganze Noten sind nicht erlaubt.

›› HINWEISE:
- Jedes Gruppenmitglied notiert je einen Takt auf das Blatt. Anschließend werden die vier Blätter hintereinandergelegt; ein viertaktiger Rhythmus entsteht.
- Mit den viertaktigen Patterns wird anschließend gespielt: auf der Tischplatte, mit Bodypercussion, mit Sticks usw.
- Die Resultate werden pro Gruppe vorgestellt, anschließend spielen mehrere Gruppen ihre Rhythmen gleichzeitig.

• Play the Sticks!

›› HINWEIS: Sticks sind die wichtigsten Werkzeuge eines Schlagzeugers. Darum gibt es sie in den unterschiedlichsten Holzarten, Ausführungen und Preisen.
Für Schulzwecke können die Sticks auch bündelweise zu sehr günstigen Konditionen (häufig auch mit Werbedruck) gekauft werden. Auch hier sind der Kreativität in Sachen Klangerzeugung keine Grenzen gesetzt. Die Klasse experimentiert und findet heraus, wie und wo die Sticks gut, interessant und speziell klingen.

Varianten:

- Eigene Rhythmen (nach Rhythmusblättern) spielen.
- Table Drum und Sticks-Rhythmus gleichzeitig in zwei Gruppen spielen.

• Empty Trash

Mit einem Kunststoffeimer und weichen (mit Wolle umwickelten) Xylofon-Schlägeln lassen sich schöne Trommelklänge erzeugen. „Knackige" Sounds entstehen, wenn mit dem Holz- oder Plastikstab auf dem Eimerrand getrommelt wird.
Evtl. kann ein „Empty-Trash-Orchestra" mit weiteren Müllinstrumenten zusammengestellt werden:

- Aufgeblasene und mit einer Hand verschlossene Abfallsäcke mit der Hand „anschlagen", um einen tiefen Bass-Sound zu erzeugen.
- Mit Sticks an PET-Flaschen entlangreiben (wie an einer Guiro).
- Mit Sticks Glasflaschen anschlagen und damit helle Töne erzeugen.
- Glasflaschen überblasen.
- Zwei Suppenlöffel mit einer Hand zwischen Oberschenkel und der anderen Hand hin- und herschlagen.
- Leere Kartonschachteln oder Plastikbehälter in unterschiedlicher Weise einsetzen.

MUSIK AUF NEUEN WEGEN 1
- JOHN CAGE

Kompetenzen

Die Schülerinnen und Schüler können ...

- einzelne Musikströmungen des 20. und 21. Jahrhunderts hörend unterscheiden
  (z. B. experimentelle Musik, Postmoderne).
- ausgewählte Beispiele der abendländischen Musikkultur zuordnen und beschreiben
  (Mittelalter bis Gegenwart).
- die Wirkung eines Musikstücks aus persönlicher Sicht darlegen und begründen.

Material

- A4-Papier und Stifte (auch Farbstifte)
- Stoppuhr (oder Handy)
- Video John Cage: „4'33"''

 John Cage: „Water Walk", Nr. 20

Nach dem Lesen des Einleitungstextes wird das Bild besprochen und der Frage nachgegangen:
Was machen wohl diese vier Männer am Flügel? Der eine spielt auf den Tasten – das ist klar.
Was tun aber die anderen? Machen sie Musik, und wenn ja, wie?
Nach Möglichkeit bietet sich an, anhand des Klaviers oder des Flügels im Musikraum zu zeigen,
wie die Saiten gespielt, angeschlagen und verfremdet werden können.

Instrumenten neue Klänge entlocken

Am Beispiel des Glockenspiels (oder eines anderen Instruments) wird gezeigt, experimentiert und besprochen,
wie ein Instrument konventionell und alternativ gespielt werden kann.

1 **a** In kleinen Gruppen probieren die Schülerinnen und Schüler, mit z. B. den Teilen des Glockenspiels verschiedene Klänge und Geräusche zu erzeugen.

Beispiele:

- Die Metallklangstäbe gegeneinanderschlagen.
- Mit unterschiedlichen Schlägeln spielen.
- Mit den Schlägeln auf den Holzrahmen klopfen.
- Mit einem Metallklangstab über die gesamte Tonreihe schleifen.
- Metallklangstäbe an Fäden befestigen und klingen lassen

>> HINWEIS: Es versteht sich von selbst, dass bei den Experimenten die Instrumente nicht beschädigt werden
dürfen. Ggf. auf einen sorgsamen Umgang hinweisen.

b Die besten und originellsten Ideen werden präsentiert.

GESTALTUNGSPROZESSE

Musik der Stille: 4'33''

Das Stück von John Cage, in dem während der gesamten Spieldauer kein einziger Ton gespielt wird, gilt als
Schlüsselwerk der Neuen Musik. Der Besuch des schalltoten Raums an der Universität Harvard inspirierte
Cage zu dieser Komposition, da er dort Töne „hörte", die aus dem Inneren seines Körpers zu kommen
schienen. War es das Rauschen des Bluts, die Arbeit des Nervensystems?
Als Einführung können mit der Klasse einige einleitende Fragen diskutiert werden:

- Kann man noch von Musik sprechen, wenn kein Musiker spielt („Gesang" der Wale, Rauschen des Windes)?
- Wie könnte Musik definiert werden?
- Worin liegt die Kunst des Komponierens? Kann jeder komponieren?
- Was hört das Publikum im Konzertsaal? Die Musik, das Husten des Nachbarn, die Klimaanlage ...

GP

❷ Als Vorübung zur folgenden Aufgabe legen sich alle ein leeres Blatt Papier, Stifte und (eventuell zu zweit) eine Stoppuhr/Handy bereit.
Auf dem Blatt wird ein Zeitstrahl von einer Minute, unterteilt in 10-Sekunden-Abschnitte gezeichnet.
Mit einem Vorzählen („4, 3, 2, 1 – Los!") gibt die Lehrperson das Startzeichen für eine Minute der Stille.
Während dieser Minute notieren nun alle die Geräusche, die trotz der Stille hörbar sind. Dabei wird zwischen Hintergrundgeräuschen (Rauschen des Windes, entfernter Straßenlärm u. a.) und Vordergrund (Zimmer, z. B. Husten) unterschieden.

a Vorgehen wie bei der Vorübung. Nun wird aber ein Zeitstrahl für 4 Minuten und 33 Sekunden (eventuell auf vier Zeilen) gezeichnet.
Das Stück wird im Internet angeschaut und protokolliert (https://www.youtube.com/watch?v=7wehyqv5t-Wc&t=6s). Zusätzlich werden nun auch die Reaktionen und das Verhalten der Personen notiert.

b Die Ergebnisse werden verglichen und besprochen. Gibt es Besonderheiten, die nur von einzelnen Schülerinnen und Schülern bemerkt worden sind?

c Je nach Kreativität der einzelnen Beteiligten können ganz spannende „Musikstücke" entstehen, die zunächst erläutert oder vorgestellt werden. Welche Projekte in der Klasse realisiert werden sollen, liegt im Ermessen der Lehrperson.

≫ TIPP: Auf der offiziellen Homepage von John Cage kann man mithilfe einer App von überall auf der Welt 4'33" Stille aufnehmen, uploaden und für andere sicht- und hörbar machen.

John Cage geht neue Wege: der „Water Walk" B5, Nr. 20

Der Einleitungstext wird gelesen und besprochen.

❸ **a** Der Beginn des Hörbeispiels wird angehört und die Schülerinnen und Schüler überlegen, von welchen Tonquellen die Geräusche und Töne stammen könnten.

b Für die nachfolgende Besprechung empfiehlt es sich, beim Betrachten des Films ein schriftliches Protokoll des Ablaufs zu erstellen.

c Mithilfe des Protokolls und der Sammlung von passenden Adjektiven zum Stück wird eine Mindmap erstellt.

d Hier kann noch einmal die Fragestellung aus Aufgabe 2b aufgegriffen werden.

❹ Für die Gestaltung eines eigenen Stücks mit dem Titel „School Walk" können folgende Fragen als Hilfestellung dienen:

- Welche Geräusche und Klänge sind beim Gang durch das Schulhaus, auf dem Pausenhof, in der Turnhalle, im Musikraum, in den Klassenzimmern usw. zu vernehmen?
- Welche Instrumente, Stimmen, Alltagsgegenstände, Schulmaterialien könnten eingesetzt werden?
- Wie kann das Werk sinnvoll auf Gruppen aufgeteilt werden? Nach Orten, nach Zeit/Ablauf, nach Klangquellen – oder ganz anders?
- Soll das Werk in kurzer Zeit entstehen oder wird ein größeres Projekt mit Tonaufnahmen, Videos u. a. daraus gemacht?

a–c Passend zu den gemeinsam besprochenen Vorgaben zu Umfang und Zeitlimit im Zusammenhang mit dem „School Walk" erarbeitet die Klasse in Fünfer- oder Sechsergruppen ein eigenes Werk.

d Die Darstellung des Stücks in einer „Partitur" kann später als Gedankenstütze und Vorlage dienen, wenn das Stück nochmals aufgeführt werden soll.

HÖREN UND SICH ORIENTIEREN

HÖ

GESTALTUNGSPROZESSE

WERBUNG KLINGT

Der Einleitungstext wird gelesen und besprochen. Die Erfahrung hat gezeigt, dass Schülerinnen und Schüler in der Regel eine ganze Menge von Werbeclips kennen und teilweise die Texte auswendig rezitieren können. An der Wandtafel werden die bekanntesten Videos aufgelistet und einzelne im Internet angeschaut. Dabei wird, soweit das möglich ist, der Fokus auf die dem Werbeclip zugrunde liegende Musik gelegt.

1 **a+b** **›› HINWEIS:** Für ein geeignetes Video im Internet als Suchwort z. B. „meet iPhone X" eingeben.

Neben den im SB genannten Fragen nach Zielpublikum und ausgewählter Musik, kann in der Klasse besprochen werden, inwiefern die Musik die erwarteten Emotionen und die Kauflust zum Produkt weckt.

Wie wird Musik in der Werbung eingesetzt?

Die vier Möglichkeiten werden gelesen und besprochen. Eventuell können bereits einige Clips zugeordnet werden.

2 **a** Die Bilder unten auf Seite 66 im SB sind Beispiele für verschiedenartige Werbeclips, wie sie auf YouTube gefunden werden können:

- McDonalds (Beispiel für Werbeschlager: YouTube-Suchwort „McDonalds 1995 einfach gut" → ursprünglicher Songtitel „Close to You" von Robin Beck; Beispiel für Mischformen: Suchwort „McDonalds Winter 2017" → gleicher Werbeschlager als Hintergrundmusik)
- Nestle, Choco Crossies (Beispiel für Werbeschlager: YouTube-Suchwort „Choco Crossies 1992")
- Volvo LKW (Beispiel für Hintergrundmusik: Suchwort „Volvo LKW Van Damme" → mit Popsong „Only Time" von Enya im Hintergrund)
- Exquisa (Beispiel für Jingle: YouTube-Suchwort „Exquisa Werbung")

Es ist nicht entscheidend, ob diese oder andere Clips verwendet werden, um die verschiedenen Musiktypen in der Werbung zu besprechen. Die Schülerinnen und Schüler können hier selbständig im Internet recherchieren und über die Zuordnung der Musik diskutieren.

b Beim Betrachten von Clips kann der Ton ausgestellt und eine neue Musik dazu abgespielt werden. Anschließend wird diskutiert, welche Version passend ist.

Werbehits

3

a Die Klasse wählt zwei bis drei Clips, welche eine Mehrzahl in der Klasse kennt. Die Clips werden nach Möglichkeit angeschaut und die Melodien mitgesungen.

b Je nach Auswahl kann auch versucht werden, den Anfang der Melodie mit Noten aufzuschreiben.

c Eventuell in Gruppenarbeit werden weitere Beispiele ausgewählt und der Klasse vorgesungen oder vorgespielt. Wer weiß, zu welchem Produkt die gespielte Musik gehört?

MU

Wir komponieren unsere eigene Filmmusik

4

a Mit der Klasse oder in Gruppenarbeit werden Werbeclips (ohne Ton) angeschaut und diejenigen ausgewählt, die sich gut eignen, um in der Folge mit Ton bearbeitet zu werden. Dabei wird zwischen notwendigen Geräuschen und Musik unterschieden.

b In der Gruppe werden die Aufgaben aufgeteilt:
- Projektleitung: Verteilt die folgenden Aufgaben, leitet die Vertonung und das Zusammenspiel, moderiert bei Schritt 4 das Gespräch.
- Materialbeschaffung: Besorgt die notwendigen Instrumente und Alltagsgegenstände für Geräusche und Vertonung.
- Zeitkontrolle: Überwacht das gesamte Zeit-Budget (z. B. 30 Minuten) und teilt es den einzelnen Abschnitten (Schritte 3 und 4) zu.

c Gemäß der Anleitung unten wird der Clip vertont. Der Phantasie der Schülerinnen und Schülern sind dabei keine Grenzen gesetzt. Ob die Gruppen auch Smartphones, Tablets, Müllinstrumente usw. zur Vertonung benützen dürfen, entscheidet die Lehrperson.

d Steht eher wenig Zeit zur Verfügung, ist es am einfachsten, wenn der Clip auf einem Bildschirm abgespielt und gleichzeitig mit dem Handy oder einer Kamera gefilmt wird. Die Musik wird gleichzeitig „live" eingespielt.
Sofern Tablets zur Verfügung stehen, ist es auch möglich, mit kostenlos erhältlichen Schnittprogrammen zu arbeiten. Hier können die Schülerinnen und Schüler schrittweise (beispielsweise in 30-Sekunden-Schritten) die Musik über das Bild aufnehmen. Durch die Möglichkeit, dass die Klasse ihre Aufnahmen mehrfach aufnehmen und wieder löschen kann, werden bessere Ergebnisse erreicht.
Eine aufwendigere Alternative ist die Arbeit mit Filmschnitt-Programmen.

MUSIZIEREN

RHYTHM SECTION 3: GITARRE UND KEYBOARD

> **Kompetenzen**
>
> Die Schülerinnen und Schüler können ...
>
> - Rhythmus- und Melodiepatterns aus verschiedenen Kulturen, Epochen und Stilen spielen und deren Besonderheit erkennen.
> - im Zusammenspiel die Mitspielenden wahrnehmen und auf ihre Spielart reagieren.
> - mit dem Klasseninstrumentarium spielen und sich an Tempo und musikalischem Ausdruck der Klasse anpassen.
> - Patterns und Ostinati anwenden und kreativ damit umgehen.
> - einzelne Instrumente der aktuellen Musikszene (z. B. Pop, Elektro, zeitgenössische Musik) unterscheiden und erkennen.
>
> **Material**
> - Gitarren
> - Keyboards

Orientierung auf dem Gitarrengriffbrett

Häufig entstehen bei Anfängerinnen und Anfängern mit den Begriffen „untere/obere Saite" die ersten Missverständnisse. Wenn von der unteren Saite gesprochen wird, ist hier in der Regel die tiefste Saite gemeint. Diese liegt für den musizierenden Gitarristen ganz oben (am nächsten beim Gesicht).
Also muss am Anfang geklärt werden: Die tiefste Saite liegt auf der Grafik ganz unten, beim Spielen mit dem Instrument aber ganz oben.

1 a+b In vielen Tonarten liegen die drei Grundakkorde nebeneinander – je nachdem, auf welchen Saiten begonnen wird. So kann zwischen dem ein und dem anderen Akkord ganz leicht mit der Hand „hin- und hergerutscht" werden.

>> **HINWEIS:** Schülerinnen und Schüler, die sich etwas umfassender mit dem Gitarrenspielen auseinander setzen wollen, finden auf Seite 242 im SB eine Übersicht über die Gitarrengriffe.

Power-Chords

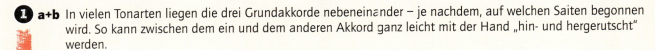

Blau: F-Dur: F und C || Rot: B-Dur: B und F || Gelb: C-Dur: C und G (Die Hand „rutscht" zwei Bünde nach oben)

>> **TIPP:** Um ein Gefühl und eine Orientierung auf dem Gitarrengriffbrett zu erlangen, können einzelne Schülerinnen und Schüler versuchen, eine Tonleiter zu spielen, z. B.

F-Dur-Tonleiter:

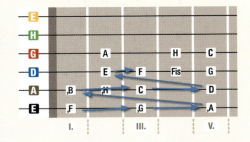

G-Dur-Tonleiter:

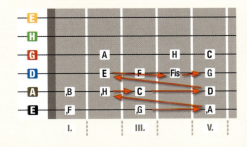

Das Keyboard

Keyboard und Klavier werden von Anfängerinnen und Anfängern in der Regel auf dieselbe Art gespielt. Die zusätzlichen Möglichkeiten eines Keyboards oder Synthesizers (z. B. Pitch Bend, Hüllkurven, Transponierung) werden zu Beginn zunächst ignoriert.

Was aber sehr hilfreich ist und den Band-Sound massiv verbessern kann, sind die Sound-Möglichkeiten eines Keyboards. Diesen Aspekt kann (auch im Klassenverband) die Lehrperson erläutern und demonstrieren. Dabei genügt es, zunächst grundsätzlich die Klangeigenschaften eines Keyboards vorzustellen.

Beispiele:

- Tasteninstrumente (Klavier, E-Pianos, Hammond-Orgel, Rhodes-Piano)
- Blasinstrumente (Holz- und Blechbläser; Solo und Ensembles)
- Streichinstrumente (Solo und Ensembles)
- Perkussionsinstrumente
- Bassinstrumente (Kontrabass, E-Bass, Tuba usw.)
- Geräusche (z. B. Telefonklingel, Pistolenschuss, Hubschrauber)

Orientierungshilfe für unerfahrene Musizierende:
- Farbige Tupfer auf der Klaviatur oder Notennamen auf den Tasten sind eine verbreitete Hilfestellung für Keyboard-Spielende.
- Tabellenansicht (auf einem Blatt skizziert) für die benötigten Akkorde („What About Us"):

E-Moll

C-Dur

G-Dur

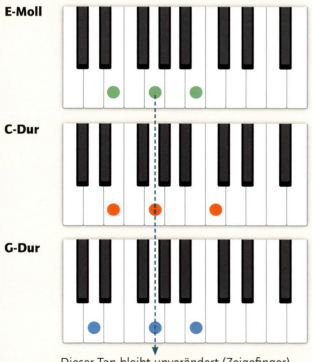

Dieser Ton bleibt unverändert (Zeigefinger).

>> HINWEIS: Im Sinn einer guten Stimmführung werden C- und G-Dur-Akkord in jeweils einer Umkehrung gespielt.

Einen Song begleiten: Die komplette Rhythm Section

Grundsätzlich kann das viertaktige Pattern auch mit vier Keyboards und den entsprechenden Sound-Einstellungen (siehe oben) oder mit vier Tablets (und den Instrumenten-Apps) interpretiert werden. Sind aber im Musikraum Instrumente vorhanden, ist es sinnvoll, das Band-Feeling einer Rhythm Section mit „richtigen" Instrumenten sowohl für die aktiven Musizierenden als auch für die zuhörenden oder singenden Schülerinnen und Schüler erleben zu lassen.

EIGENE LYRICS SCHREIBEN

Kompetenzen

Die Schülerinnen und Schüler können ...

- Texte mit oder ohne Begleitung rhythmisch darstellen.
- Texte Groove-bezogen interpretieren und rappen (z. B. Hip-Hop).
- eigene Texte einem vorgegebenen Rhythmus anpassen (z. B. viertaktige Patterns).
- eigene Song- und Raptexte schreiben und interpretieren.

Material

- Papier und Stifte
- Evtl. Hörbeispiele

① Der Reimkreis – Warm-up

Als Warm-up zum Thema „Reime" eignet sich der Reimkreis ideal – er muss aber nicht zwingend bis zum Schluss (Sieger) gespielt werden.
Wichtig ist, dass auch Teilnehmende, die sich hinsetzen mussten, wieder ins Spiel kommen können.
Siehe dazu die Spielregeln im SB.

② Der Nonsens-Text

Vorgehen gemäß SB. Bei den ersten Versuchen müssen zunächst keine Regeln beachtet werden. Spätestens in einem zweiten Schritt sollte die Klasse aber darauf aufmerksam gemacht werden, dass auch in einem Nonsens-Text die Anzahl der Silben auf den einzelnen Zeilen in etwa die gleiche Anzahl haben müsste.

Beispiel:

Ich gehe selten aus dem Haus
ohne meine süße Maus.
Sie läuft rückwärts durch den Schnee,
lacht und jauchzt: „Herjeminee!"

③ Einen Song-Text schreiben

Es empfiehlt sich, zuerst mit der Klasse mögliche Themen zu besprechen, um dann eine kleine Auswahl verbindlich festzuhalten – ansonsten verlieren die Gruppen zu viel Zeit bei der Themenwahl.

Beispiele:

- Mein Leben mit 27
- Ich bin ein Hip-Hop-Star
- Unser Fußball-Club
- Was mich richtig wütend macht

- Wenn ich Millionär wäre
- Meine Hood
- Meine Stadt
- Mein Lieblingsessen

a Die Gruppen erstellen eine Mindmap mit Stichworten zu ihrem Thema.

GESTALTUNGSPROZESSE

b **›› HINWEIS:** Der Begriff „Song-Text" ist hier absichtlich sehr weit gefasst: Dazu können humorvolle Fastnachtstexte, virtuose Hip-Hop-Lyrics, schmachtvolle Schnulzen, aber auch kritische Protestsongs, politische Lieder und vieles mehr gehören. Allen gemeinsam ist, dass der Text in der Regel gewissen Vorgaben, harmonischen und rhythmischen Elementen unterworfen ist. Diese ergeben in ihrem Zusammenspiel ein übergeordnetes Muster, das den Schreibenden eine Art Gerüst für den Aufbau eines Textes gibt.
Andererseits dient dieses Muster den Zuhörenden, dem Publikum, bei der Textverständlichkeit als Hörhilfe. Für angehende Songtexterinnen und Liedermacher lohnt es sich, mit einfachen Liedern und elementaren Vorgaben zu beginnen.
Die Gruppen wählen einen Liedtext in „ihrem" Musikstil, der ihnen als Gerüst und Vorbild bei der Textlänge und Gestaltung dient und lesen diesen sehr rhythmisch, exakt im Takt.

❹ **Leicht und schwer**

Die Gruppen lesen die Schreibtipps und besprechen, was diese Tipps für ihren Text bedeuten.
Danach überprüfen sie ihren Text und kennzeichnen die schweren Silben, indem sie diese unterstreichen.

❺ Pro Gruppe wird eine Tabelle für eine Strophe zu vier Takten (vier Zeilen) erstellt (gemäß SB).
Die Textentwürfe der früheren Aufgaben werden bereinigt und in die Tabelle eingetragen. Für die spätere Interpretation und den Vortrag vor der Klasse ist es sehr wichtig, dass der Text korrekt notiert ist (Auftakt, Anzahl Silben, Reimwort usw.).

GP

›› TIPP: Es empfiehlt sich, dass die Lehrperson den Text vor der Präsentation überprüft.

MUSIKPRODUKTION AM COMPUTER

Kompetenzen

Die Schülerinnen und Schüler können …

- ausgewählte Musiksoftware kennenlernen und diese erkunden, testen und für musikalische Aufgaben einsetzen.
- Klänge aus ihrer Umwelt elektronisch aufnehmen, verändern und damit musikalisch experimentieren und anwenden.
- ein Klangarrangement mit Instrumenten und elektronischen Klangquellen umsetzen.
- Texte Groove-bezogen interpretieren und rappen (z B. Hip-Hop).

Material

- Instrumente nach Wahl oder gemäß Noten in Aufgabe 4: Flöte, Metallofon, Xylofon, Bass
- Allenfalls extern zu organisieren: Recording-Programm, Sequencer-Programm oder Software zur Musikbearbeitung
- Alternativ: Multimedia-CD-ROM und
   Musikproduktion am Computer (Tutorials), Nr. 21–24

>> **HINWEIS:** Die Doppelseite ist ideal auf die (auf der Multimedia-CD-ROM zu im • puls 2 vorhandene) Anwendung „Sequencer/Mr. Beat" abgestimmt. Zu jeder Aufgabe existiert zudem ein Tutorialvideo, zu finden auf der Video-DVD zum vorliegenden Lehrwerk.
Für die Bearbeitung der Aufgaben dieser Doppelseite zur Musikproduktion am Computer finden sich aber auch im Internet zahlreiche kostenlose Recording- und Sequencer-Programme. Apple bietet auf seinen Geräten bereits integriert die Anwendung „GarageBand" an, die diverse hier geforderte Funktionen erfüllt.

Grundlagen  Nr. 21

1 **a** Die Grundfunktionen sind unabhängig von der verwendeten Software dann abgedeckt, wenn die folgenden Fragen beantwortet werden können:

- Wie und wo kann ich Projekte öffnen und speichern?
- Wie und wo kann ich Audiospuren hinzufügen und bearbeiten?
- Wie und wo kann ich neue Audiospuren aufnehmen?
- Optional: Wie und wo kann ich bestehende Audiospuren (Samples) neu hinzufügen?

b Diese zwei Basisaufgaben sollten gelöst werden:

- Eine Spur hinzufügen (in „Sequencer/Mr. Beat": eine der zur Verfügung stehenden Audiodateien im untersten Teil der Ansicht anwählen und per Drag & Drop in eine Spur ins zentrale Arrangementfenster ziehen).
- Eine Spur aufnehmen, am einfachsten die eigene Stimme (in „Sequencer/Mr. Beat" mit der Aufnahmefunktion links unten, dazu z. B. das integrierte Mikrofon auswählen und den „R-Button" in der gewünschten Spur anklicken).

c Weitere Bearbeitungsmöglichkeiten: Wie verdopple ich eine Spur? Wie schneide ich sie? Wie kann ich den Links-Rechts-Anteil einer Spur verändern (L-/R-Panel)? Wie kann ich das Tempo verändern?

 MUSIZIEREN

Einen Drum-Beat produzieren  Nr. 22

2 **a** Das zu programmierende Drum-Pattern unterhalb der Aufgabe 2c entspricht der Programmierung im Screenshot rechts daneben. In „Sequencer/Mr. Beat" den Button „Mr. Beat-Spur hinzufügen" wählen und im erscheinenden orangen Feld den Bearbeitungsstift anklicken. So gelangt man zum Mr. Beat-Menü, in dem Drum-Patterns programmiert werden können. Hierzu vorgegebene Audiodateien in das Bearbeitungsfenster ziehen.

 MU

b >> HINWEIS ZU MR. BEAT:
Ein markiertes Signal ist schwarz ausgefüllt. Seine Anschlaglautstärke kann individuell variiert werden, indem man es anklickt und den Cursor darüber nach Belieben verschiebt. Je kleiner der schwarze Punkt innerhalb des Kreises, desto leiser klingt das Signal.

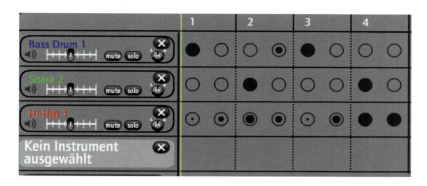

MUSIZIEREN

c >> HINWEIS ZU MR. BEAT:
Anzahl Takte unterhalb des Bearbeitungsfensters auf 4 Takte einstellen, vier Takte programmieren und den Button „speichern und Mr. Beat schließen" anklicken. Das Mr. Beat-Pattern kann mit dem Verdoppelungsfeld (zwei Strichmännchen) auf der orangen Spur beliebig oft kopiert werden.

Ein Hip-Hop-Pattern  Nr. 23

 3

SUS

a >> HINWEIS: Von den drei zur Auswahl stehenden Tempi 80, 100 und 132 bpm eignet sich für diese Aufgabe ersteres am besten.

b Geeignete Texte finden sich im SB auf den Seiten 9, 110, 216, 220 oder im Internet.

c Das bearbeitete Pattern speichern, bei „Sequencer/Mr. Beat" in der Ecke oben links.

Audiospuren aufnehmen 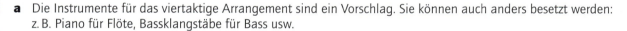 Nr. 24

 4

a Die Instrumente für das viertaktige Arrangement sind ein Vorschlag. Sie können auch anders besetzt werden: z. B. Piano für Flöte, Bassklangstäbe für Bass usw.

b In der „Sequencer- /Mr. Beat"-Anwendung fehlt eine Metronomfunktion. Damit das Aufnehmen eigener Audiospuren in einem einheitlichen Tempo erfolgt, ist folgendes Vorgehen empfohlen:

- Im Mr. Beat-Menü mit einem Bass-Drum-Sound die Zählzeiten 1 bis 4 markieren und mit gewünschtem Tempo speichern (geeignet sind 80 oder 100 bpm).
- Die so entstandene, orangefarbene Audiospur im Sequencer-Menü vervierfachen.
- Diese Bass-Drum-Spur als Loop laufen lassen.
- Kopfhörer anschließen: So hört man quasi ein Metronom und vermeidet außerdem, dass bei der Aufnahme einer neuen Spur auch die Bass-Drum-Spur zu hören ist.
- Neue Audiospuren in korrektem Tempo aufnehmen.

MUSIZIEREN

c Den entwickelten kurzen Song speichern und die Resultate einander vorstellen.

Musikproduktion am Computer

Mit dem Sequencer- und Recording-Programm „Mr. Beat" können die Jugendlichen eigene Drum-Beats und Hip-Hop-Patterns produzieren und eigens aufgenommene Audiospuren einfließen lassen.
Auf der Video-DVD finden sich vier Tutorials zu dieser Anwendung.

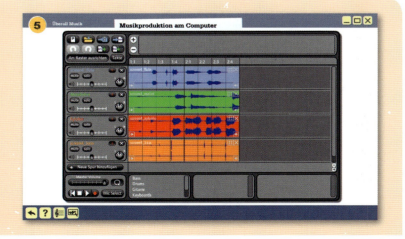

MIT MUSIK GESTALTEN

Kompetenzen

Die Schülerinnen und Schüler können ...

- mit Instrumenten Stimmungen und Geschichten musikalisch gestalten.
- zu Themen eine einfache Musik entwickeln und ausgestalten.
- sich in Gruppenimprovisationen einlassen, dabei Spielregeln definieren und musizierend miteinander kommunizieren.

Material

- A4-Papier und Stifte (auch Farbstifte)
- Lineal
- Orff- und Perkussionsinstrumente
- Keyboards, Gitarren, Klavier usw. (Klasseninstrumentarium)

Ursprünglich wurde die musikalische Untermalung von Filmen meist mit Ensembles oder Orchestern aufgenommen. Heutzutage gibt es zum einen die Möglichkeit, eine Studio-Aufnahme mit realen Instrumenten im Anschluss zu bearbeiten, oder Aufnahmen rein elektronisch zu erstellen. Auch einzelne Geräusche oder Bewegungen werden meist mit sogenanntem „Audiodesign" nachgeahmt. Im Zuge der technischen Entwicklung ist so ein neuer Beruf entstanden: Audiodesign kann heute studiert werden. Dieser Bereich ist zum Vermittler zwischen Komposition und (elektronischem) Instrument geworden.

Die musikalische Untermalung von kurzen „Geschichten" ist auch das Thema dieser Doppelseite. Nachdem der Einleitungstext gelesen worden ist, liegt es im Ermessen der Lehrperson, ob sie an dieser Stelle Beispiele aus der Programmmusik (siehe SB, Seite 226/227) einfließen lassen will, oder ganz bewusst die unbeeinflusste Kreativität der Klasse an den Anfang stellt.

Einstimmung

1 Diese Warm-ups zur Einstimmung mit der Klasse könnten alleine schon mehrere Musikstunden füllen. Da sie aber nicht das Hauptthema dieser Doppelseite sind, werden sie nur in einer ca. zehnminütigen Einleitung angewendet.
Nach dem Sammeln der spezifischen Geräusche und deren Umsetzung mit Stimme, Instrumenten, Alltagsgegenständen usw., kann eventuell ein Protokoll an der Wandtafel oder der Flip-Chart hilfreich sein.

Für jedes Beispiel werden Ideen gesucht (Bewegungen, Geräuscherzeugung) und dann ausprobiert. Möglichkeiten könnten sein:

- Sommerregen:
  - mit allen Fingern schnell auf den Tisch/Boden/die Wand klopfen/tippen
  - starker Regen: an den Beinen entlang schnell rauf und runter klopfen/patschen
- Maschinengeräusche:
  - Schiebegeräusche mit den Schuhen auf dem Boden (hin- und herziehen), Zisch- und Zuggeräusche mit dem Mund und der Stimme, Klopfgeräusche mit der Faust oder den Fingerknöcheln usw.
- Vogelgezwitscher:
  - Die Klasse pfeift wild durcheinander, leise und laut.
    Alle überlegen sich einen eigenen „Zwitscherruf", der wiederholt wird.
  - Auch Vögel, die mit der Stimme imitiert werden können (Huhn, Hahn, Gans usw.) sind erlaubt.
- Größer werden, wachsen:
  - Glissando mit der Stimme: von tief bis hoch, Dynamik auf einem Ton: von leise bis laut
  - Eine Stimme beginnt, weitere setzen ein – von kurzen zu langen Tönen.

2 a Gruppenbildung je nach Interesse und Instrumentarium

b Vorübung: Die beiden Rhythmen werden erst im Plenum, dann in den Gruppen mit einer Rhythmussprache gelesen und geklatscht. Anschließend werden dieselben Rhythmen mit den Instrumenten gespielt.

GESTALTUNGSPROZESSE

Tonmalerei

3

a Bevor der Sommerregen gespielt werden kann, muss in der Gruppe geklärt werden, wie einzelne Tropfen mit den Instrumenten und/oder der Stimme imitiert werden können.

Beispiele: kurze, weiche Töne (wie Xylofon mit Filzschlägeln, Fingerkuppen auf Tisch, abgedämpfte Saite einer Gitarre. Ein Gruppenmitglied gibt das Kommando/dirigiert die Dynamik.

b Die Gruppe bespricht, welche Arbeitsschritte an „ihrem Fließband" ausgeführt werden.

Beispiele: Ziehen, stoßen, schlagen (Hammer), klingeln, zuschnappen, nageln usw.

›› **TIPP:** Am Fließband können die Geräusche nacheinander und auch gleichzeitig erklingen.

c Als Beispiel weist die Lehrperson auf eine bekannte Straßenkreuzung hin: Es gibt Autos, Straßenbahnen, Busse, Fußgänger, Fahrradfahrer, Motorräder. Vielleicht hört man sogar jemanden rufen, jemand, der auf den Bus rennt, hupende Autos, quietschende Reifen, klingelnde Bahnen und Fahrräder, brausende Motorräder usw.
In der Gruppe werden diese Aufgaben/Geräusche aufgeteilt und jede Person übernimmt ein bis zwei Geräusche.
Zusammen probieren die Gruppen ihr „Verkehrschaos" aus und überlegen sich logische Abfolgen.
Beispiel: rennende Person – brausender Motor – quietschende Reifen – schreiende Fußgänger – hupende Autos

MUSIZIEREN

Eine Geschichte vertonen

4

a Im Plenum werden die fünf Bilder betrachtet.

- Pferderennen
- Kettenkarussell auf Rummelplatz
- Flugzeug über den Wolken
- Rakete beim Start
- Fußball-Roboter

Nach kurzer Besprechung entscheidet sich jede Gruppe für ein Bild. Es werden Stichworte zur Geschichte gesammelt: Was ist zu hören? / Wie beginnt die Geschichte und wie endet sie?
Evtl. wird darauf hingewiesen, dass der Zeitraum der Geschichte maximal zwei Minuten ist.

b Vorgehen gemäß SB. Die Gruppen orientieren sich am Beispiel (Zeitstrahl) auf SB, Seite 75 und übertragen ihre Geschichte in einen eigenen Zeitstrahl.

c Der Zeitstrahl zur Geschichte wird mit den musikalischen Aktivitäten ergänzt. Wer spielt wann welches Instrument und zu welchem Zweck (Imitation welcher Geräusche, Geschehnisse?). Jede Gruppe probiert aus, bespricht und legt fest.

›› **TIPP:** Jedes Gruppenmitglied wählt eine Farbe, mit der die eigenen Aktivitäten in den Zeitstrahl eingetragen werden.

GESTALTUNGSPROZESSE

5

a Jede Gruppe übt und prüft ihr Projekt. Die Änderungen werden in den Zeitstrahl eingetragen.
Die Lehrperson hört sich einige Beispiele an, gibt Feedback und hilft bei Unsicherheiten und/oder gibt Ideen.

b Die Ergebnisse werden in der Klasse vorgetragen und anschließend besprochen. Kriterien zur Beurteilung können sein:

- Welche Instrumente sind besonders gut eingesetzt worden?
- Entsteht beim Zuhören das jeweilige Bild?
- Wird der Ablauf lückenlos musikalisch geschildert?
- Hätte die Gruppe eventuell ein anderes Bild, passend zu den Instrumenten auswählen sollen?

GP

MUSIKA-LISCHES WISSEN

Auf dieser Doppelseite wird den Schülerinnen und Schülern aufgezeigt, was sie schon alles gelernt haben. An fünf Stationen werden Aufgaben zu Notennamen, Solmisation, Rhythmus und zum Notensystem gelöst. Dabei ist neben theoretischem Wissen auch musikalische Kompetenz gefordert, z. B. das Vom-Blatt-Singen, klatschen, sprechen oder mit Instrumenten spielen können.

Gemeinsam werden die drei Zitate von Gustav Mahler, Adele und Isaac Stern gelesen. Was haben die Aussagen gemeinsam? Was könnten die Künstlerin und die Künstler damit meinen?

Mögliche Antworten:
- Musik beinhaltet viel mehr als nur Noten und korrekte Töne: Dynamik, Tempo, Ausdruck, Stil sind genauso wichtig.
- Musik kann ein Ausdruck für Emotionen sein und gleichzeitig als Emotionsregulator wirken: Menschen hören z. B. „ihre" Musik, wenn sie traurig sind, Kleinkinder werden durch Singen eines Gute-Nacht-Lieds beruhigt usw. Welche Situationen aus dem Alltag kennen die Schülerinnen und Schüler?
- Eine Musikerin oder ein Musiker kann technisch noch so gut sein – wenn das Publikum nicht erreicht wird (emotionale/persönliche Betroffenheit), nützt die beste Technik nichts.
- Um eine gute Musikerin oder ein guter Musiker zu sein, muss man nicht unbedingt Noten lesen können (wie z. B. der Jazztrompeter Miles Davis).

• Fitnesstraining Musik

Im Raum sind fünf Stationen aufgebaut (siehe „Stationen – Vorbereitung" unten). Die Klasse wird auf fünf gleichstarke Gruppen aufgeteilt – eine Person leitet das Spiel.

Im Plenum werden die Gruppen auf folgende Punkte hingewiesen:

- Studiert als erstes immer den Rhythmus mit einer Rhythmussprache ein.
- Sucht und bestimmt mit Hilfe eines Instruments euren Anfangston.
- Übt euren Part ruhig, konzentriert und nehmt Rücksicht auf andere Gruppen (nicht zu laut üben).
- Versucht die Aufgabe gemeinsam zu lösen: Alle singen, klatschen, spielen gemeinsam und helfen einander bei Problemen.

Nun folgen alle dem Ablauf, wie er im SB beschrieben ist. Das Spiel wird so lange wiederholt, bis alle mindestens einmal an jeder Station waren.

>> HINWEIS: Die Spielleitung behält die Zeit im Blick und leitet vor jedem Stationswechsel ein gemeinsames Musizieren aller Gruppen an. Sie wählt ein passendes Tempo, zählt ein, gibt den Einsatz und dirigiert. Die Lehrperson unterstützt sie dabei.

>> TIPP: Eine Brücke schlagen zum Einstieg: Gemeinsam wird nun mit der Dynamik und dem Tempo variiert – die Spielleitung gibt das Kommando. Sie darf auch Gruppen/Stationen „ein- und ausschalten".

• Stationen – Vorbereitung

- **Station 1**: Drei bis vier Melodie-/Harmonieinstrumente (z. B. Klavier, Flöte, Gitarre, Xylofon, Glockenspiel)
- **Station 2**: Ein Xylofon und/oder ein Keyboard als Einstiegshilfe. Die Gruppe singt mit relativen Notennamen und Handzeichen.
- **Station 3**: Drei bis vier Rhythmusinstrumente entsprechend dem Notat. Zusätzlich können mit einem Shaker oder Rhythmus-Ei durchgehende Achtelnoten gespielt werden.
- **Station 4**: Ein Melodieinstrument (Keyboard, Tablet, Xylofon) zur Orientierung, danach singen alle mit Solmisationssilben oder pfeifen oder summen.
- **Station 5**: Die Gruppe teilt sich auf die drei Stimmen auf. Für die erste und zweite Stimme wird ein Instrument gewählt (z. B. Klavier, Metallofon, Flöte, Xylofon). Die Bassstimme kann mit tiefen Klangstäben, am Klavier oder mit einem E-Bass gespielt werden (siehe dazu auch SB, Seite 48).

Musikalisches Wissen

Diese Präsentation erklärt per Klick alle wichtigen Begriffe der Notation. Die unterschiedlichen Bereiche Notenzeile, Noten, Vortragszeichen, Melodie und Wiederholung sind dabei übersichtlich gegliedert und erscheinen in verschiedenen Farbtönen.

AUF DIE ZÄHLZEIT - FERTIG - LOS!

Kompetenzen

Die Schülerinnen und Schüler können …

- ausgewählte Musiksoftware erkunden, testen und für musikalische Aufgaben einsetzen.
- gleichzeitig zwei Rhythmen üben und spielen.
- Notenwerten eine Bedeutung zuordnen und rhythmische Motive aus Halben, Vierteln und Achteln lesen.

Material

- A4-Papier und Stifte
- Metronom
- Smartphone/Tablet mit den Apps: „Metronom", „Metronome – reloaded", „Metronome: Tempo Lite", „Pro Metronome" (alle gratis)

 B6/7

INFO!

Zählzeit

Die Zählzeiten bilden in der Musik ein Raster innerhalb eines Taktes. Durch nummerierte Zählzeiten kann so eine Position in einem Takt genauer bestimmt werden. Die Taktangabe wird mit einem Bruch metrisch bezeichnet, beispielsweise 4/4 oder 6/8, wobei die erste Zahl jeweils die Anzahl der Zählzeiten angibt (4/4-Takt: Zählzeiten 1, 2, 3 und 4; 6/8-Takt: Zählzeiten 1, 2, 3, 4, 5 und 6), die zweite Zahl gibt den Notenwert an (Viertelnote, Achtelnote usw.).

Bildbetrachtung Metronom

Um die üblichen Temposchwankungen einer Klasse oder einer Band zu vermeiden, ist es äußerst hilfreich, häufig ein Metronom einzusetzen.
Die Bilder auf der Doppelseite zeigen unterschiedliche Arten von „Tempogebern". Von links nach rechts:

- **Mechanisches Metronom**: Es wurde von Johann Nepomuk Mälzel entwickelt, schwingt physisch hin und her und tickt (wie eine Uhr). Tempoangabe: z. B. MM = 120.
- **Elektronisches Metronom**: Das Pendel erscheint auf einem Display oder ist nur akustisch zu hören. Die Lautstärke (Ticken) kann eingestellt werden. Weitere Anzeigearten sind möglich, wie leuchtende Punkte, Striche, Ziffern usw. Auch Taktart und Zählzeit können gewählt werden (das Ticken der einzelnen Zählzeiten unterscheidet sich dann z. B. in der Tonhöhe).
- **Metronom-App**: Blinkende/aufleuchtende Punkte des virtuellen Metronoms, meist sind dieselben Einstellungen wie beim elektronischen Metronom möglich.

Was wird angezeigt und wie?
- Tempo: in beats per minute (bpm), bzw. MM (Mälzels Metronom)
- Schläge: Taktschlag/Zählzeiten
- Taktart: nur beim elektronischen Metronom

Wie können Einstellungen vorgenommen werden?
- Klassisches Metronom: Gewicht am Pendel verschieben
- Elektronisches Metronom: Knöpfe (haptisch); Tippen, Menüauswahl (Smartphone)
- „Metronome – reloaded" (nur iPhone): Klassisches Metronom mit Pendel und Gewicht. Taktart, Zählzeit und Tempo können eingestellt werden. Zeigt die Bezeichnungen der Tempi an (z. B. Andante, Allegro, Vivace usw.).
- „Metronome: Tempo Lite" (iPhone & Android): Spiegelt die Abbildung im SB auf Seite 79 wider. Übersichtlich, einfach zu bedienen, mit allen nötigen Funktionen. Sollte von der Lehrperson im Vorfeld ausprobiert werden.
- „Pro Metronome" (iPhone & Android): Virtuelles Metronom. Sehr viele Einstellungen möglich (Polyrhythmik, Playbackauswahl, diverse Menüs). Eine vorgängig gründliche Auseinandersetzung mit der App wird empfohlen.

❶ Vorgehen gemäß SB. Gemeinsam sprechen alle die Zählzeiten laut mit („1, 2, 3, 4" wiederholend), die Lehrperson leitet an. Sie erhöht das Tempo (neues Playback/Metronom einstellen). 💿 B6/7

❷ Hier empfiehlt sich ein schrittweiser Aufbau: 1. klopfen mit dem Fuß, 2. mitzählen/sprechen, 3. klatschen bei „X". Möglicherweise werden hier große Unterschiede sichtbar (koordinative Fähigkeiten der Jugendlichen). Ziel soll sein, dass die Fußbewegung und das Zählen immer zusammen sind und bei „X" alle drei Aktionen gleichzeitig ausgeführt werden: stampfen, zählen (laut), klatschen.

Ein Takt wird jeweils so lange wiederholt, bis alle die Aktionen fehlerfrei durchführen können. Gemeinsam werden sie nun unter Anleitung der Lehrperson aneinandergereiht (mit jeweils einer Wiederholung).

❸ Als Vorübung können die Jugendlichen die Grafik von Aufgabe 2 auf einem Blatt mit Viertelnoten und Pausen aufschreiben. Sie tragen die Notenköpfe und Pausenwerte gemäß der Aufgabenstellung ein. Die Lösung wird gemeinsam besprochen.

♩ = ca. 60/70/85

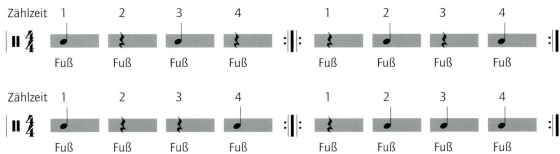

Anschließend üben alle noch einmal die Rhythmen aus Aufgabe 2 und Aufgabe 3 (evtl. in Zweiergruppen).

Haltebögen

❹

> **Halte- und Bindebögen**
>
> Die Funktion der Haltebögen wird im Plenum besprochen: Der Unterschied zu einer Note mit anschließender Pause besteht darin, dass der Ton weiterklingt (beim Klatschen nicht hörbar, aber z. B. beim Sprechen: „ta-mh" wird zu „ta-a") sowie bei den meisten Instrumenten (klingen lassen oder Ton aushalten). Deshalb bleiben die Hände beim Klatschen um die Dauer des gebundenen Notenwerts geschlossen.

a Die Jugendlichen wenden das Gelernte über die Halte-/Bindebögen klatschend an. Die Hände dabei in den Pausen bewusst auseinanderhalten und beim Bindebogen bewusst zusammenlassen.

b Dasselbe Vorgehen, aber mit Sprechen aller Zählzeiten – der Fuß läuft immer mit (Viertelschläge).

Downbeat – Offbeat

❺ Die unterschiedliche Schreibart der Achtelnoten (mit Zweier- oder Vierbalken und/oder Fähnchen) wird thematisiert.
- Fähnchen werden für einzeln stehende Noten und oft für Vokalmusik verwendet.
- Zweierbalken: in der Regel im 4/4-Takt
- Viererbalken: in alla-breve Taktart (siehe dazu z. B. SB, Seite 164)

a+b Auch hier empfiehlt sich ein schrittweiser Aufbau. Zuerst sprechen (wie oben), dann dazu mit dem Fuß wippen (beim Downbeat auf dem Boden aufsetzen) und die Achtelnoten klatschen. 💿 B6/7

>> HINWEIS: Der wichtigste Punkt muss sein, dass alle Mitwirkenden Folgendes realisieren:
auf die Zählzeit (Beat): Fußspitze unten, bei „+" (Offbeat): Fußspitze oben

MUSIKBERUFE

Kompetenzen

Die Schülerinnen und Schüler können …

- verschiedene Berufe der Musikbranche nennen und deren Tätigkeiten und Funktionen beschreiben.
- Musik bezüglich ausgewählter Merkmale in gesellschaftliche Bezüge einordnen.
- Funktionen exemplarischer Musikbeispiele erkennen und einem gesellschaftlichen Kontext zuordnen.

Material

- A4-Papier und Stifte
- Visitenkarten (z. B. A6-Format)
- Smartphone/Tablet (für die Liederauswahl und evtl. die Internetrecherche)

PMW

Durch die Betrachtung der Bilder soll ein Klassengespräch entstehen. Bezüge zur eigenen Lebenswelt wecken das Interesse und die Neugierde der Jugendlichen.

- Kennt jemand eine Person, die in der Musikbranche arbeitet?
- Ist eine Mutter oder ein Vater Berufsmusiker?
- Spielt jemand in einer Band und hat regelmäßige Auftritte?

Lösungen zu den Bildern:

1: Sänger; 2: Komponistin; 3: Musiklehrerin/Chorleiterin; 4: Dirigent (Orchester); 5: Tänzerin;
6. Tontechniker/Musikproduzent; 7: Disc Jockey (DJane).

Die Beschreibungen werden im Plenum besprochen. Sprachliche Eselsbrücken helfen, um sich die Tätigkeiten merken und sich darunter etwas vorstellen zu können:

- Was heißt „Produktion"? → Etwas wird <u>produziert</u>, erstellt, neu gemacht, erfunden, kreiert (Musik, Tanz usw.).
- Was heißt „Reproduktion"? → <u>Re</u> = (lateinisch für wieder/zurück): Etwas, das bereits existiert, wird erneut aufgeführt, gespielt, gesungen, interpretiert.
  Beispiele mit Re: Reaktion (folgt auf eine Aktion), Reanimation (jemand wird wieder „zum Leben animiert")
- Was heißt „Pädagogik"? siehe Info!-Box
- Was fällt unter die Sparte „Technik und Elektronik"? Hier bietet sich eine Diskussion darüber an, wo die Grenze von Produktion und Reproduktion gezogen wird:
  - Verläuft sie fließend?
  - Ist ein DJ auch eine Art Produzent? Die Musik existiert zwar bereits, sie wird allerdings neu zusammengetragen, gemixt, verändert, interpretiert. Ist das nun „nur" Reproduktion oder auch Produktion?
  - Sind Musikproduzentinnen oder -produzenten alleine für die Produktion verantwortlich? Welchen Teil tragen die Künstler bei? Gibt es auch nur reproduzierende Musikerinnen und Musiker?
  Beispiele: Studiomusiker, die bereits Komponiertes einspielen/einsingen; Produzenten im Tonstudio können sowohl Komponisten sein als auch „nur" die Aufnahmen leiten (mit Abmischen, Endprodukt erstellen im Anschluss).
  - Was macht der Toningenieur/-techniker? Studio einrichten (Kabelverbindungen, Mikrofone, Instrumente usw.)
  - Audiodesign: Eine bekannte Werbemelodie, einen sogenannten „Jingle", entwickeln.
  Beispiele: „THOMY ®, hier kommt der Genuss" oder „Merci ®, dass es dich gibt" (hierzu ein Video eines Medleys von Werbemelodien mit jeweils eingeblendeter Lösung zeigen, Suchbegriff „40 Werbesongs & Werbejingles", Dauer etwa 8 Minuten). Ein Audiodesigner ist aber auch für das Designen/Produzieren von Geräuschen verantwortlich, wie das „Krachen" von Chips im Mund (für Werbeclips) oder das „Schließgeräusch" des Stand-by-Knopfs auf dem Smartphone.

INFO!

Pädagogik

Das Wort stammt aus dem Altgriechischen und meint die **Erziehung/Unterweisung** im Zusammenhang mit dem Kind, das geführt/geleitet wird = „Technik/Wissenschaft/Kunst der Kindesführung". Das Wort bildet sich aus den Teilen pais (griech. für Kind) und ago (griech. = ich führe/leite).

PRAXIS DES MUSIKALISCHEN WISSENS

2 a Sind die Zweiergruppen mit der Aufgabe fertig, versuchen sie, die einzelnen Beschreibungen zu ergänzen, z. B. „Dirigieren: ein musizierendes Ensemble anleiten". Das kann ein klassisches Orchester sein, aber auch ein Chor, eine Big Band, ein Musikverein usw.

b Spielerische Variante: Bei der Beschreibung des Berufsfelds darf keines der im Kasten auf Seite 80 verwendeten Substantive verwendet werden.

c Eine weitere Möglichkeit dieses Ratespiels ist, dass die Jugendlichen die Berufsbezeichnungen zeichnen.

3 Musikberufe

Per Drag & Drop können die Jugendlichen in dieser Anwendung jeweils drei Elemente pro Musikberuf korrekt zusammenführen: Bilder, Berufsbezeichnungen und Tätigkeiten. Mit Korrekturfunktion.

Weitere Berufsfelder im Bereich Musik

Im Plenum werden weitere Berufsfelder besprochen. **Mögliche Beispiele:**

- Instrumentenbau: Gitarre, Trommel, Panflöte
- Klavierstimmerin, -stimmer
- Musikwissenschaft: Musiktheorie, Musikgeschichte, soziologische Zusammenhänge
- Musikalienhändlerin, -händler: Verkauf von Instrumenten, Equipment
- Musikjournalistin, -journalist: Berichterstattung über Konzerte, CD-Neuerscheinungen
- Musiktherapeutin, -therapeut: Musik und ihre heilsame/heilende Wirkung für Körper und Geist. Kann beruhigend wirken, fördert die Wahrnehmung von Emotionen. Kennen die Jugendlichen die Situation, dass Musik sie fröhlich/traurig stimmt oder sonstige Emotionen auslöst?
- Musikverlag: Herausgabe von Noten, Zeitschriften, Lehrmitteln, CDs

4 a Jede Person wählt einen Beruf und gestaltet dazu eine Visitenkarte, wie das Beispiel im SB zeigt. Diese Aufgabe eignet sich auch als häusliche Vorbereitung. In der darauffolgenden Unterrichtsstunde stellen die Jugendlichen die Berufe mithilfe der gestalteten Visitenkarten vor. Dies dient als Basis für die Diskussion im Anschluss.

b Alle haben mehrere Musikberufe kennengelernt. Zuerst diskutieren die Jugendlichen zu zweit (ca. 3–5 Minuten), welcher wohl der spannendste ist und warum. Die Ergebnisse werden anschließend auch im Plenum besprochen.

5 a Jede Gruppe entscheidet sich für ein Lied und zeigt es der Lehrperson, die ihr Einverständnis zur Wahl gibt. Die Gruppen machen eine Liste. Welche Musikberufe sind an der Entstehung des Lieds beteiligt und wie zeigt sich das? Was hören sie?

b Das Lied wird nochmals gehört, mit der Liste der Musikberufe auf Seite 80 verglichen und gegebenenfalls mit weiteren beteiligten Berufen ergänzt.
Jede Gruppe stellt den so entstandenen Musikberufe-Steckbrief zum gewählten Lied vor.

PARALLELE TONLEITERN

> **Kompetenzen**
>
> Die Schülerinnen und Schüler können ...
>
> - Halb- und Ganztonschritte in der Dur- und Moll-Tonleiter erkennen (lesen, hören, singen).
> - die Beziehung zwischen Dur- und paralleler Moll-Tonleiter erkennen (z. B. C-Dur und a-Moll).
> - große und kleine Terz und Quinte im Zusammenklang erkennen und anwenden (Dreiklang).
> - Triolen und ternäre Rhythmen wiedergeben.
>
> **Material**
>
> - A4-Papier und Stifte
> - Keyboard, Klavier, evtl. Smartphone

Dur- und Moll-Tonleitern

Bereits nach dem Lösen der Aufgaben 1 a bis c sollen die Schülerinnen und Schüler erkennen:

- Parallele Tonarten verwenden dieselben Töne.
- Beim Singen der Tonleitern mit den relativen Notennamen liegen die Halbtonschritte immer zwischen den Tönen mi/fa und ti/do.
- Die Moll-Tonleiter beginnt auf dem Ton „la", die Dur-Tonleiter auf dem Ton „do".

Weitere Gemeinsamkeiten und Unterschiede (siehe Tabelle auf SB, Seite 82) werden besprochen.

Beim Spielen der Noten mit einem Instrument werden die Schülerinnen und Schüler merken, dass folgende Töne „falsch" klingen und korrigiert werden müssen:

PRAXIS DES MUSIKALISCHEN WISSENS

Ein Lied mit zwei Vorzeichen B8

> **WISSEN!**
>
> **Parallele Tonarten**
>
> Die parallelen Moll-Tonleitern beginnen jeweils einen Ganz- und einen Halbtonschritt (also eine kleine Terz) unter der Dur-Tonleiter.
> Zusätzliche Aufgabe: Die Schülerinnen oder Schüler finden mit Hilfe der Klaviertastatur weitere parallele Moll-Tonarten nach folgendem Vorgehen heraus:
> **A-Dur:**   Ein Ganzton unter A = G   Ein Halbton unter G = Fis   Antwort: **fis-Moll**.

3 Das Lied „I'm Going Home" hat zwei Kreuze als Vorzeichen und beginnt mit h-Moll. Der Refrain erklingt in der parallelen Tonart D-Dur. Das Lied wird angehört, die Klasse singt mit.

Liedbegleitung

Die instrumentale Liedbegleitung kann auf den Grundtönen (siehe Grafik im SB) und/oder den Akkorden (siehe Noten) begleitet werden.
Möglicher Begleitrhythmus pro Takt:

Parallele Tonleitern

In dieser Anwendung werden verschiedene Tonleitern animiert dargestellt und können miteinander verglichen werden. Zur Auswahl stehen „Dur- und Moll-Tonleitern" und „Tonleitern mit demselben Grundton".

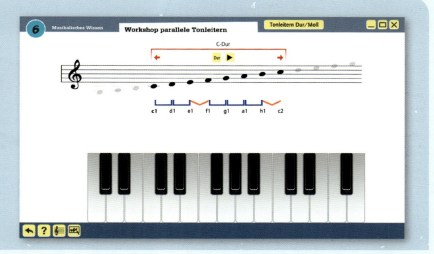

PINK PANTHER HAT DEN BLUES

6

Kompetenzen

Die Schülerinnen und Schüler können …

- die Stammtöne benennen und notieren (absolute Notennamen) und kennen die Bedeutung von Vorzeichen.
- zu musikalischen Fragestellungen kreative Lösungen finden (z. B.: Wie klingt eine Filmszene?).
- in der Gruppe eine Performance zu einem Thema produzieren und vertonen.
- eigenen musikalischen Präsentationen und denen der Mitschülerinnen und Mitschüler kritisch und gleichzeitig wertschätzend begegnen.

Material

- A4-Papier und Stifte
- Filmausschnitt „Pink Panther" (Suchbegriff „The Pink Panther in ‚Pinknic'")
- Instrumente: Xylofon, Marimba, Klavier, Gitarre, Bass Drum, Perkussion usw.
- Smartphone (Videoaufnahme)

Der Blues (SB, Seite 60/61) sowie das Thema Filmmusik (SB, Seite 24/25) wurden bereits in ihren Ansätzen behandelt. Nun werden diese Dinge zusammengefügt und ein Ausschnitt aus „Pink Panther" mit einem Blues-Arrangement musikalisch untermalt.

1

a Die Klasse beschreibt die Szenen. Was passiert?
Wie bewegt sich Pink Panther? Welche Wörter (Adjektive, Verben usw.) passen dazu? **Beispiele:** herumschleichen, vorsichtig, gefährlich, spannend, sich umsehen. Was heißt das nun für die Musik? (siehe Aufgabe 2)

b Die Lehrperson spielt auf dem Klavier D-, G- und A-Dur in Dreiklängen. Danach jeden Ton einzeln, die Klasse singt nach. In drei Gruppen aufgeteilt, singt jede Gruppe einen Ton des gespielten Dreiklangs.

›› ZUR ERINNERUNG: Was bedeuten die Kreuz-Vorzeichen? Der Ton auf der Linie/im Zwischenraum wird um einen Halbton erhöht. In diesem Fall: c → cis und f → fis.

›› TIPP: Die Kreuze direkt vor der Note einzeichnen (falls separates Blatt vorhanden).
Alle setzen sich an Keyboards (evtl. in Gruppen) und spielen/singen die Dreiklänge selbst.

c Das Bluesschema (12-Takt-Schema) kann gemäß der Grafik im SB zuerst in einer vereinfachten Version gespielt werden. Können die Schülerinnen und Schüler alle drei Akkorde fließend umsetzen, wird mit folgender Version gespielt:

| D | D | D | D |

| G | G | D | D |

| A | G | D | A |

›› FÜR FORTGESCHRITTENE: Die Dreiklänge der Bluesbegleitung werden wie auf SB, Seite 85 beschrieben, auf die folgenden Vierklänge erweitert: D-Fis-A-**C** / G-H-D-**F** / A-Cis-E-**G**.

MUSIZIEREN

2

a Die Schülerinnen und Schüler besprechen die Punkte zur musikalischen Gestaltung des Videos und machen sich entsprechende Notizen.

Ideen/mögliche Antworten:

- Tempo: mittel (bpm = 85–100)
- Akzente/Betonungen: schleichend gespielt, plötzliche/„aufschreckende" Impulse
- Lautstärke/Ausdruck: leise beginnend, lauter werdend (crescendo)
- Geräusche: Tapsen (Füße), Rascheln, Klopfen, Schleichen (z. B. ein Blatt Papier über den Fußboden ziehen)

GP

b Der „Tonvorrat" im Beispiel für D-Dur (siehe Notat im SB) ist eine pentatonische Blues-Tonleiter.

im • puls 2 · Helbling

Unser Tonvorrat

3 **a** Instrumente mit „sichtbaren" Tönen sind ideal, z. B. Klavier, Xylofon, Marimba. Gitarre oder Bass erfordern etwas mehr Koordination, eignen sich aber auch (siehe Grafik auf SB, Seite 85). Wer selbst ein Instrument spielt, bringt es in der darauffolgenden Musikstunde mit.

b Weil im Blues Musiker häufig in abfallenden Tonfolgen improvisieren, wird die Tonleiter gemeinsam – mit allen möglichen Instrumenten – mehrmals von oben nach unten gespielt.

Tonvorrat für B-Instrumente
(z. B. Klarinette, Tenorsaxofon, Trompete)

Tonvorrat für Es-Instrumente
(z. B. Altsaxofon)

Alle spielen die Tonleiter mehrmals
mit folgendem Rhythmus:

c Die Jugendlichen erfinden und spielen eigene Ideen mit diesen Tönen.
Beispiel:

>> HINWEIS: Es werden immer nur die Töne des Tonvorrats gespielt (klingend d, f, g, a, c, d). Diese Übung dient anschließend der Improvisation.

4 **a** Die Lehrperson entscheidet, ob die Rhythmusbegleitung im Plenum oder selbständig in den Gruppen erarbeitet wird (je nach Fähigkeiten und Arbeitsweise der Jugendlichen).
Die Aufgaben können wie folgt aufgeteilt werden (bei Sechsergruppen):

- Bluesbegleitung: 1–3 Personen siehe Bluesschema oben, Aufgabe 1c).
- Rhythmusbegleitung: 2 Personen
- Melodie/Improvisation spielen: 1–2 Personen (mit den Tönen aus Aufgabe 3)
- Geräusche produzieren: 1–2 Personen

b+c Jede Gruppe bestimmt eine Spielleiterin oder einen Spielleiter, die einzählt, der Gruppe den Einsatz gibt und die Übung beendet. So wird effizientes Üben ermöglicht. Wenn die Lehrperson die Klasse gut kennt, kann auch sie jemanden bestimmen oder ihre Zustimmung zu der gewählten Person geben.
Die Lehrperson verwendet ein Gerät mit Videoaufnahmefunktion (z. B. Smartphone). Während das Video lautlos läuft (z. B. auf einer Leinwand), spielt die Gruppe ihre Filmmusik. Die Lehrperson filmt dabei ausschließlich das projizierte Video ab. So entsteht ein neues Video mit der Filmmusik der Schülerinnen und Schüler, das hinterher im Plenum angeschaut werden kann.
Sofern Tablets zur Verfügung stehen, ist es auch möglich, mit kostenlos erhältlichen Schnittprogrammen zu arbeiten. Hier kann die Klasse schrittweise (beispielsweise in 30-Sekunden-Schritten) die Musik über das Bild aufnehmen. Durch die Möglichkeit, die Aufnahmen mehrfach aufnehmen und wieder löschen zu können, werden noch bessere Ergebnisse erzielt.

>> INFO: Die gemeinsame Betrachtung der Videos und die Diskussion im Anschluss eignet sich dafür, sich kritisch und gleichzeitig sachlich über die Darbietungen zu äußern – sowohl über die der anderen als auch über die eigene (= Selbstkritik und Reflexionsvermögen).

MUSIZIEREN

GP

MUSIZIEREN

STIMMEN IM CHOR

Die beiden poetisch-philosophischen Zitate stimmen in das Kapitel „Stimmen im Chor" ein und regen zu einem Gedankenaustausch im Plenum an. Wie verstehen die Schülerinnen und Schüler die Worte? Treffen sie auch bei ihnen zu? Welches Zitat gefällt ihnen besser und warum?

„SCHON EIN KLEINES LIED KANN VIEL DUNKEL ERHELLEN."

Franz von Assisi (1181/1182–1226) war der Gründer des Franziskaner-Ordens und gilt in der römisch-katholischen Kirche als Heiliger.

„SINGEN IST DIE EIGENTLICHE MUTTERSPRACHE DES MENSCHEN, (...)"

So äußerte sich Yehudi Menuhin (1916–1999), einer der bedeutendsten Violinisten des 20. Jahrhunderts, und erklärte seine These sogleich:
„(…), denn sie ist die natürlichste und einfachste Weise, in der wir ungeteilt da sind und uns ganz mitteilen können – mit all unseren Erfahrungen, Empfindungen und Hoffnungen."

Mit anderen Worten: Das Singen ermöglicht uns auf einzigartige und grundlegende Weise, Dinge unseres Inneren auszudrücken, fühlbar zu machen und mit anderen zu teilen, wohin unsere Wortsprache nicht reicht …

• Dreiklänge singen

„Chor-Aufstellung" bedeutet, dass sich die Klasse in zwei oder drei Reihen leicht versetzt aufstellt, damit alle Blickkontakt zur Lehrperson haben.
- Die Lehrperson oder eine musikalisch geübte Person aus der Klasse spielt die Dreiklänge aus Übung 1 am Klavier oder an einem Xylofon. Die Fingerzeichen für Dur- und Moll-Dreiklänge sind auf SB, Seite 58 abgebildet.

>> HINWEIS:
- Es ist sinnvoll, die Klasse darauf aufmerksam zu machen, dass es sich bei dieser Übung um bereits bekannte Dreiklänge handelt. Die Töne der Dreiklänge stehen aber hier teilweise in anderer Reihenfolge – es sind Umkehrungen.
- Beispiel im dritten Takt: Die Töne D – F – B sind die Umkehrung des Dreiklangs B – D – F.

- **Übung 1** ist die erste Stufe im Aufbau hin zum dreistimmigen Chorklang: Die dritte Stimme singt ihren ersten Ton, dann folgt die zweite Stimme usw. Im zweiten Takt singen die drei Stimmen gleichzeitig.
- **Übung 2:** Jede Gruppe singt zuerst ihre Stimme alleine. Ein klares Signal für den Einsatz des jeweils nächsten Tons ist wichtig. Die Steigerung in Übung 2 ist das bewusste gleichzeitige Ansingen der einstudierten Töne, der vier Dreiklänge.

• Rhythmisch ganz exakt

Nach dem Tonmaterial erarbeitet die Klasse den Rhythmus der später zu singenden Chorstimme. Das abgedruckte Bewegungsmuster stützt die Klasse dabei und hebt die Wirkung des synkopierten Rhythmus hervor. Es empfiehlt sich ein Aufbau in der abgedruckten Reihenfolge:

1. Füße (Fuß beim Beistellschritt jeweils nur kurz absetzen)
2. Füße und Sprechen
3. Füße, Sprechen und Klatschen

Mehrere Wiederholungen pro Aufbauschritt durchführen.

• Chorstimmen B9

Diese Aufgabe ist nun die Kombination aus „Dreiklänge singen" und „Rhythmisch ganz exakt". Die Schülerinnen und Schüler wenden die erworbenen Kompetenzen an und singen als Wiederholung noch einmal Übung 2 von SB, Seite 86.
Hilfestellung durch die Lehrperson beim dreistimmigen Singen: Einen Finger für die erste Stimme (oberste) deutlich sichtbar hochhalten, dazu diese Stimme mitsingen. Im nächsten Durchgang zwei erhobene Finger während der vokalen Unterstützung für die zweite Stimme, drei Finger für die dritte Stimme.

>> ERWEITERTES ZIEL: Talentierte Klassen schaffen es vielleicht, die drei Stimmen innerhalb der Klasse rotieren zu lassen. Gruppe 1 singt dabei die Reihenfolge der Stimmen 1–2–3 wiederholend, Gruppe 2 verschoben 2–3–1, die dritte Gruppe die Abfolge 3–1–2.
Der Aufbau dieser Sequenz kann zum Ziel haben, dass alle Jugendlichen alle drei Stimmen singen können.
Das Hörbeispiel unterstützt die Erarbeitung des Chorsatzes.

• Solostimme B9

Die Solostimme ergänzt den Chorsatz und komplettiert das kleine musikalische Arrangement. Die Jugendlichen üben sie mithilfe des Hörbeispiels oder unter Anleitung der Lehrperson ein.
Eine Umsetzung des folgenden Instrumental-Begleitpatterns mit Chorsatz und Solostimme bildet den krönenden Abschluss der Einheit. Die Solostimme kann dabei tatsächlich solistisch oder in einer kleinen Gruppe vorgetragen werden.

Die Klasse spielt das Stück „Staying at Home" gemäß Ablauf:
1. Durchgang dreistimmiger Chor (Bass Drum nur Zählzeiten 1 und 3)
2. Durchgang dreistimmiger Chor plus Band
3. und 4. Durchgang dreistimmiger Chor, Band plus Leadgesang
5. Durchgang nur dreistimmiger Chor

>> TIPP: Die Begleitung und der Chor passen auch zum Stück „Monday Morning" von Melanie Fiona.

GOSPEL, DIE FROHE BOTSCHAFT

Auf dieser Doppelseite beschäftigt sich die Klasse mit einem Lied aus dem Bereich des Gospels. Im Gegensatz zu den Spirituals (eher traurig), fokussiert der Gospel auf die bunten Seiten des Lebens, erzählt von Freude, Hoffnung, Liebe usw.

Das Hörbeispiel ist eine Live-Aufnahme im Kulturcasino mit Bishop Freddy Washington, den Philadelphia Singers, ihrer Band und Hunderten von Schülerinnen und Schülern aus Bern.

1

a Idealerweise wird dieser Song mit dem Hörbeispiel eingeübt. 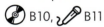 B10

- Alle hören sich das Hörbeispiel mehrmals an und verfolgen mit dem Zeigefinger die Noten/den Text.
- Der Text wird gelesen und in etwa so übersetzt:
  Ich habe gesagt, ich würde es niemandem erzählen, aber ich konnte es nicht für mich behalten.
- Der Chortext wird zum Hörbeispiel gelesen, dann (frei) mitgesungen.

>> HINWEIS ZUM ABLAUF DES HÖRBEISPIELS: Intro (16 Takte, wie Strophe) – Strophe – Refrain – Strophe – Refrain – Strophe – Refrain (dabei die zweitletzte Zeile achtmal wiederholen) – Schluss

Nun wird der Chor/die Klasse in drei Stimmen aufgeteilt: hoch, mittel, tief. Dabei können sowohl Mädchen als auch Jungen sowohl in der höchsten als auch in der tiefsten Stimme singen.

Wie alle Beteiligten ihre Stimmlage finden, wurde bereits auf SB, Seite 7 ein erstes Mal thematisiert. Es geht dort darum, dass jede Schülerin und jeder Schüler herausfindet, welche Stimmlage ganz persönlich am besten passt, bzw. wo die Stimme am vollsten klingt.

Alle überlegen und probieren aus, welche Stimme ihnen zum Singen am leichtesten gefallen ist (kein Kratzen, kein Pressen usw.) und ordnen sich in der Choraufstellung in ihre Stimmlage ein.

- Die Chorstimmen (hoch, mittel, tief) sind gelb hinterlegt. Mit einer Stimme nach der anderen werden die Einsätze in der Strophe zuerst einzeln dann im Mehrklang eingeübt.
- Die Choreinsätze werden mit dem Playback gesungen. Die Solostimme wird in dieser Phase nur gesprochen oder andeutungsweise von der Lehrperson mitgesummt. B11
- Mit der ganzen Klasse wird besprochen, wer oder welche kleine Gruppe die Solostimme übernehmen könnte. Diese Solisten gehen in einen anderen Raum, um mit dem Hörbeispiel die Strophe zu proben, während die Chorstimmen einstudiert werden. Dasselbe Vorgehen wird für den Refrain durchgeführt.

b Gemeinsam wird das ganze Lied zum Hörbeispiel mitgesungen. Auch die Lehrperson singt unterstützend mit und leitet an. Evtl. geht sie von einer Chorstimme zur nächsten.

Zum Abschluss singt die Klasse das Stück zum Playback. Wer möchte und sich sicher fühlt, klatscht und stampft den Begleitrhythmus dazu.

Formablauf: Intro (16 Takte) – Strophe (mit Wdh.) – Refrain – Strophe (ohne Wdh.) – Refrain – Strophe (ohne Wdh.) – Refrain – Schluss

>> HINWEIS: Je nach Schulsituation kann eventuell eine Begleit-Band hinzugezogen werden.

SINGEN UND SPRECHEN

Couldn't Keep It to Myself

Text und Musik: trad.

JOY TO THE WORLD

> **Kompetenzen**
>
> Die Schülerinnen und Schüler können ...
>
> - kurze Melodien mit relativen Notennamen singen (z. B. Solmisation).
> - Rhythmen aus punktierten Noten und Synkopen klatschen und spielen.
> - ihre Stimme im chorischen Singen integrieren und sich für das gemeinsame Musizieren engagieren
> - Lieder in der Klasse oder in Gruppen üben (z. B. Ausdauer zeigen, Konzentration beibehalten).
> - ihren spezifischen Beitrag im mehrstimmigen chorischen Singen leisten (z. B. Rhythmus, Solo, Bewegung).
>
> **Material**
> - A4-Papier und Stifte
> - Instrumente: Klavier, Flöte, Xylofon, Klangstäbe, Gitarre usw.

Da der Anfang des Songs auf einer absteigenden und einer (halben) aufsteigenden Tonleiter basiert, kann an diesem Beispiel das Blattsingen mit den relativen Notennamen auf eine einfache Art geübt und gefestigt werden.
Bewusst werden die ersten Aufgaben ohne Hörbeispiel gelöst. Als Hilfe – zur Findung des Anfangstons – steht den Jugendlichen gegebenenfalls ein Instrument zur Verfügung.

SUS

Warm-up

Im Plenum wird die Tonleiter auf- und absteigend mit den relativen Notennamen gesungen. Die Klasse singt sich wie folgt ein: Die Lehrperson gibt den Grundton do. Per Handzeichen dirigiert sie und die Klasse singt die entsprechenden Töne. Evt . zeigen alle Beteiligten die entsprechenden Handzeichen (siehe SB, Seite 15).

❶ a–d Liederarbeitung

Vorgehen gemäß SB. Die einzeilige Melodie entspricht der ersten Zeile des nachfolgenden Lieds „Joy to the World". Sie wird zunächst nur mit Solmisationssilben geübt.

SUS

Nach der Erarbeitung der Aufgabe 1, wird die erste Zeile mit Liedtext gesungen. Die Lehrperson entscheidet, ob die zweite Zeile (oder ein Teil davon) nach dem gleichen Vorgehen wie oben erarbeitet wird.

❷ a Die Gruppen versuchen nun mithilfe der relativen Notennamen, einen möglichst großen Teil der Songs zu erarbeiten. Dabei können sie folgendermaßen taktweise vorgehen:

- Rhythmus klatschen
- relative Notennamen lesen
- relative Notennamen rhythmisch lesen, dann singen
- Melodie mit Liedtext singen

b Im Internt gibt es unzählige Versionen dieses Lieds.
Beispiele (Stichworte für Recherche):

- Joy to the World – The Children Choir of BNR
- Joy to the World – Pentatonix
- Joy to the World (2006) – Mormon Tabernacle Choir
- Joy to the World – Celtic Woman

SINGEN UND SPRECHEN

c Wenn die erste Stimme sicher klingt, kann die Lehrperson oder eine Schülerin oder ein Schüler die zweite Stimme mit einem Instrument dazuspielen.

Liedbegleitung zu „Joy to the World"

3 **a** Begleitinstrumente, wie Xylofon, Klangstäbe, Keyboard und/oder Gitarre werden gemäß Begleitgrafik eingesetzt, Bass und Schlagzeug gemäß Rhythm Section (SB, S. 46 ff).

b Auf SB, Seite 84 („Pink Panther hat den Blues") haben die Schülerinnen und Schülern diese Dreiklänge sowie das grafische Schema bereits kennengelernt und geübt. Sie machen sich erneut damit vertraut. Anschließend üben sie den Ablauf gemäß der Grafik im SB.

Zum Abschluss bildet die Klasse drei Gruppen: Begleit-Band sowie die Chorstimmen 1 und 2.
Unter Anleitung der Lehrperson wird das ganz Lied gespielt und gesungen.

MUSIZIEREN

Singt im Kanon

4 Die Melodie dieses Kanons und der deutsche Text („Ehre sei Gott in der Höhe, Frieden auf Erden ...") ist weit verbreitet. Gesungen mit dem englischen Text, passt der Kanon gut als Ergänzung zum vorherigen Lied.

a Als Wiederholung der musiktheoretischen Inhalte: Das Lied hat drei Kreuze vorgezeichnet, es steht also in A-Dur. Der Ton A ist ein do. Somit lauten die ersten relativen Notennamen: so, la, ti, do. Auch der Rest der Zeile wird gemeinsam mit Solmisationssilben erarbeitet. Eventuell auch die zweite Zeile.

b Das Lied wird mit der ganzen Klasse mehrmals gesungen. Erst wenn es gut einstudiert ist, teilt die Lehrperson die Klasse in drei oder vier Gruppen auf und leitet den Kanon an.

c Die instrumentale Begleitung kann durchaus begleitend zum Kanon gespielt werden. Vielleicht kennt jemand das Stück aus einer Musizierstunde, einem Weihnachtssingen oder von zu Hause?

SUS

TONSYSTEME

Kompetenzen

Die Schülerinnen und Schüler können …

• weitere Tonsysteme singend erleben und vergleichen (z. B. Blues-Tonleiter).
• können die chromatische Tonleiter notieren.
• kurze Melodien mit relativen Notennamen singen (z. B. Solmisation).

Material
• CD
• Klavier
• Xylofon
• Gitarre
• weitere Instrumente

 A20, B12

Pentatonik (Fünftonmusik)

Gemäß Einleitungstext wird die Klasse darauf aufmerksam gemacht, dass sie bereits mehrere Tonsysteme kennt, dass es aber weltweit viele weitere, verschiedene Tonleitern/Tonsysteme gibt.

1

a Gemäß SB wird die pentatonische Tonleiter mehrmals auf- und abwärts gesungen und eventuell die Handzeichen dazu gezeigt. Auf der Grundlage dieser fünf Tönen gibt es zahlreiche Kinderlieder (z. B. „Ringel Ringel Reihe", „Höret die Drescher", „Rübenlichtlein, wo gehst hin?").

b Die Schülerinnen und Schüler erkennen, dass die schwarzen Tasten des Klaviers eine pentatonische Tonleiter ergeben.

c >> HINWEIS: Mit den Tönen Fis und Cis kann die Melodie als Bordun (siehe dazu SB, Seite 228/229) auf einem Xylofon begleitet werden.

PMW

2

a Die „Morgenstimmung" von Edvard Grieg ist der Klasse schon von SB, Seite 20 bekannt. Sie wird noch einmal angehört und die Melodie mitgesummt. A20

b Grieg hat die Melodie in E-Dur komponiert und beginnt daher auf dem Ton h". Fortgeschrittene können versuchen, diese Melodie in Fis-Dur, also auf den schwarzen Tasten zu spielen (beginnend auf dem Ton cis").

 INFO!

Edvard Grieg

Der Komponist Edvard Grieg wurde am 15. Juni 1843 in der norwegischen Stadt Bergen geboren und war einer der herausragenden Pianisten und Komponisten der Romantik. Grieg erhielt bereits früh von seiner Mutter Klavierunterricht und entdeckte bald seine Liebe zu nordischer Volksmusik, deren Elemente er mit den musikalischen Errungenschaften der Romantik verschmolz. Bekannt geworden ist Grieg vor allem durch seine „Peer-Gynt-Suite", der Vertonung eines Theaterstücks. Er verstarb im Alter von 64 Jahren in seiner Heimatstadt Bergen.

HÖREN UND SICH ORIENTIEREN

Die chromatische Tonleiter

In der vorangegangenen Aufgabe standen die schwarzen Klaviertasten im Zentrum. Die weißen Tasten kennen die Schülerinnen und Schüler aus zahlreichen früheren Übungen. Nun gilt es, alle Tasten in eine Tonleiter zu verbinden.

Vorübung:

- Eine Schülerin oder ein Schüler spielt der Reihe nach auf dem Klavier alle Töne/Tasten von c' bis c''.
- Beim zweiten Mal liest die Klasse die Töne laut mit (siehe dazu die Leiter auf SB, Seite 92).
- Die Lehrperson erläutert, dass die Tonleiter ausschließlich aus Halbtonschritten besteht; es ist eine chromatische Tonleiter.

Für die Bearbeitung der weiteren Aufgabenstellungen kann nachstehende Info!-Box als Hintergrund dienen.

Georges Bizet

Georges Bizet ist der Komponist der Oper „Carmen", einer der erfolgreichsten Opern überhaupt. Er wurde am 25. Oktober 1838 in Paris geboren. Bizet studierte Klavier, Musiktheorie und Tonsatz. Nach Abschluss seines Studiums arbeitete er unter anderem als Musiklehrer und Komponist. Seine ersten Opern waren mäßig erfolgreich und auch die berühmte „Carmen" erhielt nach ihrer Uraufführung 1875 in Paris miserable Kritiken. Erst die Uraufführung in Wien, die einige Monate später stattfand, brachte großen Erfolg. George Bizet erlebte diesen jedoch nicht mehr – er war am 3. Juli 1875 verstorben.

3 **a–c** Vorgehen gemäß SB B12

4 **a** Ziel ist es, allen bewusst zu machen, dass die Anordnung der schwarzen und weißen Klaviertasten identisch ist mit der Anordnung der Klangstäbe auf einem chromatischen Xylofon oder Metallofon.

b Die Schülerinnen und Schüler erkennen, dass die beiden unterschiedlichen Angaben cis/des oder dis/es sich jeweils auf dieselbe Tonhöhe beziehen.
Die schwarzen Tasten und die entsprechenden Klangstäbe können also unterschiedliche Notennamen haben und dennoch gleich klingen (Enharmonik).

Beispiele (zweimal derselbe Ton mit anderem Namen):

- Wird dem Ton G ein „b" vorgeschrieben, erklingt er einen Halbton tiefer als Ges.
- Wird dem Ton F ein „Kreuz" vorgeschrieben, erklingt er einen Halbton höher als Fis.

Dieses Phänomen wird in der nächsten Aufgabe noch einmal erläutert (siehe Notenbeispiel und Klaviertastatur).

Die Tonleiter mit allen Tönen

5 **a** In Aufgabe 4 hat die Klasse die chromatische Tonleiter bereits gehört. Nun geht es darum, sie auch spielen zu können.
Besonders einfach ist das auf einer Klaviertastatur, aber auch auf einer Gitarre kann die chromatische Tonleiter nachvollzogen werden: Eine leere Saite spielen, dann mit dem Zeigefinger jeweils einen Ton auf dem ersten Bund, dann auf dem zweiten usw. spielen.

b Fortgeschrittene können versuchen, die Melodie von „Habanera" nachzuspielen.

6 **a** **Lösung:** Im ersten Teil (bis Pause) fehlen F und Gis, im zweiten Teil Ais, Gis und F.

b Die chromatische Tonleiter auf der Gitarre ist auch für Nicht-Gitarristen spielbar. Evtl. kann die Klasse zusätzlich die Tonleiter mit den absoluten Notennamen (E – F – Fis – G – Gis ...) mitsingen.

PRAXIS DES MUSIKALISCHEN WISSENS

PMW

MU

PMW

EVERYDAY IS CHRISTMAS (SIA)

Kompetenzen

Die Schülerinnen und Schüler können ...

- musikalische Formen unterscheiden und hörend wiedererkennen.
- eine Melodie- oder Rhythmusstimme in der Gruppe spielen.
- ein Klangarrangement mit Instrumenten umsetzen.
- ihre Stimme im chorischen Singen integrieren und sich für das gemeinsame Musizieren engagieren
- ihren spezifischen Beitrag im mehrstimmigen chorischen Singen leisten (z. B. Rhythmus, Solo, Bewegung).

Material

- Instrumente:
  - Harmoniebegleitung: Klavier, Keyboard, Xylofon usw.
  - Rhythmusbegleitung: Bongo, große Trommel, Schellenring

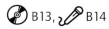 B13, B14

INFO!

Sia

Sia Kate Isobelle Furler wurde am 18. Dezember 1975 in Adelaide geboren. Die australische Sängerin, Songwriterin und Produzentin wurde vor allem durch ihre Zusammenarbeit mit Zero 7 und David Guetta weltberühmt. Sie setzt sich aktiv für den Tierschutz ein. „Everyday Is Christmas" ist ein Song ihres achten Soloalbums, das denselben Namen trägt. Der Solo-Durchbruch gelang ihr im Jahr 2014 mit dem Album „1000 Forms of Fear", das unter anderem den Hit „Chandelier" enthält.

1

MUSIZIEREN

Die Rhythmusuhren wurden bereits in Band 1 eingeführt und dienen dazu, eine neue Taktart (wie hier der 6/8-Takt) und besondere Rhythmen aus einem Lied einzuführen.

Auf einer magnetischen Tafel wird ein Kreis gezeichnet. Die farbigen Punkte werden mit Magneten dargestellt, sodass der Rhythmus jederzeit verändert werden kann:

- Erster Kreis: Alle zählen ununterbrochen, in einem ruhigen Tempo von 1 bis 6 und betonen mit dem Fuß die Zählzeiten 1 und 4.
- Nun werden alle Punkte geklatscht. Rot = laut, grün = sehr leise.
- Zweiter Kreis: Nun werden grüne Punkte durch rote ersetzt – der betonte Rhythmus klingt anders.
- Dritter Kreis: Bisher wurden nur Achtelnoten geklatscht. Nun werden zusätzlich Sechzehntelnoten eingebaut. Dieser Kreis entspricht z. B. dem Takt 13, der Liedtext kann dazu gesprochen werden.

Weitere Takte werden gemäß Notenbeispiel mit Magneten dargestellt, geklatscht und gesprochen.

Everyday Is Christmas (Sia) – Taktkreise

Mit dieser Anwendung hört und sieht man gleichzeitig, wie der 6/8-Takt aufgebaut ist. Durch Anklicken der Punkte auf dem Taktkreis können Rhythmen erzeugt werden (grün = Klang, rot = Pause/Metronom). Das gewünschte Tempo einstellen und mit dem Abspielknopf starten. Zur Auswahl stehen auch Taktkreise im 4/4-, 2/4- und 3/4-Takt.

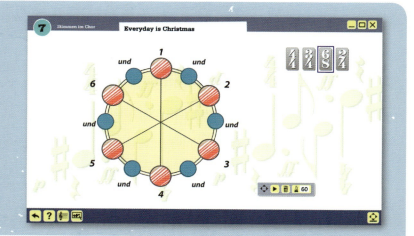

❷ **Form** 🔊 B13

Die musikalische Form eines Songs wurde auf SB, Seite 22/23 thematisiert. Die Jugendlichen kennen die Begriffe Intro, Strophe, Chorus/Refrain, Bridge usw. Bei Bedarf kurz wiederholen.

>> HINWEIS: Im Notenbeispiel im SB fehlen die Teile Intro und Strophe 2. Diese können mit der untenstehenden Ergänzung an die Wand projiziert werden.

Lösung:
- Intro
- Strophe 1
- Pre-Chorus
- Chorus/Refrain

- Zwischenspiel
- Strophe 2
- Pre-Chorus
- Chorus/Refrain

- Zwischenspiel
- Coda (mit Fade out)

❸ **Coda** 🔊 B13

Hier empfiehlt es sich, mit der Coda das Lied singend einzuführen, da wesentliche Elemente des Songs in diesen gut singbaren acht Takten vorgestellt werden.

a Im Plenum wird die Coda eingeübt. Die Schülerinnen und Schüler singen direkt zum Song mit. Gleiches Vorgehen eventuell auch mit der oberen Stimme (kleinere Notenköpfe). Die Coda befindet sich im Hörbeispiel ca. bei 02'26''.

b Gleiches Vorgehen mit dem Chorus: Den Refrain anhören, vor- und nachsingen (Text und Aussprache!). Der Chorus befindet sich im Hörbeispiel ca. bei 00'39''.

❹ **a** Im Chorus (Refrain), Zwischenspiel und der Coda kommen folgende Akkorde vor:
Cm (C-Es-G), **As** (As-C-Es), **Es** (Es-G-B), **B** (B-D-F), **G** (G-H-D) (G/H bedeutet, dass im Bass nicht der Grundton G erklingt sondern die Terz des Akkords H).
Die Begleitung (Grafik auf SB, Seite 95 unten) wird mit verschiedenen Instrumenten (Xylofon, Keyboard, Gitarre usw.) eingeübt. Dazu können folgende Rhythmusbegleitung oder die Rhythmen der Rhythmuskreise (siehe Aufgabe 1) verwendet werden.

Rhythmusbegleitung

In drei Gruppen (Gesang, instrumentale Begleitung und Rhythmusgruppe) werden Refrain, Zwischenspiel und Coda geübt, also die drei Teile mit der identischen Begleitung.
In fortgeschrittenen Klassen können evtl. auch die fehlenden Teile (Strophe und Pre-Chorus) mit einer veränderten Harmonik einstudiert werden.

>> TIPP: Den Song zum Abschluss mithilfe des Playbacks im Zusammenhang singen. 🎤 B14

Everyday is Christmas (Intro und Strophe 2)

Text und Musik: Sia Furler, Greg Kurstin
© Kurstin/EMI Music

Strophe 2

Oh, you're my love (my love),
you're the joy (the joy)
in my Holiday song.

And when you smile
I can't breathe,
can't believe that you're mine.

EINE KLEINE NACHTMUSIK

Kompetenzen

Die Schülerinnen und Schüler können ...

- musikalische Verläufe hörend verfolgen, zeigen und beschreiben.
- Lieder in der Klasse oder in Gruppen üben (z. B. Ausdauer zeigen, Konzentration beibehalten).
- ihre Stimme im chorischen Singen integrieren und sich für das gemeinsame Musizieren engagieren.
- ausgewählte Beispiele der abendländischen Musikkultur zuordnen und beschreiben (Mittelalter bis Gegenwart).

Material

- A4-Papier und Stifte
- Instrumente: Klavier, Gitarre, Xylofon o. a.

B15, Rondo, mit Begleitstimme

PRAXIS DES MUSIKALISCHEN WISSENS

Der Einleitungstext wird gelesen und besprochen.
Die folgenden Informationen können dabei ergänzt werden.

INFO!

Die Sätze aus der Streicherserenade Nr. 13:
Allegro, Romanze, Menuett, Rondo

- „Allegro" bedeutet „schnell" und so klingt auch der erste Satz bei W. A. Mozart: Das Publikum wird sofort von der Lebhaftigkeit mitgerissen.
- Die Romanze ist im Tempo „Andante" gespielt und somit langsamer und ruhiger.
- Das Menuett im „Allegretto"-Tempo klingt verspielt. Es ist weniger intensiv als das Allegro, aber lebendiger als die Romanze.
- Im Rondo wechseln sich Refrain und Couplets ab (siehe dazu auch SB, Seite 118).

1 **a** Alle verfolgen den vierten Satz (Rondo) im Hörbeispiel und zählen die Anzahl der Wiederholungen des ersten Themas (gelbe Markierung in den Noten). B15

Lösung: Das Thema erscheint achtmal.

b Vorgehen gemäß SB. Sind die Noten an die Wand projiziert (z. B. per Beamer), kann die Lehrperson die Stimme mit dem Finger verfolgen. Evtl. findet sich eine Person aus der Klasse, die diese Rolle ebenfalls übernehmen kann.

c Die Musik wird nochmals abgespielt und alle patschen die halben Noten dazu. An dieser Stelle wird die Bezeichnung „alla breve" kurz erläutert werden:

> ### INFO!
>
> #### Alla breve
>
> Ist ein Stück in „alla breve" notiert (die Taktangabe „C = 4/4" ist in der Senkrechten halbiert, siehe Notenbeispiel), bleibt die Anzahl Schläge des Takts zwar gleich, die Zählzeit wird jedoch halbiert.
>
> **Beispiel:** In einem 4/4-Takt wird die dritte Viertel zur Zählzeit 2. Es wird somit nicht auf vier gezählt („1, 2, 3, 4"), sondern nur noch auf zwei („1, 2"), dafür halb so schnell. Alla breve eignet sich daher besonders für schnelle Musikstücke, die jedoch in einem angenehmen Bewegungstempo dirigiert oder mitgezählt werden sollen.

2

a Zum Hörbeispiel versucht die Klasse, die ersten zwei Zeilen auf den Silben „bah" und „dah" mitzusingen. Danach wird dieser Teil gemeinsam ohne Musik und in einem ruhigen Tempo etwas genauer erarbeitet (Lehrperson singt vor, die Klasse singt nach). Zum Abschluss kann die Melodie nochmals zum Hörbeispiel mitgesungen werden. 🎧 B15

b Zeile um Zeile wird erarbeitet, wie bei Aufgabe 2a. Danach singen alle das Stück gemeinsam zum Hörbeispiel. Verliert ein Klassenmitglied den Anschluss, kann evtl. ein anderes helfen, wieder in das Stück zurückzufinden. 🎧 B15

c Während die Lehrperson mit der Klasse das Stück erarbeitet, übt eine Gruppe eventuell einen weiteren Teil. Zwei oder drei Instrumentalisten spielen z. B. auf dem Klavier oder der Gitarre die zweite Stimme des Themas:

2. Stimme (Thema)   Bearb.: Kurt Rohrbach

Das gesamte Rondo mit Begleitstimme findet sich im Anhang, siehe LB, Seite 247 f. 📖

8

OHREN-SPITZER 2

Hören und Zuhören ist besonders beim Singen und Musizieren besonders wichtig. Klingen viele Stimmen gleichzeitig, muss das Ohr eine enorme Leistung vollbringen und ganz differenziert aus dem Gesamtklang einzelne Instrumente oder eine bestimmte Stimme heraushören – das ist Hochleistung!

• Warm-up B16

Die Klasse erstellt eine (tabellarische) Liste. Dann werden die Hörbeispiele gehört, notiert, besprochen und korrigiert.

Lösung: 1. Songtitel- und Interpret
- HB 1: Bye Bye (Cro)
- HB 2: Count on Me (Bruno Mars)
- HB 3: Umbrella (Rihanna)

>> **HINWEIS:** HB 2 und 3 sind bereits aus vorangegangenen Kapiteln bekannt (SB, Seite 53 und 34), HB 1 kennen die Jugendlichen evtl. bereits aus dem Radio oder von YouTube. Ansonsten wird dieser Song auf SB, S. 220 behandelt.

2. Dur- oder Moll-Dreiklang
- HB 1: Moll-Dreiklang
- HB 2: Dur-Dreiklang
- HB 3: Dur-Dreiklang

3. Halbton- oder Ganztonschritt
- HB 1: Ganztonschritt
- HB 2: Halbtonschritt
- HB 3: Ganztonschritt

• Rhythmus B17

Evtl. gibt es zunächst Irritationen, weil die Swing-Angabe (ternär) in der rechten Spalte nicht beachtet wurde. Ggf. die Rhythmen vor dem Quiz mit der ganzen Klasse klatschen.
Reihenfolge/Lösung: R-H-Y-T-H-M-I-K

• Instrumente ⊚ B18

Nach Ermessen der Lehrperson werden die 10 Instrumente auf dem Bild zuerst benannt und eventuell kurz besprochen. Bei einer fortgeschrittenen Klasse braucht es eventuell keine Besprechung vorab.

Lösung:

1. Panflöte (Holzbläser)
2. Dudelsack (Holzbläser)
3. Zither (Saiteninstrument)
4. Ukulele (Saiteninstrument)
5. Kirchenorgel (kann zu den Blasinstrumenten gezählt werden, da sie Pfeifen besitzt)
6. Lotusflöte (Holzbläser)
7. Tuba (Blechbläser)
8. Cajón (Perkussion)
9. Alphorn (Blechbläser)
10. Kontrabass (Saiteninstrument)

• Musikstile ⊚ B19

Rick Abao (1939–2002) war ein US-amerikanischer Jazzmusiker, Komponist und Entertainer.
Lösung:

Land	Stil	Instrumente	Parodieeffekt
Deutschland (Original)	Volkslied		Jodeln
Russland	Kosakenlied	Balalaika	Gesang
Brasilien	Bossa Nova	Gitarre, Perkussion	Rhythmus, Gesang
Schottland	Volksmusik	Dudelsack	Imitation Instrument
China	Chinesisches Volkslied		Sprache, Gesang
Afrika	Volksmusik	Trommeln	Sprache, Gesang
Griechenland	Sirtaki/griech. Volkstanz	Bouzouki	
Arabische Welt	Volksmusik	Trommel	Sprache, Gesang
Spanien	Flamenco	Gitarre, Kastagnetten	
USA	Country/Blues	Gitarre	Sprache, Gesang

OPER - OPERETTE - MUSICAL

Kompetenzen

Die Schülerinnen und Schüler können ...

- die Eigenart von Liedern aus verschiedenen Kulturen singend interpretieren und dem entsprechenden kulturellen Kontext zuordnen.
- Lieder aus verschiedenen Epochen singen und die dafür notwendigen Singtechniken unterscheiden und erproben (z. B. Kunstlied, Popgesang).
- Lieder in verschiedenen Sprachen, Epochen und Stilen interpretieren.
- zu musikgeschichtlichen Werken und fremden Musikkulturen recherchieren und deren Eigenheiten hörend erkennen.

Material
- A4-Papier und Stifte

 B20–22

Der Einleitungstext wird gelesen und besprochen. In diesem Kontext wird thematisiert, wo die Schülerinnen und Schüler eventuell bereits Erfahrungen/Begegnungen mit einzelnen Werken des Musiktheaters machen konnten.

- Hat jemand ein Musical als Live-Übertragung im Fernsehen oder Internet gesehen?
- Gibt es in der Nähe ein Opernhaus oder eine Musicaltheater?
- Kennt jemand ein Filmmusical (z. B.: „Die Schöne und das Biest", „Arielle", „Das Phantom der Oper")?

Berühmte Werke:

Oper	Operette	Musical
Die Zauberflöte (W. A. Mozart)	Die Fledermaus (J. Strauss, Sohn)	My Fair Lady (F. Loewe)
La Traviata (G. Verdi)	Im weißen Rössl (R. Benatzky)	West Side Story (L. Bernstein)
Der fliegende Holländer (R. Wagner)	Gräfin Mariza (E. Kálmán)	Phantom of the Opera (A. L. Webber)
La Bohème (G. Puccini)	Der Graf von Luxemburg (F. Lehár)	The Lion King (E. John/T. Rice)
Fidelio (L. van Beethoven)	Gasparone (C. Millöker)	Mamma Mia! (B. Andersson/B. Ulvaeus)

>> HINWEIS: Siehe dazu auch SB, Seite 194/195, Kapitel „Oper und Musicaltheater"

1

a Gemäß SB werden die drei Gattungen Oper, Operette und Musical thematisiert. Je nach Schulsituation wird in Gruppenarbeit zu Aufführungsorten/Musiktheatern recherchiert. Bilder und Videos können betrachtet und ausgewertet werden.

b Die drei farbigen Kästen im SB enthalten einige berühmte Beispiele der drei Gattungen. Eventuell sind im Einleitungsgespräch (siehe oben) weitere Werke erwähnt worden.
Die Klasse wird in kleinere Gruppen aufgeteilt, wobei jede Gruppe zu einem anderen Werk recherchiert. Beispiele siehe SB und Tabelle oben.

c In kurzen Referaten berichten die Schülerinnen und Schüler, was sie gefunden haben und spielen ein kurzes Hörbeispiel ab.

❷ Nach dem Hören werden die Notizen verglichen und besprochen. Bestehen größere Unterschiede in der „Beschreibung", werden die Hörbeispiele noch einmal gemeinsam angehört. B20–22

Mögliche Lösungen:

- HB „Gefangenenchor": pathetisch, wiegend, geheimnisvoll, sehnsuchtsvoll, schwer
- HB „Im weißen Rössl": volkstümlich, heiter/fröhlich, bewegt, eingängige Melodie mit Begleitung
- HB „Let the Sunshine in": funkig, rhythmisch, jazzig, jubelnd, ausgelassen

❸ **a** Beim nochmaligen Anhören der drei Beispiele lesen die Lernenden die Liedtexte mit.

b Anschließend geht es darum, dass die Schülerinnen und Schüler Aspekte der drei Werke etwas besser kennenlernen. Dazu empfiehlt es sich, dass sich die Klasse in drei Gruppen mit jeweils einem der Werke („Nabucco", „Im weißen Rössl", „Hair") beschäftigt und folgende Aspekte dazu zusammenträgt:

- kurze Beschreibung der Handlung
- kleine Biografie des Komponisten
- die wichtigsten Personen im Stück
- zwei bis drei szenische Bilder
- ein weiteres Hörbeispiel aus dem Gesamtwerk

c Beim Singen zu den Hörbeispielen, sollte darauf geachtet werden, den drei Musikstilen möglichst nahe zu kommen. B20–22

Beispiele:

- Der Gefangenenchor wird verhalten, geheimnisvoll, ausdrucksstark gesungen.
- Die Melodie „Im weißen Rössl" darf fröhlich, frisch und auch etwas frech intoniert werden.
- „Let the Sunshine in" wird wie ein Popsong kräftig und sehr rhythmisch gesungen.

LE SACRE DU PRINTEMPS

Kompetenzen

Die Schülerinnen und Schüler können ...

- musikalische Formen und Gestaltungsprinzipien mit Bewegung ausdrücken.
- Biografien einiger Komponistinnen und Komponisten in Verbindung mit wichtigen gehörten Werkausschnitten bringen.
- zu musikgeschichtlichen Werken und fremden Musikkulturen recherchieren und deren Eigenheiten hörend erkennen.
- Atmosphären von Musikwerken und deren Wirkungsfelder differenziert wahrnehmen und dazugehörige Hintergründe erarbeiten (z. B. soziale, geschichtliche Aspekte).

Material

- A4-Papier und Stifte

 B23–25, Le Sacre du printemps (Rhythm is it / Ballett-Aufführung), Nr. 25 und 26 / Music:Eyes

 PMW

Der Einleitungstext und der Zeitungsausschnitt aus „Le Figaro" wird gelesen und besprochen.
Zur Entstehung des Werks kann Folgendes ergänzt werden: In der Nähe von Smolensk, in einem Zentrum für russische Volksmusik, fand Strawinsky Hinweise auf alte Bräuche und alte Volkslieder. Er nannte seinen ersten Entwurf „Bilder aus dem heidnischen Russland". Seine Vision einer heidnischen Feier teilt sich in zwei Teile:

- „Die Anbetung der Erde": Beim Treffen mehrerer Stämme werden Frühlingsreigen, protzige Wettkampfspiele und rituelle Tänze zelebriert. Das Frühlingsopfer wird vorbereitet.
- „Das Opfer": Das Ritual beginnt sehr verhalten. Es ist die Ruhe, bevor das Mädchen ausgewählt und dem Frühlingsgott zur Versöhnung geopfert wird, indem es sich in wilder Ekstase zu Tode tanzt.

① a Der Text aus „Le Figaro" informiert über den großen Skandal, den das Werk auslöste. Im Internet finden die Schülerinnen und Schüler weitere Hintergrundinformationen.

 PMW

b Vorgehen gemäß SB

② a Mögliche Lösungen:  B23–25

- HB 1: ruhig, ohne feste Rhythmik, rezitativartig, wie ein Gespräch zwischen verschiedenen Instrumenten, geheimnisvoll, fremdartig in der Melodie
- HB 2: etwas bewegter, unheimlich, rhythmisch, schnell, energisch (Schläge), gefährlich
- HB 3: wild, chaotisch, fanfarenartige Einwürfe, eilig, brutal, majestätisch

b Die Klasse stellt Vermutungen an, warum das Stück damals einen Skandal auslöste. Eventuell werden folgende Punkte angesprochen:

- Die Musik klingt in unseren Ohren wild, hart, brutal. Sie enthält viele Dissonanzen. Die Musik klang damals so, wie sie vorher noch nie geklungen hat.
- Die Geschichte / Handlung ist brutal: Ein Mädchen tanzt sich vor alten Männern zu Tode.
- Der Tanz ist wild, archaisch und rhythmusbetont. Er hat nichts von den anmutigen, lieblichen Bewegungen eines traditionellen Balletts.
- → Für heutige Ohren ist dieses Dissonante, Wilde in der Musik durchaus aus Filmmusik bekannt. Auch die brutale Thematik wird das Publikum in heutiger Zeit nicht so sehr schocken. Sie ist alltäglich gegenwärtig im Internet, in Kinofilmen usw.

c Wie im vorigen Aufgabenteil herausgearbeitet wurde, kann heute kaum noch ein Kunstwerk einen umfassenden Skandal auslösen – schon (fast) alles wurde in Filmen, Musicals und Theatern thematisiert und in fast unzumutbaren Bildern dargestellt. Dennoch können die Schülerinnen und Schüler ihre Vermutungen anbringen. Sie bringen oft religiöse, sexistische oder brutale Themen in die Diskussion oder vermuten, dass die Musik so falsch klingen könnte, dass es „nicht mehr zum Aushalten" ist.

3

PMW

a Die beiden Ballett-Szenen zeigen identische Ausschnitte. Beide sind sehr rhythmisch, dynamisch und präzise. Der wesentliche Unterschied besteht darin, dass die Tanzenden im zweiten Beispiel 🎬 Nr. 26 die Akzente in der Musik aktiv umsetzen. So einfach, wie das im Film erscheinen mag, ist es aber nicht. Siehe dazu Aufgabe 4 🎬 Nr. 25 und Nr. 26

b Die Zuschauenden erkennen den Unterschied in der Darstellung. Im zweiten Beispiel (Choreografie: Uwe Scholz) werden die musikalischen Akzente mit den Armen angezeigt.

4

MUSIZIEREN

a Zu Beginn beschränkt man sich auf die ersten drei Zeilen. Der Mitspielsatz wird in einem ruhigen Tempo eingeübt:

- Leise Version: Alle patschen die tiefen Noten mit den Fäusten auf die Oberschenkel. Die hohen Noten (Kreuze) werden mit der flachen Hand gepatscht.
- Lautere Version: wie oben, aber auf der Tischplatte

b Das Tempo wird gesteigert und weitere Sounds ausprobiert. **Beispiel:** Mit der flachen Hand patschen, die Betonungen auf die Tischplatte oder den Rhythmus mit Bongos (tief/hoch) und/oder anderen Instrumenten spielen.

c Weil das Hörbeispiel sehr schnell ist, wird die relativ einfache Aufgabe plötzlich schwierig und erfordert sehr viel Konzentration und Präzision. Sie zeigt aber auch, mit welcher Leichtigkeit professionelle Tänzerinnen und Tänzer derartige Aufgaben meistern. 💿 B24

>> HINWEIS: Der für den Mitspielsatz relevante Hörausschnitt beginnt ca. bei 00'34''.

Visualisierung 🎬 Music:Eyes

>> HINWEIS: Grundsätzliches zu den Music:Eyes-Visualisierungen siehe LB, Seite XI ff. in der Einleitung.

Die Visualisierung des Stücks bietet einen anderen, neuen Einblick in die Orchestrierung des Werks und zeigt die Musik in einer grafischen Partitur. Es lohnt sich, mit der Klasse die Version anzusehen.

Lösungen:

a Wie werden die Betonungen/Akzente im Tanz der jungen Mädchen siehe auch SB, Seite 103 dargestellt? Antwort: Die Rauten werden auf farbigen Flächen hervorgehoben und erleuchtet.

>> HINWEIS: Der Ausschnitt beginnt ca. ab Minute 3'18''.

b Wie werden dynamische Unterschiede (Lautstärke) und die Länge der einzelnen Töne dargestellt? Antwort: Durch unterschiedlich lange, flächen- bzw. punktartige Formen. Dynamische Unterschiede werden mit blasseren bzw. stärkeren Schattierungen der Farben dargestellt.

c Notiert herausragende Instrumente mit genauer Zeitangabe. Zur Bestimmung ist die folgende Auflistung der Instrumente in der Partitur hilfreich:

2 Piccoloflöten	1 Basstrompete in Es
3 Querflöten	3 Posaunen
Altblockflöte	2 Tuben
4 Oboen	Pauken
2 Englischhörner	Trommeln
2 D-Klarinetten	Perkussion (Triangel, Tamburin, Becken u. a.)
3 B-Klarinetten	1. Violine
4 Fagotte	2. Violine
2 Fagotte in C	Viola
8 Hörner in F	Cello
2 Trompeten in D	Kontrabass
4 Trompeten in C	

PRAXIS DES MUSIKALISCHEN WISSENS

MUSIC:EYES

SUPERSTARS DER 1980ER-JAHRE

Kompetenzen

Die Schülerinnen und Schüler können …

- Lieder aus verschiedenen Stilarten singen (z. B. klassische Musik, Pop, Jazz).
- die Wirkung eines Musikstücks aus persönlicher Sicht darlegen und begründen.
- Auftrittskompetenz und Bühnenpräsenz mit der Qualität musikalischer Darbietung in Verbindung bringen und verbalisieren.
- Stimmen differenziert wahrnehmen, einordnen und auf Unterschiede reagieren.

Material

- A4-Papier und Stifte

   B26, ✎ B27, 📑 komplettes Leadsheet „We Are the World"

Der Einleitungstext und die Info!-Box (SB, Seite 105) werden gelesen und besprochen.
Das im SB beschriebene Musikprojekt war in den 1980ern einmalig und außergewöhnlich, alleine schon aufgrund der Tatsache, dass für einen humanitären Zweck so viele bekannte, amerikanische Sängerinnen und Sänger gemeinsam einen Song einsingen. Bis heute machen Stars mit gemeinsamen Projekten auf Missstände aufmerksam, sammeln Spenden für Hilfsprojekte oder beziehen politisch Position (z. B. „Musik bewegt", „Band Aid" usw.).

Vermutlich werden bei der Bildbetrachtung einige Schülerinnen und Schüler einzelne Sängerinnen und Sänger erkennen (z. B. Michael Jackson 1. Reihe, 3. v. l. oder Stevie Wonder 1. Reihe, 5. v. l.) – ggf. kann die Lehrperson ergänzen. In der Tabelle auf der rechten Seite finden sich sämtliche Mitwirkende mit Namen.

❶ **a** Die Klasse erhält einen ersten Überblick über den Song „We Are the World" und die Interpreten. Die Tabelle auf der rechten Seite hilft, die einzelnen Gesangspassagen den Künstlerinnen und Künstlern zuzuordnen. Sie kann der Klasse zur Verfügung gestellt werden, damit sie die Merkmale der jeweiligen Interpretinnen und Interpreten in Aufgabe 1b eintragen kann. 🎧 B26

HO

b Die Einsätze der einzelnen Stimmen sind sehr unterschiedlich, was die Stimm- und Interpretationsqualitäten betrifft. Interessant sind die unterschiedlichen Kritiken und Ansichten der Schülerinnen und Schüler. Auf jeden Fall sollte die Lehrperson zu den einzelnen Stimmen das Benennen besonderer Merkmale einfordern.

>> HINWEIS: Sehr hilfreich ist es, das Video zum Song auf YouTube anzuschauen. (Suchbegriff: „USA for Africa - We Are The World")

❷ **a–d** Der Songtext, der Rhythmus und die Melodie wird zunächst ganz traditionell mit dem Hörbeispiel eingeübt. Um rhythmisch jedoch präziser zu werden, kann das Motiv des Stücks („We are the world …") zunächst wie im SB angegeben gesprochen, geklatscht und detailliert eingeübt werden, bevor der Songtext dazu gesprochen wird.

SUS

>> HINWEISE:
- Die Strophen können zum Playback gesungen werden. Dazu ist es am einfachsten, wenn die Aufteilung der einzelnen Gesangsparts gemäß der Zeilenaufteilung geschieht. ✎ B27
- Das Leadsheet zum ganzen Song finden Sie im Anhang, LB, Seite 249 f. 📑

❸ **a–c** Der Refrain wird gemäß SB gespielt. Wer auch die Strophen instrumental begleiten möchte, findet die Akkorde im Notenmaterial siehe Anhang, LB, Seite 249 f. 📑

We Are the World (Reihenfolge der Solistinnen und Solisten)

Interpretinnen und Interpreten	Textstelle	Merkmale (Höreindruck der Stimmen, Ausdruck, Genauigkeit der Interpretation)
Lionel Richie	**1. Strophe:** There Comes …	
Lionel Richie/ Stevie Wonder	when the world …	
Stevie Wonder	there are people dying …	
Paul Simon	oh, and it's time to lend a hand …	
Paul Simon/Kenny Rogers	the greatest gift of all	
Kenny Rogers	**2. Strophe:** We can't go on …	
James Ingram	that someone somewhere …	
Tina Turner	we are all a part of …	
Billy Joel	and the truth …	
Billy Joel/ Tina Turner	love is all we need …	
Michael Jackson	**Refrain:** We are the world …	
Diana Ross	there's a choice …	
Michael Jackson/Diana Ross	It's true we'll make a better day **…**	
Dionne Warwick	**3. Strophe:** Well, send them your heart …	
Dionne Warwick/Willie Nelson	lives will be stronger and free …	
Willie Nelson	As god has shown us …	
Al Jarreau	And so we all must lend a helping hand	
Bruce Springsteen	**Refrain:** We are the world …	
Kenny Loggins	We are the ones to make …	
Steve Perry	there's a choice we're making …	
Daryl Hall	it's true we'll make a better day, …	
Michael Jackson	**Bridge:** When you're down and out …	
Huey Lewis	but if you just believe …	
Cyndi Lauper	well, let's realise that a change …	
Kim Carnes	When we …	
Kim Carnes/Huey Lewis	stand together as one …	
Alle	**Refrain**	
Bob Dylan	there's a choice we're making …	
Refrain	Alle	
Ray Charles	there's a choice we're making …	
Stevie Wonder/B. Springsteen	we are the world …	
Stevie Wonder	there's a choice we're making …	
Stevie Wonder/B. Springsteen	Refrain	
Alle	Refrain	
Bruce Springsteen	there's a choice we're making …	
Alle	Refrain	

ACHTUNG, DEZIBEL!

Kompetenzen

Die Schülerinnen und Schüler können …

- die Gefahr von anhaltend lauter Musik erfassen und Schutzmaßnahmen für das Gehör treffen (z. B. Kopfhörer, Konzert).
- die Folgen von intensiver Gehörbelastung (Dauer, Lautstärke) abschätzen und sowohl als Musizierende, als auch beim Musikkonsum verantwortungsvoll mit ihrem Gehör umgehen.

Material

- A4-Papier und Stift
- App zur Dezibel-Messung oder Dezibel-Messgerät
- Musikstück

An Pop- und Rockkonzerten sowie in Diskotheken oder Clubs werden fast überall Schaumstoff-Ohrstöpsel angeboten. Mancherorts leuchten die aktuellen Dezibel-Werte einer Veranstaltung für alle Besucherinnen und Besucher gut sichtbar auf, grün im Toleranzbereich, rot über der behördlich definierten Schmerzgrenze. Wichtiger als diese Schutzmaßnahmen für unser Gehör kann eine geschickte Sensibilisierung in der Schule sein.

1

a Es gibt in dieser Diskussion kein richtig oder falsch, dafür aber unterschiedliche Werthaltungen und Interpretationen. Daher sollte die Lehrperson stets darauf achten, dass ein respektvoller Gedankenaustausch stattfindet.

b Weiterführende Fragestellungen:
- Hattet ihr nach dieser Lärmsituation Probleme mit eurem Gehör? Wie haben sich diese gezeigt?
- Was zieht ihr für persönliche Schlüsse für den nächsten Besuch einer potenziell gehörbelastenden Veranstaltung? Welchen Ratschlag gebt ihr den Freundinnen und Freunden, die euch begleiten?

c Lösungen:
50 dB: ruhiges Wohnzimmer; 70 dB: Unterhaltung/Gespräch; 80 dB: Straßenverkehr; 100 dB: Rockkonzert; 110 dB: Motorsäge; 160 dB: Gewehrschuss

≫ HINWEISE:
- Die Angaben sind Durchschnittswerte. Natürlich erreicht eine sanfte Ballade auf einem Rockkonzert nicht 100 dB, und ein handfester Streit im Wohnzimmer wird Spitzenwerte weit über 50 dB aufweisen.
- Ebenso entscheidend für den Messwert ist die Distanz zu einer Lärmquelle. Eine Motorsäge wird bei einem Abstand von einem Meter höhere Messwerte liefern als bei einer Entfernung von 50 Metern.
- 100 dB sind nicht doppelt so laut wie 50 dB. Wie laut wir etwas wahrnehmen, hängt auch vom individuellen Hörvermögen ab, aber grundsätzlich verdoppelt sich die empfundene Lautstärke bei einer Zunahme von 10 dB.

≫ TIPP: Im Internet finden sich zahlreiche kostenlose Apps zur Dezibel-Messung. Wie genau deren gelieferten Messwerte sind, ist für unsere folgende Sequenz nicht entscheidend. Die Jugendlichen können sich zu zweit eine solche App herunterladen und …

- suchen den lautesten Messwert außerhalb des Schulgebäudes.
- den leisesten Messwert innerhalb des Schulgebäudes.
- versuchen, einen möglichst großen Unterschied zwischen Minimal- und Maximalmesswert bei identischer Klangquelle mit identischem Abstand zu erreichen (z. B. das Anschlagen einer Glocke mit einem Filzschlägel bei einem Abstand vor einem Meter).

2 **a–c** Dieses Experiment sensibilisiert die Jugendlichen darauf, wie sich zunehmende Umgebungslautstärke auf die Lautstärke eines Gesprächs auswirkt.

3 Diese Aufgabe ist zunächst als Hausaufgabe zu verstehen. Die ungefähren Dezibel-Angaben lassen sich mit einer Gratis-App messen (siehe TIPP bei Aufgabe 1c unten). Das Smartphone wird dabei beispielsweise direkt an den Kopfhörer gehalten. Es geht nur um den Konsum von Musik, dazu gehört aber etwa auch das passive Mithören von Musik am Radio, im Warenhaus, im Auto usw.
Haben die Jugendlichen eine Woche lang die eigenen Hörgewohnheiten dokumentiert, analysieren sie mithilfe der Tabelle auf Seite 106, wie gefährdet ihr Gehör auf der Basis der gemachten Einträge ist.
Lesehilfe: 100 dB sollte man dem Gehör nicht länger als zwei Stunden pro Woche zumuten, 90 dB sind hingegen während ganzen 20 Stunden zulässig.

>> TIPP: Wie sich eine zu hohe Lautstärke auf das Gehör auswirken kann, zeigen zahlreiche Audiobeispiele im Internet: Suchbegriff „Gehörschäden Audiobeispiele" eingeben.

>> TIPP: Wie können wir Hörschäden vorbeugen?
Diese Frage richtet die Lehrperson zuerst an die Klasse, bevor sie mögliche und noch nicht genannte Lösungen aufzeigt:

- Wenn möglich, Lautstärke selber reduzieren (viele Smartphones melden etwa bereits, wenn die eingestellte Lautstärke sehr laut ist).
- Genügend Distanz zur Schallquelle suchen (bei einem Konzert etwa ist der beste Klang ohnehin nicht direkt vor einem Lautsprecher, sondern eher in der Nähe des Mischpults).
- Dem Gehör Ruhe gönnen, besonders nach hoher Lärmeinwirkung.
- Ohrschutz verwenden, z. B. Ohrstöpsel.
- Bei plötzlich auftretender Lärmquelle wie den Quietschgeräuschen eines abbremsenden Zugs, Ohren zuhalten.
- Mehrere parallele Geräusche möglichst vermeiden (gleichzeitiges Musikhören, Fernsehen und Telefonieren am Handy ist eine Belastung für das Gehör).

GESCHICHTE DES HIP-HOP

Kompetenzen

Die Schülerinnen und Schüler können …

- einzelne Kompon stinnen oder Komponisten und Musikerinnen oder Musiker bekannter Orchester, Bands und Musikformationen kennenlernen, sich konzentriert auf deren Musik einlassen und vorgegebene Fragen beantworten.
- können zu musikgeschichtlichen Werken und fremden Musikkulturen recherchieren und deren Eigenheiten hörend erkennen.
- können exemplarische Musikstücke in Bezug zu Vergangenheit, Gegenwart und Kultur-räumen ordnen.

Material

- A4-Papier und St fte
- Instrumente: Klavier, Gitarre, Xylofon o. a.

 „WissenToGo" – Geschichte des Hip-Hop, Nr. 27,  Hip-Hop-Lückentext

Einleitung und Begriffe

Auf dieser Doppelseite geht es in erster Linie darum, die Geschichte des Hip-Hop und seine Protagonisten kennenzulernen und den Fokus auf bestimmte Ereignisse und Rapper zu legen. Interpretationen von Hip-Hop-Elementen und Songs werden auf den Seiten 8, 36, 50, 110, 216 thematisiert.

Hip-Hop bezeichnet eine Jugendkultur, die in den 1970er-Jahren in den schwarzen Ghettos der USA entstand. Zu dieser Hip-Hop-Kultur gehören:

1. **Rap:** Schnelles rhythmisches Sprechen (engl. to rap: klopfen, schlagen, auch quasseln/„den Mund weit aufreißen").
2. **DJing:** Soundtrack für den Rapper: LPs auflegen, mixing, scratching usw., meist auf zwei Plattenspielern. (Heute werden meistens (mp3-)Samples eingesetzt.)
3. **Breakdance:** Sehr akrobatische Tanzeinlage mit saltoartigen Sprüngen, ursprünglich Wettkampf der B-Boys (= Breakdance-Tänzer).
4. **Graffiti:** Besprühen von Wänden und U-Bahnen mit Spraydosen. Entstand aus den „Tags" (Signaturkürzel, Unterschrift) der Straßen-Gangs.
5. **Beatboxing:** Schlagzeug- und Perkussionsrhythmen werden mit Mund, Nase und Rachen imitiert.
6. **Stil, Mode:** Straßenkleidung, die inzwischen von Mode- und Sportartikelfirmen weltweit vermarktet wird.

Die sechs Begriffe zur Hip-Hop-Kultur werden gelesen und besprochen. Was kennen die Schülerinnen und Schüler bereits, wo können sie ergänzen? Folgende Themen/Fragen dazu können thematisiert werden:

- Wo gibt es in unserer Umgebung spannende Graffitis?
- Welche Rapper gefallen euch am besten?
- Kann jemand ein Element aus der Breakdance-Szene vorzeigen?
- Welche Kleidermode ist zurzeit bei Hip-Hoppern angesagt?

1

a Als Einstimmung wird gemeinsam das Video angeschaut und mit den Begriffen (linke Seite) verglichen. Im Weiteren recherchieren kleinere Gruppen zur Geschichte des Hip-Hop und zu den Begriffen. Zur Wissensabfrage oder parallel zum Video kann das Arbeitsblatt mit Lückentext im Anhang des LB, S. 251 f. verwendet werden. 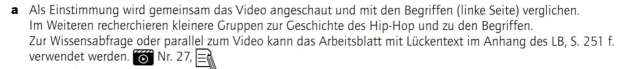 Nr. 27,

b Auf dem Zeitstrahl im SB wird ein Interpret (Rapper oder Gruppe) ausgewählt. Im Internet recherchieren die Schülerinnen und Schüler folgende Aspekte:

- kurze Biografie des Rappers/der Rapperin
- seine/ihre erfolgreichsten Hits
- ein Bild, nach Möglichkeit bei einem Konzert auf der Bühne

Zu diesen Punkten wird eine Präsentation erstellt, die in Referaten von drei bis fünf Minuten der Klasse vorgestellt wird.

GP

2 **a+b** Vorgehen gemäß SB

3

Es ist sinnvoll, den Jugendlichen bewusst zu machen, dass Drogen-Exzesse, ein herabwürdigendes Frauenbild und Gewalt nicht zwingend zur Hip-Hop-Szene gehören, sondern vorwiegend aus dem Gangsterrap stammen. Im Hip-Hop gibt es aber auch viele gegenläufige Strömungen. Es bietet sich an, diese zu beleuchten und sie dem (bei Jugendlichen oft beliebten) Gangsterrap gegenüberzustellen, sofern die Lehrperson die Lerngruppe gut kennt und dieser zutraut, reflektiert mit den betreffenden Texten umgehen zu können. Da viele Jugendliche diese gewaltverherrlichenden Texte hören, kann Schule hier einen wichtigen Part in der Darstellung gegenläufiger Strömungen einnehmen. Indem die Jugendlichen reflektieren, welche Wirkung gewaltverherrlichende Texte auf sie haben und Mädchen äußern können, was sie empfinden, wenn herabwürdigende Texte über Frauen von einer großen Gruppe (vorwiegend Männern) gehört und gerappt wird, lernen sie dabei diese Musik auch kritisch zu betrachten und einzuordnen. Auch das Lesen von Biographien, das Schauen von Interviews und das Nachdenken über Texte von (dem Hip-Hop) gegenläufigen Szenen kann dabei helfen, den Schülerinnen und Schülern eine differenzierte Sicht auf die Thematik zu vermitteln.

GESTALTUNGSPROZESSE

DER HIMMEL SOLL WARTEN

Kompetenzen

Die Schülerinnen und Schüler können …

- ein begleitetes Lied solistisch oder in Gruppen vortragen.
- Texte mit oder ohne Begleitung rhythmisch darstellen.
- Texte Groove-bezogen interpretieren und rappen (z. B. Hip-Hop).
- mit dem Klasseninstrumentarium spielen und sich dem Tempo und dem musikalischen Ausdruck der Klasse anpassen.

Material

- Diverse Begleitinstrumente
- A4-Papier und Stifte
 B28/29

Hip-Hop-Texte in der Schule werden idealerweise mit Vorsicht eingesetzt. Es ist Tatsache, dass ein Großteil der Texte problematische Inhalte zum Gegenstand hat. Andererseits wäre es zu leicht, Hip-Hop-Texte im Allgemeinen als gewaltverherrlichend und sexistisch abzutun. Gerade Sido (siehe Info!-Box) wendete sich im Laufe seiner Karriere deutlich von seinen besonders harten Texten ab, genauso wie er auf sein ursprüngliches Markenzeichen, der silbernen Totenmaske, verzichtete.

Der Titel „Der Himmel soll warten" stammt aus einem aufgezeichneten Live-Konzert (MTV-unplugged) und weist deshalb eine instrumentale Besetzung auf, die für Hip-Hop-Produktionen eher ungewöhnlich ist. An Stelle von Sampler, Drum-Machine und Groove-Box werden neben der traditionellen Bandbesetzung auch Streicher, Xylofon und teilweise selbstgebaute Perkussion eingesetzt.
Da die harmonische Struktur des Songs sehr einfach aufgebaut und die Akkordfolge standardisiert ist, eignet er sich bestens, um im Unterricht eingesetzt zu werden.

Sido

Der Rapper Sido (Paul Hartmut Würdig) wurde 1980 in Berlin geboren. Bereits mit 17 Jahren veröffentlichte er erste Tracks und schloss sich bald dem Label „Aggro Berlin" an.
Bekannt wurde Sido ab dem Jahr 2003 mit Tracks voller aggressiver, obszöner Texte (z. B. „Arschficksong"). 2009 löste sich das Label auf und Sido wendete sich von seinen harten Texten ab, hin zu mehr sozialkritischen Themen (z. B. „Augen auf").

 >> TIPP: Die Stimmen der Instrumentalbegleitung können schon vorab verteilt werden, damit die Klasse die Möglichkeit hat, sie zu Hause auf dem eigenen Instrument oder einem App zu üben.

 Intro und Strophe B28

a Der Song wird bis Ende des ersten Refrains angehört, anschließend von vorne mitgesungen.
Es empfiehlt sich, für einige Minuten beim Intro zu verweilen. Einige Instrumente der Instrumentalbegleitung (siehe Aufgabe 4) werden sofort eingesetzt und das Zusammenspiel des viertaktigen Patterns eingeübt.
Schließlich begleitet eine Gruppe den Rest der Klasse beim Singen.

b Alle hören sich die Strophe an und klopfen mit den Fingern den Puls auf die Tischplatte.
Die Zählzeit 1 wird immer mit dem Daumen gespielt.
Dabei wird darauf geachtet, dass die unterstrichenen Silben genau auf die Zählzeiten fallen.

c Teil A wird mitgesprochen, dann die anderen Teile.

2   **a**   Alle notieren sich einen Strophenteil auf einem Blatt.

>> TIPP: Schneller geht es, wenn der Songtext kopiert und der Klasse ausgeteilt wird, damit alle bei den Teilen B bis D die betonten Silben unterstreichen können.

b   Die Strophenteile müssen mehrmals angehört werden, um die betonten Silben zu evaluieren. Das ist nicht immer ganz einfach.

Teil B

Ich bin ein gemachter Mann. Guckt, was ich erreicht hab.
Eigentlich könnte man sagen, so wie's ist, reicht das.
(Pause) Aber es reicht nicht, nein, ich kann nicht bescheiden sein.
(Pause) Ich will so vieles noch erleben vor dem Greisenheim.

Teil C

(Pause) Ich will den Jackpot im Lotto gewinnen,
und damit alle meine Schäfchen ins Trockene bringen.
Ich will high und frei sein, (Pause) wie eine Flocke im Wind. (Pause)
Ansonsten schrei ich wie ein bockiges Kind, (Pause) und dann wird's wieder eklig.

Teil D

(Pause) Ich hab schon viel erlebt. Ich hab aber noch so viel vor.
(Pause) Und ihr alle guckt mir dabei zu auf eurem Monitor,
(Pause) bis sie mir irgendwann das Große Licht ausschalten,
doch der Himmel muss es erst mal ohne mich aushalten.

Text: Paul Würdig, Adel El Tawil
© Sony/ED. Blau bei BMG/
Geto Gold + Paproth bei Budde

3   **Refrain**

Der Refrain wird angehört, gesungen und die Instrumentalbegleitung (Aufgabe 4) spielt das Pattern, das im Intro bereits eingeübt worden ist. B29

4   **Instrumentalbegleitung**

Je nach Zusammensetzung der Klasse ist es angebracht, Gruppen für die einzelnen Aufgaben zu bilden.

- Rapper-Gruppe
- Gesangsgruppe für Refrain
- Instrumentalgruppe für die Begleitung

Wie im Original zu hören, spielen nicht immer alle Instrumente. Bei den Strophen werden vorzugsweise Rhythmusinstrumente und Bass eingesetzt, im Refrain vermehrt auch die Akkord- und Melodieinstrumente.

Beurteilungskriterien zum Rappen

Die Strophen diese Songs eignen sich gut dazu, die Kompetenzen zum Rappen, zum schnell und rhythmisch Sprechen zu beurteilen. Dabei muss nicht zwingend die Version Sidos imitiert werden. Sinnvoller kann es sein, dass die Schülerinnen und Schüler eine eigene, stimmige Interpretation finden, die zur Takt- und Strophenlänge passt.

Folgende Aspekte könnten beurteilt werden:

- Artikulation/Textverständlichkeit beim Rappen
- Rhythmusgenauigkeit und Betonung einzelner Silben
- Übereinstimmung mit dem vorgegebenen Tempo
- Einsatz der vollen Sprechstimme

SINGEN UND SPRECHEN

MU

SINGEN UND SPRECHEN

MOVE YOUR FEET!

„ICH LOBE DEN TANZ! O MENSCH LERNE TANZEN, SONST WISSEN DIE ENGEL IM HIMMEL MIT DIR NICHTS ANZUFANGEN!" (Augustinus von Hippo (354–430), Kirchgelehrter und Bischof)

Besonders bei Klassen mit wenig Tanzerfahrung ist es angebracht, das (welt-) weite Feld des Tanzes zu beleuchten.
Als Einstieg können die Schülerinnen und Schüler zu den Aussagen im Kasten „Bewegung zur Musik ..." ihre eigenen Erfahrungen und ihr Wissen einbringen.
Tanz ist in allen Kulturen fest verankert und erscheint in vielen unterschiedlichen Facetten. Tanz dient zum einen der körperlichen Fitness und zum anderen ist er gleichzeitig auch ein ideales Instrument, um sich für kurze Zeit ganz auf seinen Körper zu fokussieren und sich von der Musik „wegtragen" zu lassen.

• Fühlt die Musik!

Diese besonders einfache Übung kann von jeder Person bewältigt werden, die bereit ist, sich körperlich auf die Musik einzulassen – es gibt kein falsch und kein richtig, es gibt nur das bewusste Miteinander der Bewegungen und die gemeinsame Musik.

Ggf. kann das Foto oben auf SB, Seite 115 hinzugezogen werden, um Anregungen dafür zu geben, welche Körperteile bewegt werden können.

• Tanzpatterns 🎬 Nr. 28

Die Bilder auf SB, Seite 113 zeigen vier Abfolgen von einfachen Grundschritten/-figuren.

- Die Klasse wird in vier Gruppen aufgeteilt. Jede Gruppe übernimmt eine der vier Tanzfiguren.
- Die Gruppen haben ungefähr zehn Minuten Zeit, um ihre Aufgabe zu bearbeiten. Sie beinhaltet:
    - Den Text lesen und die vier Positionen nacheinander tänzerisch einnehmen.
    - Auf vier Zählzeiten in ganz langsamem Tempo die Bewegungen tanzen.
    - Gemeinsam mit mehreren Wiederholungen die Bewegungsabfolge einüben – dazu laut zählen.
    - Weiter in einem angenehmen Tempo üben, bis alle Gruppenmitglieder synchron tanzen.
    - Jede Gruppe führt ihren Tanz vor, die Zuschauenden übernehmen die Bewegungsabfolge und tanzen mit.
- Anschließend kann mithilfe des Videos das Resultat jeder Gruppe überprüft und eventuell korrigiert werden.
- Die Lehrperson startet von der CD ein passendes Musikbeispiel, zum Beispiel einen Hip-Hop-Song im Tempo bpm = 80–92 (z. B.: „Bye, bye" von Cro, SB, Seite 220) 💿 D39.
- Dazu werden die vier Figuren nacheinander mehrmals getanzt, wobei die Gruppen bei „ihrem" Tanz jeweils die Führungsposition übernehmen.
- Choreografie: Gemeinsam wird zum Song eine passende Choreografie (siehe Info!-Box „Choreografie" im SB) mit den vier Bewegungsabfolgen entworfen und schriftlich an der Wandtafel oder einer Flip-Chart festgehalten.
- **Beispiel:**
    - Intro: Schritte links/rechts
    - Strophe 1:   4 x Figur 1: Fliegen, 4 x Figur 2: Diagonal
    - Strophe 2:   4 x Figur 3: Kreuz, 4 x Figur 2: Diagonal
    - Prechorus: 4 x Figur 1: Fliegen
    - Refrain: 4 x Figur 4: Dreh
    - Usw.

UNSERE STADT

Kompetenzen

Die Schülerinnen und Schüler können ...

- ihren Körperpuls wahrnehmen, ihren Atem sowie ihre Körperspannung mit Musik in Verbindung bringen.
- zu einem Musikstück eine einfache vorgegebene Choreografie üben und ausführen.
- zu bestehender Musik eine bildnerische, theatralische oder tänzerische Gestaltung entwickeln.
- in Gruppen musizieren und dazu passende Bewegungsabläufe erfinden.

Material

- Diverse Begleitinstrumente
- A4-Blatt und Stifte

    B30, „Unsere Stadt" – Bodypercussion, Nr. 29

❶ Bodypercussion B30 Nr. 29

a Beim Vergleich erkennen die Schülerinnen und Schüler, dass der Rhythmus des Intros dem der Rhythmuszeile im SB entspricht.

b Vorgehen gemäß SB. Das Video hilft zur Veranschaulichung.

>> HINWEIS: Da der zweite Teil des Rhythmus schwierig ist, wird er zunächst in sehr langsamem Tempo gesprochen und geklatscht.

MU

❷ a+b Vorgehen gemäß SB

>> TIPPS:
- Bodypercussion-Battle: Die beiden Stimmen erklingen immer im Wechsel. Welche Gruppe ist genauer und überzeugender in ihrer Performance?
- Besonders sichere Schülerinnen und Schüler übernehmen zunächst den etwas schwierigeren Rhythmus 2.

MU

❸ Song B30

a–c Vorgehen gemäß SB

>> HINWEISE:
- Der Refrain beginnt im Hörbeispiel bei ca. 0'33".
- Die Noten des Refrains sind zur besseren Singbarkeit einen Ganzton höher gesetzt als im Hörbeispiel.

SUS

❹ Tanz B30

a Nach der einführenden Bodypercussion und der Bildbetrachtung der Tänzerin (mit den beschrifteten Körperteilen) bewegen sich die Schülerinnen und Schülern mit eigenen Tanzschritten/-figuren.

b Mit den Erfahrungen von Seite 113 fällt es den Schülerinnen und Schülern nicht schwer, in Vierergruppen eine eintaktige Tanzchoreografie zu entwickeln.

c Bereits beim Entwickeln der Figuren und/oder Tanzschritte ist es äußerst wichtig, dazu immer die Zählzeiten laut zu sprechen.
Die Resultate werden der Klasse vorgestellt.

TANZEN UND BEWEGEN

114

5

Es empfiehlt sich, die Aufgaben 5 und 6 in einer neuen Unterrichtsstunde zu bearbeiten.
Die von der Klasse entwickelte Choreografie aus Aufgabe 4 wird wieder aufgenommen und weiterentwickelt.

a Es ist hilfreich, bei der Auswahl des neuen Songs genau auf das Tempo zu achten. Nicht jeder Song eignet sich gleichermaßen für die einstudierte Choreografie. Es wird ein Tempo von nicht schneller als 90 bpm empfohlen, gerade auch im Hinblick auf die Rhythmen der Aufgabe 6 und der Bodypercussion von SB, Seite 114.

b Nachdem ein neuer Song ausgewählt worden ist, wird die bestehende Choreografie angepasst, weiterentwickelt und dann, nach zirka einer Viertelstunde, der Klasse vorgestellt.

GP

6 **Rhythmusbegleitung**

Bei dieser Aufgabe wird eine groovende Rhythmusbegleitung eingeübt, die zum Tanz und/oder zum Song eingesetzt werden kann.

a+b Die Rhythmen werden mit der ganzen Klasse eingeübt, damit bei Aufgabe c alle Schülerinnen und Schüler als Rhythmusgruppe eingesetzt werden können.

>> TIPP: Der Surdo-Rhythmus eignet sich als Pulsgeber, der das Tempo des Songs ohne große Schwierigkeiten aufnehmen kann.

>> HINWEIS: Die Herausforderung dieser Aufgabe besteht darin, dass die ganze Gruppe ein äußerst präzises Zusammenspiel erreicht.

c Neben den drei erwähnten Gruppen im SB kann eine vierte Gruppe den Gesangspart übernehmen, die von einer Klavier- oder Gitarrenbegleitung unterstützt wird (siehe Akkordbezifferung über den Noten).

MUSIZIEREN

TANGO ARGENTINO

> **Kompetenzen**
>
> Die Schülerinnen und Schüler können …
>
> - Lieder aus unterschiedlichen Stilarten singen, die sprachlichen Besonderheiten berücksichtigen und den damit verbundenen Ausdruck erproben.
> - zu einem gehörten Musikstück eigene Fragen generieren und mögliche Antworten diskutieren.
> - zu Musikstücken vorgegebene Bewegungsabläufe übernehmen.
> - zu Musik aus verschiedenen Ländern unterschiedliche Rollen tanzen (z. B. Kreis-, Volks-, Folkloretanz).
>
> **Material**
>
> - Instrumente
>
> B31, 🎬 Grundschritt Tango, Nr. 30, 📑 Grundschritt Tango

INFO!

> **Tango**
>
> Der Gesellschafts- und Paartanz „Tango Argentino" ist um 1880 im Becken des Río de la Plata (Argentinien und Uruguay) entstanden und hat sich seit dem Ende des 19. Jahrhunderts von Buenos Aires aus in der gesamten Welt verbreitet.
>
> Sechs Millionen Einwanderer, viele von ihnen aus Spanien und Italien oder afrikanische Sklaven, erreichten den Großraum um Buenos Aires (Argentinien) und Montevideo (Uruguay) im Zeitraum von 1880 bis 1930.
>
> Die ersten Vorformen des Tangos wurden auf Straßenfesten getanzt. Da diese häufig in blutigen Schlägereien endeten, wurde das öffentliche Tanzen des Tango verboten.
>
> In geheimen Tanzhallen wuchs die Leidenschaft um den neuen Tanz stetig weiter und wurde schließlich salonfähig.
>
> Auch der Einfluss der deutschen Einwanderer war nicht unwichtig, brachten sie doch das einem Akkordeon ähnliche Bandoneon mit nach Argentinien. Dieses sollte später eines der wichtigsten Instrumente des Tango werden.

❶ **Das Lied** B31

Der ausgewählte Ausschnitt von „La Cumparsita" ist der Anfang der ersten Strophe in der eher unbekannten originalen Version des uruguayischen Komponisten Gerardo Matos Rodriguez. Es wird bewusst auf einen längeren Ausschnitt verzichtet, da der spanische Text auch in diesem bescheidenen Umfang bereits eine Herausforderung für die Jugendlichen ist.

a Die beiden Silbenfolgen sollen die beiden sich abwechselnden Charaktere der Melodie treffen: „Ram-tam-tam-tam" steht für das Marschähnliche und Prägnante (Takte 1, 3 und 5), „da-ria-da di-ra" für das Verspielte und Virtuose (Takte 2, 4 und 6). Aufgabe ist es, diese beiden gegensätzlichen Aspekte mit der Stimme zu gestalten.

b Aussprache:

- Die beiden Silben „de a-" (en torno de aquel) am Ende der ersten Zeile werden auf dem Achtel cis' als eine Silbe gesungen („dea").
- Die beiden Silben „-to ha" (que pronto ha de …) im zweiten Takt der zweiten Zeile werden auf dem Sechzehntel d' als eine Silbe gesungen („toa", das „h" wird im Spanischen nicht ausgesprochen).
- „aquel" und „que" spricht man „aggel" und „gge" aus.

❷ Bewegung und Bodypercussion

a Die Schrittfolge im zweiten Takt des Patterns ①. wird am Ort aufgeführt. Auf die letzte Achtelnote wird der rechte Fuß wieder neben den linken abgestellt.

b Für fortgeschrittene Klassen: Schaffen es die Jugendlichen, mit den beiden Patterns einen Kanon zu gestalten? Beide Gruppen wechseln sich also ständig ab, beide Patterns sind jederzeit zu hören. Dabei wird auch die zweite Stimme stehend performt (vorher auch sitzend möglich).

c Diese anspruchsvolle Aufgabe lässt sich alternativ auch auf drei Gruppen aufteilen: Zwei Gruppen widmen sich der Bodypercussion, eine singt.

❸ Der Tanz

Wie viel Zeit für Aufgabe 3 eingesetzt werden soll, hängt stark vom Gehalt der Diskussion ab. Ergeben sich spannende Momente, so sollte die Lehrperson diesen unbedingt Raum geben.

a Die Jugendlichen versuchen, Bilder zu schildern, die ihnen beim Ansehen der Tanzvideos in den Sinn kommen. Das kann den Einstieg in eine Diskussion erleichtern.

b **Variante:** Die Klasse wählt einen weiteren Tanzstil (z. B. Salsa, Rock 'n' Roll), sieht sich auch dazu ein Beispielvideo an und vergleicht es mit dem Tango (optische und musikalische Unterschiede, Gemeinsamkeiten).

❹ Die Abbildung zeigt eine von mehreren leicht unterschiedlichen Versionen des Tangogrundschritts.

a Grundposition (Version für den Einsatz in der Schule, maximaler Abstand von Fußspitze zu Fußspitze = 30cm):
• **Mädchen**: Rechter Arm leicht gegen oben angewinkelt, rechte Hand in linke Hand des Jungen legen. Linke Hand greift an die rechte Schulter des Jungen.
• **Jungen**: Rechte Hand an linke Hüfte des Mädchens legen. Linker Arm leicht gegen oben angewinkelt, umfasst die rechte Hand des Mädchens.

›› HINWEIS: Die Zahlen in den Schuhsilhouetten zeigen nicht die Zählzeiten, sondern die Positionen der Füße. „1" entspricht also der Ausgangsposition, „2" der Position nach dem ersten Schritt usw.

• Die Mädchen üben nur die Schrittfolge für Damen, die Jungen nur jene für Herren.
• Die Bewegungsabfolgen des Grundschritts zuerst nur mithilfe der Abbildung zu entziffern, kann eine kognitiv herausfordernde und motivierende Aufgabe sein.

›› HINWEIS: Im Anhang (LB, Seite 253) ist die Schrittfolge mit den entsprechenden Zählzeiten abgebildet. Diese Vorlage kann zum jetzigen Zeitpunkt oder eventuell in einer späteren Wiederholungsphase eingesetzt werden.

• Dennoch sollten die Jugendlichen nicht zu lange knobeln müssen, das leicht verständliche Video kann eine unterstützende Hilfe sein. 📽 Nr. 30

›› HINWEIS: Das Tanzpaar im Video schließt den Grundschritt entgegen der Darstellung auf der „Vereda del Tango" mit einem zusätzlichen, eröffnenden Schritt ab.

b Die Lehrperson kann zur Unterstützung die für die Tanzschritte relevanten Zählzeiten (erste und dritte Achtelnote pro Takt) laut mitzählen.

c Die Aufgabe kann zu einem Wettbewerb ausgebaut werden: Welches Paar schafft es mithilfe der Abbildung „Vereda del Tango" auf Seite 117 im SB (Bild oben) den Tangogrundschritt innerhalb von 10 Minuten korrekt zu tanzen?

›› HINWEIS: Diese Wettbewerbsform baut Berührungsängste ab, die gerade bei Pubertierenden im nahen körperlichen Umgang mit dem anderen Geschlecht auftreten können: Alle Paare sind mit sich selber beschäftigt und haben ein gemeinsames Ziel.

DAS FUNKY-RONDO BEWEGT

Kompetenzen

Die Schülerinnen und Schüler können ...

- ihren Körperpuls wahrnehmen, ihren Atem sowie ihre Körperspannung mit Musik in Verbindung bringen.
- zu einem Musikstück eine einfache vorgegebene Choreografie üben und ausführen.
- zu bestehender Musik eine bildnerische, theatralische oder tänzerische Gestaltung entwickeln.

Material

- A4-Blatt und Stifte

 B32, 🎬 Funky-Rondo, Nr. 31

1 **Form** B32

a Beim gemeinsamen Anhören erstellen die Schülerinnen und Schüler eine Tabelle.

Lösung:

Form	Anzahl Takte	Soloinstrument	Besondere musikalische Merkmale
Intro	4		Kein Soloinstrument/Melodie
A (Refrain)	8	Gitarre 1	Funk-Musik, tiefere Tonlage der Sologitarre
B (Couplet 1)	8	Gitarre 2	Funk-Musik, höhere Tonlage der Sologitarre
A (Refrain)	8	Gitarre 1	Wie A
C (Couplet 2)	8	E-Bass	Bass mit Slap-Technik gespielt. Dabei wird die Saite mit dem Daumen angeschlagen.
A (Refrain)	8	Gitarre 1	Wie A oben
B (Couplet 1)	8	Gitarre 2	Wie B oben
A (Refrain)	8	Gitarre 1	Wie A oben

b Der Ablauf könnte wie folgt bezeichnet werden: Intro − Refrain − Strophe − Refrain − Bridge − usw.

Das Rondo

Die Rondoform (auch: Rondeau) bezeichnete im Mittelalter und in der Renaissance einen Rundgesang. Im 17. Jahrhundert wurde das Rondo vor allem für Gitarren-, Opern- und Ballettmusik in Italien verwendet und tauchte häufig in Suiten auf.

c Das Hörbeispiel wird erneut abgespielt. Die Schülerinnen und Schüler versuchen, mit einfachen Bewegungen/Tanzschritten die einzelnen Formteile unterschiedlich zu gestalten.

2 **Tanzfiguren Teil A** Nr. 31

a Die Figuren 1 und 2 werden in kleinen Gruppen einstudiert und anschließend der Klasse vorgeführt. Sind alle zum selben Ergebnis gekommen oder gibt es Unterschiede?

b In den Gruppen wird nun besprochen, in welcher Reihenfolge die beiden Figuren in den acht Takten des Refrains eingesetzt werden sollen.

3 **Tanzfiguren Teil B** Nr. 31

Das Vorgehen zu Teil B (Couplet 1) ist identisch zu Aufgabe 2, aber mit den Figuren 3 und 4. Die Resultate werden wieder dem Plenum vorgetanzt.

4 **Tanzfiguren Teil C**

Nach den Erfahrungen, die in den Aufgaben 2 und 3 gemacht wurden, wird nun die Kreativität der Mitwirkenden gefordert: Im Teil C (Couplet 2) tanzen alle ganz frei und erfinden eigene Figuren. Es empfiehlt sich, nach einigen Durchläufen und einer angemessenen Übungsphase, einzelne Gruppen vortanzen zu lassen. Die Zuschauenden erhalten eventuell neue Ideen, um den eigenen Tanz auszubauen und zu verändern.

Ob anschließend das ganze Rondo getanzt werden kann, hängt natürlich von der Klasse ab und von einzelnen Vortänzerinnen oder -tänzern, die bei den neuen Formteilen die entsprechenden Hinweise geben können. Einfacher ist es, wenn die Klasse in drei Gruppen aufgeteilt wird und jede Gruppe jeweils nur „ihren" Formteil tanzt.

- Gruppe 1: A (Refrain, Figur 1 und 2)
- Gruppe 2: B (Couplet 1, Figur 3 und 4)
- Gruppe 3: C (Couplet 2, freies Tanzen)

HOUSE UND TECHNO

Kompetenzen

Die Schülerinnen und Schüler können …

- musikalische Aspekte bewusst verfolgen und aufzeigen (z. B. Instrumentierung, Form, Interpretation).
- einzelne Musikerinnen und Musiker sowie Komponistinnen und Komponisten der Gegenwart kennenlernen und deren Musik mit eigenen Fragen begegnen und besprechen (z. B. Komponistin oder Komponist der Postmoderne, Musikerin oder Musiker der Popszene).
- Funktionen exemplarischer Musikbeispiele erkennen und einem gesellschaftlichen Kontext zuordnen (z. B. Disco, Filmmusik, Nationalhymne).
- zu bestehender Musik eine bildnerische, theatralische oder tänzerische Gestaltung entwickeln.
- aus einem gewählten Musikstil eine kurze Reproduktion oder Improvisation entwickeln und zeigen.

Material

- A4-Blatt und Stifte

  📀 B33/34

1

a Die Grafik auf Seite 120 im SB zeigt Begriffe, Stilarten und Namen aus der House- und Techno-Szene, aus der die Schülerinnen und Schüler auswählen können. Recherchezeit: ca. zehn Minuten.

- WestBam: einer der ersten deutschen DJs im Bereich Techno und House
- Ambient: weichere Form der elektronischen Musik
- Technoparty: große Massenveranstaltung mit Techno- und House-Musik
- Claude Young: Technoproduzent
- Juan Atkins: Mitbegründer des Detroit Techno
- Street Parade Zürich: größte Technoparty der Welt mit Technoparade
- Joey Beltram: Techno- und House-Pionier seit den frühen 1990ern
- Love Parade Berlin: Technoparade von 1989–2010
- Acid-House: Stilrichtung der House-Musik
- Jungle Rave: Stilrichtung der elektronischen Musik
- Marusha: deutsch-griechische DJane, Musikproduzentin der elektronischen Musik
- Sven Väth: deutscher DJ
- Electro: Musikrichtung

b Das Stück „Accident in Paradise" ist sehr komplex mit sehr unterschiedlichen Sounds aufgebaut. Die einzelnen Spuren setzen nacheinander ein. Auffällig ist die konstante Beachtung der „Vier-/Achttakte-Pakete". Anfangs suggeriert die Hi-Hat der Zuhörerschaft einen irreführenden Beat. Erst beim Einsatz der Pauke wird bewusst, dass die Hi-Hat auf dem Offbeat liegt. 📀 B33

Einsatz der ersten Instrumente:

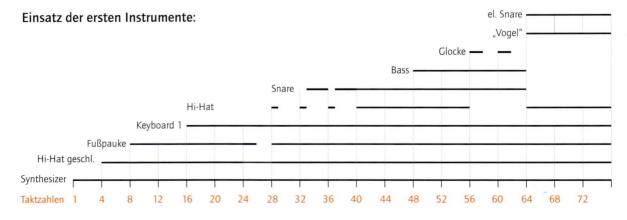

GESTALTUNGSPROZESSE

2

TUB

a Der Text wird gelesen und besprochen. Wer kann von ähnlichen oder anderen Tanzerfahrungen berichten?

b Getanzt wird zu „Accident in Paradise" oder einem anderen Techno-Track. Alle versuchen dazu, ihre eigenen Tanzschritte, -bewegungen zu erfinden. B33

c Die Erfahrungen werden ausgetauscht und besonders gute Tanzbewegungen einzelner Personen angeschaut und imitiert.

d Vorgehen gemäß SB

3

MUSIZIEREN

a Das Stück „Hymn" wird angehört. Auffällig daran ist, dass auch hier die Instrumente nacheinander einsetzen – es kann als einfache „Gebrauchsanleitung" für die Produktion eines Techno-Tracks betrachtet werden. Dasselbe Vorgehen ist bei der folgenden Aufgabe hilfreich. B34

b Die Klasse wird in drei Gruppen aufgeteilt. Jede Gruppe übernimmt eine der drei unten auf der Seite 121 im SB genannten Gruppierungen (Elektro-, Perkussions- und Tanzgruppe). Die Aufgaben werden gelesen und anschließend werden gemeinsame Vorgaben festgelegt, an die sich alle drei Gruppen halten sollen. Als Vorbereitungszeit werden zum Beispiel 20 Minuten vorgegeben, in denen die drei Gruppen auch räumlich getrennt arbeiten können. Ob es jede Gruppe schafft, ihre Performance für eine Spiel-/Tanzzeit von zirka einer Minute vorzubereiten, ist nicht maßgebend. Wichtiger ist, dass ihr Vorschlag dem Charakter und dem Tempo einer Techno-Produktion entspricht.

c Die drei Gruppen präsentieren ihre Resultate. Anschließend wird versucht, die Teile zusammenzuführen.

TONARTEN UND DREIKLÄNGE

> **Kompetenzen**
>
> Die Schülerinnen und Schüler können ...
>
> - große und kleine Terzen und Quinten erkennen und notieren.
> - können einen Dreiklang im Notenbild erkennen und Dur- und Moll-Dreiklänge unterscheiden.
> - die leitereigenen Dreiklänge der Dur-Tonleiter bestimmen und anwenden.
> - die harmonische Funktion der drei Hauptstufen in Dur und Moll erkennen und anwenden.
>
> **Material**
>
> - A4-Blatt und Stifte, ▤ Dreiklang-Melodie in B- und D-Dur

Tonarten

Es ist sinnvoll, wenn im Zusammenhang mit den Tonarten der Workshop „Parallele Tonleitern" (Seite 82/83) noch einmal in Erinnerung gerufen und die Unterscheidung zwischen Dur- und Moll-Tonleitern wiederholt wird. Im Einleitungstext des SB stehen die relevanten Angaben zu den Tonarten. Es ist äußerst wichtig, dass diese Angaben der ganzen Klasse verständlich gemacht werden.

Weitere Beispiele:

Die Schülerinnen und Schüler sollen klar unterscheiden können zwischen

- parallelen Tonleitern (C-Dur/a-Moll: G-Dur/e-Moll) mit denselben Tönen und Vorzeichen, aber unterschiedlichem Tonleiteranfang, und
- Tonleitern, die denselben Anfangston, aber nicht dasselbe Tongeschlecht und unterschiedliche Vorzeichen haben (siehe Beispiel oben).

① a Lösung:

- C-Dur → a-Moll: Kein Ton wird verändert.
- G-Dur → e-Moll: Der Ton F wird durch Fis ersetzt.
- D-Dur → h-Moll: Folgende Töne werden ersetzt: F durch Fis / C durch Cis.
- A-Dur → fis-Moll: Folgende Töne werden ersetzt: F durch Fis / C durch Cis / G durch Gis.

- F-Dur → d-Moll: Der Ton H wird durch B ersetzt.
- B-Dur → g-Moll: Folgende Töne werden ersetzt: H durch B / E durch Es.
- Es-Dur → c-Moll: Folgende Töne werden ersetzt: H durch B / E durch Es / A durch As.

b Vorgehen gemäß SB

Dreiklänge

Die Grunddreiklänge auf allen Stufen in C-Dur wurden auf den Seiten 58/59 behandelt. Hier geht es darum, dass das Tongeschlecht (Dur oder Moll) der Dreiklänge in jeder Tonart auf den entsprechenden Stufen identisch ist. Auf den Stufen I, IV und V stehen immer Dur-Dreiklänge usw.

Beim Singen und Musizieren werden also folgende Unterschiede gemacht:

- Dreiklänge Singen: Der Dur-Dreiklang auf der ersten (I.) Stufe wird immer mit Do-Mi-So gesungen, egal in welcher Tonart er steht. Der Moll-Dreiklang auf der zweiten (II.) Stufe heißt: Re-Fa-La usw.
- Dreiklänge mit Instrumenten spielen: Der Dur-Dreiklang in C-Dur wird mit den Tönen C-E-G gespielt, Der Dur-Dreiklang in D-Dur mit den Tönen D-Fis-A usw.

PRAXIS DES MUSIKALISCHEN WISSENS

PMW

PMW

2 **a** Die grün hinterlegten Dreiklänge sind die Dur-Dreiklänge auf der ersten (I.), vierten (IV.) und fünften (V.) Stufe. Die rot hinterlegten Dreiklänge sind die Moll-Dreiklänge auf der zweiten (II.), dritten (III.) und sechsten (VI.) Stufe.

b Alle Dreiklänge werden gesungen und gespielt.

>> HINWEIS: Der Dreiklang auf der 7. Stufe (H-D-F) ist ein verminderter Dreiklang und wird hier bewusst weggelassen. Natürlich entscheidet jede Lehrperson selber, ob sie auch diesen Dreiklang thematisieren will.

Dreiklänge für Fortgeschrittene

Die Schülerinnen und Schüler wissen nun, auf welchen Stufen Dur- und auf welchen Moll-Dreiklänge erklingen. Mit folgender Übung werden die Erkenntnisse geübt und gefestigt: Alle singen gemeinsam, jeweils vom selben Ton aus:

Do-Mi-So-Mi-Do / Re-Fa-La-Fa-Re / Mi-So-Ti-So-Mi usw.

Allen soll ganz bewusst gemacht werden:

• Die Dreiklänge auf der ersten (I.), vierten (IV.) und fünften (V.) Stufe stehen alle in Dur – sie haben also das gleiche Tongeschlecht und klingen daher gleich.
• Die Dreiklänge auf der zweiten (II.), dritten (III.) und sechsten (VI.) Stufe stehen alle in Moll – sie haben ebenfalls das gleiche Tongeschlecht und klingen daher gleich.
• Der ersten und dritten Töne aller Dreiklänge klingen gleich.
• Der zweite (mittlere) Ton der Dreiklänge klingt in Dur hoch, in Moll-Dreiklängen tief. Beim Singen muss also nur der mittlere Ton verändert werden.

Die Dreiklang-Melodie

3 **a–c** Vorgehen gemäß SB

d In kleineren Gruppen wird versucht, die Aufgaben a bis c auch in anderen Tonarten zu spielen. Siehe dazu die Notenbeispiele im Anhang (LB, Seite 254)

Tonarten und Dreiklänge – Tonarten-Memory

Mit dem klassischen Memory-Spiel lernen die Jugendlichen die Tonarten bis und mit vier Vorzeichen kennen. Zwei Levels und die Möglichkeit, gegeneinander anzutreten, ermöglichen zusätzliches Differenzieren.

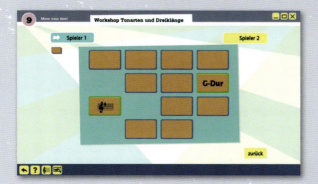

Tonarten und Dreiklänge – Dur-Moll-Bestimmungsmaschine

Mit der Maschine üben die Jugendlichen auf spielerische Weise den Bestimmungsprozess für das Tongeschlecht von Dreiklängen: Töne bestimmen, Anordnung der Terzen bestimmen durch Abzählen der Halbtonschritte sowie Benennen des Grundtons und des Tongeschlechts. Die Jugendlichen erhalten bei jedem Schritt ein Feedback und können das Ergebnis hörend nachvollziehen.

PRAXIS DES MUSIKALISCHEN WISSENS

10 WIR SPIELEN MUSIK

Puls und Rhythmus sind die zentralen Elemente in der Musik. Besonders wichtig werden sie dann, wenn eine Gruppe zusammen musiziert.

Das kann nur funktionieren, wenn alle Musikerinnen und Musiker genau aufeinander hören und gleichzeitig im vorgegebenen Puls den Rhythmus mit dem persönlichen Instrument umsetzen können.

Das perfekte Zusammenspiel ist eine Spezialität der Musiker rund um den Gitarristen Carlos Santana.

● Oye como va – Songelemente ⊙ B35

Der erste Teil des Songs wird mehrmals angehört.
Teile davon sind in den Kästen im SB abgedruckt. Beim Anhören notieren alle den Ablauf und verfolgen die Noten der einzelnen Teile:

Form:
- Intro   8 Takte (Einsatz Perkussion im 5. Takt)
- Gitarrenmelodie   8 Takte
- Break   4 Takte
- Gesang   8 Takte
- (Break   4 Takte)

Die Elemente werden einzeln eingeübt, bevor sie in einem neuen Arrangement eingesetzt werden.

● Intro

Bereits im Intro, wie in allen folgenden Teilen, wird besonderer Wert auf die äußerst präzise rhythmische Phrasierung und das exakte Zusammenspiel gelegt.

- Der Rhythmus wird mit einer Rhythmussprache gelesen, bevor er geklatscht und mit Instrumenten gespielt wird,
- Eine kleine Gruppe übernimmt diesen Part und spielt ihn mehrmals. Die Zuhörenden überprüfen das Zusammenspiel und versuchen, eventuelle Ungenauigkeiten herauszufinden.

• Gitarrenstimme

Vermutlich gibt es in der Klasse keine Person, die auf der Gitarre oder Keyboard diese Melodie vom Blatt spielen könnte. Aus diesem Grund ist es auch hier äußerst sinnvoll, wenn in einer ersten Unterrichtsstunde die Doppelseite im Detail besprochen und eventuell der Gesangsteil und die Rhythmen eingeübt werden. Danach werden die Instrumente auf die Schülerinnen und Schüler mit dem Hinweis verteilt, dass in der nächsten Musikstunde diese Stimmen zusammengesetzt und gespielt werden – so haben alle Mitwirkenden die Möglichkeit, sich entsprechend vorzubereiten und ihren Part zu Hause zu üben.

• Break

Dieser Break ist eine Herausforderung an die Präzision aller Mitwirkenden. Er wird nicht nur vom Klavier/Orgel gespielt, sondern auch von den Perkussionsinstrumenten und der Gitarre.
Aus diesem Grund wird dieser Rhythmus von allen Beteiligten gesprochen und geklatscht, danach mit den Instrumenten gespielt.

• Gesangspattern

Auch hier gilt:
- Rhythmus präzise klatschen.
- Gesangstext sehr rhythmisch sprechen.
- Einstimmig singen.

Die zweite Stimme (klein gedruckte Noten) kann eventuell von einem Instrument übernommen werden und/oder von einer Mädchenstimme – evtl. eine Oktave nach unten transponiert.

• Percussion

Die Perkussionsgruppe steigt erst nach vier Takten ein und zieht ihren Rhythmus, der nur durch die gemeinsamen Breaks unterbrochen wird, präzise durch.
Werden nur Perkussionsinstrumente eingesetzt, muss darauf geachtet werden, dass die Cowbell von sehr zuverlässigen Jugendlichen oder der Lehrperson selber gespielt wird. Denn nach diesem Instrument, das den gleichmäßigen Puls vorgibt, richten sich alle anderen. Wird zusätzlich ein Schlagzeug eingesetzt (siehe Grundschlag auf SB, Seite 47) übernimmt dieses Instrument die Führungsrolle und die Cowbell orientiert sich am Tempo des Schlagzeugs.

• Klassenarrangement

Prinzipiell lassen sich alle Elemente miteinander kombinieren. Es empfiehlt sich aber, den Break unisono zu spielen. Vielleicht (er)findet die Klasse eine eigene Form. Folgender Ablauf kann ausprobiert werden:

– Intro	8 Takte	Einsatz Percussion im 5. Takt
– Gesang	8 Takte	Gesang und alle Instrumente
– Percussion	4 Takte	Percussion und Bass
– Break	4 Takte	alle Instrumente
– Gitarrenstimme	8 Takte	alle Instrumente
– Gesang	8 Takte	Gesang und alle Instrumente
– Break	4 Takte	alle Instrumente

NACH 300 JAHREN IN DEN CHARTS

Kompetenzen

Die Schülerinnen und Schüler können …

- Lieder aus verschiedenen Stilarten singen (z. B. klassische Musik, Pop, Jazz).
- Beispiele aus der aktuellen Musikszene singen und ihre musikalischen Präferenzen einbringen.
- Klassenarrangements üben und dabei Interpretationsmöglichkeiten vergleichen, ausloten und ihre Vorstellung umsetzen.

Material

- Schulinstrumentarium
- Eventuell eigene Instrumente

 B36/37, Kanon in D (J. Pachelbel) – Visualisierung, Nr. 32/ Music:Eyes

MU

Der Einstieg in diese Lektion geschieht hier zunächst über das eigene Musizieren (nicht über das Anhören des Stücks). Mit dem Spielen der Bassstimme und dem Hinzufügen einer Stimme nach der anderen, wird der Anfang des Kanons nach und nach vervollständigt.

>> HINWEIS: Hier bietet sich wieder einmal die Gelegenheit zur Integration unterschiedlichster Instrumente. Möglichst viele Schülerinnen und Schüler bringen ihre persönlichen Instrumente mit – sie haben die Noten bereits vor einer Woche erhalten und den Anfang des Kanons (Stimme 1 bis 5) zu Hause geübt.

❶ Bassstimme

MUSIZIEREN

a Bei diesem Stück bildet die Bassstimme ganz explizit das Fundament. Verbunden mit den Akkorden kann sie als Grundgerüst des ganzen Kanons betrachtet werden. Darum ist es sinnvoll, dieses Gerüst etwas genauer zu analysieren (Harmonien) und einzuüben.

b Als Wiederholung und Festigung der Dreiklänge (siehe 123) wird die Akkordbezifferung über der Bassstimme Akkord für Akkord bestimmt und gespielt.
Beim folgenden Notenbeispiel sind in der oberen Zeile die Dreiklänge in der Grundstellung notiert.
In der zweiten Zeile sind mehrere Dreiklänge in Umkehrungen notiert worden, um die Stimmführung harmonischer (ohne größere Sprünge) und die Spielbarkeit auf der Tastatur angenehmer zu gestalten.

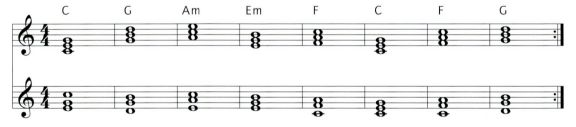

Die Bassstimme und die Akkordbegleitung mit Gitarre und Tasteninstrumenten wird mehrmals in einem ganz ruhigen Tempo (Viertel = 60 bpm; eine Note pro Sekunde) mehrmals nacheinander gespielt.

❷ Der Anfang des Kanons B36

MUSIZIEREN

Zu Beginn werden die Stimmen 1 bis 5 an einzelne Schülerinnen und Schüler und/oder kleinere Gruppen verteilt. Dabei gilt es zu beachten, dass die Stimmen 1 und 2 Jugendlichen zugeteilt werden, die wenig instrumentale Erfahrung haben. Diese Stimmen lassen sich auch ganz einfach auf Xylofon, Metallofon oder einem Tablet-Tasteninstrument spielen. Die Stimmen 3 bis 5 könnten eher geübten Instrumentalistinnen und Instrumentalisten zugeteilt werden.
Jugendliche, die ein B-Instrument (z. B. Klarinette, Tenorsaxofon, Trompete) mitbringen, bekommen die auf der Folgeseite abgedruckten Noten ausgeteilt („Kanon in D für B-Instrumente", nächste Seite).

- **Variante 1:** Die Bassstimme beginnt, nach jedem Durchgang setzt eine Stimme dazu ein, bis alle Stimmen gleichzeitig erklingen. Auf ein Zeichen der Lehrperson spielen alle den letzten Durchgang und beenden das Stück auf dem Schlusston.
- **Variante 2:** Fortgeschrittene Schülerinnen und Schüler spielen die Stimmen von 1 bis 5 als Kanon.

❸ Der ganze Kanon 🎬 Nr. 32 / 🎬 Music:Eyes

>> **HINWEIS:** Grundsätzliches zu den Music:Eyes-Visualisierungen siehe LB, Seite XI ff. in der Einleitung.

Die Visualisierung des Kanons ermöglicht die Erweiterung musikalischer Wahrnehmungsfähigkeit, führt Schülerinnen und Schüler durch eine musikalische Landschaft und hilft ihnen beim Voraushören. Die visuelle Repräsentation jedes Instruments erleichtert das Verständnis unbekannter und komplexer Musikstücke, das Heraushören einzelner Instrumente aus einer Partitur und eine differenzierte Wahrnehmung der Komposition.

Folgende Fragen können bei der Betrachtung der Visualisierung gestellt werden:

- Warum wurde die Visualisierung als Kreis dargestellt? Antwort: Alle hörbaren Instrumente „drehen sich" um das harmonische Grundgerüst und sind jederzeit sichtbar.
- Welche Instrumente erhalten welche Farben?
  Antwort:
  – Bassstimme: grau
  – Violinstimme 1: rot.
  – Violinstimme 2: hellgrün
  – Violinstimme 3: blau

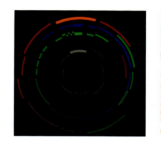

- Warum unterstützt die Visualisierung das exakte Zuhören?
  Antwort:
  – Bei der genauen Betrachtung können die Zuhörenden sehen, dass die anfänglichen langen Striche/Bögen in den Violinstimmen immer mehr unterteilt werden, d. h., dass die Violinen kürzere Notenwerte spielen.
  – Im weiteren Verlauf wird ersichtlich (und hörbar), wie sich einzelne Stimmen überschneiden, lebhafter und wieder ruhiger werden, während die Bassstimme konstant in Viertelnoten weiter schreitet.

Pachelbel in den Charts 💿 B37

❹ Beim Singen der Songausschnitte zum Kanon ist Folgendes zu beachten:

- Der Song von Coolio kann unverändert zum Kanon gesungen werden.
- Für die beiden anderen Songs müssen Anpassungen vorgenommen werden:
  – „Go West": Auf jeden Taktanfang wird der neue Akkord des Kanons und/oder der nächste Ton der Bassstimme gespielt. Notenwert: ganze Note!
  – „Streets of London": Wie bei „Go West", außerdem muss der Schluss angepasst werden (anderer Verlauf).

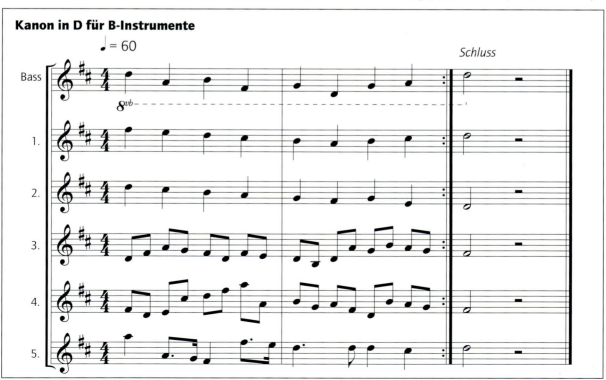

Kopieren zu Unterrichtszwecken erlaubt. © Helbling

EIN KÖNIGLICHES KONZERT

Kompetenzen

Die Schülerinnen und Schüler können …

- musikalische Verläufe hörend verfolgen, zeigen und beschreiben.
- musikalische Formen unterscheiden und hörend wiedererkennen.
- gehörte Musikabschnitte mithilfe einer Partitur musikalisch vielschichtig beschreiben.
- im Zusammenspiel die Mitspielenden wahrnehmen und auf ihre Spielart reagieren.

Material

- A4-Papier und Stifte
- C1/2, Alla Hornpipe, Arrangement und Original – Visualisierung, Nr. 33 und 34 /
- Music:Eyes

HÖREN UND SICH ORIENTIEREN

1 a Der etwas gekürzte Zeitungsausschnitt beschreibt die Bootsfahrt Händels mit dem englischen König George I. im Jahr 1717. Das Bild zeigt Händel (in der Mitte) mit George I. während der Bootsfahrt auf der Themse. Der Maler Edouard J. C. Hamman hat das Bild mehr als 100 Jahre nach dem Anlass gemalt. Er war offenbar ein Händel-Verehrer. Darum ist der Komponist auf dem Bild größer als der König.
Die 50 Musiker (auf dem Schiff im Hintergrund) waren vermutlich gut zu hören: kein Motoren- oder Straßenlärm.

b Das verkürzte Arrangement wird mehrmals angehört, die Schülerinnen und Schüler verfolgen dabei die einzelnen Stimmen im abgedruckten Notenausschnitt auf SB, Seite 129 mit dem Finger. C1

> Als zusätzliches Hilfsmittel kann die Visualisierung des Stücks angeschaut und besprochen werden (siehe dazu auch LB, Seite XI ff. in der Einleitung): Nr. 33 / Music:Eyes
>
> - Welche grafischen Zeichen/Farben wurden den einzelnen Instrumenten zugeteilt?
>   - Die Anordnung entspricht der Partitur im SB: erste Stimme: rote Ovale; zweite Stimme: violette Dreiecke usw.
>   - Größere Zeichen visualisieren längere Noten.
> - Was würdet ihr anders darstellen?
>   - Mögliche Antworten: Andere Farbaufteilung der Instrumente; Tonhöhen deutlicher zeigen; bei der Wiederholung zurück an den Anfang.

MUSIC:EYES

 MU

2 a ≫ HINWEIS: Auch hier (siehe dazu Seite 126 im LB) bietet sich wieder die Gelegenheit zur Integration unterschiedlichster Instrumente. Möglichst viele Schülerinnen und Schüler bringen ihre eigenen Instrumente mit – sie haben die Noten bereits vor einer Woche erhalten und „ihre" Stimme zu Hause geübt.
Für Jugendliche, die ein B-Instrument (z. B. Klarinette, Tenorsaxofon, Trompete) mitbringen, werden die Noten auf der gegenüberliegenden Seite zur Verfügung gestellt.

3 **Alla Hornpipe, das Original** C2, Nr. 34 / Music:Eyes

a Das ganze Originalstück „Alla Hornpipe" wird angehört oder die Visualisierung davon angeschaut. Dabei konzentrieren sich die Zuhörenden auf die Violinen.

MUSIZIEREN

b **Teil A**
- Hat eine markante, eingängige fanfarenartige Hauptmelodie, die mitgesungen werden könnte.
- Das Motiv wird mehrmals in verschiedener Besetzung wiederholt.
- Teilweise spielen nur wenige Instrumente.

Teil B
- Häufig spielen alle Instrumente.
- Dieser Teil ist lebendiger, die Stimmen werden mehr „verwoben".
- Es prägt sich keine Hauptmelodie ein.

c Damit das Stück bearbeitet werden kann, muss folgendermaßen vorgegangen werden: Seite aufrufen: https://impuls2.musiceyes.org. Hier erscheint die Visualisierung in Grautönen. Die Jugendlichen können nun Farben, Formen, Hintergründe u. v. m. nach ihren eigenen Vorstellungen verändern. Sie kreieren ihre „eigene" Visualisierung des Stücks. 📷 Music:Eyes

>> HINWEIS: Eine genaue Beschreibung zum Bearbeiten der Visualisierungen auf Music:Eyes siehe LB, Seite XI ff. in der Einleitung.

Alla Hornpipe für B-Instrumente

FLASCHENKONZERT

HÖREN UND SICH ORIENTIEREN

1 a Eine Flasche kann klingen – und zwar mit unterschiedlichen Tonhöhen.
Als erstes kleines Experiment wird eine Glasflasche zu zirka 2/3 mit Wasser gefüllt.

- Die Flasche wird mit einem Hartgummischlägel (z. B. Glockenspielschlägel) angeschlagen, eine Schülerin oder ein Schüler sucht den entsprechenden Ton auf dem Klavier.
- Nun wird die Flasche wie eine Panflöte (Lippen an den Rand der Öffnung ansetzen und über die Öffnung hinwegblasen) angeblasen, ein anderer Ton erklingt.

Diese beiden Übungen sind, je nach Beschaffenheit der Flasche, nicht ganz einfach, da Obertöne mitschwingen und der Grundton nur beim genauen Hinhören erkannt wird. Als Hilfe können die Zuhörenden den Ton der Flasche summen.

Flasche wird angeschlagen
Der Anteil Wasser bestimmt
die Tonhöhe. Wird Wasser dazugegeben, wird die Masse größer
und der Ton tiefer.

Flasche wird geblasen
Die Luftsäule in der Flasche bestimmt
die Tonhöhe (wie bei einer Flöte).
Wird Wasser dazugegeben, wird die
Luftsäule kürzer, der Ton höher.

Die Gruppenmitglieder entscheiden, ob sie die Flaschen anblasen oder anschlagen wollen und stimmen sie auf eine vorgegebene Tonfolge (z. B. Töne C bis G / Tonleiter / Dreiklang).

b Beim ersten Versuch dürfen sich die Mitwirkenden auf einen Liedanfang beschränken.

>> HINWEIS: Einfache Lieder mit einem eher kleineren Tonumfang, z. B. „Kumbaya, My Lord", „Michael Row the Boat Ashore", „Morgen kommt der Weihnachtsmann".

c Die Resultate werden der Klasse vorgestellt und nach folgenden Kriterien beurteilt:
- Ist das Lied erkennbar?
- Sind die Flaschen richtig gestimmt?
- Wird der Rhythmus korrekt gespielt?

d Zwei bis drei Auftritte der Gruppe GlasBlasSing werden im Internet angeschaut und kommentiert. Können weiter Flaschenspieltechniken übernommen werden?

MUSIZIEREN

Smoke on the Water C3

2   **a**   Der Anfang des Songs wird mehrmals angehört, bis alle das Riff gut mitsingen können.

  b   Für dieses Riff werden die Flaschen angeblasen. Es werden vier Töne pro Stimme benötigt. Nach der Beschriftung der Flaschen/Töne werden ein bis zwei Flaschen pro Person verteilt.

  c   Je nach Gruppengröße können Bongo, Shaker und Bass und/oder Gitarre als Begleitinstrumente eingesetzt werden.

3   **a**   Idealerweise wird ein Song mit maximal drei unterschiedlichen Begleitakkorden ausgewählt.
      Beispiele: „Music in My Heart" (SB, Seite 5), „Banks of the Ohio" (SB, Seite 7), „In the Mood" (SB, Seite 57), „La Cumparsita" (SB, Seite 116).

  b   Die benötigten Begleitakkorde (Dreiklänge) werden auf einem Blatt in der richtigen Reihenfolge notiert.
      Beispiel: „La Cumparsita"

A	A	D	D
Fis	Fis	B	B
D	D	G	G

      Es werden nur fünf Töne benötigt, da der Ton D in beiden Akkorden vorhanden ist. Die Person, die den Ton D spielt, ist also bei allen Akkorden im Einsatz. Die Begleitung spielt zu Beginn die Akkorde auf den Puls der Melodie.

  c   Die dazu gehörende Melodie wird auf einem Instrument gespielt und/oder von zwei bis drei Personen gesungen.

  d   Die Flaschen-Begleitgruppe experimentiert nun mit passenden neuen Begleitrhythmen aus Viertel-, Achtel- und halben Noten.

MU

MUSIZIEREN

ZUM WEITERZÄHLEN

Kompetenzen

Die Schülerinnen und Schüler können …

- gleichzeitig zwei Rhythmen üben und spielen.
- Notenwerten eine Bedeutung zuordnen und rhythmische Motive aus Halben, Vierteln und Achteln lesen.
- eine Rhythmussprache anwenden.
- rhythmische Motive mit Sechzehnteln und punktierten Noten lesen und schreiben.

Material

- A4-Papier und Stifte
- Smartphone/iPad mit den Apps: „Metronom", „Metronome – reloaded", „Metronome: Tempo Lite", „Pro Metronome" (alle gratis)

C4–6

Der Rhythmus ist in der Musik genauso wichtig wie die Melodie, die Harmonien und der Klang. Entscheidend ist hier das Gefühl für die Halbierung der Zeit: Ganze, Halbe, Viertel, Achtel, Sechzehntel usw. Auf den Seiten 78 und 79 wurden die Zählzeiten mit den Viertel-, Achtel- und halben Noten geübt. Auf der vorliegenden Doppelseite werden die Zählzeiten zusätzlich mit Sechzehntelnoten und punktierten Noten angewendet.

Auch hier ist es von zentraler Bedeutung, dass zwei Regeln konsequent eingehalten werden:

- Sämtliche Übungen werden mit Metronom durchgeführt. Es garantiert einerseits die Kontrolle des Tempos und dient andererseits als Übung zum Zuhören auf andere Musizierende, währenddessen man selbst spielt.
- Das sehr langsame Anfangstempo (Viertel = 40 bpm) trägt zum genauen Begreifen des Bewegungsablaufs bei.

Notenwert (grafische Darstellung)

Diese Übung wird gesprochen und geklatscht, aber auch mit Bewegung im Raum umgesetzt.

 a Die Übungen auf Seite 79 werden wiederholt. Dabei wird auch der Auf- und Abbewegung des Fußes genügend Aufmerksamkeit gewidmet.

b+c Vorgehen gemäß SB

 d Als weitere Übung werden einzelne Zählzeiten besonders betont, z. B. der Offbeat (+) oder als Variante das vierte Sechzehntel „a".

 Die grün hinterlegten Dreiklänge sind die Dur-Dreiklänge auf der ersten (I.), vierten (IV.) und fünften (V.) Stufe. Die rot hinterlegten Dreiklänge sind die Moll-Dreiklänge auf der zweiten (II.), dritten (III.) und sechsten (VI.) Stufe.

b In dieser und den weiteren Aufgaben wird das Vorgehen mit den Zählzeiten auf unterschiedliche Arten geübt.

Beispiele:

- Nur die Zählzeiten lesen (ohne zu klatschen). Dabei werden die Zahlen/Silben der Noten laut, die anderen leise gesprochen.
- Beispiel 2a: „**1** e + a, **2** e + a, **3** e + a, **4** e + a" usw.
- Alle Zählzeiten flüstern, dazu die Noten klatschen.
- Das Tempo wird erhöht (die unterschiedlichen Tempi der Hörbeispiele beachten).
- Wichtig: Bei allen Übungen betont der Fuß die Zählzeiten 1 bis 4.

4 In im•puls, Band 1 wurde folgende Übung eingeführt, die im Zusammenhang mit dem vorliegenden Thema wieder aufgenommen werden kann:

- Alle erhalten ein leeres A4-Papier und falten es wie die Vorlage.
- Jedes Feld in der oberen Zeile enthält den Notenwert einer Viertelnote. In der unteren Zeile werden Rhythmussprache und/oder Zählzeiten notiert.
- Alle schreiben einen Rhythmus, diesmal auch mit punktierten und Sechzehntelnoten, der leicht geklatscht oder gesprochen werden kann.

♩	♪ ♪	♪♪♪♪	♪. ♪
1	**2 +**	**3 e + a**	**4 + a**

- Die Blätter werden auf den Boden gelegt und jede Person klatscht ihren Rhythmus vor.
- Je vier Blätter werden nebeneinandergelegt, sodass ein viertaktiger Rhythmus entsteht. Jede Gruppe klatscht ihr Pattern vor, danach klatschen mehrere Gruppen gleichzeitig.

a Die Aufgabe wird wie oben auf selbstklebenden Papierpunkten gelöst, dann werden die Punkte auf den Würfel geklebt.

>> HINWEISE:
- In Spielzeuggeschäften werden Würfel in unterschiedlichen Größen angeboten, z. B. Holzwürfel mit einer Seitenlänge von drei bis fünf Zentimetern. Derartige Würfel können auch im Werkunterricht aus Holzabfällen hergestellt werden.
- **Variante:** Die Jugendlichen basteln sich aus Halbkarton selber einen Würfel (siehe Vorlage unten) und schreiben ihre Rhythmen vor dem Falten auf die entsprechenden Flächen.

b In kleinen Gruppen wird gewürfelt, geklatscht und gezählt. Dabei wird versucht, den Unterbruch zwischen den einzelnen Takten möglichst klein zu halten – möglichst früh und vorsichtig würfeln!

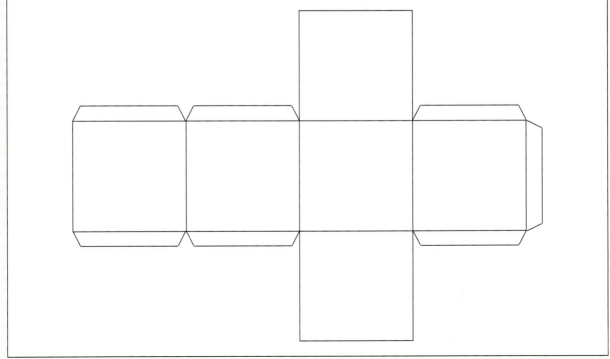

Kopieren zu Unterrichtszwecken erlaubt. © Helbling

10

4-CHORD-SONGS

> **Kompetenzen**
>
> Die Schülerinnen und Schüler können ...
>
> - Rhythmus- und Melodiepatterns aus verschiedenen Kulturen, Epochen und Stilen spielen und deren Besonderheit erkennen.
> - mit dem Klasseninstrumentarium spielen und sich an Tempo und musikalischem Ausdruck der Klasse anpassen.
> - Patterns und Ostinati anwenden und kreativ damit umgehen (z. B. Improvisationsmuster).
> - ein Klangarrangement mit Instrumenten und elektronischen Klangquellen umsetzen.
> - aus einer beliebigen Vorlage eine musikalische Gestaltung konzipieren und entwickeln.
>
> **Material**
>
> - Schulinstrumentarium
> - Tablets mit Instrumenten-Apps
>
> 🔘 A16, C7/8

Die Jahreszahl 1564 verbinden Historiker vielleicht mit dem Geburtsjahr von Galileo Galilei, Literaten mit William Shakespeare und Musikwissenschaftler mit dem deutschen Komponisten Hans Leo Haßler. Bei vielen Musikerinnen und Musikern löst die Zahl 1564 aber auch eine andere Assoziation aus: Die Akkordfolge auf den Stufen I – V – VI – IV, also den Akkorden C-Dur – G-Dur – a-Moll – F-Dur (in der Tonart C-Dur). Zahlreiche Songs verwenden diese Akkordfolge, einige Beispiele dazu stehen im SB.

❶ **a+b** Die Akkordfolge wird in Gruppen geübt. Je nach Situation und Kenntnissen der einzelnen Schülerinnen und Schüler können dafür die kleinen Partituren auf der gegenüberliegenden Seite hinzugezogen werden. Die Stimmen können dabei unterschiedlich besetzt werden:
Beispiel: Stimme 1: Flöte/Klavier; Stimme 2: Metallofon/Gitarre; Stimme 3: Xylofon/Keyboard; Stimme 4: Bassinstrument/Bassklangstäbe. Es empfiehlt sich, zusätzlich ein Schlagzeug (Grundschlag, Seite 47) einzusetzen.

MU

❷ **a** Die drei Songs (Ausschnitte) werden angehört und mitgesungen. Alle dürfen auswählen, welchen Song sie singen wollen. 🔘 A16, C7/8

b Danach werden drei bis vier Gruppen gebildet:
- Gruppe 1: Instrumentale Begleitung gemäß Aufgabe 1.
- Gruppe 2: Singt dazu „Happy Ending".
- Gruppe 3: Singt dazu „Right Here Waiting For You".
- (Gruppe 4: Singt dazu „How Far I'll Go".)

c Als Versuch werden alle Teile aus Aufgabe b nacheinander und gleichzeitig gesungen. Je nach Gruppengröße werden die Resultate besser oder ungeeigneter erklingen. Alle Beteiligten suchen hörend nach dem besten Resultat.

SINGEN UND SPRECHEN

③ **1564- und 1625-Lieder**

Weitere Lieder mit den entsprechenden Akkorden werden gespielt und gesungen.

>> HINWEIS: Eine ähnliche Vorlage steht im SB, Seite 138.

11 GESTALTEN UND EXPERIMENTIEREN

Auch in der Musik wurde seit Jahrhunderten immer wieder Neues ausprobiert, verworfen, verändert und neu konzipiert. Das ist mit ein Grund, warum es in der Musik immer wieder neue Stile gibt und warum sich die Musik im Lauf der Zeit immer wieder verändert hat.

• Das Notenspiel

Das Notenspiel, wie es auf Seite 136 im SB beschrieben ist, wird für viele Klassen eine einfache Wiederholung der Notennamen sein, für andere evtl. eine kleine Herausforderung, besonders dann, wenn ganz hohe oder ganz tiefe Noten aufgeschrieben werden.

Vorgehen:

- Jede Schülerin und jeder Schüler schneidet ein A4-Blatt Papier in zwölf Kärtchen oder erhält die Kopiervorlage im Anhang, LB, Seite 255
- Gemäß Abbildung rechts werden die Notennamen mit dunklem, dicken Filzstift in die Kästchen notiert, damit dann die hoch gehaltene Karte auch aus Distanz überprüft werden kann.
- Die Oktavlagen können hier außer Acht gelassen werden. Herausgefunden werden muss nur der richtige Notenname zum jeweilig aufgeschriebenen Ton.
- Für das Herausfinden des richtigen Notennamen-Kärtchens wird ein Zeitlimit vorgegeben, z. B. fünf Sekunden. Nach und nach das Zeitlimit verkürzen.

>> HINWEIS: Die Punkte können auch mit Plastikplättchen oder Spielfiguren vergeben werden.

• Die geheime Melodie – 1. Rhythmus

Das Schreiben von Noten sollte im Verlauf des Schuljahres immer wieder geübt werden (siehe dazu auch Seite 133 im LB). Dabei ist es sinnvoll, immer zuerst einen Rhythmus zu notieren und danach mit diesem Rhythmus eine Melodie zu entwickeln.

- Jede Schülerin und jeder Schüler schreibt auf einem leeren Blatt Papier einen eigenen zweitaktigen Rhythmus – gemäß dem Beispiel im SB. Zusätzlich kann unter die Noten eine Rhythmussprache notiert werden.
- Alle klatschen und sprechen der Reihe nach ihren Rhythmus vor. Gleichzeitig überprüft die Lehrperson, ob der Rhythmus korrekt notiert worden ist.

• Die geheime Melodie – 2. Melodie

In einem zweiten Schritt wird zum Rhythmus eine zweitaktige Melodie erfunden. Dabei ist es sinnvoll, vor allem mit Tonschritten und Tonwiederholungen zu arbeiten, damit sie später leichter gesungen und gespielt werden kann.*
Im Anschluss sollte jede und jeder nach Möglichkeit versuchen, die neue Melodie mit relativen Notennamen (do, re, mi …) zu singen und/oder mit einem Instrument zu spielen und zu überprüfen.

*Idealerweise wird zum Erfinden in Zweiergruppen ein Keyboard, ein Stabspiel, Handy oder Tablet verwendet. Fortgeschrittene können die Melodie auch singend erfinden.

• Die geheime Melodie – 3. Den Geheimcode knacken

- Wenn sich alle Jugendlichen ihre Melodie gut gemerkt haben, wird (hinten) auf dem Blatt ein Geheimcode notiert, z. B. eine beliebige Zahl, das eigene Geburtsdatum, der Familienname rückwärts geschrieben, ein Songtitel.
- Nachdem alle Blätter mit den Melodien eingesammelt worden sind, verteilt die Lehrperson die Melodieblätter neu und achtet darauf, dass niemand sein eigenes Blatt zurückerhält. Evtl. können etwas kompliziertere Kompositionen an Schülerinnen oder Schüler mit instrumentaler Vorerfahrung ausgeteilt werden.
- Alle versuchen nun mit den relativen Notennamen, die Melodie zu „entziffern" und zu singen. Bei besonders schwierigen Melodien muss evtl. ein Instrument hinzugezogen werden.
- Der Reihe nach werden die Melodien vorgespielt und evtl. vorgesungen. Wichtig ist, dass jede Person genau zuhört, wann ihr eigenes Werk erklingt.
- Meint eine Person, ihre Melodie wiedererkannt zu haben, wird die Richtigkeit mit dem Geheimcode überprüft. Ist alles richtig, gibt es zwei Gewinner: Die Person, die richtig gesungen/gespielt hat und die Person, die ihr eigenes Werk wiedererkannt hat.

Bleiben zum Schluss unerkannte Werke übrig, gilt es, herauszufinden, wo der Fehler gelegen hat: bei den Vortragenden oder bei den Zuhörenden?

>> TIPP: Für schwächere Lerngruppen bietet sich die Verwendung des Arbeitsblatts (im Anhang, LB, Seite 256) an.
Die geheime Melodie

MUSIK FÜR JEDE GELEGENHEIT

Kompetenzen

Die Schülerinnen und Schüler können ...

- Rhythmus- und Melodiepatterns aus verschiedenen Stilen spielen und deren Besonderheit erkennen.
- mit dem Klasseninstrumentarium spielen und sich an Tempo und musikalischem Ausdruck der Klasse anpassen.
- Patterns und Ostinati anwenden und kreativ damit umgehen (z. B. Improvisationsmuster).
- aus einer beliebigen Vorlage eine musikalische Gestaltung konzipieren und entwickeln.

Material

- Computer (für die Internetrecherche)
- A4-Papier und Stifte

 C9

 ❶ **a** Die drei Hörbeispiele können wie folgt zugeordnet werden: C9

- HB 1: Nationalhymne Türkei (Militärmusik). Die Musik dient zum Mitmarschieren bei Paraden, zu feierlicher Stimmung bei Staatsempfängen oder Siegerehrungen.
- HB 2: J. S. Bach: Präludium BWV 541 (Kirchenmusik). Wird als Zwischenspiel bei kirchlichen Anlässen und bei Orgelkonzerten verwendet.
- HB 3: Manegen-Zauber (Zirkusmusik): Soll eine gute, fröhliche Stimmung beim Publikum bewirken und Spannung, gefährliche Momente oder rasante artistische Leistungen akustisch hervorheben. Parallelen zu Filmmusik erwähnen.

b Die Beispiele für funktionale Musik werden thematisiert. Die Klasse äußert sich dazu mit ihren persönlichen Erfahrungen.

Beispiel Musik im Supermarkt: Hintergrundmusik, soll gute Laune verbreiten, oft Ohrwürmer und bekannte Melodien. Je nach Zielpunkt gibt es Unterschiede in der Auswahl der Musik.

HÖREN UND SICH ORIENTIEREN

Musik für jede Gelegenheit

In dieser Anwendung begegnen die Schülerinnen und Schüler zahlreichen Bildern mit „funktionaler Musik". Es gilt, diese per Drag & Drop den richtigen Hörbeispielen zuzuordnen.

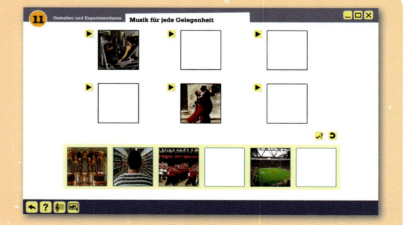

❷   Instrumental

a In Gruppen wählen die Schülerinnen und Schüler eine bestimmte Musikfunktion aus Aufgabe 1. Es bietet sich an, dazu zwei bis drei typische Beispiele im Internet zu recherchieren, anzuhören und einige Stichworte zur Besonderheit dieser Musik zu notieren.

b Die Gruppe spielt das viertaktige Pattern und überlegt, wie sie dieses nun für ihre ausgewählte Musikfunktion anpassen muss.

Beispiel Zirkus:

- Frisches, freches Tempo, Trommelwirbel einbauen.
- Begleitstimmen mit Blechblasinstrumenten (Keyboard), Fanfaren einbauen.
- Auf die Zählzeiten 1 kommt jeweils ein Pauken- und Beckenschlag.
- Sprechstimme begrüßt: „Herzlich willkommen, liebes Publikum ...“

❸   Gesang

a Als instrumentale Begleitung kann das Pattern aus Aufgabe 2 verwendet werden. Dazu singen alle die Dreiklang-Melodie.
Anschließend werden die drei Töne (pro Takt) z. B. folgendermaßen rhythmisiert:

b Auf SB, Seite 86 wurde eine ähnliche mehrstimmige Übung bereits gemacht. Zusätzlich kommt hier nun die Rhythmisierung der Dreiklänge.

c Hier könnte die Übung also folgendermaßen klingen, **Beispiel:**

>> HINWEIS: Es bietet sich an, die Töne auf die Gruppen so zu verteilen, dass keine großen Tonsprünge entstehen, siehe farbige Darstellung im SB („Tonvorrat Takte 1 bis 4“).

d Auch hier kann zur Unterstützung des Gesangs die Begleitung aus Aufgabe 2 verwendet werden.

❹   a+b Die Erfahrungen aus den Aufgabe 2 und 3 werden nun zusammengeführt und die Begleitung mit Gesang einer bestimmten Funktion zugeordnet.

Beispiel Tanzmusik:

- Begleitung: sehr rhythmisch, discotauglich, Tempo ab ca. 120 bpm. Evtl. ternäres Spiel?
- Gesang auf Silben (du, ta usw.), die einzelnen Töne werden kurz, prägnant, sehr rhythmisch gesungen.

c Evtl. können in Gruppen unterschiedliche Texte zu verschiedenen Funktionen geschrieben werden.

11

EINEN WERBECLIP PRODUZIEREN

Kompetenzen

Die Schülerinnen und Schüler können …

- zu Themen (z. B. Geschichte, Kunstwerk, Emotion) eine einfache Musik entwickeln und ausgestalten.
- in der Gruppe eine Performance oder einen Videoclip zu einem Thema produzieren und vertonen.
- zu musikalischen Fragestellungen kreative Lösungen finden. (Z. B.: Wie klingt die Musik der Großeltern? Wie klingt eine Filmszene, ein Sportanlass?)
- zu Musik Assoziationen bilden, eine thematische Auswahl treffen (z. B. Liebe, Protest, Macht) und diese in Musik und andere Medien umsetzen.

Material

- Computer (für Internetrecherche)
- Evtl. Kostüme, Requisiten
- A4-Papier und Stifte

Für die Realisierung eines eigenen Werbespots wurden auf den vorderen Seiten schon einige Vorarbeiten gemacht, die nochmals thematisiert werden können:

- Auf SB, Seite 25 wurde das einfache Schnittprogramm „Videosequencer" eingesetzt, um einen Filmclip zu vertonen.
- Auf den Seiten 66/67 „Werbung klingt" ging es um das Thema Musik in der Werbung und um die Komposition einer eigenen Filmmusik.

Auf der vorliegenden Doppelseite geht es um die Produktion eines eigenen Werbeclips. Die Musik spielt hier auch eine Rolle, aber der Schwerpunkt liegt dieses Mal auf schauspielerischen und aufnahmetechnischen Aspekten.

GESTALTUNGSPROZESSE

Als Einstieg in die Thematik lohnt es sich, wenn im Plenum einzelne Werbeclips thematisiert werden. Das kann mit zwei bis drei konkreten Beispielen geschehen, die im Internet gemeinsam angeschaut werden. Die Erfahrung zeigt aber, dass die Schülerinnen und Schüler selbst zahlreiche Clips kennen, mehrmals gesehen haben und viele Dialoge auswendig rezitieren können. In vielen Klassen genügt es daher, wenn einige aktuelle oder populäre Clips erwähnt werden und wenn besonders herausragende Beispiele genauer analysiert werden. (Was ist gelungen? Was könnte besser gemacht werden?)

Bereits in einem frühen Stadium sollten gewisse Vorgaben geklärt werden:

- Wie werden die Aufnahmen gemacht? Mit einem oder mehreren Handys oder steht eine Kamera zur Verfügung?
- Welche Aufnahmemöglichkeiten für die Musik stehen zur Verfügung?
- Wo dürfen Aufnahmen gemacht werden? Ausschließlich auf dem Schulareal, im Ort, in der näheren Umgebung?
- Wann werden die Aufnahmen gemacht? Können dazu Kostüme, Requisiten usw. mitgebracht werden?

❶ Je nach Klassengröße werden fünf bis sechs Gruppen gebildet, die unabhängig voneinander die ersten drei Schritte gemäß SB besprechen und einen ersten Entwurf für ihr Storyboard entwerfen.
Es lohnt sich, die ersten Schritte nach einer Vorbereitungszeit von zirka 20 bis 30 Minuten im Plenum zu besprechen. Eventuelle grundlegende Fehler wie ein überdimensioniertes Projekt oder ein besonders heikles Thema können hier korrigiert werden.

❷ Diese Aufgabe kann in zwei Varianten weiter geplant und durchgeführt werden:

- **Variante 1:** Die Klasse entscheidet sich für die Produktion eines einzigen Werbeclips, evtl. dem besten Vorschlag aus Aufgabe 1. Das hat den Vorteil, dass genügend Personen für alle Rollen vorhanden sind. Vielleicht braucht es für Straßenszenen, Sportveranstaltungen oder Musik-Events u. a. mehrere Schauspielerinnen und Schauspieler, vielleicht kann sogar mit zwei Kameras aufgenommen werden und eine kleine Gruppe widmet sich ausschließlich der Musikproduktion usw.
- **Variante 2:** Es wird weiterhin in kleineren Gruppen gearbeitet. Auf diese Weise liegen zum Schluss mehrere Clips vor, die besprochen und verglichen werden können. Das hat aber auch zur Folge, dass mehrere Personen bei verschiedenen Funktionen mithelfen müssen. **Beispiel:** Anfänglich werden Leute als Schauspieler eingesetzt, die sich später auch um die Musik und oder den Schnitt kümmern müssen.

Filmaufnahmen

An einigen Schulen stehen vermutlich Kameras zur Verfügung. Für die Aufnahme eines Werbeclips in der Schule genügt aber auch ein Smartphone oder ein Tablet. Die aufgenommenen Szenen kann die Cutterin oder der Cutter anschließend mit einer kostenlosen App (z. B. „iMovie" für das iPhone oder die App „PowerDirector" für Android) den Clip schneiden. Weitere Schnittprogramme können gratis aus dem Netz heruntergeladen werden.

Einen Werbeclip produzieren

Mit diesem aufs Wesentliche reduzierten Videosequencer können die Jugendlichen einen stummen Werbefilm zu Eispickeln der fiktiven Marke „White Pearl" vertonen. Bestehende oder eigene Soundeffekte und Instrumente können sie einfügen, schneiden, verschieben und die einzelnen Spuren passend abmischen.
Auch das abschließende Exportieren des Resultats ist möglich.

WILD STYLE!

Kompetenzen

Die Schülerinnen und Schüler können ...

- Rhythmus- und Melodiepatterns aus verschiedenen Stilen spielen und deren Besonderheit erkennen.
- mit dem Klasseninstrumentarium spielen und sich an Tempo und musikalischem Ausdruck der Klasse anpassen.
- Patterns und Ostinati anwenden und kreativ damit umgehen (z. B. Improvisationsmuster).
- aus einer beliebigen Vorlage eine musikalische Gestaltung konzipieren und entwickeln.

Material

- Diverse Perkussionsinstrumente
- Alltagsgegenstände für Perkussion
- Tablets / Smartphones
- Schulmaterialien

 C10

Wild Style! C10

1

a Nach einem ersten gemeinsamen Hören des Stücks wird die Schlusszeile mit Bodypercussion und Sprechtext erarbeitet:

- Rhythmus mehrmals mit einer Rhythmussprache sprechen und klatschen.
- Bodypercussion und Text einbauen.

>> HINWEIS: Wenn gesprochen wird, pausiert die Bodypercussion, aber die beiden „Stampfer" in Takt zwei und drei werden ausgeführt.

b Die Klasse wird in vier Gruppen (Stimmen) aufgeteilt. Jede Gruppe erarbeitet den Rhythmus und die Bodypercussion von einer der vier Stimmen.

>> HINWEISE:
- Stimme 2 spielt mit Schlagzeugsticks oder anderen Stäben.
- Stimme 3 spielt ihren Part stehend.
- Stimme 4 sollte mit ihren Sticks „scratch"-Geräusche erzeugen. Wo klingen diese „Schabgeräusche" am besten – auf dem Boden, an der Wand, auf Guiros?

Beim ersten Durchgang beginnt die erste Stimme mit einem ruhigen Tempo. Nach und nach setzt eine Stimme nach der anderen ein, bis alle vier Stimmen spielen.
Danach werden Teil B und (noch einmal) der Schluss geübt.

c Die Form im SB ist als Vorschlag zu betrachten. Sinnvoll ist es, mit der Klasse die Form zu besprechen und weitere eigene Varianten zu erfinden.

Beispiel:

• Schluss		alle
• Erster Teil (A-Teil)	nur Text sprechen	alle
• Erster Teil (A-Teil)	nur Bodypercussion und Instrumente	alle
• Teil B	nur Bodypercussion	Stimmen 3 und 4

MUSIZIEREN

❷ Nachdem nun alle das Stück gut kennen und ganz unterschiedlich interpretiert haben, wird die Kreativität der verschiedenen Gruppen gefordert.
Evtl. bestimmt die Lehrperson gewisse Vorgaben, z. B.:

- Der Sprechtext wird auch mit Instrumenten gespielt.
- Die hohen und tiefen Töne müssen weiterhin erkennbar sein.
- Die Form wird beibehalten.
- Das Tempo wird beibehalten.

… oder überlässt ganz bewusst den Gruppen die freie Gestaltung.
Alle vier Gruppen sollten der Auswahl der Instrumente/Sounds besondere Beachtung schenken. Mit welchem Sound wird „gescratcht"? Wie werden die „Klatscher" interpretiert? Wird gesprochen oder wird der Text witzig, schräg, verzerrt instrumental umgesetzt?
Als Bearbeitungsdauer sollten 15 Minuten nicht überschritten werden.
Anschließend werden die Resultate vorgestellt und besprochen.

❸ **a** Im Plenum wir diskutiert, welche Versionen nun gut zusammenpassen oder sich ergänzen könnten.

b+c Vorgehen gemäß SB

12 STIMMEN DER WELT

Seit Jahrtausenden wird auf der ganzen Welt Musik gemacht. Dabei ist die Modulationsfähigkeit der menschlichen Stimme ein erstaunliches Phänomen. Mit ihr können wir sprechen, schreien, flüstern, jauchzen, singen. Wir können Klangfarbe, Dynamik, Stimmumfang und Ausdruck verändern und dadurch Freude, Angst, Protest, Glück oder Trauer ausdrücken. Wenn wir das alles in einer Gruppe tun, entsteht oft ein sehr intensives Zusammengehörigkeitsgefühl, weil wir alles immer gemeinsam – und nie gegeneinander – tun.

• Musiktradition

Der Text wird gelesen, besprochen und eventuell erläutert. Hervorzuheben ist hier, dass die Menschen immer mit den Gegenständen/Instrumenten Musik gemacht haben, die ihnen zur Verfügung standen.
Beispiele:

- Menschen der Steinzeit: Knochenflöten, Holztrommeln
- Sklaven in den USA: Verpackungskisten, Eselkiefer (frühes Guiro), Kisten-Bass, Kürbis
- Kinder: Kamm mit Pergamentpapier (Kamm-Blasen)

Die Themen der Volkslieder spiegeln häufig die Situation der Menschen in ihrer Zeit:

- Auswandern, Trauern, Heimweh
- Kriege, Helden, Tod
- Liebe, Trennung, Sehnsucht, Hoffnung
- Spott, Tanz, feiern

• Woher stammt diese Musik? 💿 C11

Lösung:

1.	Schottland	Dudelsack
2.	Arabien	Saiteninstrumente, Flöte, Pauke
3.	Indien	Sitar
4.	Spanien	Gitarre, Kastagnetten
5.	Russland	Balalaika
6.	Venezuela	Schnabelflöte, Gitarre
7.	Griechenland	Bouzouki
8.	Ungarn	Violine, Cimbal (Hackbrett), Klarinette
9.	Deutschland	Blasmusik
10.	Uganda	Bambusflöte, Trommeln
11.	Nordamerika	Banjo, Fidel
12.	Trinidad	Steel Drum
13.	China	Flöte, Saiteninstrumente
14.	Frankreich	Akkordeon
15.	Österreich	Zither
16.	Irland	Violine
17.	Schweiz	Akkordeon, Klarinette, Klavier
18.	Mexiko	Gitarre, Trompete, Perkussion
19.	Italien	Mandolinen
20.	Japan	Gong, Flöte, Saiteninstrumente

Nach der Auflösung des Länderrätsels kann (noch einmal) auf die Parodie zu „Ein Jäger aus Kurpfalz" (SB, Seite 99) zurückgegriffen werden.

• Auch Werbeprofis können sich irren

Der Werbeclip zeigt den Tennisspieler Roger Federer beim Betreten eines noblen italienischen Restaurants. Dort geht er in die Küche und bereitet mit dem Küchenchef eine besonders leckere italienische Barilla-Pasta.
Dass dazu griechische Bouzouki-Musik erklingt, störte viele Pasta-Fans und die spöttischen Kommentare und Leserbriefe zu den Musikkenntnissen der Werbeprofis häuften sich.
Natürlich würden italienische Mandolinenklänge oder ein neapolitanisches Volkslied viel besser passen.
Eventuell könnten sich die Schülerinnen und Schüler weitere Werbeclips mit sehr unpassender Musik vorstellen, z. B.:

- BMW-Werbung   „Morgen kommt der Weihnachtsmann"
- H&M   „Alla Hornpipe" (SB, Seite 128)
- Spaghetti   Schottische Dudelsack-Melodie

• Guantanamera – Ein Lied aus der Karibik 💿 C12

Dieses kubanische Lied ist so populär, dass es inzwischen von unzähligen Interpreten aus vielen südamerikanischen Ländern gesungen wird. Das hängt vielleicht damit zusammen, dass der Refrain ein veritabler Ohrwurm ist. Aber auch das zweitaktige Begleitschema kann von Volksmusik-Instrumentalisten problemlos gemeistert werden.

- Es empfiehlt sich, dieses Lied instrumental zu begleiten. Dazu werden die Dreiklänge gemäß Schema auf SB, Seite 145 unten gespielt.
- Entscheidend für den „kubanischen Sound" sind die Perkussionsinstrumente. Für den Schulgebrauch (ohne Anspruch auf das kubanische Original) kann die Perkussionsbegleitung von SB, Seite 125 oder etwas einfacher von SB, Seite 149 (ohne Djembé-Stimme) dazugespielt werden.

HYMNEN UND POLITISCHE LIEDER

Kompetenzen

Die Schülerinnen und Schüler können ...

- musikalische Aspekte bewusst verfolgen und aufzeigen (z. B. Instrumentierung, Form, Interpretation).
- Musik bezüglich ausgewählter Merkmale in musikgeschichtliche und gesellschaftliche Bezüge einordnen (z. B. politische Musik, Singstimmen in verschiedenen Stilen).
- musikalische Verläufe hörend verfolgen, zeigen und beschreiben (z. B. Melodieverlauf, Lautstärke).

Material

- Flipchart oder A3-Papier

 C13/14

Nationalhymnen C13

 INFO!

Ein Land – eine Hymne

Nationalhymnen werden in der Regel im Rahmen eines Zeremoniells gesungen, das bestimmte Gesten und Handlungen, wie zum Beispiel Fahnen, Würdenträger und Blaskapellen beinhaltet. Mit der Nationalhymne präsentiert sich ein Staat zu besonderen Anlässen. Sie wird beispielsweise bei Staatsempfängen, internationalen Sportereignissen oder bei besonderen staatlichen Ereignissen gespielt und/oder gesungen.

Viele Nationalhymnen haben einen militärischen Ursprung, beispielsweise die „Marseillaise" oder der irische „Soldier's Song". Andere sind Lobgesänge auf einen Monarchen, so wie das britische „God Save the Queen" und wieder andere haben eher einen sakralen, choralartigen Charakter wie der „Schweizerpsalm" oder die isländische Hymne „Lofsöngur".

Schweiz

Der „Schweizerpsalm" wurde 1841 vertont und 1961 vom Bundesrat erst interimistisch, 1981 definitiv zur offiziellen schweizerischen Nationalhymne erklärt. Die Melodie stammt von Johann Joseph Maria Zwyssig, besser bekannt als Bruder Alberik. Der Text wurde von Leonhard Widmer, einem bekannten Dichter und Förderer des Volksgesangs verfasst.

Österreich

Die „Bundeshymne der Republik Österreich" besteht als Nationalhymne aus der Melodie des sogenannten „Bundesliedes" (lange W. A. Mozart zugeschrieben, ab ca. 1960 J. B. Holzer) und des Gedichts „Land der Berge".

Deutschland

Die Melodie der Nationalhymne Deutschlands entstammt dem Kaiserlied von Joseph Haydn, das er 1796/97 komponiert hat. Der Text wurde dem „Lied der Deutschen" von August Heinrich Hoffmann von Fallersleben entnommen. Heute wird nur noch die dritte Strophe des Textes verwendet.

Frankreich

Der revolutionäre, kriegerische Charakter der „Marseillaise" steht in deutlichem Gegensatz zu anderen Nationalhymnen, etwa der englischen oder der schweizerischen Hymne. Mehrere südamerikanischen Staaten übernahmen diese Art der Revolutionshymne. Ursprünglich wurde die „Marseillaise" als Antwort eines französischen Patrioten (Claude-Joseph Rouget de Lisle, 1792) auf das gerade geschlossene Bündnis zwischen Preußen und Österreich geschaffen.

Türkei

Der „İstiklâl Marşı" (Unabhängigkeitsmarsch) ist seit 1921 die türkische Nationalhymne. Den Text schrieb der Dichter Mehmet Akif Ersoy.

1 **a** Die Instrumentalversionen auf der CD sind in folgender Reihenfolge angeordnet:

1. Frankreich
2. Schweiz
3. Großbritannien
4. Türkei
5. Deutschland
6. Österreich

>> HINWEIS: Auch ohne „perfektes Notenlesen" können die Zuhörenden mithilfe der Noten herausfinden, welche Hymne aktuell abgespielt wird. Die Lehrperson kann ggf. Hinweise zur Rhythmik und Taktart geben.

b Für die Aufgaben b und c kann die Klasse in mehrere Gruppen aufgeteilt werden. Jede Gruppe sucht sich eine Nationalhymne und hält die jeweiligen Besonderheiten fest.

c Mögliche Merkmale: Taktart, Instrumentierung, Charakter (militärisch, Lobgesang, sakral).
Die Resultate werden verglichen und Gemeinsamkeiten herausgestellt z. B. häufig gut singbare Melodien, gespielt von Blechmusik mit feierlichem Pathos.

2 **a** Mögliche Argumente, die eingebracht und diskutiert werden können:

- Spieler repräsentieren das Land, für das sie spielen.
- Man sollte eine Hymne nur singen, wenn man sich tatsächlich mit dem entsprechenden Land identifiziert.
- Das gemeinsame Singen der Hymne hilft, sich auf ein Spiel einzustimmen.
- Niemand sollte gezwungen werden, eine Hymne zu singen.

b Um den Schülerinnen und Schülern den Einstieg in die Aufgabe zu erleichtern, hilft es, jeweils ein Videobeispiel auf z. B. YouTube zu betrachten.

Politische Lieder

3 **a** Vorgehen gemäß SB. Weitere **Beispiele** sind:

- „Wir sind des Geyers schwarzer Haufen" – bündische Jugendbewegung
- „The Star-Spangled Banner" (die amerikanische Nationalhymne) wurde von Gitarrist Jimi Hendrix als Anti-Kriegshymne interpretiert.

b+c Vorgehen gemäß SB

We Shall Overcome C14

Wie Recherchen im Internet zeigen, hat dieses Friedenslied nichts an Aktualität eingebüßt und wird weiterhin bei Friedensanlässen, Anti-Rassismus-Demonstrationen und weiteren politischen Anlässen von Menschenmengen gesungen.

>> HINWEIS: Wenn die Schülerinnen und Schüler das Lied singen können, lohnt es sich, es einmal mit vollem Körpereinsatz (ohne zu brüllen) und sehr engagiert zu singen – als Friedenshymne.

> **2. Strophe**   Text: trad.
>
> We'll walk hand in hand,
> we'll walk hand in hand,
> we'll walk hand in hand some day.
> Oh, deep in my heart I do believe:
> We'll walk hand in hand some day.

Kopieren zu Unterrichtszwecken erlaubt. © Helbling

HÖREN UND SICH ORIENTIEREN

GP

GP

GESTALTUNGSPROZESSE

FATOU YO SI DIA DIALANO

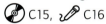

Kompetenzen

Die Schülerinnen und Schüler können …

- die Eigenart von Liedern aus unterschiedlichen Kulturen singend interpretieren und dem entsprechenden kulturellen Kontext zuordnen.
- Puls und Taktschwerpunkt in Bewegung umsetzen, halten und unterschiedliche Rhythmusmuster wiederholen.
- gleichzeitig zwei Rhythmen üben und spielen (z. B. Bodypercussion).
- zu Musikstücken vorgegebene Bewegungsabläufe übernehmen, variieren sowie Improvisationen in Gruppen entwickeln.
- Lieder aus unterschiedlichen Stilarten singen, die sprachlichen Besonderheiten berücksichtigen und den damit verbundenen Ausdruck erproben.

Material

- Kleine und große Trommel, Schüttelrohr, Djembé

  🎵 C15, ✏ C16

Republik Senegal

Senegal liegt im Westen Afrikas am Atlantik. Die Republik reicht von der Sahara im Norden, bis zum tropischen Regenwald im Süden. Ihre Hauptstadt Dakar ist zugleich eine der größten Städte des Landes und dessen wichtigstes wirtschaftliches Zentrum. 90% der Bevölkerung des Senegal sind Muslime. Von 1895 bis 1960 war der Senegal eine französische Kolonie und bis heute ist die Amtssprache Französisch.

Fatou Yo Si Dia Dialano 🎵 C15 ✏ C16

1 a Im Plenum wird die Aussprache des Lieds mithilfe der Lautschrift so lange geübt, bis alle Schülerinnen und Schüler klar und deutlich mitsprechen können. Das Lied wird daraufhin im Original gehört und dazu zunächst nur der Text mitgesprochen.

b Das Lied kann auch schrittweise erarbeitet werden (z. B. zuerst Teil A, dann B usw.). Es ist sinnvoll, die Singstimme des A-Teils mehrmals zu wiederholen und nach und nach die einzelnen Elemente der Bodypercussion dazuzunehmen.

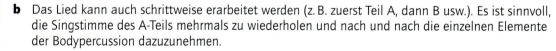

2 a Zum Hörbeispiel wird nun die Bodypercussion zum ganzen Lied, gehend, frei im Raum verteilt eingeübt.

b Zur Bodypercussion den Text des Lieds dazusprechen.

c Nun sind alle nötigen Elemente vorhanden und alles kann zusammengefügt werden. Diese drei Teile (gehen, singen, spielen) gleichzeitig durchzuführen, benötigt eine längere Übungsphase und ist für einzelne Jugendliche sehr schwierig.
Für das Singen eignet sich das Playback, es gibt den Ablauf im Notenbeispiel wieder. ✏ C16

3 **a** Die zweite Stimme wurde hier absichtlich, aus Gründen der einfacheren Lesbarkeit, in einem gesonderten Notenbeispiel gesetzt. Sie beginnt mit denselben Tönen und demselben Text wie die erste Stimme. Wenn die erste Stimme sicher einstudiert worden ist, birgt die zweite Stimme keine großen Schwierigkeiten mehr. Es bietet sich wieder an, mithilfe der Solmisationssilben (do, re, mi ...) die Melodie zu erarbeiten und das Notenlesen zu üben. Wie weit schafft es die Klasse ohne die Hilfe der Lehrperson? Müssen die „Stolpersteine" (**Beispiel:** die zwei letzten Takte der ersten Zeile) mithilfe des Klaviers überbrückt werden?

b Es empfiehlt sich, zu Beginn mit der ganzen Klasse die Stimmen einzuüben und erst anschließend zwei Gruppen zu bilden.

>> TIPP: Beide Gruppen sollten auch Stimmen im Stimmbruch integrieren.

c Der C-Teil ist rhythmisch eine etwas anspruchsvollere Herausforderung für die Schülerinnen und Schüler (Vierteltriolen) und muss sorgfältig eingeübt werden.

4 **a** Durch das Lesen der Rhythmen mit einer Rhythmussprache oder den Zählzeiten erarbeiten die Schülerinnen und Schüler die eigenen Stimmen. So fällt das anschließende Üben auf den einzelnen Instrumenten leichter.

b Nun können der zweistimmige Gesang und die Percussion-Begleitung zusammengeführt werden. Alle Jugendlichen sollten einmal die Gelegenheit haben, ein Begleitinstrument zu spielen.

>> TIPP: Zum Playback singen und mit den Rhythmen begleiten. 🖉 C16

SINGEN UND SPRECHEN

MUSIZIEREN

BOMBAY

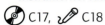

Kompetenzen

Die Schülerinnen und Schüler können ...

- eine Begleitung spielen und sich in die musizierende Gruppe einfügen.
- im chorischen Singen den Anweisungen der Lehrperson bezüglich Einsätze, Tempo und Dynamik folgen.
- Lieder in der Klasse oder in Gruppen üben (z. B. Ausdauer zeigen, Konzentration beibehalten).

Material

- A4-Papier und Stifte
- Instrumente: Klavier, Xylofon, Ukulele

🔘 C17, ✏️ C18

Bildbetrachtung: Die vier Brüder der Band 77 Bombay Street.

- Wer kennt die Band?
- Kennt jemand einen Song? Z. B. „Up in the Sky", aus dem Jahr 2011

Warm-up

1 a Vorgehen gemäß SB. Entweder Aufstellung im Kreis oder in der Reihe. Die Lehrperson leitet an.

b ›› TIPP: Als Unterstützung die Zählzeiten „1, 2, 3, 4" dazusprechen.

c Der Instrumentalteil (ca. ab 1'36'') wird gemeinsam angehört, die Klasse singt mit. Die Lehrperson spielt die Melodie auf dem Klavier (ohne Hörbeispiel) – langsame und genaue Erarbeitung, auch der Rhythmus wird klatschend geübt (z. B. ohne Melodie).

🔘 C17

2 a Der Instrumentalteil wird zu den Basstönen (siehe SB) gesungen.

›› HINWEIS: Im Sinne des Originals die Sechzehntel leicht swingend singen.

b Alle singen zum Bass, gehen und klatschen.

c Wurde in der Klasse bereits Ukulele gespielt, begleiten zwei Jugendliche den Instrumentalteil und eventuell weitere Teile mit den Akkorden.

INFO!

Ukulele

Immer öfter wird die Ukulele auch als Klasseninstrument im Unterricht eingesetzt. Dabei ist der Vorteil zur Gitarre gut ersichtlich: die Ukulele hat nur vier Saiten. Dadurch werden alle Griffe vereinfacht.
Zwei unterschiedliche Stimmungen der vier Saiten sind im Handel erhältlich:
Stimmung A: A – D – Fis – H
Stimmung B: G – C – E – A (klingt einen Ganzton tiefer)
Die Grifftabelle im SB bezieht sich auf die Stimmung A. Eine Grifftabelle für die B-Stimmung findet sich auf der gegenüberliegenden Seite.

SUS

SINGEN UND SPRECHEN

3 a Strophe: Lautes Lesen in der Klasse, die korrekte Aussprache wird geübt. Der Text kann zusätzlich von der Lehrperson/gemeinsam übersetzt werden. Dann gemeinsames Lesen (im Tempo) und anschließendes Singen der Hauptstimme zum Hörbeispiel. C17

>> HINWEIS: Auch hier wie im Original die Sechzehntel leicht swingend singen.

b Zwei Gruppen lernen selbstständig die beiden anderen Stimmen, während die Lehrperson mit der ersten Gruppe das Lied weiterhin übt und festigt.

c Vorgehen wie bei der Strophe, diesmal mit dem Refrain. Alle lernen die Hauptstimme des Chorus auswendig.

d Auch hier empfiehlt es sich, die Nebenstimmen von einer kleineren Gruppe einstudieren und singen lassen.

>> HINWEIS: Sinnvollerweise wird das ganze Stück „zusammengesetzt" und mit der Klasse gesungen und gespielt. Für eine Komplettversion kann auch das Playback eingesetzt werden. C18

SINGEN UND SPRECHEN

INFO!

Bombay Street

Als die Familie der vier Brüder Matt, Joe, Esra und Simri-Ramon 2001 nach Adelaide (Australien) in die „77 Bombay Street" zog, haben die Jungs bereits oft gemeinsam musiziert.
2007 wurde die Band im Schweizer Kanton Graubünden gegründet. Ein Jahr nach der Gründung von 77 Bombay Street konnten bereits erste Erfolge verzeichnet werden: Die Band gewann verschiedene Wettbewerbe und unterzeichnete einen Plattenvertrag. 2011 erschien schließlich ihr Debutalbum „Up in the Sky", das mehr als 30'000 Mal verkauft und mit Platin ausgezeichnet wurde. Ein Jahr später wurde bereits das zweite Album „Oko Town" veröffentlicht. 2015 erschien schließlich „Seven Mountains", das dritte und bisher letzte Album der Band. Die beiden späteren Alben erreichten beide Platz eins der Albumcharts.
Das Lied „Bombay" ist 2015 auf dem dritten Album „Seven Mountains" erschienen.

Grifftabelle für Ukulele mit der Stimmung G–C–E–A

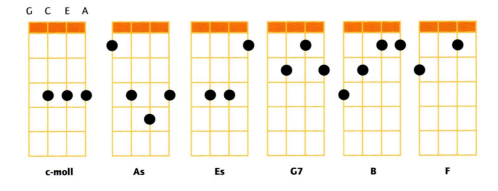

| c-moll | As | Es | G7 | B | F |

DIE FORELLE LEIDET

> **Kompetenzen**
>
> Die Schülerinnen und Schüler können …
>
> - musikalische Verläufe hörend verfolgen, zeigen und beschreiben.
> - Lieder aus unterschiedlichen Stilarten singen, die sprachlichen Besonderheiten berücksichtigen und den damit verbundenen Ausdruck erproben.
> - exemplarische Musikstücke in Bezug zu Vergangenheit, Gegenwart und Kulturräumen ordnen.
> - ein begleitetes Lied solistisch oder in Gruppen vortragen.
>
> **Material**
> - A4-Papier und Stifte
>
> 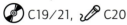 C19/21, ✏ C20

In diesem Kapitel wird gezeigt, dass auf eine (gesellschaftliche) Bewegung meist eine Gegenbewegung folgt. Auf vorgegebene klare Strukturen (Klassik) folgt die Idee des individuellen Wegs (Romantik).

Die Themen der Romantik

Auch heute erleben wir ähnliche Aspekte: Die Arbeitswelt ist nach wie vor gewinn-, die Gesellschaft leistungsorientiert. Beispiele dafür sind die Noten in den staatlichen Schulen, die vielen Zertifikate, die es zu erwerben gibt – letztendlich die Akademisierung der gesamten Ausbildungsstruktur. Als Gegenpol werden Themen wie Achtsamkeit, Work-Life-Balance, Energiehaushalt-Management immer wichtiger, größer und mitunter gesellschaftlich akzeptierter. Hier ist eine Parallele eben dieser Situation, wie sie im SB beschrieben ist (Klassik → Romantik), zu erkennen.

Die Jugendlichen machen sich Gedanken über die Themen in der Tabelle. Sie überlegen sich, was in ihrer Lebenswelt von Bedeutung ist oder in welcher Form.

1 **a** Die Tabelle wird im Plenum gelesen. Die Jugendlichen machen sich Notizen zu den beiden Fragen (siehe SB). Danach folgt eine Besprechung.
Mögliche Antworten (Auswahl):

- Die Natur: Ruheinsel, Sport, Naherholungsort, Naturkatastrophen, Klimawandel
- Die Liebe: Kein Leben ohne die Liebe, durch Liebe entsteht Leben, Liebe als Nächstenliebe (Freunde, allgemeine zwischenmenschliche Beziehungen), Liebe als Lebensfreude, Liebe in Form einer Liebesbeziehung usw.
- Transzendenz: Comics, Science-Fiction-Filme, Bücher (z. B. Harry Potter), ein Deutschaufsatz, der fantasievoll sein soll/darf usw.
- In der Nacht: Man sieht weniger (Dunkelheit), aber hört besser. Wir schließen die Augen, wenn wir uns auf eine Musik oder einen Geruch konzentrieren.

b Mögliche Antworten:

- Natur: „A Sky Full of Stars" (Coldplay)
- Träume: „I Have a Dream" (ABBA)
- Transzendenz: div. Filmmusik, z. B. „Inception" (Hans Zimmer)
- Das Geheimnisvolle: „Bilder einer Ausstellung" (Modest Mussorgsky)
- Sehnsucht: „Need You Now" (Lady Antebellum)
- In der Nacht: „Eine kleine Nachtmusik" (W. A. Mozart)
- Wandern: „Walking on Sunshine" (Katrina and the Waves)
- Die Liebe: „I Won't Let You Go" (James Morrison), „You Raise Me Up" (Josh Groban)
- Die Jahreszeiten: „Die vier Jahreszeiten" (Antonio Vivaldi)

>> TIPP: Internetrecherche zur Bearbeitung der Antwort 1b

GESTALTUNGSPROZESSE

2

a Mögliche Antworten: Verbundenheit mit der Natur (der schwimmenden/hüpfenden Forelle zuschauen), der Fischer sieht die Forelle als Ziel (= Erfolg/Leistung). C19

b **Lösung:**
- Musik: Beginn in einer Moll-Tonart, tiefer, bedrohlich, traurig
- Text: Die Forelle wird gefangen und stirbt (sie blutet).

3

Evtl. kann das Bild eines toten Fisches zur Betrachtung und Reflexion herangezogen werden:
Wie wirkt dies auf die Klasse? Warum ist er tot?
Mögliche Antworten: Umweltsünden, Katastrophen (verunglückte Öltanker u. a.), verkleinerter Lebensraum usw.

a Die Klasse hört möglichst viel zu den erwähnten Umweltsünden heraus (z. B. „Polychloriertes Biphenyl"). C21

b Hier bietet es sich an, mit verschiedenen Farben zu arbeiten: Die Jugendlichen markieren mit einer Farbe die Bereiche, die eher zum Original passen (hier: hellblau) und mit einer anderen Farbe die neuen, modernen Teile im Text (hier: lila).

Mögliche Lösung:

Text: Hans Scheibner
© SMV Schacht

1. Im Bache die Forelle,
die letzte ihrer Art,
ging kurz hinter der Quelle
auf eine Wanderfahrt.
Nach hundert Metern kam sie
am ersten Bauernhaus vorbei,
ihr war, als ob das Wasser
phosphatgesättigt sei.

2. Dann schwamm sie um die Ecke
zu der Papierfabrik.
Ihr wurde schon so komisch,
sie dachte: ich erstick'!
Dann schwamm sie noch nach oben,
das Wasser war so bunt
vom Öl, wie'n Regenbogen,
sie fühlt' sich nicht gesund.

3. Sie atmete noch schnelle
polychloriertes Biphenyl,
dann starb sie, die Forelle,
weil ihr das nicht gefiel.
Mit weiß geblähtem Bauche,
Geschwüre, Geschwüre bis zum Schwanz,
trieb sie in dieser Jauche,
o heil'ger Schubert Franz!

c Mögliche Antworten: Müll/Flaschen im Fluss, Plastik am Meer (Sommerferien) usw.

d Gemeinsam wird das Lied angehört und dann gesungen. Die Lehrperson spielt je nach Bedarf zwischendurch einzelne Takte der Melodie auf dem Klavier (ohne Hörbeispiel). C21

4

a Gemeinsames Singen gemäß Aufgabe im SB

b Singen der weiteren Strophen. Die Klasse singt das ganze Lied mit der Original-Klavierbegleitung. C20

c Hier ist auch eine Aufteilung der Strophen oder Zeilen denkbar. Zweier- oder Dreiergruppen bieten sich an, um Hemmungen zu überwinden.

>> TIPP: Die beiden Versionen werden an einem (Schul-) Konzert vorgestellt:
- Originalversion von Schubert: Eine stimmlich besonders begabte Schülerin oder ein Schüler (evtl. eine kleine Gruppe) singt die Originalversion zur Klavierbegleitung, die entweder als Playback abgespielt oder „live" von einer Lehrperson ausgeführt wird. C20
- Im Anschluss (evtl. mit entsprechender Ansage) spielt und singt die Schulband oder eine Gruppe mit den entsprechenden Instrumenten die Scheibner-Version.

HÖREN UND SICH ORIENTIEREN

SINGEN UND SPRECHEN

YOU RAISE ME UP

Ein Welterfolg

Die Einleitung wird gemeinsam gelesen und das Bild betrachtet: Wer kennt den Song? Möglicherweise beginnen einige zu summen oder zu singen. Die Melodie wird den meisten bekannt sein, so ist das Erarbeiten / Mitsingen rasch erfolgt und eine Vertiefungsarbeit möglich. Auf dieser Doppelseite wird deshalb der Fokus auf verschiedene Versionen des Songs sowie auf chorisches Singen gelegt.

❶ a Mit Blick in die Noten (SB) hören alle dem Song zu und singen mit. Die Lehrperson stoppt die Aufnahme nach Bedarf und der Text wird besprochen: C22

- Worum geht es in dem Song?
- Was meint „You raise me up" überhaupt? Du hebst mich hoch (wörtlich) / Du munterst mich auf, lässt mich zuversichtlich und mutig / dem Leben positiv gegenübergestellt sein usw. (sinngemäß)

Evtl. wird die **zweite Strophe** übersetzt:

Es gibt kein Leben – kein Leben ohne seinen Hunger.
Jedes andere Herz schlägt so unvollkommen.
Aber wenn du kommst und ich erfüllt bin mit Wundern.
Manchmal, denke ich, ich blicke auf die Ewigkeit.

>> TIPP: Das Thema in der Klasse ansprechen: Die Wichtigkeit von Bezugs- / und Vertrauenspersonen, Mitmenschen im Leben zu haben, die einem guttun, die für einen da sind in schwierigen Zeiten.

b Die Jugendlichen suchen im Internet nach weiteren Versionen (z. B. auf YouTube). Sie notieren sich Unterschiede wie Gesang (Solo / Chor / beides / Frauen / Männer), Tempo, Instrumentierung, Stil, Stimmung, Live- / Studioversion usw.

c Vorgehen gemäß SB

❷ Hier empfiehlt es sich, das Musikvideo „You Raise Me Up (Official Music Video)" von Josh Groban zu verwenden (Einsatz Chor bei ca. 3'15'').

a Während der Song gehört wird, spielt die Lehrperson einige Töne auf dem Klavier mit (z. B. die Anfangstöne einer bestimmten Stimme) als Orientierungshilfe zu den einzelnen Stimmen. Alle summen eine beliebige Stimme mit.

b Die Jugendlichen verteilen sich an Instrumente (Klavier, Keyboard, Gitarre, Xylofon usw.) und üben eine der notierten Stimmen. Möglicherweise stimmt die von ihnen gehörte Stimme mit der notierten nicht genau überein, trotzdem kann sie zu den Harmonien passen. Hier ist Ausprobieren erwünscht oder die Lehrperson zu fragen.

SUS

c Alle wählen eine Stimme, die ihrer Stimmlage entspricht und singen zum Original. C22

d Nun wird ein Chor gebildet. Die Schülerinnen und Schüler teilen sich nach Stimmen auf, gegebenenfalls ergänzt/ändert die Lehrperson die Gruppen. Dann wird der Refrain schrittweise eingeübt. Die Gruppen erarbeiten ihre Stimmen selbstständig:

- Die Gruppe mit der Solostimme achtet besonders darauf, dass alle denselben Rhythmus singen (die Melodie ist bereits bekannt).
- Bei den zwei/drei Chorstimmengruppen bestimmt die Lehrperson jeweils eine Gruppenleitung. Diese bringt idealerweise musikalische Vorbildung mit und kann eine Gruppe anleiten.
- Die Lehrperson zirkuliert und gibt Hilfestellung: Die Gruppen singen das Geübte vor, die Lehrperson gibt Tipps und/oder korrigiert.
- Im Anschluss wird der Refrain zusammengetragen – ein Chor entsteht!

>> TIPP: Das Lied zum Abschluss auch zum Playback singen. C23

SINGEN UND SPRECHEN

MUSIK IN FORM

Das genaue Zuhören steht auf diesen Kapitelseiten im Vordergrund. Es kann nie genug geübt werden und ist auch für Erwachsene immer wieder eine Herausforderung, je nachdem, was in einem Musikstück „herausgehört" werden soll (Instrumentierung, Harmonik, Texte, Melodieführungen usw.).

• Ein berühmtes Klavierkonzert 💿 C24

Der Anfang des Klavierkonzerts wird angehört und beschrieben.

Beispiele:

• Der Anfang klingt mit dem Einsatz der vielen Blechbläser imposant und majestätisch.
• Die Melodie wird vom Orchester eher verhalten gespielt, während die Klavierstimme wuchtige Akkorde beisteuert.

Es empfiehlt sich, diesen Ausschnitt mehrmals zu hören. Einmal werden die Noten mit dem Zeigefinger verfolgt, beim nächsten Mal kann mitgesummt werden.

• Eine berühmte Filmmusik 💿 C25

Die berühmte Filmmusik von Charlie Chaplin wird angehört. Eventuell realisieren die Schülerinnen und Schüler bereits beim ersten Anhören, dass gewisse Ähnlichkeiten der Melodie aus dem Klavierkonzert und dem Lied „Limelight" vorhanden sind.

Chaplins Kompositionsweise bestand darin, Melodien, die er in Erinnerung hatte, in leicht veränderter Form für seine Stummfilme zu verarbeiten. In der Zeitschrift „Das Magazin" vom 6. April 2019 schilderte Christopher Chaplin, der Sohn des Regisseurs diese Art zu komponieren so:

„Er hatte die Musik im Kopf, brauchte aber jemanden, der aus seinen Ideen Partituren schrieb. Ich habe das so in Erinnerung: Meine Mutter projizierte die alten 16-mm-Filme zu Hause auf eine Leinwand, während mein Vater die Melodien summte, die ihm dazu einfielen. Sein Freund Eric James, der Komponist und Arrangeur, saß am Klavier und brachte die Einfälle meines Vaters zu Papier. Danach wurden die Manuskripte nach London geschickt und fürs große Orchester arrangiert.

Während der Stummfilmzeit war es üblich, dass die Filmvorstellungen von Pianisten oder Orchestern begleitet wurden. Diese spielten, was musikalisch gerade angesagt war. Meinem Vater gefiel das nicht. Er wollte seine eigene Filmmusik. Also machte er es sich Jahrzehnte später zur Aufgabe, einige seiner abendfüllenden Stummfilme nachträglich zu vertonen."

• Ähnlich, aber nicht gleich

Viele Filmkomponistinnen und -komponisten, die besonders ab den 1960er-Jahren mit großen Orchestern arbeiteten, haben immer wieder Ideen bei verstorbenen Kollegen geholt: Als Beispiel können Gewitterszenen dienen, die in entsprechenden Kompositionen bei Rossini und Beethoven vorweggenommen wurden.

Nach einem weiteren Hören der beiden Musikausschnitte thematisiert die Lehrperson mit der Klasse das Vorgehen von Charlie Chaplin beim Komponieren (siehe oben) und bespricht, wie sich die Schülerinnen und Schüler an Melodien, Rhythmen, Werbeclips usw. erinnern. Haben sie zeitweise einen Ohrwurm, bringen sie Melodien „nicht mehr aus dem Kopf"?

Die Schülerinnen und Schüler vergleichen nun die beiden Notenbeispiele, suchen Unterschiede und Gemeinsamkeiten.

Beispiele:

Takte	Klavierkonzert	Limelight
Auftakt	Beginnt mit Auftakt	
1		Ähnlich, mit leichter Verzierung
2		Identisch
3		Die Melodie wird vereinfacht.
5	Wiederholung des Motivs einen Ton höher	Wiederholung des Motivs einen Ton tiefer
	Takt 13–15 (letzte Zeile): absteigendes und aufsteigendes Motiv in Achteln	In Takt 9/10: aufsteigendes Motiv in Achteln

Die Gemeinsamkeiten sind außerdem auch in der Kompositionsart erkennbar, an der träumerisch-sehnsuchtsvollen Stimmung, die die beiden Musikstücke vermitteln.

FILMMUSIK

Kompetenzen

Die Schülerinnen und Schüler können ...

- Funktionen exemplarischer Musikbeispiele erkennen und einem gesellschaftlichen Kontext zuordnen (z. B. Disco, Filmmusik, Nationalhymne).
- ausgewählten Hörbeispielen Stimmungen und Lebenssituationen zuordnen und beschreiben.
- Lieder in der Klasse oder in Gruppen üben (z. B. Ausdauer zeigen, Konzentration beibehalten) sowie Interpretationsmöglichkeiten erproben und vergleichen.

Material

- Stifte
- C26/27

Auf den Seiten 24 und 25 des SB wurde die Wirkung sowie die Funktion von Filmmusik untersucht. Die Schülerinnen und Schüler komponierten eigene Sounds zu einer Stummfilmsequenz. Auf diesen Seiten wird nun die emotionale Wirkung von Musik noch einmal besprochen.

Nach einer Einführung über die geschichtlichen Grundlagen lernen die Jugendlichen bekannte Filmmusik und ihre Komponisten auf spielerische Art besser kennen. Gemeinsam wird zugehört, gerätselt und gesungen.

Bildbetrachtung

Auf den Bildern sind abgebildet (v.l.n.r.):

- Der Hai (Film: „Der weiße Hai")
- Stormtrooper (Film: „Star Wars")
- E.T. (Film: „E.T.")
- Colonel Woodrow Dolarhyde (Film: „Cowboys & Aliens")
- Harry Potter (Film: „Harry Potter")

Die Entwicklung der Filmmusik

Die Infotexte werden gemeinsam gelesen und die vier Kompositionstechniken am Ende der Seite mit der Tabelle von Aufgabe 1 verglichen. Die Klasse sucht weitere bekannte Beispiele, wie:

- Leitmotivtechnik in: „Harry Potter", „Herr der Ringe", „Spiel mir das Lied vom Tod"
- Underscoring in: „James Bond", „King Kong"
- Micky Mousing in: „Pink Panther", „Tom & Jerry" (wird oft bei Trickfilmen eingesetzt)
- Mood-Technik in: „Inception", „Gladiator"

1 a Vorgehen gemäß SB

b Die Schülerinnen und Schüler erstellen auf einem Blatt eine Sammlung/Tabelle wie die Vorlage auf Seite 159 im SB. Weitere mögliche Genres sind zum Beispiel: Fantasyfilm, Liebesfilm, Sportfilm, Thriller, Musikfilm usw. Die verschiedenen Kompositionstechniken finden sich im SB auf der Seite 158 unten.

2 Die Melodie von „Hedwig's Theme" ist wegen der leiterfremden Töne in den Takten 3, 6 und 7 und der Tonsprünge nicht einfach zu singen. Evtl. mit der Klasse thematisieren. C26

3 a Die Klasse sucht online nach Informationen zum Komponisten Ennio Morricone (Kompositionen zu „Spiel mir das Lied vom Tod"; „Für eine Handvoll Dollar", „Es war einmal in Amerika" u. v. a.), zum Lied und zu dessen Entstehung und trägt sie zusammen.

„Sacco und Vanzetti" – der Film

Nicola Sacco und Bartolomeo Vanzetti waren zwei Arbeiter, die von Italien in die USA ausgewandert waren und sich dort der anarchistischen Arbeiterbewegung anschlossen. Sie wurden unter falschem Mordverdacht verhaftet, angeklagt und zum Tode verurteilt. Trotz Protesten aus der ganzen Welt richtete man sie am 22. August 1927 hin. Gegen Ende des Films (Originaltitel: „Sacco e Vanzetti"), der sich um diese Ereignisse dreht, marschiert eine große Menschenmenge zum Gefängnis und singt dieses Lied zu Ehren der beiden Hingerichteten.

b Die Schülerinnen und Schüler hören sich den Song „Here's to You" mehrmals an und versuchen die Melodie als Protestsong zu singen. Ggf. zunächst definieren, was einen Protestsong ausmacht und Beispiele aus der Gegenwart thematisieren. C27

Liedbegleitung zu „Here's to You"

Die Liedbegleitung ist sehr einfach und lässt sich mit der Klasse gut realisieren. Dabei beginnt der Bass (gespielt mit Keyboard/Orgel) in einer tiefen Lage mit sehr ruhigem Tempo. Bei der Wiederholung setzt die Violinstimme (3. Stimme) ein, beim dritten Durchgang die Flöten- und Trompetenstimme (1. + 2. Stimme). Beim vierten Durchgang kommen Gitarre und Schlagzeug (Grundschlag, z. B. auf SB, Seite 47) dazu, danach die Singstimmen.

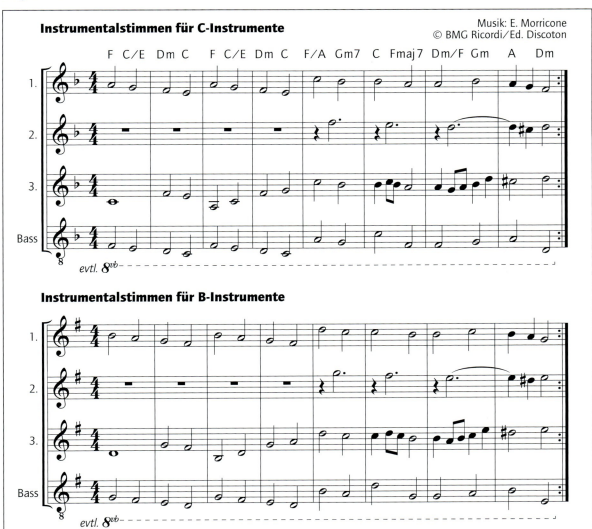

TEMPO, TEMPO!

Kompetenzen

Die Schülerinnen und Schüler können ...

- weitere Symbole der traditionellen und grafischen Musiknotation erkennen und benennen (z. B. Dynamik, Artikulation).
- eine Einzelstimme in mehrstimmigen Notenbildern hörend verfolgen (z. B. in einer Partitur).
- in einem notierten Musikstück (z. B. Partitur) Instrumente erkennen und beschreiben.
- zu bestehender Musik eigene musikalische Mitspielaktionen erfinden.

Material

- A4-Papier und Stifte
- Filmausschnitt (Suchbegriff in YouTube: „Dvořák – Slavonic Dances, Op. 46 – Kocsis. Nr. 8." Ausschnitt ab 33'26")
- Metronom oder App „Metronome"

 C28

PMW

Die Schülerinnen und Schüler lernen den Komponisten Antonín Dvořák und seine Musik kennen. Als Einstieg dient die Kurzbiografie (siehe Kasten auf SB, Seite 161) sowie der Beginn der Partitur. Zusätzlich kann die Frage aufgeworfen werden, was „slawisch" heißt. Hier können z. B. die slawischen Länder genannt werden: Russland, Ukraine, Weißrussland, Polen, Tschechien, die Slowakei, Bulgarien, Slowenien, Kroatien, Serbien, Bosnien und Herzegowina, Nordmazedonien und Montenegro. Der Komponist der Slawischen Tänze Antonín Dvořák kam aus Tschechien.

Slawische Tänze, Op. 46, Nr. 8 C28

1

a In der Partitur zu sehen sind:

- Taktart: Dreivierteltakt
- Tempo: „Presto" (= schnell bis sehr schnell)
- Lautstärke/Dynamik: „*ff*" = fortissimo (laut bis sehr laut/stark)
- Notenschlüssel: Violin-, Alt- und Bassschlüssel, (Perkussion ohne Schlüssel)

b Instrumente von oben nach unten:

- Piccoloflöte
- Flöte
- Oboen 1 und 2
- Klarinetten 1 und 2 (in B-Stimmung)
- Fagott 1 und 2
- Hörner 1, 2, 3 und 4 (in F-Stimmung)
- Trompeten 1 und 2 (in F-Stimmung)
- Posaunen 1 und 2
- Pauken in (G- und D-Stimmung)
- Becken, Große Trommel, Triangel
- Violinen 1 und 2
- Viola (Bratsche)
- Violoncelli
- Kontrabass

Geordnet sind die Instrumente nach Instrumentengruppe: Holzbläser, Blechbläser, Schlag-, Streichinstrumente.

c Die Lehrperson zählt zwei Takte auf drei („1, 2, 3, 1, 2, 3") ein und alle klatschen den Rhythmus, evtl. mit einer Rhythmussprache.

PRAXIS DES MUSIKALISCHEN WISSENS

2 **a** Zum Hörbeispiel patschen alle den Dreivierteltakt auf die Tischplatte. C28

b Mithilfe eines Metronoms wird das passende Tempo gesucht. **Lösung:** Viertel = 281 bpm

>> TIPP: Es kann auch eine Metronom-App (z. B. „Metronome") auf dem Smartphone verwendet werden.

c Die Klasse versucht die Form des Stücks mithilfe des Notenausschnitts auf SB, Seite 161 herauszuhören.

>> HINWEIS: Das Hörbeispiel geht über die auf SB, Seite 161 abgebildete Form hinaus und zeigt die Weiterführung der Themen.

3 **Mitspielsatz** C28

a Nun wird das Metronom auf Tempo bpm =170 eingestellt. In diesem Tempo wird der Rhythmus des Mitspielsatzes eingeübt. Zählzeit 1 wird jeweils betont.

b Im Plenum wird die Bodypercussion der ersten drei Zeilen erarbeitet.

>> TIPPS:
• Wer rausfällt, steigt beim nächsten Einsatz wieder ein (gut mitlesen!).
• Mit den Händen immer in Bewegung bleiben.

c In Gruppen wird zum Rhythmus der letzten Zeile eine eigene Bodypercussion erarbeitet und danach der Klasse vorgestellt. Alle einigen sich auf eine Version, die dann eingeübt wird.

HO

MUSIZIEREN

BITTE 169-MAL WIEDERHOLEN!

> ### Kompetenzen
>
> Die Schülerinnen und Schüler können ...
>
> - weitere Symbole der traditionellen und grafischen Musiknotation erkennen und benennen (z. B. Dynamik, Artikulation).
> - in einem notierten Musikstück (z. B. Partitur) Instrumente erkennen und beschreiben.
> - musikalische Aspekte bewusst verfolgen und aufzeigen (z. B. Instrumentierung, Form, Interpretation).
> - gehörte Musikabschnitte mithilfe einer Partitur musikalisch beschreiben.
>
> ### Material
>
> - A4-Papier und Stifte
>
> C29–31

Boléro

Nachdem der Text über den Boléro gelesen wurde, bieten sich Anschlussfragen an, wie z. B.:
Kennt jemand Ravels Boléro? Woher? Kann jemand die Melodie singen?
Mögliche Antwort(en): Als Musik bei Veranstaltungen, wie z. B. Eiskunstlauf, Tanzwettbewerbe, Fußballspiele (Einmarsch der Mannschaften) usw.
Die schnelle Popularität seines Boléro war dem Komponisten ein Rätsel. Bei der Uraufführung 1928 in der Pariser Oper rief eine Zuschauerin „Hilfe, ein Verrückter!" Ravel soll nur trocken erwidert haben: „Die hat's kapiert".
Und zu seinem Kollegen Arthur Honegger sagte Maurice Ravel: „Ich habe nur ein Meisterwerk gemacht, das ist der Boléro; leider enthält er keine Musik."
Der Komponist war der Meinung, dass sein Stück 17 Minuten dauern soll, das entspricht dem Tempo Viertel = 72 bpm. Überliefert ist, wie Ravel reagierte, als er einer Aufführung des Boléro von Arturo Toscanini besuchte. Ravel war außer sich vor Wut über den Dirigenten. Er schrie immer wieder laut in den Saal:
„Ich bin der Komponist! Das Schwein hat zu schnell gespielt, das ist unverzeihlich! Das ist unglaublich! Das Stück ist ruiniert!"

❶ **Das rhythmische Motiv** C29

a Alle sprechen und patschen den Rhythmus in einem ruhigen Tempo, danach etwas schneller mit den Fingerspitzen auf die Tischplatte.

b Sobald das Tempo erreicht wurde, kann zum Hörbeispiel dazugespielt werden. Die Jugendlichen überprüfen mit einem Metronom das Tempo im Vergleich zu Ravels Vorgabe (oben).

Lösung: Das Hörbeispiel ist zu langsam.

❷ **Die melodischen Themen** C30, C31

- Hören: Es ist hilfreich, wenn die Lehrperson die Zählzeiten oder zumindest die Zählzeit 1 jeden neuen Takts angibt, damit die Klasse die Notenbeispiele besser verfolgen kann.
- Singen: Das Singen des Themas A wird am besten auf neutrale Silbe „du" ausgeführt.

❸ **Partitur**

Mögliche Antworten zum Ausschnitt der Partitur von Ravels Boléro:

- Taktart: Dreivierteltakt
- Dynamik/Lautstärke: pp (= pianissimo)
- Instrumentierung: Gemäß SB. Traditionelle Anordnung der Instrumente. Holz-, Blechbläser, Perkussion, Saiten- bzw. Tasteninstrumente, darunter (nicht im Bild zu sehen) die Streichinstrumente. Die Snare Drum beginnt alleine.

4

a Die Schülerinnen und Schüler erstellen eine Tabelle (siehe Lösung) und notieren die Nummern von 1–18.

b Die ersten elf Durchgänge (ca. 9'30'') des Stücks werden abgespielt (1. Teil). Alle notieren sich den gespielten Teil und das Soloinstrument. 🎧 C29

>> HINWEIS: Ab Durchgang acht können es auch mehrere Instrumente sein.

c Besprechung und Korrektur der ersten 11 Durchgänge (evtl. ein zweiter Durchgang).

d Dasselbe Vorgehen mit Durchgang 12 bis 18 (2. Teil). Es werden immer mehr Instrumente – alle notieren sich die besonders gut hörbaren.

Lösung: Die Instrumente (nach Ravels Partitur) werden wie folgt eingesetzt:
(Formverlauf: AA, BB, AA, BB, AA, BB, AA, BB, A und B)

Durchgang	Teil	Soloinstrument(e)
1.	A	Querflöte
2.	A	Klarinette
3.	B	Fagott
4.	B	Es-Klarinette
5.	A	Oboe d'amore
6.	A	Querflöte, Trompete
7.	B	Tenorsaxofon
8.	B	Sopranino- und Sopransaxofon (letzte 5 Takte)
9.	A	2 Piccoloflöten, Horn, Celesta
10.	A	Oboe, Oboe d'amore, Englischhorn, 2 Klarinetten
11.	B	Posaune
12.	B	2 Querflöten, Piccoloflöte, 2 Oboen, Englischhorn, 2 Klarinetten, Tenorsaxofon
13.	A	1. Violinen, 2 Querflöten, Piccoloflöte, 2 Oboen, 2 Klarinetten
14.	A	1. + 2. Violinen, 2 Querflöten, Piccoloflöte, 2 Oboen, Englischhorn, 2 Klarinetten, Tenorsaxofon
15.	B	1. + 2. Violinen, 2 Querflöten, Piccoloflöte, 2 Oboen, Englischhorn, Trompete
16.	B	1. + 2. Violinen, Bratschen, Celli, 2 Querflöten, Piccoloflöte, 2 Oboen, Englischhorn, 2 Klarinetten, Sopransaxofon, Posaune
17.	A	1. Violinen, 2 Querflöten, Piccoloflöte, Tenorsaxofon, Sopransaxofon, 3 Trompeten, Piccolotrompete
18.	B	Violinen, 2 Querflöten, Piccoloflöte, Tenorsaxofon, Sopransaxofon, 3 Trompeten, Piccolotrompete, Posaune

HÖREN UND SICH ORIENTIEREN

TOP IN FORM: DIE SONATINE

Kompetenzen

Die Schülerinnen und Schüler können …

- weitere Symbole der traditionellen und grafischen Musiknotation erkennen und benennen (z. B. Dynamik, Artikulation).
- in einem notierten Musikstück (z. B. Partitur) Instrumente erkennen und beschreiben.
- musikalische Aspekte bewusst verfolgen und aufzeigen (z. B. Instrumentierung, Form, Interpretation).
- gehörte Musikabschnitte mithilfe einer Partitur musikalisch beschreiben.

Material

- A3-Papier und Stifte

 D1, 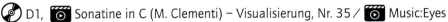 Sonatine in C (M. Clementi) – Visualisierung, Nr. 35 / Music:Eyes

PMW

Auf diesen Seiten erhalten die Schülerinnen und Schüler einen ersten Überblick über die Sonatenhauptsatzform und lernen, dass diese strukturellen Regeln unterliegt. Der Aufbau umfasst üblicherweise drei Hauptteile: Exposition, Durchführung und Reprise (siehe auch Notenbild und Tabelle, SB, Seite 164/165):

- Exposition (von „exponieren"): In diesem Teil werden die beiden Themen einleitungsartig vorgestellt. Die Exposition verleiht dem Stück seinen hauptsächlichen Charakter.
- Durchführung: Der Begriff ist wörtlich zu nehmen. Dieser Teil führt durch etwas hindurch / auf etwas (Neues) hin, erzeugt Spannung durch die Verarbeitung der Themen.
- Reprise: Die „Wiederaufnahme" des Geschehenen ist eine Art Fazit. Sie ist der Exposition ähnlich, jedoch bleiben die Themen in der Grundtonart. Dadurch wirkt sie bodenständiger (da weniger verspielt) und bereitet die Zuhörenden auf den Schluss vor.

PMW

1 **a** Im Plenum wird das Notenbild besprochen. Zu erkennen ist zum Beispiel:

- 4/4-Takt (alla breve!)
- Wechsel zwischen forte und piano
- Nur Viertel- und Achtelnoten (außer im letzten Takt der Exposition: halbe Note)
- Wiederholungszeichen am Ende der Exposition und der Reprise.
- In den Noten fehlt die „linke Hand" des Klaviers (zweite Stimme des Notensystems im Bassschlüssel).

HO

b Die Aufnahme wird angehört und die Noten mit dem Finger verfolgt. Zusätzlich kann die Lehrperson das Notenbild an eine Wand projizieren. Ggf. kann eine Person den Ablauf (vielleicht erst bei einem zweiten Durchgang) mit dem Finger verfolgen.
Lösung: Nach dem letzten Takt (unten rechts) beginnt die Reprise. D1

HÖREN UND SICH ORIENTIEREN

2 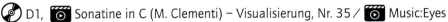 Nr. 35 / Music:Eyes

>> HINWEIS: Grundsätzliches zu den Music:Eyes-Visualisierungen siehe LB, Seite XI ff. in der Einleitung.

a Lösungen:

- Instrument: Klavier
- Unterschiede der Punkte: ausgefüllt = noch nicht gespielt; nicht ausgefüllt = gespielt
- Unterschiede der Farben: orange = rechte Hand ; blau = linke Hand
- Unterschiede der Punkte: große = lange Töne; kleine = kurze Töne
- Bedeutung der Striche zwischen den Punkten: Töne fließend gespielt, verbunden

b Jetzt konzentrieren sich alle auf die blauen Punkte (linke Hand, Klavier).

>> HINWEIS DER LEHRPERSON: Diese Stimme ist in den Noten nicht abgebildet.

MUSIC:EYES

3 **a** Unterschiede zwischen Thema 1 und 2:

- Rechte Hand ist im Thema 1 aktiver als in Thema 2.
- Rechte und linke Hand wechseln sich in Thema 2 ab.
- Die Melodieführung geht in Thema 1 eher abwärts, in Thema 2 aufwärts (Tonhöhe).
- Der Rhythmus ist in beiden Themen zwar ähnlich, jedoch „gespiegelt" (Thema 1: Motiv im 1. und 2. Takt, dann gebundene Achtel; Thema 2: gebundene Achtel, danach Motiv).

c Die Motive der Durchführung werden mit den Themen der Exposition verglichen.
Lösung: Die Motive sind veränderte Teile folgender Themen:

- Takte 16–19 = 1. Thema in C-Dur (blau)
- Takte 20–23 = Schlussgruppe (violett)

Ggf. können die Veränderungen thematisiert werden.

4 **a** Veränderungen der einzelnen Formteile im Video (Visualisierung):

- Hintergrundfarbe Exposition:
  - Thema 1 und Variante: schwarz
  - Thema 2 und Schlussgruppe: blau
- Hintergrundfarbe Durchführung: violett
- Hintergrundfarbe Reprise: wie Exposition
- Formen linke Hand:
  - Rauten zu Beginn von Thema 2
  - Fünfecke zu Beginn der Durchführung

b Mögliche Antworten zur Verbesserung der Visualisierung:

- Dynamik (Lautstärke) integrieren (z. B. Größe der Punkte).
- Für die Tondauer die Punkte z. B. „auseinanderziehen" (= Ovale).
- Separate Farbe für die Schlussgruppe festlegen.

In Gruppen halten die Schülerinnen und Schüler ihre Verbesserungsvorschläge fest und zeichnen dazu eine Legende auf ein A3-Papier (z. B. großer oranger Punkt = rechte Hand und laut usw.). Im Anschluss werden die Plakate präsentiert und besprochen.

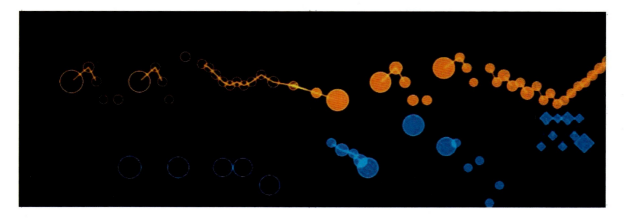

HO

HO

GESTALTUNGSPROZESSE

14

DEIN AUFTRITT!

Auf dieser Doppelseite geht es um Grundsätze der gemeinsamen Improvisation. Der Tonvorrat dient als Orientierungshilfe und ist auf die Tonart/Harmonien der Rhythm-Section-Patterns von SB, Seite 46–49 und 68/69 abgestimmt. Auch die Stimme ist ein Instrument, mit dem improvisiert werden kann!

• Improvisieren

Auch hier bietet sich wieder die Gelegenheit zur Integration unterschiedlichster Instrumente.
Möglichst viele Schülerinnen und Schüler bringen ihre persönlichen Instrumente von zu Hause mit in die Schule.
Für Jugendliche die ein B-Instrument (z. B. Klarinette, Tenorsaxofon, Trompete) spielen, sieht der Tonvorrat im Notenbild folgendermaßen aus:

Der vorliegende Tonvorrat wird mit demjenigen auf SB, Seite 85 verglichen (hier einen Ton höher).

- Alle Instrumentalisten machen sich mit dem Tonvorrat vertraut und spielen die Tonleiter mehrmals nacheinander, bevor sie mit dem abgebildeten Rhythmus gespielt wird. Alle anderen Schülerinnen und Schüler singen die Tonleiter auf der Silbe „du" – sie werden später auch mit der Stimme improvisieren.
- Spielerisch erfinden und üben sie eigene Tonfolgen mit den vorgegebenen Tönen und spielen mit eigenen Rhythmen. Tonwiederholungen und Pausen sind erwünscht!
- In Zweiergruppen können die Jugendlichen sich gegenseitig ihre Rhythmen abwechselnd vorspielen (ohne Pause dazwischen) und so einen Einstieg in die Improvisation finden.

• Rhythm Section

Bei der Gruppenbildung ist darauf zu achten, dass möglichst alle Instrumente besetzt werden. Siehe dazu auch die Doppelseiten zur Rhythm Section (SB, Seite 46–49 und 68/69).

Die Gruppenmitglieder teilen sich auf die Instrumente der Rhythm Section und die Soloinstrumente auf (auch Gesang!).

Die Improvisation wird durch den Tonvorrat zwar begrenzt. Gleichzeitig können Solisten auf diese Weise mit dem Tonvorrat kreativ arbeiten (= improvisieren), ohne sich auch noch um die harmonisch passenden Töne kümmern zu müssen. Der Fokus wird dabei auf (rhythmische und melodische) Motive gelegt, es können beispielsweise bewusst Pausen eingebaut werden.

- Alle spielen ihre Stimme zusammen und üben gemeinsam, bis das Pattern gut klingt.
- Wie im Buch beschrieben, kann das Pattern auch ternär geübt werden (im Swing-Feeling).
- Dazu spielen die Solisten nacheinander mit dem Tonvorrat auf ihrem Instrument (oder mit der Stimme) eine erste Improvisation über vier oder acht Takte.
- Alle musizieren gemeinsam und die Solisten üben sich Schritt für Schritt in der Improvisation.
- Denkbar ist hier aber auch, dass – wie im Jazz – jede Person ihre Improvisation/das Solo auf dem „eigenen" Instrument spielt und danach wieder in das Pattern zurückkehrt. Das Pattern wird während des Solos von den übrigen Musizierenden weitergespielt.

• Gesangsimprovisation

Die Tonvorrat-Tonleiter wird als Wiederholung von der ganzen Klasse gesungen.

Die drei Beispiele zeigen anschließend mögliche Motive für den Beginn einer Improvisation. Sie werden mit der ganzen Klasse gesungen, dann improvisieren zwei bis drei Jugendliche (oder nur eine Person) spontan weiter …

Als Hilfestellung ist es sinnvoll, wenn das obige Pattern der Rhythm Section von einem Klavier oder einer Gitarre als Stütze der Gesangsstimmen dazugespielt wird.

Zum Abschluss dieser Improvisationslektion wird eine Jam Session durchgeführt. Dazu wird ein Ablauf festgelegt, der schriftlich und gut sichtbar notiert wird.

Beispiel:
- Intro (Pattern)   4 Takte   Band (ohne Schlagzeug)
- Intro   4 Takte   Band (mit Schlagzeug)
- 1. Impro   8 Takte   Gesang
- 2. Impro   8 Takte   Instrument 1
- Intro (Pattern)   4 Takte   Band (mit Schlagzeug)
- 3. Impro   8 Takte   Instrument 2
- Usw.

MIKROFON UND BEATBOXING

Kompetenzen

Die Schülerinnen und Schüler können ...

- die Möglichkeiten der elektronischen Verstärkung und -bearbeitung erkennen und anwenden (z. B. Verstärkung der Singstimme mit Mikrofon).
- musikalische Aspekte bewusst verfolgen und aufzeigen (z. B. Instrumentierung, Form, Interpretation).
- ihre Stimme für unterschiedliche Ausdrucksformen und Stimmexperimente einsetzen (z. B. Beatboxing, Vocalpercussion).

Material

- Mikrofon, Mischpult, Lautsprecher, Kabel

 D2

Die Jugendlichen lernen die Grundlagen der Tontechnik kennen. Nachdem sie bereits auf elektronischen Instrumenten musiziert haben, wird nun der Fokus auf das Gesangsmikrofon und einige damit verbundene Möglichkeiten (Klang, Beatboxing usw.) gelegt.

1 Die Darstellung auf SB, Seite 168 zeigt – wie im SB erwähnt – eine weit verbreitete Möglichkeit der elektronischen Verstärkung der Singstimme mit Mikrofonen. Eine ebenfalls oft anzutreffende Variante haben wir aus Verständlichkeitsgründen weggelassen: Mischpulte <u>ohne</u> integrierte Verstärker müssen zuerst via Kabel noch an eine verstärkende Endstufe angeschlossen werden, diese wiederum ist mit den passiven Lautsprechern verbunden.

a Die Schülerinnen und Schüler ordnen die Begriffe in den farbigen Textfeldern den Bildern zu (siehe SB, Seite 168):

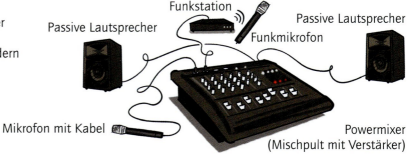

Funkstation

Passive Lautsprecher

Passive Lautsprecher

Funkmikrofon

Mikrofon mit Kabel

Powermixer
(Mischpult mit Verstärker)

b Die Abbildung zeigt prinzipiell zwei Wege, ein Mikrofon zum Klingen zu bringen:

1. Mikrofon mit Kabel: Direkter Anschluss am Powermixer, der die elektronischen Signale der Mikrofon-Membrane in Audio-Signale umwandelt und via Kabel an die passiven Boxen versendet.
2. Funkmikrofon: Die elektronischen Signale der Mikrofon-Membrane werden per Funk an die Funkstation gesendet, die diese in hörbare Audio-Signale umwandelt und via Kabel an die passiven Boxen weiterleitet.

In Zweiergruppen erklären sich die Jugendlichen gegenseitig, wie das Verstärken der Singstimme per Mikrofon funktioniert.

2 a Die Lehrperson oder eine andere Person aus der Klasse, die sich auskennt, zeigt die im SB auf Seite 169 erwähnten Funktionen am Mischpult. Idealerweise geschieht dies in kurzen Sequenzen mit kleinen Gruppen von maximal vier Personen, während der Rest der Klasse mit einem anderen Auftrag beschäftigt ist, etwa mit dem Erarbeiten der Loops aus Aufgabe 3 (noch ohne Mikrofon).

b

Delay (Echo)	Stimme/Wort/Gesang wird wiederholt.
Hall	Stimme klingt länger als wirklich gesungen wird.
Hohe Frequenzen zu- oder wegmischen	Klangfarbe verändert sich.
Tiefe Frequenzen zu- oder wegmischen	Klangfarbe verändert sich.
Lautstärke	Stimme wird lauter oder leiser.
Links-Rechts-Panel	Links/Rechts-Anteile des Gesamtklangs verschieben sich.

HÖREN UND SICH ORIENTIEREN

c Lösung: 1: keine tiefen Frequenzen mehr hörbar; 2: viel Hall; 3: keine hohen Frequenzen mehr hörbar; 4: viel Delay (Echo) D2

Mikrofon –
Aufbau einer Verstärkungsanlage

Mit dieser Anwendung lernen die Jugendlichen, wie man ein Mikrofon mithilfe einer Verstärkungsanlage zum Funktionieren bringt. Per Drag & Drop können sie Boxen, Kabel, Mischpult, Funkstation und Mikrofone zusammenbauen. Mit Korrekturfunktion.

Beatboxing

„Beatboxing" kann als „Musik machen mit dem Mund" oder „Schlagzeug spielen mit dem Mund" bezeichnet werden und wird oft in der Rap-/Hip-Hop-Musik eingesetzt.

3 a Alle üben die Loops zuerst ohne Mikrofon mit dem ausgeschriebenen Text. Nach und nach werden die Vokale weggelassen und die zweite Zeile wird geübt (P-z-k-s-sch-k-p-z). Anschließend alle verfügbaren Mikrofone einsetzen. **Variante:** Die Loops 1–3 gemeinsam als Chor in drei Gruppen performen.

>> HINWEIS: Auf eine genaue Umsetzung des Rhythmus achten.

>> TIPPS:
- Zwei oder mehr Funkmikrofone wandern so in der Klasse herum, dass sie von jeder Person einmal ausprobiert werden können.
- **Variante:** Nur ein Mikrofon zum Klassen-Beatbox-Groove von einer Person zur nächsten herumwandern lassen. Wer das Mikrofon hat, darf völlig losgelöst vom erklingenden Loop „freestylen".

b >> HINWEIS: Hier bieten sich Songs mit höchstens 90 bpm pro Viertel an.
Die Klasse in Dreiergruppen aufteilen. Jede Gruppe einigt sich nach einer kurzen Internetrecherche auf ein Hip-Hop-Lied und übt die Beatbox-Loops dazu. Jede Schülerin und jeder Schüler sollte möglichst alle Loops ausführen können (1, 2 und 3).

Mikrofon –
Am Mischpult bei den „Wise Guys"

In dieser interaktiven Präsentation lassen sich an einem Lied der Wise Guys die verschiedenen Stimmen an einem simpel gehaltenen Mischpult einzeln abmischen: Muten (Spur stumm schalten), Links-Rechts-Paneln, gewünschte Lautstärke einstellen.

SINGEN UND SPRECHEN

„WHAT GOOD IS MUSIC?"

Kompetenzen

Die Schülerinnen und Schüler können …

- Lieder in der Klasse oder in Gruppen üben.
- ausgewählte Lieder aus verschiedenen Stilarten singen.
- Rhythmen aus punktierten Noten und Synkopen klatschen und spielen.
- Biografien einiger Komponistinnen und Komponisten und Ausschnitte aus ihren Werken erarbeiten.

Material

- A4-Papier und Stifte
- Instrumente: Klavier, Gitarre

💿 D3/4, ✏ D5

INFO!

Duke Ellington

Duke Ellington (korrekter Name: Edward Kennedy Ellington) erhielt den Spitznamen „Duke" (= Herzog) bereits in der Schule, aufgrund seiner hervorragenden Manieren. Als Pianist, Komponist und Bandleader gilt er nach wie vor als einer der einflussreichsten amerikanischen Jazzmusiker und hat maßgeblich den Swing sowie den Big-Band-Stil geprägt. Viele seiner Stücke gehören heute zum Standardrepertoire („Jazzstandards").

Gemeinsames Lesen der Info!-Box „All That Jazz" (SB, Seite 171) und Bildbetrachtung (SB, Seite 170):

- Links im Bild: Duke Ellington als Bandleader (stehend, im schwarzen Anzug)
- 14 Mitmusiker (Jazz-Orchester/ Big Band) mit Instrumenten (z. B. Gitarre, Kontrabässe, verschiedene Saxofone, Posaunen usw.)

≫ HINWEIS: Die Info!-Box zu Duke Ellington kann den Schülerinnen und Schülern mündlich vermittelt werden.

It Don't Mean a Thing 💿 D3/4 ✏ D5

a Gemeinsames Hören der beiden Musikbeispiele:

- Version 1: Ella Fitzgerald
- Version 2: Matthew Morrison
  Alle machen sich Notizen gemäß der Aufgabenstellung (z. B. eine Tabelle). Danach folgt ein kurzer Austausch in Zweiergruppen mit anschließender Besprechung:

Lösung:

	Version 1 (E. Fitzgerald)	**Version 2 (M. Morrison)**
Tempo	Schnell, lebhaft, geswingt	Schnell, lebhaft, geswingt
Art des Gesangs	Lebendig, viel Improvisation und freie Phrasierungen (=„eigener Stil")	Strukturiert, klarer Ablauf (= arrangiert), weniger frei, keine Improvisation
Instrumentierung	Klavier, Kontrabass, Schlagzeug, Gesang	Klavier, Kontrabass, Schlagzeug, Bläsersatz, Solosax, Chor
Aufnahme	→ Jazz-Quartett	→ Big Band
	Live-Aufnahme (Sängerin und Publikum lachen)	Studio-Aufnahme, klares Arrangement

b Unter Anleitung der Lehrperson singt die Klasse die „weißen" Teile des Refrains mehrmals zum Hörbeispiel mit. Danach begleitet die Lehrperson den Gesang z. B. am Klavier oder an der Gitarre. D3/4

2 **a** Der Rhythmus wird im Plenum erarbeitet und danach in Gruppen geübt. Als Hilfe dienen die Zählzeiten sowie die Rhythmussprachen.

>> **HINWEIS:** Dieser komplexe Rhythmus ist im Grunde ganz einfach: Das Motiv „doo wah doo wah" (Synkope, Schritt) kommt pro Einsatz viermal vor.
Weil aber das erste „doo" jeweils auf eine andere Zählzeit fällt (erstes Mal auf 2, zweites Mal auf 1, drittes Mal auf 4 und viertes Mal auf 3) scheint es sehr komplex zu sein.
Dieser Hinweis kann für die Jugendlichen eine große Hilfe sein.

b Hier sind verschiedene Erarbeitungs-/Übungshilfen denkbar:
- Zu Beginn nur sprechen.
- Langsames Tempo wählen.
- Achtelnoten als Metrum mitklatschen (= Mikrotime).
- Auf die Zählzeit 1 jeweils stampfen (oder klatschen und die 1 betonen). Dies hilft, die rhythmische Verschiebung zu erkennen, zu hören und zu verstehen.
- Dreistimmig üben, bis das Tempo der Aufnahme erreicht ist.
- Danach im Chor abwechselnd mit den Soloteilen üben (wie notiert). Hier am besten zwei Gruppen bilden: Eine singt die Soloteile und eine die Einwürfe – anschließend die Teile wechseln. Die Lehrperson leitet an und begleitet die Klasse an einem Instrument (Klavier, Gitarre).

3 **a** Hier wird nochmals das Hörbeispiel in der Version 2 von Matthew Morrison angehört, diesmal liegt der Fokus auf der Strophe. Nach und nach singen die Jugendlichen mit. Bei Bedarf zuerst den Text sprechen (Aussprache und Fragen klären). D4

b Jetzt werden die einzelnen Teile (Refrain mit Soloteilen und Einwürfen sowie die Strophe) zusammengesetzt. Gemäß Angabe im SB wird folgender Ablauf geübt:
- Intro (4 Takte) z. B. Klavier, Gitarre (Lehrperson)
- Strophe (alle)
- Refrain (mit Wiederholung): zwei Gruppen: 1. Soloteile, 2. Einwürfe
- Instrumentalteil z. B. Klavier, Gitarre (Lehrperson)
- Strophe (alle)
- Refrain (mit Wiederholung): zwei Gruppen

>> **HINWEIS:** Zu Beginn langsam zusammensetzen, die Übergänge der Teile bei Bedarf einzeln üben. Auch zum Playback singen. D5

>> **TIPP:** Evtl. trauen sich einzelne Schülerinnen oder Schüler, den Solopart in Refrain und Strophe alleine oder zu zweit zu übernehmen. Abwechseln möglich!

SINGEN UND SPRECHEN

SINGEN UND SPRECHEN

THAT'S ENTERTAINMENT!

Kompetenzen

Die Schülerinnen und Schüler können …

- zu bestehender Musik eine bildnerische, theatralische oder tänzerische Gestaltung entwickeln.
- musikalische Vorbilder und deren Performances erkunden und in persönlicher Weise adaptieren.
- Zusammenhänge zwischen Bühnenpräsenz, Bühnentechnik und der Qualität der musikalischen Darbietung erkennen und benennen.

Material

- A4-Papier und Stifte
- Instrumente: Klavier, Gitarre

D6

Gemeinsames Lesen des Einleitungstextes. Die Jugendlichen erzählen von ihren Erfahrungen auf der Bühne. Folgende Fragen können gestellt werden:

- Wer stand bereits einmal auf der Bühne? (Musizierstunde, Chor, Musikverein, Tanzauftritt usw.)
- Wie hat es sich angefühlt? (Positiv: Glücksgefühle, Überwältigung, Stolz – negativ: sehr nervös, zu exponiert, Versagensangst).
- Gab es eine Vorbereitung unmittelbar davor? (Z. B. eine Art Ritual zur Konzentration)
- Warum ist es wichtig, einen Auftritt vorzubereiten? (Sicherheit, „Reserven", klarer Plan, wissen, was einen selbst erwartet)
- Was könnte wichtig sein dabei? (Aussehen, Bewegungen, Blickrichtung, Körperhaltung usw.)

Play a Simple Melody D6

1 a Die einfache Melodie der ersten zwei Zeilen wird angehört, dann mitgesungen und nach Bedarf übersetzt.

b Nun wird der B-Teil angehört und auf einer beliebigen Silbe mitgesungen. Die Silben (Liedtext) sind nur ein Vorschlag, natürlich können auch andere verwendet werden, z. B. bop, ba, di, bu …). Nach einer Zeit des Ausprobierens werden die zwei beliebtesten Silbenvarianten gewählt und das Lied damit im Kanon geübt (eine Gruppe beginnt mit dem Teil A, die andere zeitgleich mit dem Teil B).

>> HINWEIS: Zu diesem Song aus dem Jahr 1914 gibt es zahlreiche Versionen im Internet (auch von Schulen). Einige Versionen werden angehört und besprochen. Welche gefällt den Jugendlichen, welche nicht?

Was es heißt, auf der Bühne zu stehen

2 Die drei Texte werden zuerst im Plenum gelesen und Verständnisfragen geklärt. Dann werden die Aussagen in kleinen Gruppen besprochen. Die Jugendlichen sollen sich auf folgende Fragen konzentrieren (an die Tafel schreiben):

- Was genau meinen die Autoren mit ihren Aussagen?
- Mit welchen Aussagen seid ihr einverstanden, mit welchen nicht? Warum?
- Was wäre euch wichtig, wenn euer Beruf darin bestünde „auf der Bühne zu stehen"? Das Publikum zu unterhalten? Einen eigenen Stil zu entwickeln? Aufmerksamkeit zu erlangen? Andere Absichten?

Als Ergänzung kann die Aussage eines Veranstalters vorgelesen werden:
„Ich kann mir nicht vorstellen, was die jungen Musiker denken, die sich so unwahrscheinlich ‚cool' auf die Bühne stellen, Kaugummi kauend an ihrer Gitarre zupfen. Schaut doch mal, was die Bands tun, die den Durchbruch geschafft haben, wie sie sich auf der Bühne bewegen, den Kontakt mit dem Publikum suchen, hart arbeiten."

3 **a** Die „Elemente einer Bühnenperformance" werden im Plenum gelesen, besprochen und vielleicht exemplarisch kurz vorgeführt: Wie könnte ein passendes Kostüm aussehen? Was kann mit einem Hut, einem Stuhl usw. auf der Bühne gemacht werden? Wie könnte die Schlussposition aussehen?

>> HINWEIS: Besprechen, welche Elemente eine Vorbereitung benötigen oder mitgebracht werden müssen, z. B. Gesicht schminken, Kostüm, Taschenlampe für Beleuchtung, Requisiten usw.

b Gemäß SB soll hier viel ausprobiert werden. Es empfiehlt sich in Vierergruppen zu arbeiten, damit der Song mit je zwei Stimmen dargeboten werden kann.

- Hier ist Mut zur Übertreibung und viel Kreativität gefragt! Vermitteln Sie den Jugendlichen, keine falsche Scheu oder Scham zu haben, sondern Lust an der Musik, Freude an der Performance und der Schauspielerei zu entwickeln!
- Die Schülerinnen und Schüler arbeiten möglichst selbstständig (in Gruppen oder alleine). Die Lehrperson zirkuliert, unterstützt, motiviert und hilft den Jugendlichen bei der Umsetzung ihrer Ideen usw.

Eure eigene Bühnenperformance

4 **a** Die Gruppen entscheiden sich für zwei bis drei Künstlerinnen oder Künstler (je nach Gruppengröße). Sie suchen erneut im Internet nach Videos von Auftritten und notieren sich alle wichtigen Einzelheiten in Bezug auf das Erscheinungsbild und die Performance (z. B. Kleidung, Schminke, Bewegungen, Gesichtsausdruck, Umgebung, Lichteffekte, weitere Personen usw.).

b Die Stile der bei Aufgabe 4a recherchierten Auftritte werden nun auf den Song „Play a Simple Melody" übertragen. Dazu müssen die notierten Beobachtungen umgesetzt werden. So wird in den Gruppen nach und nach eine „Play a Simple Melody"-Performance erarbeitet.

c Ideen könnten sein:

- Lichteffekte einbauen, z. B. das Zimmer abdunkeln und mit der Taschenlampe experimentieren oder das Licht schnell hintereinander an- und ausschalten.
- Die in Aufgabe 3b geübten Tanzschritte erweitern und mit Handbewegungen ergänzen.
- Die in Aufgabe 3b kreierten Kostüme (mit Tüchern, Hüten usw.) in die Performance kreativ einbauen und damit „spielen".
- Vielleicht lässt sich eine Szene mit Schauspielern einbauen und der Gesang beispielsweise dialogisch aufführen. Evtl. kann eine kurze Geschichte entwickelt werden.

15 MUSIK LESEN UND SCHREIBEN

Manchmal ist es angebracht und sinnvoll, mit den Schülerinnen und Schülern zu besprechen, was sie musikalisch schon alles gelernt haben. Oft sind sie dann selbst überrascht, wie viel das ist! Vielleicht benötigen die Jugendlichen dazu eine kurze Wiederholung der im SB auf den Seiten 14/15, 32/33 und 160–164 u. a. vermittelten Inhalte.

Auf dieser Doppelseite geht es einerseits darum, der Klasse aufzuzeigen, was sie schon alles kann und andererseits die erworbenen Kompetenzen im Sinne eines Transfers vertieft anzuwenden.

• Partnerarbeit/Rollenspiel

Für diese Unterrichtssequenz ist es einerseits wichtig, dass sich die Jugendlichen nicht auf das Rollenspiel vorbereiten. Sinn und Zweck der Aufgabe ist es, zu erkennen, welche Kompetenzen bereits in welchem Entwicklungsstadium ohne Vorbereitung vorhanden sind. Andererseits ist an dieser Stelle eine Selbstbeurteilung mit folgenden Fragestellungen zu empfehlen:

- Habe ich die Melodie oder die Stimme 2 korrekt lesen und singen oder spielen können? Zur Beurteilung dieser Frage kann die Lehrperson die jeweilige Melodie im Plenum vorspielen.
- Habe ich die Bongostimme und den Rhythmus der Bassstimme korrekt lesen und patschen können? Auch hier spielt die Lehrperson die korrekte Lösung vor.
- Habe ich die Akkordbezeichnungen, die Taktart, die Notierung des Schlagzeugs, vielleicht auch das Faulenzer-Symbol oder das Wiederholungszeichen korrekt erklären können?

Nach dieser Partnerarbeit wird die zweitaktige Partitur gemeinsam auch instrumental umgesetzt.

INFO!

Evaluation

Im Sinne einer formativen Beurteilung (siehe Einleitung im LB, Seite XIV ff. und Anhang, Seite 232 ff.) spielt auch die Evaluation folgender Fragen zur Förderung der einzelnen Jugendlichen eine zentrale Rolle:

- Was ist mir leichtgefallen?
- Was ist mir leichtgefallen, hat sich aber im Nachhinein als falsch erwiesen?
- Wo hatte ich große Probleme, die Anforderungen zu erfüllen?
- Was möchte oder müsste ich gezielt üben, um mich zu verbessern (oder für die Lehrperson: „... um die Kompetenzen zu optimieren")?

• Musik lesen und spielen 💿 D7

Die Aufgaben in diesem Kasten können in Gruppenarbeit erledigt werden. Die dafür notwendigen Kompetenzen wurden ausführlich in im • puls Band 1 eingeführt. In diesem zweiten Band auf SB, Seite 32/33, 78/79 und 132/133 werden sie nun geübt, gefestigt und gelangen hier im Rahmen eines Transfers zur Anwendung.

>> **TIPP:** Es kann für alle Beteiligten sehr motivierend sein, die Präsentation der erarbeiteten Versionen als kleine TV-Show zu initiieren:

1. Eine Jury wird bestimmt, die sich aus einem Mitglied pro Gruppe zusammensetzt.
2. Die Gruppen erarbeiten den Liedausschnitt gemäß Vorgehen im SB. Den zur Verfügung stehenden Zeitrahmen kommuniziert die Lehrperson (Empfehlung: zehn Minuten).
3. Fünf Minuten vor Ablauf der Sequenz dürfen die Jurymitglieder in einem separaten Raum die Originalaufnahme (CD-Track D7) mehrmals anhören. Sie bereiten sich darauf vor, Feedbacks zu geben: An welchen Stellen waren die Melodie und der Rhythmus der Darbietungen nahe am Original?
4. Jede Gruppe singt und/oder spielt ihre erarbeitete Version vor. Ggf. kann die Lehrperson begleiten.
5. Nach jeder Präsentation gibt die Jury ein Feedback.
6. Nach der letzten Performance berät sich die Jury. In der Zwischenzeit hören die Gruppen auch die Originalaufnahme.
7. Anschließend verkündet die Jury die siegreiche Gruppe und begründet in ein paar Worten ihren Entscheid.

In the Summertime (längere Version)   Text und Musik: Ray Dorset; © Sony/ATV

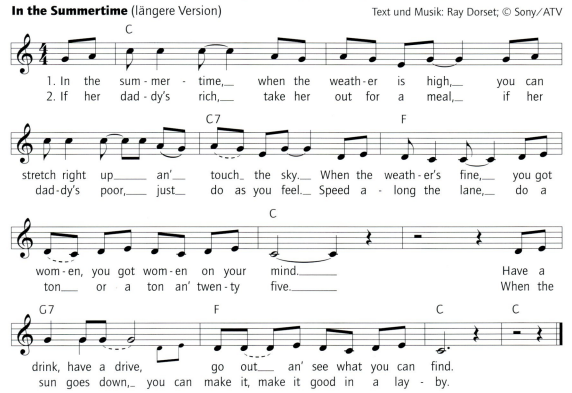

• Ein einfaches Arrangement aufschreiben

Bevor diese Aufgabe in Gruppen erarbeitet wird, sollte das Prinzip des mehrstimmigen Singens auf den Seiten 5 und 7 des SB wiederholt werden.
Danach wird das Vorgehen auf den vorliegenden Song angewendet. Mithilfe der Noten im oberen Kasten und den Anfangstönen der zweiten und dritten Stimme, ist die Aufgabe nicht mehr schwierig.

>> **HINWEIS:** Anstatt die beiden Stimmen der letzten Aufgabe auf einem Blatt Papier zu notieren, kann auf der interaktiven Notentafel der Multimedia-CD-ROM das Arrangement am Computer notiert werden (siehe dazu Seite 180 im SB).
Noten mit Bindebogen sind in der Applikation nicht möglich, aber als Alternative können punktierte Noten oder Pausen gesetzt werden. Detaillierte Hinweise zur Bedienung finden sich in der interaktiven Notentafel.

15

UNREGELMÄSSIG - ABER NICHT UNMÖGLICH

Kompetenzen

Die Schülerinnen und Schüler können ...

- zu Musikstücken vorgegebene Bewegungsabläufe übernehmen, variieren sowie Improvisationen in Gruppen entwickeln.
- ungewohnte Taktarten und Taktwechsel in Schrittkombinationen ausführen (z. B. 5er-Taktarten).
- ausgewählte Rhythmus- und Melodiepatterns (z. B. aus verschiedenen Kulturen, Epochen und Stilen) spielen und deren Besonderheit erkennen.
- rhythmische Sequenzen und zusammengesetzte Taktarten mit Stimme, Bewegung und Instrumenten umsetzen (z. B. 5/4-Takt).

Material

- Instrumente: Melodieinstrumente, Boomwhackers, Bass, Bongos oder andere Perkussionsinstrumente, Drumset

D8–10

Unregelmäßige Taktarten kommen in Volksliedern aus Osteuropa häufig vor (siehe Hochzeitslied aus Albanien auf SB, Seite 177). In der westlichen Popularmusik sind sie hingegen selten. An den Beispielen der Titelmelodie zum Film „Mission Impossible" und des Songs „Animals" der britischen Band „Muse" erfahren die Schülerinnen und Schüler, dass aber auch aktuelle Musik in einer unregelmäßigen Taktart (hier 5/4) grooven kann.

>> HINWEIS: Aufgrund des hohen Schwierigkeitsgrads wird auf den Abdruck der kompletten Musikstücke verzichtet und der Fokus bewusst auf je ein charakteristisches Pattern gelegt.

a Varianten:
  - Variante 1: Die jeweils erste rote oder blaue Zählzeit betont klatschen, also deutlich lauter.
    Bei „Peter Wassermann" etwa sind das die Silben „Pe-" und „Wa-".
  - Variante 2: Nur die jeweils erste rote oder blaue Zählzeit klatschen, bei den anderen Zählzeiten/Silben nicht.

b Beispiele:
  - 3 + 2 + 2: „<u>Was</u>sermann <u>ist</u> mein <u>Na</u>me."
  - 2 + 3 + 2: „<u>Pe</u>ter <u>Was</u>sermann <u>hus</u>tet."
  - 2 + 2 + 3: „<u>Pe</u>ter <u>ist</u> ein <u>Was</u>sermann."

Die Lehrperson würdigt einerseits die erfundenen Beispiele der Jugendlichen, andererseits prüft sie die Ergebnisse auch auf Korrektheit. Die Betonungen im Sprachfluss fallen etwa häufig nicht mit einem Wortanfang zusammen. Der Satz „<u>Pe</u>ter ver<u>schwin</u>det <u>plötz</u>lich" wäre also kein richtiges Beispiel für eine Aufteilung des 7/4-Takts in 2 + 3 + 2, denn im natürlichen Sprachfluss wird so betont: „<u>Pe</u>ter ver<u>schwin</u>det <u>plötz</u>lich" (3 + 2 + 2).

 SINGEN UND SPRECHEN

② Mission unregelmäßig D8

a Die „Instrumentenstimme" (hier die begleitende mittlere Stimme) wird geklatscht und gespielt.

b Zur Auflösung des Rätsels wird das Hörbeispiel vorgespielt. Ggf. ist die Musik und auch der Film den Jugendlichen bekannt und kann kurz thematisiert werden.

c Eine besondere Schwierigkeit hat die Melodiestimme zu meistern: Sie muss jeweils ab Zählzeit 3 warten, bis der neue Takt beginnt. Als Hilfe kann erklärt werden, dass der neue Takt <u>nach</u> dem „du du" der Begleitstimme beginnt. Ebenfalls kann zur Erarbeitung die Audioaufnahme hinzugezogen werden.

 MUSIZIEREN

SUS

>> TIPP: Das einstimmige Sprechen, Singen oder Musizieren eines 5/4- oder 7/4-Takts über längere Zeit stellt eine große Herausforderung dar – nicht nur für die Klasse. Ein Metronom, eingestellt auf einen 5/4- oder 7/4-Takt in zuerst nur langsamem Tempo ist ein nützliches Hilfsmittel zur rhythmischen Orientierung. Bei vielen digitalen Metronomen lassen sich zudem die gewünschten rhythmischen Einteilungen einstellen (z. B. 2 + 3 oder 3 + 2 im 5/4-Takt). Im Internet finden sich bei Bedarf diverse geeignete Online-Metronome, für Smartphones existieren brauchbare Gratis-Apps mit Metronom-Funktionen.

3 **Hochzeitslied aus Albanien** D9

„Povijn krushqit" ist ein überliefertes Hochzeitslied aus Albanien. Das Musizieren dieses Stücks in einer unregelmäßigen Taktart steht im Zentrum der Aufgabe 3. Jedoch kann das Lied auch mit dem sinngemäß passenden, deutschen Text gesungen werden. Gibt es albanisch sprechende Schülerinnen oder Schüler in der Klasse, lohnt es sich außerdem, das Lied mit dem hier abgedruckten albanischen Originaltext umzusetzen.

Originaltext „Povijn krushqit":

Po vin krushqit maleve.
Maleve dhe fushave.
Gzohnu ju gzohnu, o ju krushqo
se sod dot merni nusen o.

SUS

4 Sind die Rhythmen eingeübt, werden sie zum Hörbeispiel musiziert. Um den Gestaltungsprozess zu variieren, können die Rhythmen auch zu einem eigenen Stück ohne Hörbeispiel gestaltet werden. Dazu legen die Zweierteams während 5–10 Minuten selbständig einen Ablauf fest, der in etwa 30 Sekunden dauert und vor der Klasse präsentiert wird. Dabei ist alles erlaubt: eine Stimme alleine, eine Stimme zu zweit, eine Stimme hälftig aufgeteilt, Rollenwechsel, Dynamik „laut–leise", Tempo „schnell–langsam" usw. D10

MU

5 Es lohnt sich, einzelnen Instrumentalistinnen und Instrumentalisten die Noten zum Üben der Melodiestimme schon im Vorfeld mit nach Hause zu geben. Für die Umsetzung im Plenum empfiehlt sich ein Aufbau der Stimmen in drei Gruppen:
1. Bass/Boomwhackers; 2. Drums (Bongo); 3. Melodie D10

MU

Zusatzaufgabe

Die Jugendlichen tanzen die untenstehende Schrittfolge wiederholt zur Aufnahme. D10
Dazu vervielfältigt die Lehrperson die Tanz-Abbildung für die Klasse im Vorfeld.

- Die Zahl 1 im linken Fuß bedeutet, dass der linke Fuß auf die Zählzeit 1 auf der neuen Position abgestellt wird.
- Auf die Zählzeiten 2 und 3 schwingt der rechte Fuß nach vorne.
- Auf die Zählzeiten 4 und 5 tippt der rechte Fuß den Boden zweimal an gleicher Stelle jeweils nur kurz an, weil er im nächsten Takt bereits auf Zählzeit 1 wieder die neue Position markiert.

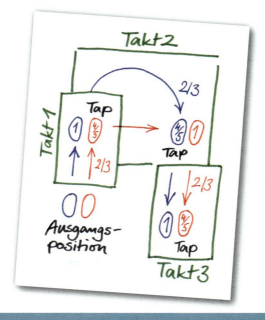

TONSPRÜNGE – INTERVALLE UND LIEDANFÄNGE

Kompetenzen

Die Schülerinnen und Schüler können ...

- Intervalle mit Liedanfängen in Verbindung bringen und umgekehrt.
- können kurze Melodien mit relativen Notennamen singen (z. B. Solmisation).

Material

- Xylofon, Klavier
- 2 A4-Blätter (allenfalls Vorlagen mit Notensystemen; ein Blatt wird auf Vorder- und Rückseite beschrieben)
- Evtl. Klavier-App auf Tablet oder Smartphone (siehe Aufgabe 4a)

 D11

Das Thema Intervalle wurden bereits in im•puls Band 1 sowie in diesem Band auf den Seiten 14/15, 27, 58/59, 68, 77, 82/83, 86, 92/93, 98, 122/123, 139 spiralcurricular erarbeitet und geübt. Auf dieser Doppelseite erhalten die Schülerinnen und Schüler einen Überblick über alle Intervalle in Zusammenhang mit leicht zu merkenden Liedanfängen.

Tonsprünge – Look & Click

Spielerisch lernen die Schülerinnen und Schüler die auf SB, Seite 179 aufgelisteten Intervalle kennen. Man wählt zuerst eines von drei Levels und anschließend einen von zwei Modi (Modus 1 = Intervalle nacheinander gespielt; Modus 2 = Intervalle gleichzeitig gespielt). Es erscheinen und erklingen Tonsprünge. Aufgabe ist es, die richtige der zur Auswahl stehenden Lösungen anzuklicken und dabei möglichst viele Punkte innerhalb der vorgegebenen Zeit zu sammeln.

Liederrätsel

1 **a** **Lösungen:**
1: „I Have a Dream" von ABBA;
2: „Singing All Together";
3: „Kumbaya my Lord" (Spiritual);
4: „Kommt ein Vogel geflogen";
5: „Morgen kommt der Weihnachtsmann";
6: „Hänschen klein";
7: „Bruder Jakob".

>> HINWEIS: Als Hilfe kann die Lehrperson die Liedanfänge auch vorspielen.

b Diese Aufgabe sollte eher als Spiel denn als musiktheoretische Übung betrachtet werden. Sie ist zwar anspruchsvoll, wird aber einfacher, wenn sich die Jugendlichen auf sehr bekannte Kinder- oder Volkslieder beschränken. Natürlich dürfen sie sich aber auch an Liedanfängen ihrer aktuellen Lieblingssongs versuchen.

c Alle Jugendlichen schneiden ihre zwei Beispiele von Liedanfängen aus. Die Klasse ordnet die Schnipsel von links nach rechts oder von oben nach unten nach identischen Tonsprüngen. Dabei wird mit dem kleinsten Tonsprung begonnen.

2 **a** In den letzten zwei Takten ist das do ein F bzw. ein G. Bereits auf der Seite 15 des SB wird gezeigt, dass das do als relativer Notenname nicht an einen bestimmten Ton gebunden ist. Bei Bedarf kann die Lehrperson diesen Aspekt nochmals thematisieren und etwa anhand des Liedanfangs Nr. 5 aus Aufgabe 1 mit der Klasse üben, indem der Notenausschnitt von verschiedenen Tonhöhen aus gesungen wird.

b Empfohlene Instrumente: Xylofon, Klavier

c Es geht immer nur um das Intervall vom ersten zum zweiten Ton. Die Jugendlichen können sich hierfür die Zusammenstellung auf Seite 179 zur Hilfe holen, da die notierten Intervalle nicht alle eingeführt sind. Auf die Unterscheidung groß/klein kann vorerst verzichtet werden.
Lösungen: 1: Große Sexte; 2: Prime; 3: Große Terz; 4: Kleine Sekunde; 5: Prime; 6: Kleine Terz (abwärts); 7: Große Sekunde.

3 **a** Zahlreiche Beispiele zeigen die jeweiligen Tonsprünge auch abwärts, so etwa: „Vom Himmel hoch", „Schlaf, Kindlein, schlaf" usw.

b >> TIPP: Die Klasse kann sich auch aus dem Liedangebot im SB bedienen.
Beispiele:
• Große Sekunde = „What About Us" (SB, Seite 45)
• Kleine Terz = „Come As You Are" (SB, Seite 211) usw.

c Hier ist die Kontrolle oder Unterstützung durch die Lehrperson gefordert und wichtig – falls notwendig mit Klavier. Das Erkennen von Intervallen über die ganz persönliche Auswahl von Liedanfängen kann motivierend und auch langfristig erfolgversprechend sein.

>> HINWEIS: Am besten ist es, wenn Lieder ausgewählt werden, welche die Schülerinnen und Schüler besonders gut kennen und ihnen (schon lange) bekannt sind.

4 **a** Hier empfiehlt sich der Einsatz von Tablets oder Smartphones mit einer idealerweise kostenlosen Klavier-App. So kann dieser Auftrag bereits in kleinen Gruppen und ortsunabhängig durchgeführt werden, mit einer maximalen Übungszeit pro Schülerin und Schüler.

b Jedes Intervall der Zusammenstellung auf Seite 179 wird im Hörbeispiel zweimal gespielt. 💿 D11
Lösungen:
1. Quarte
2. Große Sekunde
3. Quinte
4. Kleine Terz
5. Große Sexte
6. Prime
7. Kleine Septime
8. Große Terz
9. Kleine Sekunde
10. Oktave
11. Große Septime
12. Kleine Sexte

PMW

NOTEN SCHREIBEN

Kompetenzen

Die Schülerinnen und Schüler können ...

- notierte Melodien spielen und kurze Tonfolgen notieren.
- rhythmische Motive mit Sechzehnteln und punktierten Noten lesen und schreiben.
- musikalische Ideen mittels Notenschrift kommunizieren.

Material

- A4-Papier und Stifte

 D12

---

❶ **Notenrätsel**

PMW

a **Lösungen:**
   1: Adrian ist Chef des Cafés. 2: Beat geht baden.

b Alle erfinden Wörter und kurze Sätze mit den absoluten Notennamen gemäß Aufgabe 1a.

❷ **Texte rhythmisch notieren**

SINGEN UND SPRECHEN

Wie Texte rhythmisiert werden, wurde auf SB, Seite 110 bereits geübt. Nach Einschätzung der Lehrperson wird eventuell die dort beschriebene Thematik noch einmal wiederholt.

a Die Texte werden laut und deutlich gelesen und der Puls dazugeklatscht oder -gestampft.

b Beide Texte können mit Viertel- und Achtelnoten notiert werden.

c Nun wird das Sprechtempo erhöht. Auf einen Pulsschlag fallen vier Silben. Das klingt nun eher nach einem Hip-Hop-Text. Beide Textzeilen werden mit Achtel- und Sechzehntelnoten notiert.

d Dieser Text wird auf beide Arten (siehe Aufgabe b und c) notiert. Es gibt verschiedene Lösungsmöglichkeiten. Auf jeden Fall sollen auch längere Notenwerte bzw. Pausen miteinbezogen werden.

❸ **Eine Melodie erfinden ...**

GP

Als Einstieg wird das Notenbeispiel gesungen und spontan melodisch weitergeführt. Anschließend werden mit demselben Text auf einer anderen Tonhöhe beginnend weitere Melodien improvisiert. Im Hinblick auf Aufgabe 4 ist es sinnvoll, Tonwiederholungen und kleine Tonsprünge zu verwenden. Hat jemand eine gut klingende Melodie „erfunden", empfiehlt es sich, eine Tonaufnahme davon zu machen.

**Noten schreiben –
die interaktive Notentafel**

Die Jugendlichen lernen den Umgang mit der interaktiven Notentafel und üben, eigene Beispiele zu generieren. Die Töne können verschoben, durch Setzen von Versetzungszeichen verändert und gelöscht werden. Die erfundene Melodie können sich die Jugendlichen mit oder ohne Metronom in frei wählbaren Tempi anhören. Die interaktive Notentafel bietet sich auch in zahlreichen weiteren Unterrichtssituationen zum Einsatz an.

4 **... und eine Melodie aufschreiben!**

Im SB wurde bereits erwähnt, dass Melodien von Hand oder mit dem Computer aufgeschrieben werden können. Das Vorgehen ist identisch, die Notation mit dem Computer hat aber den Vorteil, dass die notierte Version jederzeit abgespielt und gehört werden kann.

a Die Info!-Box wird gelesen und die Klasse darauf aufmerksam gemacht, dass es am einfachsten ist, wenn ihre Melodien in C-Dur notiert werden.

- Die Schülerinnen und Schüler suchen ihren Anfangston auf den Tönen eines C-Dur-Dreiklangs.
- Da die rhythmische Struktur bereits in Aufgabe 2 notiert worden ist, genügt es nun, diesem Rhythmus nur noch die Melodietöne zuzuordnen.

b Die Melodien werden zuerst mit relativen Notennamen, dann mit Text gesungen.
Die Resultate werden besprochen und auffällige Fehler gegenseitig korrigiert.

5 **Notendiktat** 🎧 D12

Diese Aufgabe eignet sich auch als einleitende Übung vor Aufgabe 3. Entscheidend ist, dass solche Notendiktatübungen mehrmals übers Jahr gemacht werden. Wenn die Schülerinnen und Schüler einfache Musik auch notieren können, wenn eine gewisse Selbstverständlichkeit der Musiknotation erreicht wird, dann trägt das wesentlich dazu bei, dass sie auch differenzierter Noten lesen können.
Aus diesem Grund ist es sinnvoll, in diesem Zusammenhang nochmals die Blattsingübungen auf SB, Seite 14 zu wiederholen. Die positive Wechselwirkung zwischen Noten lesen und Noten schreiben darf nicht unterschätzt werden!

≫ HINWEIS: Als Hilfe können der Klasse folgende Angaben zu den drei Notendiktaten mitgeteilt werden:
- Jedes Notendiktat beginnt auf dem Ton c'.
- Es werden nur Viertel-, Achtel- und halbe Noten verwendet.
- Die Melodie aller drei Beispiele besteht aus Tonschritten. Es wird kein Ton übersprungen.

Es ist vorteilhaft, wenn die Lösungen zu den Notendiktaten an die Wandtafel geschrieben oder projiziert werden, damit die Schülerinnen und Schüler ihre Resultate selbst korrigieren und dadurch ihre Fehler nachvollziehen können.

≫ HINWEISE ZU DEN HÖRBEISPIELEN:
- Vor jedem Notendiktat wird eingezählt.
- Jedes Notendiktat erklingt zweimal.

Lösungen des Hörbeispiels:

Notendiktat 1:

Notendiktat 2:

Notendiktat 3:

SCHALLWELLEN UND OBERTÖNE

> **Kompetenzen**
>
> Die Schülerinnen und Schüler können ...
>
> - Schallwellen, Obertöne, Klangfärbungen und akustische Phänomene hörend verstehen und kommentieren.
> - die Unterschiede von Geräusch, Ton und Mehrklang erkennen, nach ausgewählten Kriterien ordnen und beschreiben.
> - Klänge aus ihrer Umwelt elektronisch aufnehmen, verändern und damit musikalisch experimentieren und anwenden.
>
> **Material**
>
> - Instrumente: Klavier, Tambourin
> - Kerze
> - Stimmgabel (nach Möglichkeit)

PMW

Umgangssprachlich werden Geräusch, Ton, Klang und Knall als Schall bezeichnet, also das, was vom menschlichen Gehör auditiv wahrgenommen werden kann. Oder anders ausgedrückt: Schwingungen im hörbaren Frequenzbereich von 16 Hz bis 20 kHz nennt man Schall. Dabei wird häufig zwischen Nutzschall (Musik, Stimme) und Störschall (Verkehr- oder Baustellenlärm) unterschieden.

Physikalisch gesehen ist der Schall eine Welle, die sich in Luft oder Wasser ausbreitet. Seine Ausbreitung geschieht durch Gasmoleküle, die mittels eines Druckunterschieds ein Signal übermitteln. Anders als elektromagnetische Wellen wie z. B. Licht oder Mikrowellen benötigen Schallwellen zur Ausbreitung ein Übertragungsmedium aus beweglichen Teilchen, wie z. B. Luft.

1 Schallwellen

a Versuch gemäß SB

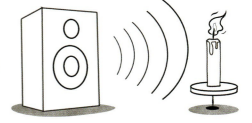

- Die Schallwelle der Trommel lässt das Fell des Tambourins und damit den Schlägel vibrieren.
- Singt die ganze Klasse denselben Ton, schwingen anschließend die entsprechenden Saiten (Ton und einige Obertöne) des Klaviers.
- Das Flackern der Kerzenflamme wird mit Zunahme der Lautstärke und dem Abstand zum Lautsprecher stärker.

b Hier werden Hüllkurven gezeigt und verglichen. Jeder im Volksmund bezeichnete Ton ist eigentlich ein Klang, bestehend aus dem Grundton und mehreren Obertönen, die in Kurvenformen dargestellt werden. Der reine Ton (Sinuston) kann nur elektronisch erzeugt werden.

c
- Die Amplitude (Ausschlag der Kurve) zeigt den Schalldruck und damit auch die Lautstärke an.
- Die Länge der Welle (Frequenz) zeigt die Tonhöhe an.

Beispiel: Wenn sich ein Krankenwagen mit Sirene auf uns zu bewegt, dann erhöht sich die Frequenz und damit die Tonhöhe. Wenn es sich entfernt, sinkt die Frequenz. Auch die Lautstärke nimmt zu, dann wieder ab.

GESTALTUNGSPROZESSE

Schallwellen und Obertöne – Ausbreitung des Schalls

In fünf Schritten erklärt diese Präsentation die Ausbreitung des Schalls. Interaktiv wird die Anwendung, indem die Jugendlichen den Resonanzkörper per Klick anschlagen und die unterschiedlichen Schallwellen bei einem konstanten und einem verklingenden Ton beobachten können.

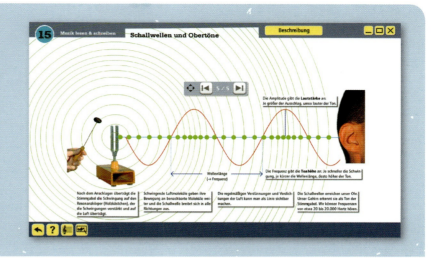

2 Beschreibung der Grafiken:

- Grafik 1: Die Frequenz bleibt gleich, die Amplitude wird größer = der Ton wird lauter.
- Grafik 2: Die Frequenz ist zuerst lang, dann kürzer = die Tonhöhe steigt.

Beide Beispiele werden auch singend ausgeführt.

WISSEN!

Ton und Oberton

Dass jedes Instrument und jede Stimme einen ganz besonderen, häufig einzigartigen Klang besitzt, hängt damit zusammen, dass Resonanzkasten, Körper, Materialien usw. ganz bestimmte Obertöne produzieren und somit den Klang aus Ton und Obertönen entstehen lassen.

PMW

3 **Die Oberton- oder Naturtonreihe**

a Die akustische Gitarre klingt im Vergleich zur Violine runder und weicher. Dafür ist der Klang einer Violine brillanter und markanter. Diese Tatsache lässt sich auch in den Klangmustern (Hüllkurven) ablesen. Dasjenige der Violine ist eckiger, spitziger als das Muster der Gitarre. Der Klang einer einzelnen Klaviersaite liegt wohl in der Mitte zwischen den beiden anderen Instrumenten.

b Die Obertöne 3 bis 9 könnten beispielsweise von Blasinstrumenten ohne Klappen (Jagdhorn, Waldhorn), im Unterricht aber auch von jedem beliebigen Instrument gespielt werden.
Beim Erfinden einer passenden Melodie kann an Jagd- oder Posthorn-Signale gedacht werden.
Am einfachsten ist das, wenn die Töne 3, 4, 5 und 6 verwendet werden.

GP

16 LET'S SING!

Dass die eigene Stimme unverwechselbar und einzigartig ist, wurde bereits in vorigen Kapiteln (z. B. Kapitel 1, 7, 8) erkannt und behandelt. Hier gilt es nun, auch die Wandlungsfähigkeit und Ausdrucksstärke der Stimme herauszuarbeiten.

• Stimmen erkennen

Version 1: Nach den ersten fünf bis sechs Beispielen wird versucht, zu evaluieren, an welchen Merkmalen die Stimmen erkannt worden sind (z. B. Aussprache, an einzelnen Buchstaben, an der Klangfarbe oder Tonhöhe). Gelingt die Stimmerkennung auch, wenn die jeweiligen Personen ihre „normale" Sprechstimme verändern?
Version 2: Vorgehen gemäß SB
Version 3: Die beiden Personen besprechen vorab, welcher Liedanfang gesungen wird. Bei geöffneten Augen versuchen sie dann, möglichst exakt gemeinsam mit dem Singen zu beginnen.

• Die Stimmen der Stars D13/14

➡ Es singen folgende Interpreten: D13
1 Michael Jackson („Thriller")
2 Kurt Cobain von Nirvana („Come As You Are")
3 Elvis Presley („Hound Dog")
4 Lady Gaga („Shallow")
5 Justin Timberlake („Say Something")
6 Ed Sheeran („Shape of You")
7 Pink („What About Us")
8 Sido („Der Himmel soll warten")

➡ Folgende Stimmlagen sind zu erkennen: D14
1 Bass: „O, wie will ich triumphieren" aus „Entführung aus dem Serail"
2 Alt: „Cruda Sorte! Amor Tiranno!" aus „L'italiana in Algeri"
3 Sopran: „Chiedi all'aura lusinghiera" aus „L'elisir d'amore"
4 Bariton: „Là ci darem la mano" aus „Don Giovanni"
5 Koloratursopran: „Königin der Nacht" aus „Die Zauberflöte"
6 Tenor: „Quanto è bella, quanto è cara" aus „L'elisir d'amore"

• Autumn Leaves – Stimmen verändern D15 🖉 D16

Die Klasse lernt das Lied im Original kennen und singt es dann zum Playback.

>> HINWEIS: Die ternäre Rhythmik bezieht sich im Playback auf die Sechzehntel. Die Achtel werden (anders als in der Originalaufnahme) gerade, also binär gesungen.

Nachdem alle das Lied mit ihrer „normalen" Stimme gesungen haben, wird versucht, die Melodie mit einem anderen Ausdruck zu singen, siehe Beispiele im SB. Das Lied könnte auch fröhlich, frech und witzig gesungen werden.

Folgende Vorübung hat sich im Unterricht bewährt: Als Wiederholung wird das Video oder das Hörbeispiel von „We Are the World" (Hörbeispiel B26) angeschaut oder angehört. Es dient als Beispiel dafür, wie jede Künstlerin und jeder Künstler auf individuelle Weise die jeweilige Liedstelle interpretiert. Nun wird der Text von „Autumn Leaves" in Abschnitte aufgeteilt, am besten zeilenweise. Jede Zeile wird von einer anderen Person auf ganz persönliche Weise gesungen und interpretiert.

Aufteilung zeilenweise:

The falling leaves drift by my window,
the autumn leaves of red and gold;
I see your lips, the summer kisses,
the sunburned hands I used to hold.
Since you went away, the days grow long,
and soon I'll hear old winter's song,
but I miss you most of all, my darling,
when autumn leaves start to fall.

Text: Johnny Mercer
© Ed. Enoch / Ed. Marbot

Als zusätzliches Element könnte folgende Chorpassage als Intro und/oder Outro von der ganzen Klasse gesungen werden:

Intro/Outro:

16

SHOTGUN (GEORGE EZRA)

Kompetenzen

Die Schülerinnen und Schüler können …

- Lieder in der Klasse oder in Gruppen üben (z. B. Ausdauer zeigen, Konzentration beibehalten) sowie Interpretationsmöglichkeiten erproben und vergleichen.
- in mehrstimmigen Liedern ihre Stimme halten.
- ausgewählte Lieder aus verschiedenen Stilarten singen (z. B. klassische Musik, Pop, Jazz).
- eine Melodie- oder Rhythmusstimme in der Gruppe spielen (z. B. Ostinato).
- mit dem Klasseninstrumentarium spielen und sich dem Tempo und dem musikalischen Ausdruck der Klasse anpassen.
- Musik aus verschiedenen Kulturen, Epochen und Stilen im Klassenarrangement spielen.

Material

- Instrumente: Gitarre/Klavier, Keyboard/Xylofon, Bass, Drums, Claves, Shaker, evtl. Tablets

  💿 D17, 🖊 D18

Ein Aufenthalt in Barcelona inspirierte George Ezra zu seinem Lied „Shotgun". Er zählt darin Dinge auf, die man während des Reisens erleben kann. Dabei findet er neben Tiefseetauchen und Berggipfeln auch Frauen in Bikinis und Alkohol erwähnenswert.

Im offiziellen Musikvideo schwebt George Ezra auf einer sich ständig drehenden kleinen Plattform, die regelmäßig ihre Oberfläche verändert: Strand, Wiese, Segelboot usw.

1

a Falls der Song den Jugendlichen nicht ohnehin bekannt ist, ermöglicht ein erstes Hören und Mitlesen im Leadsheet eine schnellere Erarbeitung des Stücks. Der Text kann ein erstes Mal stumm, ein zweites Mal leise und beim dritten Mal laut mitgelesen werden. 💿 D17

b Ziel ist es, den Liedtext des Chorus möglichst schnell auswendig zu singen. Vielleicht gelingt das auch schon bald ohne Hilfe der Originalaufnahme, dafür mit Playback oder Begleitung durch die Lehrperson. 🖊 D18

c Alternativ können sich die Jugendlichen für die „Einwürfe" in zwei Gruppen aufteilen: Die erste Gruppe singt die Doppelungen der Wörter „shotgun", „hot sun" und „someone" in den Takten 17–19, die andere Gruppe übernimmt die Takte 21–23.

d Hier ist etwas Unterstützung beim Finden und Zuweisen der weiteren Akkordtöne durch die Lehrperson hilfreich. Die Einwürfe aus Aufgabe 1c könnten so klingen:

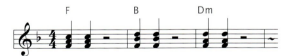

SINGEN UND SPRECHEN

a Vor allem die Rhythmen von Gitarre/Klavier und Bass sollten vorab separat gut geübt werden, damit sie dann im Zusammenhang mit den anderen Stimmen präzise ausgeführt werden können.

b Falls das vorhandene Instrumentarium nicht für alle ausreicht, können die Jugendlichen ohne Instrument die Claves-Stimme dazuklatschen.

>> TIPP: Auch der Einsatz von Tablets mit digitalen Instrumenten ist hier denkbar.

c Wenn das Zusammenspiel von Gesang und Instrumentalbegleitung bei den einzelnen Formteilen gut funktioniert, spielt die Klasse den Song gemäß untenstehendem Ablauf. Die Formteile Intro, Bridge und Zwischenspiel sind im Buch nicht abgedruckt. Sie basieren aber auf den gleichen vier Begleitakkorden in gleicher Reihenfolge wie bei allen anderen Formteilen und können, wenn gewünscht, in den Ablauf integriert werden (siehe Instrumentierungsliste unten).

Ablauf: Intro (4 Takte) – Strophe 1 (8 Takte) – Prechorus (8 Takte) – Chorus (8 Takte) – Strophe 2 (8 Takte) – Prechorus (8 Takte) – Chorus (8 Takte) – Bridge (4 Takte) – Zwischenspiel (4 Takte) – Prechorus (8 Takte) – Chorus (beliebig oft wiederholen)

>> TIPP: Damit die Begleitung nicht im ganzen Song identisch klingt, kann die Instrumentierung variiert werden. Hier ein nicht der Originalaufnahme entsprechender Vorschlag für die Umsetzung mit der Klasse:

	Intro	Strophe	Prechorus	Chorus*	Bridge	Zwischenspiel
Gitarre/Klavier	X	X	X			X
Keyboard/Xylofon			X	X		X
Bass	X	X	X	X	X	X
Drums				X	X	X
Claves				X	X	X
Shaker		X	X	X	X	X

* Beim allerletzten Chorus-Durchgang nur noch Gesang

SHACKLES (MARY MARY)

Kompetenzen

Die Schülerinnen und Schüler können …

- ihre Stimme im chorischen Singen integrieren und sich für das gemeinsame Musizieren engagieren.
- Lieder in der Klasse oder in Gruppen üben (z. B. Ausdauer zeigen, Konzentration beibehalten) sowie Interpretationsmöglichkeiten erproben und vergleichen.
- ihren spezifischen Beitrag im mehrstimmigen chorischen Singen leisten (z. B. Rhythmus, Solo, Bewegung).
- musikalische Verläufe hörend verfolgen, zeigen und beschreiben (z. B. Melodieverlauf, Lautstärke).
- zu Musikstücken vorgegebene Bewegungsabläufe übernehmen.
- eine Melodie- oder Rhythmusstimme in der Gruppe spielen (z. B. Ostinato).
- mit dem Klasseninstrumentarium spielen und sich dem Tempo und dem musikalischen Ausdruck der Klasse anpassen.

Material

- Instrumente: Gitarre/Klavier, Keyboard/Xylofon, Bass, Drums, evtl. Cajón oder Djembé, Tablets

  🖸 D19, ✏️ D20, 🎬 Aufwärm-Training, Nr. 5

Die deutsche Übersetzung des Chorus-Liedtextes von „Shackles" lautet in etwa:

Nimm die Fesseln von meinen Füßen, damit ich tanzen kann.
Ich möchte dich nur loben, ich möchte dich nur loben.
Du hast die Ketten gebrochen, jetzt kann ich meine Hände heben,
und ich werde dich preisen, und ich werde dich preisen.

Mit diesem Song nehmen die beiden Schwestern Erica und Trecina Atkins-Campbell Bezug auf die musikalische Tradition der Sklaven in Nordamerika im 18. und 19. Jahrhundert. Diese schöpften aus dem gemeinsamen Singen von Spirituals und Gospels Mut. Sie baten darin etwa Gott um die Befreiung aus der Unterdrückung.
Unter dem Künstlernamen Mary Mary nahm das Frauen-Duo dank „Shackles" eine Pionierrolle für das Genre der „Urban Gospel Music" ein.

Warm-up

① Bodypercussion

a Die drei in im•puls verwendeten Rhythmussprachen sind bereits im ersten Band eingeführt worden. Im vorliegenden Band 2 werden sie erstmals auf Seite 32 wieder aufgegriffen und repetiert und werden auch später im SB immer wieder verwendet.
Die Multimedia-CD-ROM bietet mit dem „Rhythmusbaukasten" und dem „Rhythmustrainer" (siehe LB, Seite 33) zwei Applikationen, mit denen die Anwendung der drei Rhythmussprachen trainiert werden kann.
Für das Bodypercussion-Pattern lauten die Rhythmussprachen:

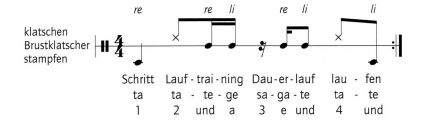

TANZEN UND BEWEGEN

b **Variante:** Die Jugendlichen erfinden eigene Bodypercussion-Elemente zu diesem Rhythmus. Sowohl bei den erfundenen Elementen wie auch bei den Instrumenten sind jeweils ein hoher, ein mittlerer und ein tiefer Klang (oder Geräusch) empfohlen.

Vorschläge für Instrumente:

- Tasteninstrument
- Drumset (Stampfen = Bass Drum, Brustklatscher = Stand- oder Hängetom, klatschen = Snare)
- Cajón oder Djembé (drei unterschiedlich hohe Klänge auf engem Raum)
- Tablets (Auswahl digitaler Sounds, die mit drei Fingern bedient werden können)

2 **Bewegung** 🎬 Nr. 5

a Die als Achterschritt bezeichnete Bewegungsabfolge findet sich bereits auf Seite 28 im SB (Seitwärtsgehen 2) und wird dort auch in einem Video (Video Nr. 5, bei ca. 0'44'') erklärt.

b Zuerst ein langsames Tempo wählen und kontinuierlich steigern. Die Gruppen wechseln die Stimmen zuerst nach Pausen, dann – für geübte Klassen – ohne Pausen.

c Bodypercussion und Bewegung gleichzeitig auszuführen, ist schwierig: Auf die Zählzeit 4 müsste man im Achterschritt den rechten Fuß abstellen statt wie vorgesehen nur tippen, um auf die Zählzeit 4 und im Bodypercussion-Pattern auf den linken Fuß wechseln zu können.
Was aber möglich ist: den Achterschritt mit „klatschen" und „Brustklatscher" aus dem Bodypercussion-Pattern kombinieren.

3 **a** Wenn der englische Songtext ein Hindernis darstellt, kann die Melodie vorerst auch auf neutrale Silben wie „la" „mo" oder „du" gesungen werden. 💿 D19

b Das Tempo des Hörbeispiels mag etwas schnell sein. Hier kann es hilfreich sein, die drei Gruppen zuerst in langsamem Tempo gemeinsam üben zu lassen, etwa zur Klavierbegleitung der Lehrperson. In diesem Fall die Aufnahme erst in einem zweiten Schritt hinzuziehen. Gruppe wechseln. 💿 D19

c Anschließend auch den Anfang der dritten Stimme mit einem Instrument spielen und singen. Dies dient dazu, im dreistimmigen Chor die zweite und dritte Stimme einfacher finden zu können. Evtl. kann eine Schülerin oder ein Schüler die ganze Stimme mit einem Instrument spielen. 💿 D19

4 **a** Der Text kann ein erstes Mal stumm, ein zweites Mal leise und beim dritten Mal laut mitgelesen werden. 💿 D19

b Es ist sinnvoll, wenn eine kleine Gruppe Jugendlicher, eventuell eine Solistin oder ein Solist die roten Text-Einwürfe übernimmt. Zentral ist die Gesangsmelodie, die Einwürfe sind Ausschmückung und klingen dezenter im Hintergrund. 💿 D19

>> HINWEIS: Das Playback ist in der Originaltonart gehalten und kann so in der Erarbeitungsphase eine Hilfe sein. 🖊 D20

c Die Instrumentalbegleitung ist günstig gesetzt: Sowohl Klavier/Gitarre wie auch Keyboard/Xylofon spielen in ihrem Pattern nur zwei Töne/Tonkombinationen. Die Akkordfolge des Refrains ist in Intro und Strophe identisch.

>> TIPP: Abschlussversion von „Shackles" mit 5 Gruppen:
1. Bodypercussion
2. Bewegung (Achterschritt)
3. Dreistimmiger Chor (einstimmig in Strophe)
4. Gruppe Intro und rote Texteinwürfe
5. Instrumentalbegleitung

Die Klasse kann einen eigenen Ablauf festlegen, Formteile beliebig wiederholen und Besetzungen dazu variieren.

Seitliche Beschriftungen: TUB · TANZEN UND BEWEGEN · SUS · SUS · MUSIZIEREN

KARAOKE!

Kompetenzen

Die Schülerinnen und Schüler können …

- ein begleitetes Lied solistisch oder in Gruppen vortragen.
- Beispiele aus der aktuellen Musikszene singen und ihre musikalischen Präferenzen einbringen.
- zu bestehender Musik eine bildnerische, theatralische oder tänzerische Gestaltung entwickeln.
- eigenen musikalischen Präsentationen und denen ihrer Mitschülerinnen und Mitschüler kritisch und gleichzeitig wertschätzend begegnen.
- Zusammenhänge zwischen Bühnenpräsenz, Bühnentechnik und der Qualität der musikalischen Darbietung erkennen und benennen.

Material

- A4-Papier und Stifte

Im Internet steht eine riesige Auswahl an Karaoke-Songs, Volksliedern, klassischen Liedern, Arien zur Verfügung. Gibt man in der Suchfunktion „Karaoke", „Titel", „Interpret" oder „Komponist" ein, stehen in der Regel mehrere Versionen zur Auswahl. Songs mit und ohne Text, als Instrumentalversion, mit Noten (oft bei Liedern aus der klassischen Musik) oder der Anzeige der verbleibenden Sekunden bis zum Einsatz der Singstimme.

Beispiel: „You Raise Me Up" (siehe SB, Seite 154):

- Suchwort: „Karaoke", „You Raise Me Up", „Groban"
- Zur Auswahl stehen nun rund 20 Versionen mit unterschiedlicher Besetzung, unterschiedlichen Tonarten, mit Klavierbegleitung oder Versionen verschiedener Interpreten.

1 a+b Zuerst in Gruppen, später in der Klasse wird eine Übersicht über die verfügbaren Karaoke-Titel erstellt. Die Schülerinnen und Schüler wählen den Song, den sie gerne singen würden.

>> HINWEIS: Es ist nicht sinnvoll, den „coolsten", aktuellsten Song auszuwählen, der dann vielleicht zu hoch oder zu schwierig zum Singen ist. Geeigneter sind eher einfachere Songs, die dann aber stilsicher und mit Überzeugung und Engagement vorgetragen werden können.

2 a+b In Gruppen werden die ausgewählten Songs geübt. Dabei werden einzelne Songteile (z. B. Strophen) unter den Mitwirkenden verteilt, andere Teile (z. B. Refrain) gemeinsam gesungen. Verschiedene Versionen ausprobieren!

c Die Resultate werden der Klasse vorgestellt.
Die Lehrperson entscheidet, ob diese ersten Darbietungen kommentarlos zur Kenntnis genommen, oder aber im Plenum besprochen werden.
Aspekte der Kritik könnten sein:

- Hat die Gruppe den Song geschickt ausgewählt?
- Welche Interpreten waren besonders überzeugend?
- War die Textverständlichkeit gut?
- Was gibt es zur Performance zu sagen?

SUS

SINGEN UND SPRECHEN

a Die Gruppe muss entscheiden, ob sie beim ausgewählten Song bleiben oder eventuell einen anderen Song suchen will.

b Die richtige angenehme Tonhöhe eines Songs ist entscheidend für die spätere Vorstellung. Hier benötigen die Gruppen eventuell Hilfe und Beratung der Lehrperson.

c Bei dieser Aufgabe geht es nun, im Gegensatz zur Aufgabe 2, explizit um die Bühnenpräsenz der ganzen Gruppe. Sinnvollerweise werden wichtige Aspekte einer Performance der Seiten 172/173 im SB noch einmal thematisiert und im Hinblick auf die anstehende Präsentation überprüft.

Karaoke Wettbewerb

 Wie im SB erwähnt, ist das Karaoke-Singen in erster Linie Spaß, Unterhaltung und Vergnügen. Das Publikum darf auch mitsingen, zur Musik tanzen, die Interpreten anfeuern und mit tosendem Applaus belohnen. Ob vielleicht in einer späteren Runde daraus tatsächlich ein veritabler Wettbewerb mit einer Jury und einer Prämierung der ersten drei Plätze entsteht, können die Beteiligten selber entscheiden.

>> HINWEIS: Ein derartiger Wettbewerb kann für die letzte Musikstunde vor den Ferien angesagt werden. Die Schülerinnen und Schüler dürfen dazu ihre frechsten, ausgefallensten Klamotten und Requisiten mitbringen – sollten aber dabei die Hauptsache, die seriöse Vorbereitung des Songvortrags, nicht vergessen.

17 AUF DER BÜHNE

Auf den Seiten 172/173 und 190/191 des SB wurde bereits das Thema „Bühnenpräsenz" im Hinblick auf die Aspekte Performance und Gesangsdarbietung erarbeitet.
Auf dieser Doppelseite geht es nun zu einem wesentlichen Teil um die optische Präsenz auf einer Bühne. Dabei stellt sich die Frage, was das Publikum sieht und wie es bewusst oder unterbewusst das Gesehene einordnet und bewertet. Im Fokus steht das eigene Körperbewusstsein und die Sicherheit, sich auf der Bühne zu präsentieren.

● Warm-up

Für diese Übung wird eine Art „Bühne" benötigt. Evtl. dazu den Unterricht in die Aula mit Bühne verlegen oder alternativ im Musikraum bzw. Klassenzimmer mit Papierklebeband am Boden eine Bühnenfläche markieren.

- Alle Schülerinnen und Schüler erhalten von der Lehrperson eine geflüsterte Anweisung, z.B.: „Gehe ganz wütend über die Bühne". Dann betreten sie nacheinander auf entsprechende Weise die Bühne. Weitere Beispiele siehe SB. Alle anderen Teilnehmenden sitzen im Publikum und beobachten die Auftritte.
- Hier bietet es sich an, dass die Lehrperson zunächst ein bis zwei Beispiele vormacht. Danach überlegen sich die Schülerinnen und Schüler eine bekannte Persönlichkeit aus den Bereichen Sport, Film, Politik, Musik usw. Sobald der Auftritt begonnen hat, darf das Publikum den Namen der dargestellten Person rufen.
- Diese Aufgabe ist etwas schwieriger als die vorangegangene, weil die statische Darstellung wenig Ausdrucksmöglichkeiten bietet. In einer einzigen Haltung (ohne Bewegung) muss ersichtlich sein, welche Figur dargestellt wird.

• Spiel in der Gruppe

In kleinen Gruppen werden Denkmäler aufgebaut. Neben den im SB abgebildeten Vorschlägen können auch andere allgemein bekannte historische Persönlichkeiten aus einer Stadt oder Denkmäler für eine bestimmte Menschengruppe (z. B. Flüchtlinge, Orchester, Sportler, Hilfsorganisation) verwendet werden (siehe weiteres Beispielbild unten).

- Die Vorschläge werden in der Gruppe besprochen und sprachlich skizziert, bevor eine Person bestimmt wird, die das Denkmal aus den Gruppenmitgliedern „formt".
- Die statischen Bilder werden gegenseitig begutachtet und besprochen.

• Steig ein in die Linie 1! 🎧 D21

Der Einführungstext wird gelesen und das Stück angehört. Der Text kann hier gleich mitgesprochen, eventuell auch mitgesungen werden.

- Diese Aufgabe wird der örtlichen Situation angepasst. Reisen die Teilnehmenden im Schulbus, pendeln sie in der Bahn, der Straßenbahn oder in der U-Bahn?
  Beispiele: stehen und schwanken, sich an einem (imaginären) Haltegriff festklammern, Zeitung lesen, im Gespräch mit dem Sitznachbarn sein, Musik hören, auf dem Handy wischen und klicken.
- Einige Stühle, eventuell Stangen, markieren auf der Bühne das Transportmittel. Die Gruppe steigt ein, das Hörbeispiel wird abgespielt, die Bahn fährt ab ...
- Anschließend beschreibt das Publikum, was es gesehen hat, wer besonders gut gespielt hat und warum, was die Gruppe verbessern könnte.

OPER UND MUSICALTHEATER

Kompetenzen

Die Schülerinnen und Schüler können ...

- Funktionen exemplarischer Musikbeispiele erkennen und einem gesellschaftlichen Kontext zuordnen (z. B. Disco, Filmmusik, Nationalhymne).
- ausgewählte Lieder aus verschiedenen Stilarten singen (z. B. klassische Musik, Pop, Jazz).
- Singtechniken aus verschiedenen Stilarten unterscheiden und erproben (z. B. Kunstlied, Popgesang).
- exemplarische Musikstücke in Bezug zu Vergangenheit, Gegenwart und Kulturräumen ordnen.
- die Wirkung eines Musikstücks aus persönlicher Sicht darlegen und begründen.

Material

- A4-Papier und Stifte

🎵 D22

Querschnitt durch ein Opernhaus

Die folgenden Seiten sind die Fortführung des Überlicks zum Musiktheater auf den Seiten 100/101. Im Zusammenhang mit dem Querschnitt durch ein Musiktheater-Gebäude geht es um Funktionen, aber auch um Menschen und ihre Berufe im Rahmen einer großen Musikproduktion.

1 a+b

	Ort	Funktion	Berufe
1	Hauptbühne	Ort des Geschehens, der Aufführung	Schauspielerinnen/Schauspieler, Sängerinnen/Sänger
2	Kulissen	Bilder im Hintergrund und an den Bühnenseiten	Bühnenbildnerinnen/-bildner
3–5	Hinter-, Seiten- und Unterbühne	Bühnenelemente, Akteure, Kulissen werden von verschiedenen Seiten oder von unten auf die Bühne gefahren.	Bühnenarbeiterinnen/-arbeiter
6	Schnürboden	Vorhänge, Kulissen können auf die Bühne abgesenkt werden.	Bühnenarbeiterinnen/-arbeiter
7	Orchester-graben	Hier spielt das Orchester.	Musikerin/Musiker, Dirigentin/Dirigent
8	Technikraum	Von hier wird die Beleuchtung und der Ton (Mischer) gesteuert.	Tontechnik, Beleuchtung
9–12	Parkett u. a.	Raum für das Publikum während der Aufführung	Servicepersonal
13	Foyer	Raum für das Publikum während der Pause u. a.	Servicepersonal, Restaurantpersonal
14	Garderobe	Publikum gibt hier Mäntel, Schirme, Taschen usw. ab.	Servicepersonal
15	Kasse	Tickets kaufen	Verkäuferin/Verkäufer
16	Probebühne	Ensembles (Chor, Schauspiel, Sängerinnen und Sänger, Korrepetition) proben Szenen	Diverse Künstlerinnen und Künstler
17	Künstler-garderoben	Umkleide- und Ruheraum für Künstlerinnen und Künstler	Sängerinnen/Sänger, Schauspielerinnen/Schauspieler
18	Maske	Die Akteure werden geschminkt, frisiert, Perücken angepasst.	Friseurin/Friseur, Visagistin/Visagist, Kosmetikerin/Kosmetiker (Maskenbildnerin/-bildner)
19	Schneiderei	Die Kostüme werden gezeichnet, genäht und angepasst.	Schneiderin/Schneider, Kostümbildnerin/-bildner

20	Kostüm-fundus	Lagerung von Kostümen vergangener Produktionen	Kostümbildnerin/-bildner
21	Requisiten-kammer	Hier werden die benötigten Gegenstände (z. B. Krone, Pistole, Puppe) für die Aufführung gelagert.	Requisiteurin/Requisiteur
22/23	Malersaal, Tischlerei	Hier werden Kulissen und Möbel angefertigt, gemalt.	Kulissenmalerinnen/-maler, Schreinerin/Schreiner
24	Büro	Für Verwaltung, Werbung, Buchhaltung, Regie u. a.	Büroangestellte, Buchhaltung, Werbefachleute, Regie u. a.

c Die Schülerinnen und Schüler berichten von eigenen Erfahrungen und Besuchen einer Musiktheater-Aufführung.

Musicaltheater

Diese Anwendung bietet in zwei Features spannende Hintergrundinformationen rund um das Thema Musical: „Geschichte des Musicals" und „Produktionsschritte".

Porgy and Bess

2 „Summertime" stammt zwar aus der Oper „Porgy and Bess", es gibt davon aber unzählige Einspielungen ganz unterschiedlicher Interpretationen, die im Internet angeschaut werden können. Beispiel: „Summertime" von Billy Stewart.

a Das Original wird angehört und besprochen. Ausgehend vom Text, der Melodieführung und der kurzen, eingängigen Phrasen könnte die Melodie auch in einem Musical gesungen werden. Mögliche Antworten:
- Der Text schildert einen friedlichen Sommerabend im Dorf.
- Die Melodie lässt sich gut nachsingen, sie ist eingängig.

Die Stimmführung und die Gesangstechnik der Interpretin entsprechen hier aber eindeutig dem Opernfach.

b Um die Melodie als Musical-Song zu singen, kann beispielweise die Interpretation von Billy Stewart angehört werden. Den Jugendlichen fällt es dadurch leichter, diesen Song etwas „poppiger" zu singen.

Auf der Gitarre und/oder dem Klavier kann dazu mit folgenden Akkorden begleitet werden:

Summertime

```
| Dm    A7/E |   Dm    A7/E |   Dm    A7/E |   Dm    A7/E |

| Gm          |   B     B7   |   A7    B7   |   A7          |

| Dm    A7/E |   Dm    A7/E |   Dm    A7/E |   Dm/F  G     |

| F     Dm   |   G     A7   |   Dm    A/E  |   Dm/F  A7/E | Dm |
```

„DEIN IST MEIN GANZES HERZ"

Kompetenzen

Die Schülerinnen und Schüler können ...

- Atmosphären von Musikwerken und deren Wirkungsfelder differenziert wahrnehmen und dazugehörige Hintergründe erarbeiten (z. B. soziale, geschichtliche Aspekte).
- Musik bezüglich ausgewählter Merkmale in musikgeschichtliche und gesellschaftliche Bezüge einordnen (z. B. politische Musik, Singstimmen in verschiedenen Stilen).
- eine musikalische Collage zu einem aktuellen Thema entwickeln und produzieren (z. B. aus ihrem Interessensbereich, Thema aus der Gesellschaft).

Material
- A4-Papier und Stifte
- Computer oder Tablet mit Internetzugang

 D23–26

Berühmte Liebespaare von Adam und Eva bis „Brangelina" (Angelina Jolie und Brad Pitt) gibt es in jeder Epoche. Ob die Schülerinnen und Schüler auch schon von Samson und Delilah, von Orpheus und Eurydike, von Antonio und Kleopatra oder von Romeo und Julia gehört haben, ist nicht sicher. Als Einstieg bietet sich an, über gerade „angesagte" Liebespaare zu sprechen.

1 **a** In vier Gruppen recherchieren die Jugendlichen je zu einem der vier Liebesduette und halten ihre Resultate schriftlich fest.

>> HINWEIS: Die wichtigsten Angaben dazu stehen in den Überschriften bei den Noten. **Beispiel:**

- Personen (Liebespaar): Zerline und Don Giovanni
- Oper/Komponist: Oper „Don Giovanni"/W. A. Mozart
- Titel des Duetts: „Là ci darem la mano"

b Die Gruppen versuchen nun in Worten das Duett zu beschreiben:

	Zerline/ Don Giovanni	Golde/Tefje	Mimì/Rodolfo	Christine/Phantom
Stimmung	Getragen, anbetend	Aufgeladen, vorwurfsvoll, dadurch wirkt das „Liebst du mich" komisch, lustig.	Dramatisch, leidenschaftlich	Poppig, weniger emotional, durch tiefe Lage und Halbtonschritte wirkt die Melodie unheimlich, geheimnisvoll.
Inhalt	Heiratsantrag, Unschlüssigkeit der Braut	Altes Ehepaar: Er möchte über Liebe sprechen, sie über den Alltag, sie nimmt ihn nicht ernst.	Er betet sie an, macht ihr Komplimente, sie ist schüchtern und macht sich Gedanken, was ihr widerfährt.	Das Phantom der Oper erklärt der Sängerin seine Liebe. Sie demaskiert ihn und empfindet Mitleid für sein entstelltes Gesicht und sein Schicksal.
Gesangsstil (Stimmlage)	Operngesang (Sopran/ Bariton)	Musical-Gesang, Art Sprechgesang (Alt/Bariton)	Operngesang (Sopran/Tenor)	Musical-Gesang, aber Nähe zum Operngesang (Sopran/Tenor)

Daneben können sich die Jugendlichen auch mit folgenden Fragen beschäftigen:

- Sprache: In welcher Sprache wird gesungen?
- Stimmlagen (siehe oben und auch SB, Seite 16 und 184)
- Tempo und Instrumentierung

Geordnet sind die Instrumente nach Instrumentengruppe: Holzbläser, Blechbläser, Schlag-, Streichinstrumente.

c Diese Aufgabe wird vor allem bei den Stücken „Là ci darem la mano" und „Das Phantom der Oper" sinnvoll sein, die anderen beiden Duette sind schwierig in der Umsetzung.

2 **a+b** Ebenfalls im Internet finden die Schülerinnen und Schüler eine Zusammenfassung der Handlung, dem szenischen Inhalt des Werks. In drei Sätzen fassen sie die Handlung zusammen, um sie anschließend der Klasse zu präsentieren.

Schwerpunkt sollte hier etwa der Handlungsstrang rund um das Liebespaar, seine Entwicklung und der Ausgang der Liebesgeschichte sein.

Evtl. kann auf die unterschiedlichen Aspekte von Liebe eingegangen werden:

- Don Giovanni: Draufgänger, der möglichst viele Frauen besitzen will.
- Anatevka: Alltag eines älteren Paares mit den Sorgen und Problemen in einer Familie. Romantik steht nicht im Vordergrund.
- La Bohème: Die schwärmerische Liebe, die mit dem Tod einer der beiden Liebespartner endet.
- Phantom der Oper: Die tragische Nichterfüllung der Liebe aufgrund unterschiedlicher Voraussetzungen.

c In einer kurzen Präsentation stellt jede Gruppe ihr Musiktheater und das dazugehörende Duett vor.

Beispiel:

- Angaben zum Titel des Werks und zum Komponisten
- Die Namen der Hauptpersonen
- Ganz kurze Zusammenfassung der Handlung
- Eventuell einige inhaltliche Angaben zum Liebesduett (Was geschah unmittelbar davor? Wovon handelt der Text?)
- Anhören des Liebesduetts

Graf Almaviva und Rosina aus „Der Barbier von Sevilla"

GESTALTUNGSPROZESSE

MUSIK AUF NEUEN WEGEN 2 – KARLHEINZ STOCKHAUSEN

> **Kompetenzen**
>
> Die Schülerinnen und Schüler können ...
>
> - Elemente aus Musikstilen adaptieren oder verfremden.
> - einfache Klassenarrangements umsetzen und dabei Interpretationsmöglichkeiten ausprobieren, vergleichen und ihre Vorstellung realisieren.
> - schriftliche Darstellungen umsetzen und als Vorlage für eigene Ideen verwenden.
> - aus einem gewählten Musikstil eine kurze Reproduktion oder Improvisation entwickeln und zeigen.
> - eigenen musikalischen Präsentationen und denen der Mitschülerinnen und Mitschüler kritisch und gleichzeitig wertschätzend begegnen.
>
> **Material**
>
> - Diverse Instrumente
> - Sechs oder mehr Würfel

Auf den Seiten 64/65 des SB haben die Schülerinnen und Schüler Versionen von Musik auf neuen Wegen bereits kennengelernt. Der deutsche Komponist Karlheinz Stockhausen (siehe Info!-Box auf SB, Seite 199) zeigt auf, wie man zeitgenössische Musik auch ohne Noten spielen kann.

a Es empfiehlt sich, die Spielanweisung und die erste Besprechung im Plenum durchzuführen, um von möglichst vielen kreativen Ideen zu profitieren.

>> HINWEIS: Bereits zur ersten Aussage der Spielanleitung „Richtige Dauern" tauchen zahlreiche Fragen, Möglichkeiten und Rätsel auf:

- Müssen Instrumente ausgewählt werden, die lange Töne spielen können, oder geht das auch mit einer Triangel?
- Was ist, wenn jemand einen Ton fünf Minuten lang spielt?
- Kann ein Keyboard ausgewählt werden, auch von jemandem, der das Instrument noch nie gespielt hat?
- Darf der eigene Ton erst gespielt werden, wenn das andere Instrument fertig ist?

Auf alle diese und zahlreiche weitere Fragen gibt es keine verbindliche Antwort – jede Person entscheidet für sich, was richtig oder falsch ist und übernimmt die Verantwortung für ihr Tun, für ihr Instrumentalspiel! Ggf. können ein paar Absprachen getroffen werden.

b Je nach Infrastruktur und schulinternen Möglichkeiten bildet die Lehrperson Gruppen von vier bis sechs Jugendlichen.
Gemeinsam wird besprochen, wie die Instrumentierung aufgeteilt werden könnte.

Beispiele:

- Keyboard-Gruppe
- Tablet- und/oder Handy-Gruppe
- Perkussionsgruppe. Hinweis: Auch Perkussionsinstrumente können lange Töne spielen (Paukenfell streichen, Schellenring dauernd schütteln, Triangel mit dem Schlägel reiben usw.).
- Gruppe mit Alltagsgegenständen
- Vokale Gruppe
- Gemischte Gruppe
- Orff-Gruppe

MUSIZIEREN

2 **a–c** Der letzte Hinweis des Komponisten – „Probe nicht" – wird respektiert. Sinnvoll ist es aber, wenn die Gruppe kurz zusammenkommt, die Instrumentenauswahl trifft und die Lautstärke der Instrumente vergleicht. Besonders spannend wird es, wenn die Gruppen ihre „Musikprojekte" anschließend der ganzen Klasse vorspielen. Wie reagieren die Musizierenden aufeinander? Wie lange dauert ihr Vortrag? Hat das Publikum „genügend Nerven", um dem Vortrag von Anfang bis zum Schluss zuzuhören?

>> HINWEIS: Obwohl das nicht ganz den Vorgaben Stockhausens entspricht, hat es sich im Musikunterricht bewährt, die Darbietung im Vorfeld auf ca. drei Minuten zu beschränken. Die Lehrperson zeigt mit dem Heben der Hand an, wann die drei Minuten um sind.

3 **a** **Beispiel** für eine eigene Textkomposition könnte sein:

> Formiert euch zu einem Chor.
> Bleibt während des ganzen Stücks reglos stehen.
> Bewegt nur euren Mund und produziert Töne.
> Hört gleichzeitig immer den anderen zu.
> Das Stück dauert genau 1 Minute und 40 Sekunden.

b+c Die neuen Werke werden in Gruppen oder im Plenum dargeboten. Alle versuchen, eine möglichst detaillierte „Konzertkritik" abzugeben.

Zufallskompositionen

4 Der Einleitungstext wird gelesen und besprochen. Die Zufallskomposition wird gemäß SB in Gruppen gespielt, dann werden den Würfelzahlen neue Codes zugeordnet. **Beispiele:**

- 1 = Spiel den Ton A während sechs Sekunden.
- 2 = Spiel einen Rhythmus auf einem Tambourin während 20 Sekunden.
- 3 = Sing dreimal „na, na, nahhh – na, na nuhh".
- Usw.

18 COOLE MOVES

Ein eigens erfundener Flashmob...

Das Format „Flashmob" ist für die Schule äußerst geeignet.
Die Jugendlichen arbeiten kreativ und teambildend mit ihrer Lieblings-
musik und entwickeln überraschende Szenen für das Publikum.
Die Motivation für ein solches Projekt ist in der Regel hoch.
Als Einstieg kann die Lehrperson der Klasse eines der zahlreichen,
beeindruckenden Flashmob-Videos aus dem Internet zeigen.

• Flashmob

Einige Tipps zur erfolgreichen Umsetzung:

- **Geheimhaltung:** Eine Flashmob-Choreografie erzielt nebst einer guten Vorbereitung der Projektteilnehmenden dann am meisten Wirkung, wenn bis zum Start der Präsentation wenig bis nichts darauf hindeutet.
50 Schülerinnen und Schüler, die vermeintlich zufällig im Kreis verteilt einen Dorfplatz säumen und zwei Minuten lang auf einen Einsatz warten, verraten schon zu viel. Auch eingeweihte Eltern, Freunde und Bekannte, die als Zuschauende bereits vor dem Event Position beziehen und womöglich noch eine einsatzbereite Kamera bereit-halten, schwächen den Überraschungseffekt entscheidend ab. Eine gemeinsame Vorbesprechung des genauen Ablaufs und der genauen Positionierung vor Beginn des Flashmobs ist entsprechend wichtig. Im Zeitalter von Smartphones können Startsignale via Chats auch erfolgen, wenn die beteiligten Personen keinerlei Sichtkontakt haben.
- **Publikum:** Besonders dankbare Flashmob-Auftritte sind solche vor einem großen, nicht eingeweihten Publikum, etwa auf belebten öffentlichen Plätzen, an Stadtfesten oder Messen, in Einkaufszentren oder Badeanstalten usw.
- **Bewilligung:** Jede Lehrperson kennt die örtlichen Bestimmungen am besten oder erkundigt sich bei den zuständigen Stellen. Auf öffentlichen Plätzen sind Veranstaltungen selbst von kurzer Dauer bisweilen bewilligungs- und kostenpflichtig.
- **Strom:** Wer für eine Flashmob-Darbietung Strom zwecks Verstärkung von Musik, Stimmen oder Instrumenten braucht, erkundigt sich frühzeitig bei den zuständigen Stellen, wo dieser zu welchen Bedingungen zu beziehen ist. Alternativ gibt es im Fachhandel auch batteriebetriebene, kompakte Verstärkungsanlagen mit ein bis zwei Anschlüssen, die auch bei vielen weiteren Gelegenheiten eingesetzt werden können.
- **Kleidung oder Requisiten:** Können den Flashmob bereichern, dürfen aber vor Beginn der Präsentation nicht sichtbar sein.
- **Vorgehen wählen:** Sollen die Jugendlichen wie im SB vorgeschlagen eine Flashmob-Choreografie erfinden? Stellt die Lehrperson eine solche zusammen? Oder wird allenfalls externe Hilfe von Profis hinzugezogen?

• Eine eigene Flashmob-Choreografie erfinden

In dieser Phase ist eine zurückhaltende Rolle der Lehrperson für eine optimale kreative Entfaltung der Jugendlichen wichtig: nur so viel Unterstützung wie nötig bieten, so wenig wie möglich eingreifen. Hinweise seitens der Lehrperson sind daher nur dann wirklich sinnvoll, wenn etwas sehr Offensichtliches falsch abläuft, etwa wenn in einer entstehenden Choreografie ein starker Bewegungsakzent nicht eindeutig mit einem starken musikalischen Akzent erfolgt.

• Ideen für tänzerische Elemente ⊙ Flashmob, Nr. 36

Zu den im SB auf Seite 201 vorgeschlagenen tänzerischen Elementen bietet die Video-DVD verständliche optische Erklärungen.

Variante zum Sammeln von weiteren Gestaltungsideen:

- Die Klasse teilt sich in fünf bis acht gleich große Gruppen auf.
- Jede Gruppe entwickelt in zehn Minuten Vorbereitungszeit zu klingender Musik ein eigenes tänzerisches Element.
- Die Gruppen werden aufgelöst und setzen sich so neu zusammen, dass in jeder neu gebildeten Gruppe je eine Person der vorherigen „Entwicklungsteams" vertreten ist.
- Die Jugendlichen schlüpfen in die Rolle von Multiplikatoren und zeigen sich gegenseitig die entwickelten Gestaltungsideen. So kommen alle innerhalb kürzester Zeit zu einem erweiterten Repertoire an tänzerischen Elementen.

• Storyboard

- Es lohnt sich, auf den Anfang und den Schluss der Choreografie ein besonderes Augenmerk zu legen. Sind einige Schülerinnen und Schüler bereits von Beginn an am Aufführungsort, kommen sie in Wellen dazu oder starten alle gemeinsam?
- Empfehlenswert ist auch das Mischen von genau definierten Elementen mit freien Improvisationsteilen, um einen abwechslungsreichen Spannungsbogen zu erreichen.
- Die Lehrperson kann je eine Gruppe mit dem Choreografieren einer Strophe beauftragen. Im Plenum erarbeitet die Klasse für den Refrain eine für alle identische und wiederkehrende Choreografie. Sie ist der Rettungsanker für all jene, die aus dem abgemachten Bewegungsablauf herausfallen und wieder einsteigen wollen.
Dieses Vorgehen spart Zeit, lässt aber genügend Raum einerseits für individuelle Kreativität und andererseits für das Entstehen eines Teamgefühls.

>> TIPP: Ein „Freeze" ist ein sehr wirkungsvoller Schluss. Dabei verharren alle wie „eingefroren" in einer bestimmten Position. Dies soll möglichst zeitgleich mit dem Schlusston des Songs geschehen.

Zeit	Formteil	Tanz-Elemente, Standorte, Positionen, Personen
0:00	Intro (4 Takte)	Alle in Hocke (Pyramidenform), Gesicht zwischen Knien vergraben, Alex schleicht mit Sonnenbrille umher
0:09	Strophe 1 (8 Takte)	
0:25	Refrain (8 Takte)	

IMMER IM RHYTHMUS

> **Kompetenzen**
>
> Die Schülerinnen und Schüler können ...
>
> - Tanzschritte und Handfassungen in Gruppenformationen ausführen.
> - Bewegungsmuster zu Musik mit Füßen und Händen koordinieren und wiederholen.
> - Rhythmusmuster in passende Bewegung umsetzen und Grundschritte aus verschiedenen Tanzstilen ausführen.
> - zu Musikstücken vorgegebene Bewegungsabläufe übernehmen, variieren sowie Improvisationen in Gruppen entwickeln.
>
> **Material**
>
> - A4-Papier und Stifte
>
> 🎵 D27, 🎬 Warm-up, Nr. 37, 🎬 Discofox – Grundschritt, Nr. 38

Warm-up 🎵 D27, 🎬 Nr. 37

TANZEN UND BEWEGEN

❶

a Aufstellung im Kreis. Alle wippen mit dem rechten Fuß zum Puls (= Grundschlag) und konzentrieren sich auf die leisen Tappgeräusche, bis diese möglichst synchron sind. Die Augen sind dabei geschlossen. Als Unterstützung kann die Lehrperson leise die Bewegung mitsprechen (z. B. „auf–ab, auf–ab"/„hoch–runter, hoch–runter").

b Die Lehrperson macht die Bewegung vor, alle machen mit.

>> HINWEIS: Diese Bewegungsfolge kann mithilfe des Videos (Nr. 37) nachvollzogen werden. Sie entspricht außerdem der Figur „Seitwärtsgehen 2" aus dem Aufwärm-Training von SB, Seite 28. Als Alternative kann auch der erste Teil („Seitwärtsgehen 1") des Aufwärm-Trainings verwendet werden.

c Gemeinsam werden die Bewegungen gemäß SB nacheinander einstudiert (immer auf Zählzeit 2 und 4). Die Bilder zeigen folgende vier Elemente (von links nach rechts):

- schnippen (wahlweise ein- oder zweihändig)
- klatschen
- mit einer Hand auf den Handrücken der anderen Hand klatschen
- auf den Brustkorb patschen

Weitere Ideen der Schülerinnen und Schüler werden direkt ausprobiert. Mögliche Vorschläge: auf die Oberschenkel patschen, die Arme verschränken, den Kopf drehen usw.

❷

a Alle tanzen je acht Zählzeiten in die Kreismitte und dann wieder sternförmig auseinander (siehe Beschreibung im SB). Bei einem Lied im 4/4-Takt ergibt das genau vier Takte.

b Nun mit Klatschen auf die Zählzeit 4 (hin und zurück wird also insgesamt viermal geklatscht).

c Eine Choreografie mit den in Aufgabe 1 eingeübten Elementen wird entwickelt:

- Die Jugendlichen bilden mittelgroße Gruppen (4–6 Personen).
- Die Bewegungen können beliebig miteinander kombiniert werden.
- Im Anschluss schreiben oder zeichnen die Gruppen den Ablauf auf ein A4-Blatt (z. B. Zahlen für die Zählzeiten, Pfeile für die Schrittrichtung, Bezeichnung der Bewegungen usw.).

TUB

Mögliche Ideen nach Schwierigkeitsgrad:

1) Einfach: eine Bewegung für beide Wege (hin in die Mitte und zurück)
2) Eher einfach: eine Bewegung pro Weg (hin eine, zurück eine andere)
3) Mittel: zwei verschiedene Bewegungen pro Weg (Wechsel nach je vier Zählzeiten, hin und zurück dieselben zwei)
4) Eher schwierig: wie bei 3), aber vier verschiedene (zwei hin, zwei andere zurück)
5) Schwierig: vier Bewegungen pro Weg (insgesamt vier verschiedene, hin und zurück dieselben)
6) Sehr schwierig: wie bei 5), aber acht verschiedene (vier hin, vier andere zurück)

d ›› TIPP: Jede Gruppe lernt mithilfe des schriftlichen Ablaufs die Choreografie einer anderen Gruppe. Wieder wird vorgetanzt: Die Gruppe, deren Choreografie gezeigt wird, beurteilt die Umsetzung – gleichzeitig wird sichtbar, ob der Ablauf verständlich formuliert wurde.

Discofox Nr. 38

Vorübung

- Einteilung der Klasse in zwei Gruppen (A und B)
- Mithilfe der Anleitung im SB lernt jede Gruppe ihre Schrittfolge.
- Aufstellung der Gruppen in zwei Reihen, sodass sich je zwei Jugendliche gegenüberstehen.
- Ausführung: Gruppe B (Follower) stellt sich vor, dass ihr Gegenüber (Gruppe A, Leader) ihr Spiegelbild wäre. Sie folgt den von A ausgeführten Bewegungen gespiegelt. Gleichzeitig überprüfen beide (A und B), ob der Bewegungsablauf korrekt umgesetzt wird.

Die Lehrperson zirkuliert im Zimmer, bietet Hilfestellung usw. Als Hilfe dient das Video.

Discofox

Nun dasselbe, aber zusammen. Alle Paare üben die Schrittfolge nach vorne sowie nach hinten und versuchen, den Bewegungsablauf zu verinnerlichen. Dies ist die Voraussetzung für Aufgabe 5.

›› HINWEIS: Die Schülerinnen und Schüler darauf hinweisen: Der Discofox-Grundschritt wird als 3er-Figur über einen 4er-Takt getanzt. Er beginnt nach jeweils 6 Zählzeiten wieder von vorne und verschiebt sich damit gegenüber dem gegebenen Taktraster laufend.

Tanzhaltung

Wichtig für eine richtige Tanzhaltung ist:
- Eine aufrechte Körperhaltung!
- Den Kopf hochhalten (nicht auf die Füße schauen – sich gegenseitig in die Augen schauen kann helfen, aber auch zum Lachen verführen).

a Die Paare variieren die Schrittfolge: nach vorne, nach hinten, zur Seite. Die Leader-Person entscheidet, die Follower-Person folgt. Zu Beginn kann die Leader-Person die Richtung noch ansagen. Funktioniert dies gut, sind Zeichen, wie z. B. ein leichter Druck auf Hand oder Hüfte, hilfreich. Je mehr Übung, desto leichter fällt das Führen und Folgen.

b Vorgehen gemäß SB

c Jedes Tanzpaar entscheidet sich für ein Lied und probiert aus, ob es passt. Wichtig sind:

- Taktart: 4/4-Takt
- Tempo: 110–120 bpm (für Anfänger), 120–130 bpm (für Fortgeschrittene)
- Ein deutlich spürbarer Puls

Beispiele: „Algo Tonto / Something Stupid" (div. Interpreten) – 110 bpm
„I Wanna Dance With Somebody" (Whitney Houston) – 118 bpm
„Baila Morena" (Zucchero) – 120 bpm
„Moves Like Jagger" (Maroon 5 ft. Christina Aguilera) – 128 bpm

ROCK 'N' ROLL DER 1950ER-JAHRE

Kompetenzen

Die Schülerinnen und Schüler können ...

- Funktionen des Tanzes und der dazugehörenden Musik in verschiedenen gesellschaftlichen Situationen erkennen.
- Rhythmusmuster in passende Bewegung umsetzen und Grundschritte aus verschiedenen Tanzstilen ausführen.

Material

- A4-Papier und Stifte
- Instrumente: Klavier, Marimba, Xylofon, Keyboard u. a.
- Video (Suchwort: „Bill Haley & His Comets – Rock Around The Clock (1955) HD")

 D28/29, 📷 Rock 'n' Roll-Tanz und Jive – Grundschritt, Nr. 39

---

1 a Hier sind zwei Vorgehensweisen denkbar: D28

- Zusammenfassende Beschreibung der Merkmale im Plenum nach dem Hören
- Erstellen und Ausfüllen einer Tabelle während des Hörens und danach (= detaillierter)

Lösung:

Zusammenfassende Beschreibung der Merkmale:

- Instrumentierung: Rhythm Section, Gitarre, Bläser (oft Saxofon)
- Tempo: mittel bis schnell, angenehm zu tanzen, oft treibend
- Rhythmus: binär oder ternär, aber immer schwungvoll
- Gesang/Text:
  - Strophen meist wie eine Art Sprechgesang, geringer Tonumfang (Break in der instrumentalen Begleitung)
  - Refrain und Soli mit Band (= Tutti)
  - Der Text handelt oft von Bewegung, Tanz und gemeinsamem Feiern.
- Gefühl: lebendig, freudvoll, ausgelassen, groovig, cool

Detaillierte Tabelle:

	HB 1: „Rock Around the Clock"	HB 2: „Johnny B. Goode"	HB 3: „I'm walking"	HB 4: „Tutti Frutti"	HB 5: „Jailhouse Rock"
Instrumen-tierung	Gitarre, Saxofon (Bläser), Rhythm Section (Kontrabass, Schlagzeug, Klavier)	Fokus auf Gitarre und Piano	Saxofon (Solo), Rhythm Section	Rhythm Section, Gitarre und Saxofon	Rhythm Section, Fokus auf Gitarre (Walking-Riff)
Tempo	Mittel, angenehm	Mittel, angenehm	Schnell, treibend	Hektisch, treibend	Eher ruhig, „gesittet"
Rhythmus	Ternär	Binär	Ternär	Ternär	Binär
Text	Das Wort „rock" kommt oft vor (→ „Tanzen, sich Bewegen").	„Los, Johnny B. Goode, spiel deine Gitarre" (Tanzen, Feiern)	„Walking" = (Vorwärts) Gehen	Nonsens-Text: „Bop bopa-lu a whop bam boo ..."	Musik und Tanz im Gefängnis: „The prison band was there ..."

b Mögliche Antworten:

- Ausgelassener Tanzstil, viel Power
- Elektrische Instrumente, Beginn der Rockmusik mit Bands usw.
- Elvis Presley tanzte beispielsweise selbst wild auf der Bühne umher – er war nicht nur Sänger, er war ein Entertainer (= Unterhalter) und riss das Publikum mit seinem Charme und seiner Energie mit.
- Songtexte, die zum Tanzen anregen (witzig, man kann mitsingen usw.)
- Ein Gegensatz zur Musik der älteren Generation: Die Jugendlichen hatten so ihren eigenen Stil und eine Art „musikalische Revolution".

a In Zweiergruppen werden die fünf Begriffe (Buchstaben Y, E, H, L und A) den Beschreibungen (1, 2, 3, 4 und 5) entsprechend zugeordnet. Im Zuge der Besprechung schreiben alle die Lösungen sauber auf ein A4-Blatt:
Lösung: H – A – L – E – Y

> **Bill Haley**
>
> Der Gitarrist und Sänger spielte lange Zeit in Countrybands, bevor er mit fast 40 Jahren Mitte der 1950er-Jahre den Song „Rock Around the Clock" aufnahm und damit den Beginn des Rock 'n' Roll einläutete.

b Mögliche Antworten zu Unterschieden in der heutigen Musikszene:

- Die Tanzmusik wird heute oft von DJs aufgelegt (= aktiv) oder von CDs/Computern abgespielt (= passiv).
- Live-Musik ist heute meist nur im Rahmen von Konzerten/Festivals anzutreffen. Ausnahme: Beispielsweise Tanzanlässe von Tanzschulen. Diese engagieren meist noch eine professionelle Live-Band. So kann auch auf kurzfristige Musikwünsche oder Programmänderungen individuell eingegangen werden.
- Heutzutage wird in Clubs eher individuell/frei getanzt. Ausnahmen bilden Anlässe mit vordefiniertem Programm (z. B. Salsa-Abend, Bachata-Night usw.)

>> HINWEIS: Unter den angegebenen Suchworten kann das Video von Bill Haley & His Comets im Internet gefunden und angeschaut werden.

Rock 'n' Roll-Tanz und Jive 🎵 D29, 🎬 Nr. 39

Gemeinsames Lesen des Textes mit kurzem Klassengespräch:

- Tanzt jemand aus der Klasse in der Freizeit oder hat einmal einen Auftritt gesehen? (Rock 'n' Roll ist bei Jugendlichen beliebt, es gibt Schülermeisterschaften und andere Wettbewerbe.)
- Tanzgruppen des Rock 'n' Roll sind oft bei Straßenfesten oder Musik-/Tanzfestivals vertreten.
- Der Lindy Hop genießt seit einigen Jahren eine Art „Revival". Er ist besonders bei jungen Erwachsenen und Paaren beliebt.

Die Grafik wird gemeinsam besprochen: rote Füße = Mädchen, schwarze Füße = Jungen

>> HINWEIS: Der Grundschritt des Rock 'n' Roll- und Jive-Tanzes wird als 3er-Figur über einen 4er-Takt getanzt. Er beginnt nach jeweils 6 Zählzeiten wieder von vorne und verschiebt sich damit gegenüber dem gegebenen Taktraster laufend.

a Selbstständig erarbeiten die Jugendlichen den Grundschritt. Die Lehrperson oder eine fortgeschrittene Person beobachtet und begleitet den Lernprozess.

b „Geschlossene Haltung" meint, die Jungs halten ihre linke Hand geöffnet mit der Handfläche nach oben hin, die Mädchen legen ihre rechte Hand hinein (siehe Abbildung im SB oben).
Alle Tanzpaare üben ganz langsam den Grundschritt (wie vorher in den Gruppen, nun aber mit dem „richtigen" Gegenüber).

>> HINWEIS: Das Video dient als Hilfestellung und vermittelt in der schnellen Form einen Eindruck, wie getanzt wird. 🎬 Nr. 39

c Zur Aufnahme von Bill Haley („Rock Around the Clock") üben alle den Tanzschritt. Schaffen es alle Paare bis zum Originaltempo? Hier ist sowohl individuelles als auch gemeinsames (= synchrones) Üben denkbar.
Sind alle Paare einigermaßen sicher, kann ein kleiner Wettbewerb durchgeführt werden: Alle tanzen zur Musik – das Paar, das es am längsten schafft, nicht aus dem Rhythmus zu fallen, gewinnt. 🎵 D29

a Der Text zu „Rock Around the Clock" kann im Internet gefunden und ausgedruckt werden. Er wird genau angeschaut und die Aussprache sowie die Artikulation Zeile für Zeile erarbeitet (Achtung: Im Original wird sehr schnell gesungen). Danach gemeinsames Singen in der Klasse.

b Hier bieten sich folgende Instrumente an: Klavier, Xylofon, Gitarre, Keyboard u. a.

HÖREN UND SICH ORIENTIEREN

TANZEN UND BEWEGEN

TANZEN UND BEWEGEN

TUB

18

LOCH LOMOND

Kompetenzen

Die Schülerinnen und Schüler können …

- Lieder aus unterschiedlichen Stilarten singen, die sprachlichen Besonderheiten berücksichtigen und den damit verbundenen Ausdruck erproben.
- zu bestehender Musik eine instrumentale, gesangliche oder tänzerische Gestaltung entwickeln.
- ein Lied in Form einer ausgearbeiteten Präsentation alleine oder in der Gruppe zur Aufführung bringen.
- eigenen musikalischen Präsentationen und denen der Mitschülerinnen und Mitschüler kritisch und gleichzeitig wertschätzend begegnen.
- ihre instrumentalen, tänzerischen und stimmlichen Fähigkeiten vor Publikum oder auf der Bühne präsentieren.

Material

- A4-Papier und Stifte
- Instrumente: Flöten, Keyboards, Glockenspiel u. a.

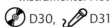 D30, D31

Das Lied „Loch Lomond" ist ein schottisches Traditional (= Volkslied). Sein Ursprung und die Entstehung des Textes sind nicht vollumfänglich geklärt – es handelt sich dabei um eine Legende. Im Text werden einerseits die Landschaft und die Stimmung rund um den See beschrieben. Andererseits steht die Sehnsucht nach einem Wiedersehen im Zentrum und die (verschmähte) Liebe wird ausreichend zelebriert.
Diverse Künstler haben das Lied schon interpretiert, meist Folkbands. Eine der frühsten Aufnahmen stammt allerdings von Benny Goodman und seinem Orchester (1937/38), einem bekannten Jazzmusiker und Big-Band-Leader. Später kamen auch Interpretationen von The King's Singers (A-capella-Gruppe) oder sogar AC/DC (Hard-Rock-Band) sowie weiteren Musikern unterschiedlichster Stile hinzu.

1 a Der Text wird zuerst ohne Hörbeispiel gelesen, die Aussprache der schottischen Wörter geklärt (= spezielles/ungewohntes Englisch) und die Bedeutung besprochen. Danach zunächst ohne Musik und im Anschluss zum Playback im Rhythmus sprechen. D31

Sinngemäße Übersetzung:

Strophe 1
Dort an den schönen Ufern, dem hübschen Hang,
wo die Sonne scheint hell auf Loch Lomond,
wo meine Liebste und ich uns nie wieder treffen werden,
an den schönen Ufern des Loch Lomond.

Strophe 2
Unser Abschied war dort, im schattigen Tal,
dort am steilen Hang von Ben Lomond,
wo wir in purpurnem Abendrot die Berge erblickten
und aus der Dämmerung der Vollmond erwachte.

Strophe 3
Die Vöglein singen, die Wildblumen sprießen,
die Wasser still, als würden sie unter der Sonne schlafen,
aber das gebrochene Herz wird keinen zweiten Frühling erleben
und die Traurigkeit ist nicht in Worte zu fassen.

Refrain
Oh, nimm du den Bergweg und ich geh' durch die Unterwelt,
und ich werde in Schottland vor dir sein,
doch ich und mein Schatz werden uns nie wieder sehen
an den schönen, schönen Ufern des Loch Lomond.

Übersetzung: Wieland Schmid

b Alle sprechen den durchgehenden Begleitrhythmus mit einer Rhythmussprache und patschen dazu mit der rechten und linken Hand abwechselnd auf Körperteile oder den Tisch.

c Gemeinsam wird das Lied gesungen. Die Lehrperson spielt die Melodie auf dem Klavier und singt mit oder setzt zum Einüben die CD mit der Originalaufnahme ein.  D30

- Zwei Gruppen bilden: Gruppe 1 singt, Gruppe 2 patscht den Rhythmus.
- Vielleicht kann jemand sogar den Rhythmus patschen und gleichzeitig singen?

2 a Die Klasse in je eine Instrumental-, Bodypercussion- und Tanz/Gesangsgruppe aufteilen.

- Die Schülerinnen und Schüler lesen in der Gruppe ihren Auftrag durch (siehe farbige Kästen im SB).
- Die Lehrperson widmet sich individuell jeder Gruppe, um Fragen zur Vorgehensweise zu klären (Aufteilung Instrumente, Rollen usw.).
- **Arbeitsphase 1:** Alle üben ihren Part gemäß Auftrag im SB, die Lehrperson zirkuliert und unterstützt die Gruppen in ihrer (möglichst selbstständigen) Arbeit.

b Damit alle einen Eindruck von der Arbeit der anderen Gruppen erhalten, zeigt jede ihren Part zuerst vor, bevor alle Teile zusammengesetzt werden.

- Die Lehrperson leitet an und organisiert, gibt z. B. Inputs zum Ablauf, wenn nötig.
- Alle halten sich an das Tempo (ähnlich wie im Playback), hören und schauen aufeinander.

Anschließend wird besprochen, was funktioniert hat und was zu verbessern ist. **Beispiele:**

- Haben sich alle an den Ablauf gehalten? (Strophen und Refrain abwechselnd)
- Sind bestimmte Teile in den einzelnen Gruppen noch verbesserungsbedürftig und brauchen noch mehr Übezeit?
- **Arbeitsphase 2:** Dasselbe Vorgehen wie bei Arbeitsphase 1, danach erneute Zusammenkunft und Durchlauf.

c Vor der Performance kann noch einmal wiederholt werden, was bei einem Auftritt wichtig ist (zur Wiederholung siehe SB, 172/173):

- Sicherheit (Reserven, klarer Plan)
- Ausstrahlung (Das Lächeln nie vergessen!)
- Blick ins Publikum
- Deutliche Bewegungen (z. B. bei der Tanzgruppe)
- Klare Artikulation und Gesang (kein Brummeln, „In-sich-Hineinsingen", sondern nach vorne singen)

>> AUSBLICK/IDEE: Die Gruppen bringen sich gegenseitig ihre Erarbeitung bei (eine Gruppe lehrt, zwei lernen). Danach durchlaufen alle Gruppen nacheinander die drei Gestaltungselemente. **Beispiel:**

- Ganze Klasse: Tanz/Gesang (1)
- Ganze Klasse: Instrumentalbegleitung (2)
- Ganze Klasse: Bodypercussion (3)
- Aufteilung der Klasse auf die Gestaltungselemente 1, 2, 3
- 1. Turnus:
  - Gruppe Tanz/Gesang (1) wird zu Gruppe Instrumentalbegleitung (2)
  - Gruppe Instrumentalbegleitung (2) wird zu Gruppe Bodypercussion (3)
  - Gruppe Bodypercussion (3) wird zu Gruppe Tanz/Gesang (1)
- 2. Turnus: Wie bei Turnus 1 wechseln die Gruppen zum nächsten Gestaltungselement.
- Abschluss: nochmals alle gemeinsam das Gestaltungselement Bodypercussion (3)

BAND-FEELING

Damit eine Band, die über längere Zeit gemeinsam musiziert, zu einer kompakten Gruppe, zu einer Einheit zusammenwachsen kann, sollten folgende Voraussetzungen geschaffen werden:

- Sich gegenseitig respektieren und akzeptieren.
- Sich für die Interessen der Gruppe persönlich einsetzen.
- Einen gemeinsamen Puls fühlen und spielen.
- Den anderen zuhören – bei Diskussionen und beim Zusammenspiel.
- Vorbereitet zu den Proben erscheinen.

• Viertaktige Patterns

Es empfiehlt sich, zu Beginn der Probe und noch vor dem Einstieg in das Spielen eines Songs ein kurzes Aufwärm-Programm zu machen.

Um mit einfachen Elementen einen gemeinsamen Groove zu finden und diesen über einige Minuten halten zu können, eignen sich viertaktige Patterns. Bei vielen Bands entstehen aus den anfänglichen Warm-ups mit der Zeit neue, eigene Songs.

Boom, Boom

Die Querflötenstimme kann von irgendeinem beliebigen Instrument als Solostimme interpretiert werden. Wichtig ist aber, dass diese Stimme sehr markant und überzeugend gespielt wird.

- Alle anderen Instrumente (inkl. Schlagzeug) geben quasi die Antwort auf das Motiv in der Querflöte mit vier Tönen/drei Akkorden, ebenfalls sehr markant und betont interpretiert.
- Nach einigen Wiederholungen dieses Intros wechselt die Band in einen traditionellen, zwölftaktigen Blues in D-Dur, mit oder ohne Improvisationen (ein 12-taktiges Bluesschema findet sich z. B. auf SB, Seite 59).
- Auf den zwölftaktigen Blues folgt wieder das Pattern aus „Boom, Boom".
- **Variante:** Zwischen Boom, Boom-Intro und Blues wird ein Übergangstakt in A-Dur eingeschoben.

• Reggae Music

Beim Musizieren des Patterns Folgendes beachten:

- Reggae wird häufig „alla breve" notiert, der Puls liegt also auf den halben Noten. Alle Mitwirkenden (ausgenommen Schlagzeug) stehen und gehen zum Musizieren im Puls. Auffällig bei der Klavier- und Gitarrenstimme ist, dass die Töne gespielt werden, wenn „der Fuß oben ist" (Offbeat).
- Dieser Musikstil wird teilweise binär, oft aber ternär interpretiert. Im Vorfeld abklären!
- Die Schlagzeugstimme ist etwas anspruchsvoller als der übliche Grundschlag:

• Ballade

Etwas ungewohnt für eine Anfängerband könnte der 12/8-Rhythmus sein, der in vier „Dreierpaketen" gespielt wird (der Puls liegt auf einer punktierten Viertelnote).

>> **HINWEIS:** In der Praxis spielen die Musiker oft Triolen und zählen von 1 bis 4 (siehe blaue Zählzeiten).

Die folgende Version des Stücks enthält zusätzlich eine Klavier- und eine Schlagzeugstimme.

© Text und Musik: Kurt Rohrbach

209

BANDGESCHICHTEN

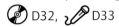
In dieser Doppellektion lernen die Jugendlichen Bands und Musikerpersönlichkeiten kennen, die die Pop- und Rockszene der jüngeren Generation wesentlich geprägt haben. Auch Themen wie Drogenkonsum kommen zur Sprache – besonders im Hinblick darauf, dass die vorgestellten Personen alle sehr jung verstorben sind (im Alter von 27 Jahren). Ziel ist die Gestaltung eines Plakats mit kurzer Präsentation über eine Band, eine Musikerin oder Musiker nach Wahl.

Nirvana

Der Text über die Band Nirvana wird gemeinsam gelesen.

- Kennt jemand Nirvana? (Möglicherweise von älteren Geschwistern, bereits eigener Banderfahrung usw.)
- Was könnte der Sänger Kurt Cobain mit seinen Worten im Abschiedsbrief gemeint haben? Wie wirken seine Worte?

  Mögliche Antworten:
  – Verzweiflung/Resignation darüber, dass er nichts mehr „Wirkliches" schreiben, in seinen Augen keine „richtige" Musik mehr kreieren kann. Grund dafür scheint die gemäß ihm vorausgesetzte, jedoch seit Jahren fehlende verspürte Erregung beim Schreiben.
  – Die Worte deuten auf eine mögliche Depression hin. Damit einhergehend auch Selbstzweifel, Sinnlosigkeit, Lebensmüdigkeit (im wahrsten Sinne des Wortes).
- Was könnte das Cover darstellen (Baby und Geldschein)?
  Mögliche Antwort: Die Gier nach Geld, die bereits früh „geschult" wird.
- Im Plenum wird die Info!-Box zur Hookline gelesen. Ein Hook ist somit eine sich wiederholende Tonabfolge oder ein Riff, mit hohem Wiedererkennungsfaktor (= ein Aufhänger). Das Lied „Come as You Are" mit seiner Hookline (vom E-Bass gespielt) wurde dadurch weltberühmt. Ist man mit dem Song vertraut, so reichen die ersten drei bis vier Töne, um den Hook zu erkennen.

1 **a** Zu Beginn erklingt die zuvor thematisierte Hookline im Bass, die die Schülerinnen und Schüler in den Noten nachvollziehen. Dann konzentrieren sie sich auf die Gesangsmelodie, die mit sich wiederholenden Motiven recht einfach ist und nach einem ersten Anhören bereits mitgesungen werden kann. D32

b Alle schreiben den Ablauf des Songs auf ein Blatt (Version des Albums „Nevermind").

Lösung:

Intro	8 Takte
1. Strophe	16 Takte
Refrain	8 Takte (ab letzte Zeile, 2. Takt)
2. Strophe	8 Takte
Refrain	8 Takte
Bridge	8 Takte
Intro	4 Takte
Instrumentalteil (Gitarrensolo)	16 Takte
Refrain	8 Takte
Bridge (mit Verlängerung)	12 Takte
Outro (wie Intro)	8 Takte

>> **TIPP:** Als Hilfe können die auf den Seiten 22/23 im SB („Die Songstraße") genannten Bezeichnungen der einzelnen Formteile nachgeschlagen und wiederholt werden.
Der Song kann anschließend zum Playback als Ganzes gesungen werden (siehe weitere Strophen unten).
D33

c Suchworte im Internet: „Nirvana, Come as you Are, live"
Folgende Dinge könnten den Schülerinnen und Schülern auffallen:

- Dunkle Bühne, nur rotes, goldenes oder violettes Licht.
- Keine Tänzer, keine wilde Show o. Ä., die Bühne wirkt leer.
- Wirkung: ernst, intensiv, die Band ist ganz „in ihrer Musik drin".
- Kurt Cobain spielt die Gitarre linkshändig.

Band-Biografien

Die Jugendlichen lernen im Kurztext noch weitere Musiker kennen, die jung verstorben sind. Die Lebensumstände, die das Showbiz mit sich bringt, das unter anderem durch Erfolgsdruck, emotionale Höhen und Tiefen, externe Erwartungshaltungen, eigene Selbstansprüche usw. geprägt ist, sind nicht zu unterschätzen. Um mit diesem Druck umzugehen, greifen viele Künstlerinnen und Künstler bis heute zu Drogen. Jüngstes bekanntes Beispiel ist Amy Winehouse – auch sie ist mit 27 Jahren an den Folgen des exzessiven Alkohol- und Drogenkonsums verstorben.
Ein Klassengespräch darüber scheint sinnvoll und sensibilisiert die Jugendlichen darauf, dass der Drogenkonsum nicht nur ein Phänomen der älteren Musikgeneration ist, sondern auch heute nach wie vor ein Problem darstellt – auch im privaten Musikkonsumenten-Bereich (z. B. auf Elektropartys, Hard-Core-Musik u. a.).

❷ a Die Ergebnisse der Internetrecherche sowie von zu Hause mitgebrachte Bilder, Ausschnitte aus Zeitschriften, Kurzbiografien, Bilder von CD-Covers usw. werden auf einem Plakat zusammengefasst und präsentiert.

b Die Vortragenden erklären, warum sie gerade diesen Song für typisch halten (Aufbau, Text, Tempo, Gitarrenriffs usw.). Als „typischer" Song wird vermutlich ein Hit der Band gewählt, den viele kennen. Dieser wird zur Präsentation abgespielt – entweder als Einstieg, dazwischen oder als Abschluss (dies hängt von der Planung der Präsentation ab).

c Hierfür ist es notwendig, dass die präsentierende Person den Musikstil noch nicht verrät!

>> **HINWEIS:** Aufgabe 2 kann gut als Hausaufgabe ausgeweitet werden. Denkbar wäre auch eine größere Präsentationsreihe, zum Beispiel im Rahmen eines Eltern-Schüler-Abends.

Come as You Are (weitere Strophen)

Text: Kurt Cobain, Krist Novoseliç, Chad Channing
© BMG

Strophe 2
Take your time, hurry up,
the choice is yours, don't be late.
Take a rest as a friend,
as an old …

Refrain
Memoria, memoria,
memoria, memoria

Bridge
Come doused in mud, soaked in bleach,
as I want you to be.
As a trend, as a friend,
as an old …

Refrain
Memoria, memoria,
memoria, memoria.

And I swear that I don't have a gun.
No I don't have a gun.
No I don't have a gun …

19

DRUM-PATTERNS MIT TABLETS

Kompetenzen

Die Schülerinnen und Schüler können ...

- musikalische Aspekte bewusst verfolgen und aufzeigen (z. B. Instrumentierung, Form, Interpretation).
- ausgewählte Musiksoftware erkunden, testen und für musikalische Aufgaben einsetzen.
- ein Klangarrangement mit Instrumenten und elektronischen Klangquellen umsetzen.

Material
- Tablets/Notebooks
- A4-Papier und Stifte
- D34/35

Auch wenn vielerorts Schulen noch nicht großzügig mit Tablets und Notebooks ausgestattet sind – sie sind bereits heute nicht mehr aus dem Unterricht wegzudenken. Die Lehrpläne in Deutschland, Österreich und der Schweiz sehen die Schulen gar in der Pflicht, Kinder und Jugendliche auf die Chancen und Risiken im Umgang mit der digitalen Welt zu sensibilisieren. Unbedingt als Chance ist denn auch der Einsatz von Tablets und Notebooks im Musikunterricht zu sehen, hier im Zusammenhang mit Sequenzern.

 INFO!

Alternativen zu iOS

Dieser Beitrag basiert auf dem Programm „Garage Band" von Apple. Auch Benutzer von Android-Geräten können die Aufgaben dieser Doppelseite und das Bandmusizieren mit Tablets in die Realität umsetzen. Analog zum iOS-basierten „Garage Band" bietet die App „Walk Band" benutzerfreundliche und realitätsnahe Instrumentensimulationen für Smartgeräte an: Keyboard, Gitarre, Bass, Drum Pad und Drum Machine sind verfügbar (siehe auch LB, Seite 52). „Walk Band" ist dank Werbung kostenlos und bietet In-App-Käufe an, die Zugang zu erweiterten Funktionen ermöglichen.

Webhinweise

Neben Garage Band und Walk Band eignen sich etwa auch diese kostenlosen Sequencer-Apps für den Einsatz im Musikunterricht:

- „Drum Machine" (Android)
- „G-Stomper Rhythm" (Android)
- „Loop Mash Up" (iOS)

Sequencing ist auch ohne Installation in einer Online-App möglich. Über den Suchbegriff „onlinesequenzer" finden sich spezielle Plattformen dafür.

Arbeiten mit der Drum-Spur D34/35

1 a–c Einige Jugendliche mögen anfangs damit überfordert sein, die Rhythmen in Form von farbigen Kästchen zu hören und aufzuschreiben. D34

≫ TIPPS ZUR ERARBEITUNG:
- Als Hilfe können die drei Instrumente einzeln angehört werden (Spuren in Tablet einzeln ein- und ausschalten): Bass Drum tief, Snare mittlere Lage, Hi-Hat hoch.
- Eine musikalisch talentierte Person aus der Klasse oder die Lehrperson zählen während des ganzen Hörbeispiels laut die Achtelnoten von 1 bis 8 mit.
- Im ersten Durchgang des Hörrätsels D35 bei jedem Beispiel nur auf den tiefen Ton der Bass Drum achten und nur in dieser Zeile die entsprechenden Kästchen ausmalen. Im zweiten Durchgang auf mittlere Lage der Snare achten und notieren, beim dritten auf Hi-Hat fokussieren.
- In einem vierten Durchgang die aufgeschriebenen Patterns kontrollieren und allenfalls korrigieren.

Lösung:

HB 1 (0'00" – 0'22"):

Hi-Hat						🟨	🟨	
Snare				🟦				🟦
Bass Drum	🟧		🟧		🟧			

HB 2 (0'25" – 0'50"):

Hi-Hat	🟨	🟨	🟨			🟨		🟨
Snare				🟦				
Bass Drum	🟧		🟧		🟧	🟧		🟧

HB 3 (0'53" – 1'18"):

Hi-Hat	🟨			🟨	🟨	🟨	🟨	🟨
Snare		🟦		🟦		🟦		🟦
Bass Drum	🟧			🟧	🟧		🟧	🟧

HÖREN UND SICH ORIENTIEREN

>> **HINWEIS ZU DEN LÖSUNGEN IN AUFGABE 1C:** Auch andere Notationslösungen sind denkbar: Achtelnote und Achtelpause statt Viertelnote, Pausen für jedes der drei Instrumente separat gesetzt, drei einzelne Notenzeilen usw.

 Für diese Experimentierphase sollten zehn Minuten ausreichen. Die Lehrperson kann währenddessen Hilfestellung bei der Bedienung der gewählten App oder Software leisten. Alternativ bieten sich auch Tandems an: Wer sich mit der App auskennt, unterstützt jemanden, der Hilfe benötigt.

 >> **HINWEIS:** Natürlich spielt die Dichte der gesetzten Audioelemente eine entscheidende Rolle, aber als Richtwert lässt sich trotzdem sagen, dass mehr als fünf gleichzeitig erklingende Sounds und Patterns dem Gesamt-Groove eher schaden als dienen. In diesem Fall kann man ggf. ein Pattern löschen, bevor man ein neues programmiert.

Euer Rhythmusgespräch

 Bei dieser Aufgabe steht der Spaß im Vordergrund. Entsprechend zweitrangig ist, wie gut die laufend programmierten Patterns „grooven".

Variante: Abschließend präsentieren ein oder zwei per Los bestimmte Paare ihr Rhythmusgespräch. Das bewirkt bei Bedarf eine höhere Motivation während dieser Sequenz.

>> **TIPP:** Im Fachhandel gibt es Ständer mit Halterungen für Tablets. Bei Bestellung unbedingt die Größe der einzusetzenden Geräte beachten.

 Für Fortgeschrittene

a–c Vorgehen gemäß SB

d Abschnitte, die sich für diese Aufgabe eignen:
- „Wenn der Vorhang fällt" (SB, Seite 9)
- „Call It Stormy Monday" (SB, Seiten 60/61)
- „What About Us" (SB, Seiten 45/69)
- „Der Himmel soll warten" (SB, Seite 111)
- „Oye como va" (SB, Seiten 124/125)

EIN DREIKLANG MIT GEWÜRZ: DER SEPTAKKORD

Kompetenzen

Die Schülerinnen und Schüler können ...

- den Septakkord erkennen und anwenden.
- zu einem gehörten Musikstück eigene Fragen generieren und mögliche Antworten diskutieren.
- rhythmische Motive mit Triolen und ternären Rhythmen lesen und wiedergeben.
- die Stammtöne benennen und notieren (absolute Notennamen) und kennen die Bedeutung von Vorzeichen (Kreuz und b).

Material

- A4-Papier und Stifte
- Instrumente: Keyboards, Klavier, Gitarre, Xylofon, Metallofon usw.

 D36

Der Dominantseptakkord

Der Begriff Dominantseptakkord wird gelesen und gemäß SB erläutert.

Septakkorde

Die animierte Präsentation zeigt in Bild und Ton die Entstehung und den Aufbau des Sept- und Dominantseptakkords.

1

a Die Vierklänge werden auf verschiedenen Instrumenten gespielt und gesungen, als Variante wird die kleine Septime (tiefster und höchster Ton des Vierklangs) einmal auch ohne die Zwischentöne zum Klingen gebracht. Als Erinnerung können die Intervalle und Liedanfänge auf SB, Seite 179 nochmals wiederholt werden.

b Die Schülerinnen und Schüler suchen und spielen auf verschiedenen Instrumenten weitere Septakkorde.
Beispiele:

- D-Fis-A-C
- Es-G-B-Des
- F-A-C-Es
- A-Cis-E-G

2 **a–c** Vorgehen gemäß SB. Durch die Hinzunahme der kleinen Septime werden die Jugendlichen hören, dass sich der Klang verändert. Bei der Beschreibung kommt es evtl. zu folgenden Aussagen:

- Der Klang wird reicher, vielschichtiger.
- Der Vierklang hat eine Spannung, die aufgelöst werden muss, z. B.: Der Dominantseptakkord G-H-D-F löst sich auf zur Tonika G-C-E.

PMW

Vom Dreiklang-Blues zum Vierklang-Blues

3 **a** Der Blues auf SB, Seite 59 wird mit der Dreiklangbegleitung gespielt. Anschließend wird im Plenum besprochen, welche Töne den Dreiklängen hinzugefügt werden.

Lösung: C7: C-E-G-B
F7: F-A-C-Es
G7: G-H-D-F

b Die Bluesbegleitung von Seite 59 im SB wird wiederholt, diesmal aber mit Septakkorden. Dabei können die entsprechenden Akkorde von Keyboards, Klavier oder Gitarre gespielt werden. Es ist aber auch möglich, dass einzelne Instrumente die Dreiklänge spielen und andere Instrumente (z. B. Xylofon, Metallofon) nur die Töne der passenden kleinen Septime dem Akkord hinzufügen.

c Vorgehen gemäß SB

Sowieso D36

4 **a** Hier geht es zuerst um das Lesen der Akkordbezeichnungen. Gleichzeitig ist es eine Wiederholung der Dreiklänge und der Slash-Akkorde (siehe dazu SB, Seite 49) und eine weitere Übung zu den Septakkorden.

Lösung (die Akkordbezeichnungen in der Reihenfolge des Notenbeispiels):

• Am	= A-C-E	Dreiklang
• F	= F-A-C	Dreiklang
• C	= C-E-G	Dreiklang
• E7	= E-Gis-H-D	Septakkord
• F/G	= G (Basston) F-A-C	Slash-Akkord
• F/A	= A (Basston) F-A-C	Slash-Akkord
• G	= G-H-D	Dreiklang

b Der Begleitrhythmus in den ersten zwei Takten ist nicht ganz einfach. Es empfiehlt sich, diesen mit einer Rhythmussprache mehrmals zu üben.
Beispiel:

c Die Begleitung wird den Kompetenzen der einzelnen Mitwirkenden angepasst.
Beispiele:

- Xylofon: spielt die oberste Stimme.
- Metallofon: spielt die unterste Stimme.
- Gitarre: spielt nach den Akkordbezeichnungen.
- Klavier/Keyboard: spielt die mittlere Stimme oder die Akkorde gemäß Notenbeispiel.
- Schlagzeug: spielt den Grundrhythmus gemäß SB, Seite 47.

d Der Refrain wird mehrmals angehört und mitgesungen. Danach werden eine Instrumental- und eine Gesangsgruppe gebildet, die gemeinsam singen und musizieren.

MUSIK VERFREMDEN

Vom Rappen zum Singen

❶

a Eine Gruppe übt das Begleitpattern. Zuerst jede und jeder für sich die eigene Stimme (das eigene Instrument), danach zusammen. Die Person an den Drums zählt ein (auf Vier). Die rhythmisch anspruchsvolle Gitarren-/Xylofonstimme ggf. vorab mit einer Rhythmussprache einstudieren.

b Jedes Mitglied der Rap-Gruppe (oder in Zweiergruppen) übernimmt eine Zeile und probiert verschiedene Versionen aus (Rhythmisierung und Gestaltung des Textes, siehe auch Beispiele im SB). Dabei kann eine Person zur Orientierung die Viertelnoten laut im 4/4-Takt (vier Takte lang = 16 Viertel) laut mitzählen.

>> TIPPS:
- Die Gruppenmitglieder bringen sich gegenseitig ihre Zeile bei, sodass der Rap schließlich zusammen gesprochen werden kann.
- Die Band spielt das Begleitpattern, die Rap-Gruppe spricht den vorbereiteten Text, die Lehrperson leitet an.

❷

a Der Rap kann auch gesungen werden. **Beispiel**:

- Grundtöne des jeweiligen Akkords (siehe Akkordsymbole: Dm, F, Dm, Am, Dm)
- Mit den Tönen des jeweiligen Dreiklangs experimentieren.
- Die Harmonien „ins Gehör/ins Gespür" bekommen und dann frei improvisieren.

>> IDEE: Nochmalige Aufsplittung des Textes in einzelne Zeilen wie bei Aufgabe 1. Die Band spielt das Pattern, die Rapperinnen und Rapper sind der Reihenfolge nach mit „ihrer" Zeile dran. So kann jede und jeder (oder in den Zweiergruppen) ungestört mit Tönen experimentieren.

>> HINWEIS: Die Sprechenden/Singenden unterstützen, motivieren und loben sich gegenseitig nach jeweils einer gelungenen oder auch weniger gelungenen Version ihrer gerappten bzw. gesungenen Zeile. Das fördert ein positives Gruppenklima, senkt die Hemmschwelle, voreinander zu singen und schafft eine vertraute Atmosphäre.

b Gibt es verschiedene Versionen derselben Zeilen? Dann wird nun abgestimmt: Jede Person hat eine Wahlstimme. Die Version mit den meisten Stimmen gewinnt und wird in die Endversion aufgenommen.

>> TIPP: Bestimmt wollen die Schülerinnen und Schüler nun auch die Originalversion von Samy Deluxe anhören. Diese kann im Internet leicht gefunden werden. Im Plenum wird diskutiert: Worin unterscheidet sie sich von der ausgewählten Klassenversion?

4/4-Takt – 3/4-Takt

 a Die Klasse studiert die beiden Ausschnitte und im Plenum wird der wesentliche Unterschied der beiden Versionen besprochen und weitere Unterschiede werden zusammengetragen: Hauptunterschied ist, dass Version 1 im 4/4-Takt, Version 2 im 3/4-Takt steht.

b Vorgehen gemäß SB

c Eine Gruppe spielt Version 1 oder 2, die andere Gruppe probiert z. B. Folgendes aus:

- Gehen: In Viertelnoten gehen. Immer die 1 betonen (beim 3/4-Takt liegt die Betonung einmal auf dem rechten und einmal auf dem linken Fuß).
- Eine einfache Tanz-Choreografie mit Schritten und Klatschen:
  - 4/4-Takt: Im Takt gehen (wie oben). Dazu die ternären Achtel („schlendern"/„taa-te") klatschen. Auf jede Zählzeit 1 die Richtung wechseln.
  - Adaptieren für den 3/4-Takt.

 a Vorgehen gemäß SB 🔘 D37

b Idealerweise haben einzelne Schülerinnen und Schüler die Begleitung der Version 1 schon zu Hause geübt. Ansonsten bekommen Gesangs- und Begleitgruppe eine kurze Übephase, bevor gemeinsam musiziert wird.

c Nun wird die Gesangsgruppe (Version 1) zur Instrumentalgruppe. Sie übt Version 2 des Begleitpatterns im 3/4-Takt. Die andere Gruppe überlegt sich, wie das Stück am besten adaptiert werden kann (eine Viertelpause pro Takt weglassen) und markiert die Abänderungen:

Ab nach Süden 🔘 D37

Text: Markus Keller / Musik: Kurt Rohrbach
© RoTon Music, Belp

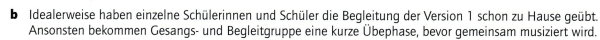

d Abwechselnd spielen und singen alle gemeinsam die beiden Versionen:

- Welche gefällt besser? Warum?
- Welche ist einfacher zu spielen? Warum?
- Zu welcher ist es einfacher zu tanzen? Warum?

Es ist möglich, dass den meisten die 4/4-Takt-Version (1) besser gefällt. Grund dafür kann die Gewohnheit sein. Die meisten Popsongs stehen im 4/4-Takt. Zum Tanzen ist allerdings der 3/4-Takt mit seinem wiegenden Rhythmus geeigneter.

Die Klasse entscheidet sich per Abstimmung für eine Version – diese wird zum Abschluss nochmals gemeinsam gespielt und gesungen.

BANDARRANGEMENT 1 (ALOE BLACC)

Kompetenzen

Die Schülerinnen und Schüler können ...

- Beispiele aus der aktuellen Musikszene singen und ihre musikalischen Präferenzen einbringen.
- musikalische Aspekte bewusst verfolgen und aufzeigen (z. B. Instrumentierung, Form, Interpretation).
- ausgewählte Lieder aus verschiedenen Stilarten singen (z. B. klassische Musik, Pop, Jazz).
- ein begleitetes Lied solistisch oder in Gruppen vortragen.
- schriftliche Darstellungen umsetzen und als Vorlage für eigene Ideen verwenden.
- den Wert von Vorbereitung und Übung in einem Projekt erkennen und Einsatz und Leistungen von Projektmitwirkenden wertschätzen.

Material

- Instrumente: Klavier, Gitarre, Bass, Xylofon, Schlagzeug, Perkussion usw.

A17, D38, I Need a Dollar (Komplettversion in e-Moll), Music:Eyes

I Need a Dollar

Auf SB, Seite 18 haben die Schülerinnen und Schüler im Song „I Need a Dollar" Instrumente herausgehört und Formteile geordnet. Nun geht es einen Schritt weiter: Ziel dieser Unterrichtsstunde ist es, den Song als Band zu spielen.

Gemeinsames Lesen der Info!-Box über Aloe Blacc (SB, Seite 219 unten) und Gespräch über den Songinhalt: In diesem Song aus dem Jahr 2010 besingt Aloe Blacc ein lyrisches Ich, das den Job verloren und bisher nur im Alkohol Trost gefunden hat.

Evtl. kann die Problematik (Sucht im Zusammenhang mit Alkohol) und die Folgen mit den Jugendlichen diskutiert werden. Dass Aloe Blaccs Lied musikalisch ausgesprochen positive Assoziationen weckt, dies im Gegensatz zum Inhalt, kann als Besonderheit ebenfalls erörtert werden.

> **>> HINWEIS:** Music:Eyes
> - Grundsätzliches zu den Music:Eyes-Visualisierungen siehe LB, Seite XI ff. in der Einleitung.
> - Falls die Zuteilung der Formteile auf SB, Seite 19 noch nicht besprochen wurde, bietet es sich an, dies hier nachzuholen.

I **a** Zunächst sammelt die Lehrperson Eindrücke, die die Jugendlichen aus der Visualisierung lesen können. In einer zweiten Runde wird konkretisiert:

- Welche Symbole stehen für die Bassstimme?
- Welche Stimme zeigen die gelben Ellipsen?
- Weshalb sind nicht alle Symbole gleich groß oder gleich lang?
- usw.

Lösung:

• Gelbe Ellipse	= Leadstimme
• Rosa Rhomben (später nur noch Punkt)	= Klavier
• Grüne Kreise	= Backing Vocals (z. B. „Hey, hey"-Einsätze)
• Blaue Fünfecke	= E-Bass
• Graue Rhomben	= Hi-Hat aus Drumset
• Grüne & graue Pfeile	= Bass Drum & Snare aus Drumset
• Gelbe Pfeile oder Kreise	= Blechbläser

Zudem lassen sich folgende Grundsätze in der digitalen Notation der Visualisierung festhalten:

- Bezüglich Fläche: Die groß dargestellten Symbole sind tendenziell länger und lauter.
- Lange Symbole zeigen länger ausgehaltene Töne.
- Die Position der Symbole entspricht der Höhe der Melodietöne innerhalb einer jeweiligen Stimme.

b Während des Anhörens des Songs kann der Text ein erstes Mal stumm, ein zweites Mal leise und beim dritten Mal laut mitgelesen werden. Die Komplettversion (in e-Moll) mit allen Teilen findet sich im Anhang auf Seite 257 ff.

 A17,

c Für das Leadsheet im SB wurde die Originaltonart gewählt, da sie für die Instrumentalbegleitung gut geeignet ist. Zum Singen ist die Lage jedoch hoch, daher wird die Klasse die Gesangsstimme (z. B. die Bridge) nach unten oktavieren.
Als Alternative kann der ganze Song in e-Moll musiziert werden (siehe dazu Anhang, LB, Seite 257 ff.).

❷

>> HINWEISE:

• Ein im Arrangement des SB nicht berücksichtigter Formteil ist im Ablauf unten als Bridge 2 benannt und in Klammer gesetzt. Er kann bei der musikalischen Umsetzung des Songs mit einer Klassenband weggelassen werden.
• Die letzte Achtelnote in den Begleitpatterns zu Strophe und Refrain wie auch zur Bridge 1 ist vereinfacht notiert. Korrekt, aber auch wesentlich schwieriger spielbar, wäre ein Erklingen dieser Note bereits auf die zweite Sechzehntelnote der Zählzeit 4.

Ablauf gemäß Playbackaufnahme: Intro (4 Takte) – Refrain (8 Takte) – Strophe 1 (8 Takte) – Refrain (4 Takte) – Bridge 1 (7 Takte) – Strophe 2 (8 Takte) – Refrain (8 Takte) – Bridge 1 (7 Takte) – [Bridge 2 (8 Takte)] – Strophe 3 (8 Takte) – Strophe 4 (8 Takte) – Refrain (8 Takte) – Coda (basierend auf Begleitung des Refrains)

 D38

a Die Partitur wird genauer studiert und besprochen:

• Wer spielt welches Instrument?
  – Einzelne Stimmen können auch von Xylofon und/oder Metallofon gespielt werden
    (z. B.: oberste/unterste Klavierstimme, Bass mit Bassklangstäben).
  – Boomwhackers spielen nach Akkordbezeichnungen.
• Wer singt? (Chor oder Solo)

b Dann werden die Stimmen wie folgt einstudiert:

• Verinnerlichung der Instrumentenstimme mithilfe der Visualisierung:
  – Werden lange oder kurze Töne gespielt?
  – Fällt die Stimme an bestimmten Stellen mit derjenigen eines anderen Instruments zusammen?
  – Gibt es rhythmisch schwierige Stellen?
  – Wo ist auf Wiederholungen zu achten?
  – Kann die Stimme/das Pattern auswendig gesungen werden?
• Danach individuelles Üben am Instrument mit der Partitur (und evtl. der Visualisierung).
  – Spielen mehrere aus der Klasse dasselbe Instrument, so können sie eine eigene Übungsgruppe bilden („Registerprobe").
  – Die Sängerinnen und Sänger proben gemeinsam und erstellen ein kreatives Arrangement: Solosingen/ Singen in der Gruppe – abwechselnde Stimmen (z. B. Strophe – Refrain) – Singen im Wechsel in Gruppen – usw.

Im Anschluss gemeinsames Proben der ganzen Gruppe. Jede Schülerin und jeder Schüler überlegt sich einen Aspekt, der verbessert oder verändert werden kann und übt diesen in der nächsten Probephase. Zum Abschluss wird die „neue" Version gespielt – wichtig ist das Band-Feeling!

>> TIPP: Eine Videoaufnahme (mit dem Handy) und die gemeinsame Betrachtung des Resultats ermöglicht, dass Fehler leichter erkannt, besprochen und korrigiert werden können. Jedoch ist hier auf die Persönlichkeitsrechte der Jugendlichen zu achten. Daher sollte die Aufnahme nur von der Lehrperson gemacht werden und jede Person darf selbst entscheiden, ob sie gefilmt werden möchte oder nicht.

BANDARRANGEMENT 2 (CRO)

Kompetenzen

Die Schülerinnen und Schüler können ...

- ein begleitetes Lied solistisch oder in Gruppen vortragen.
- Texte Groove-bezogen interpretieren und rappen (z. B. Hip-Hop).
- Beispiele aus der aktuellen Musikszene singen und ihre musikalischen Präferenzen einbringen.
- können Musik aus verschiedenen Kulturen, Epochen und Stilen im Klassenarrangement spielen.

Material

- Instrumente: Klavier, Keyboard, Bass, Schlagzeug, Gitarre, Xylofon, Metallofon, Flöten

 D39

Bye Bye D39

Der Song „Bye Bye" war 2015 die erste Singleauskopplung aus dem MTV-Unplugged-Konzert des deutschen Rappers und Sängers Cro. Nach „Whatever" und „Traum" erreichte er damit bereits die dritte Nummer-1-Platzierung in den deutschen Singlecharts.

1

a Wenn der Song den Jugendlichen nicht ohnehin bekannt ist, ermöglicht ein erstes Anhören und Mitlesen später eine schnellere Erarbeitung. Der Text kann ein erstes Mal stumm, ein zweites Mal leise und beim dritten Mal laut mitgelesen werden.

b Der Erzähler reist mit der U-Bahn nach Hause, wo er eine wunderschöne Frau entdeckt. Er bringt den notwendigen Mut aber nicht auf, sie anzusprechen, bevor sie aussteigt.
Evtl. kann mit der dritten und vierten Strophe (siehe LB, Seite 221) der Fortlauf der Geschichte thematisiert werden. Darin wird die womöglich gleiche oder zumindest ähnliche Situation aus der Sicht der Frau beschrieben.

›› TIPP: Mit den Suchbegriffen „Cro, Bye Bye, Official Version" findet sich im Internet ein Video, in dem die Strophen 1/2 und 3/4 von zwei Regisseuren unterschiedlich umgesetzt wurden. Es lohnt sich, die beiden Versionen miteinander zu vergleichen:

- Welche Gemeinsamkeiten beobachtet ihr?
- Welche Unterschiede?
- Wie ist die Stimmung, Dynamik in den beiden Teilen?
- Welche Umsetzung gefällt euch besser und warum?

c Die Jugendlichen können den Text etwa in der für sie beim Sprechen üblichen Tonlage rappen oder den Liedtext in eine eigens erfundene Melodie verpacken. Der Rhythmus des Textes sollte aber bestenfalls beibehalten werden.

HÖREN UND SICH ORIENTIEREN

❷

>> HINWEISE:

- Bei schwächeren Klassen empfiehlt es sich, nur das Begleitpattern zu Intro und Strophe während des ganzen Songs zu verwenden und im Prechorus und Refrain nicht auf das zweite Pattern zu wechseln.
- Das Begleitpattern zu Prechorus und Refrain verwendet statt des schwierigeren fis-Moll-Akkords im Lead-sheet den A-Dur-Akkord (Durparallele). Beide Akkorde sind richtig, der A-Dur-Akkord kann jedoch leichter ausgeführt werden.

a Eine Erarbeitungsphase mit beiden Gruppen gleichzeitig ist eher schwierig. Es empfiehlt sich, die Gesangs-gruppe mit der Aufnahme des Songs und einer konkreten Zeitangabe für die Rückkehr in einen anderen Raum zu schicken. Die Gruppe kann sich in dieser Sequenz zusätzlich auch der Erarbeitung der Strophen 3 und 4 widmen.

b Die Lehrperson hilft bei der Erarbeitung der Formteile in den Gruppen: Abschließendes Ziel ist die Präsentation des Songs gemäß folgendem Ablauf: Intro (4 Takte) – Strophe 1 (6 Takte) – Strophe 2 (6 Takte) – Prechorus (4 Takte) – Refrain (4 Takte) – Strophe 3 (6 Takte) – Strophe 4 (6 Takte) – Prechorus (4 Takte) – Refrain (nach Belieben wiederholen)

Bye Bye (weitere Strophen)

Text: Carlo Waibel
© Ed. Affenpublishing/Universal

3. Strophe

Es is' ein unglaublich schöner Tag.
Draußen is' es warm.
Sie hat Bock auf Shopping, also in die Stadt.
Sie brauch' so Sachen, die Frauen halt eben brauchen.
Bikini, 'ne neue Tasche und außerdem will sie schauen.
Also los, ab in die Bahn,
zieht sich 'n Ticket, vier siebzig für die Fahrt, ist ja ganz schön hart.

4. Strophe

Doch dann sieht sie diesen Typen, findet ihn süß.
Setzt sich extra zu ihm hin und denkt sich:
Bitte, bitte, bitte, bitte komm, sprich mich an.
Es is' ganz egal, was du jetzt sagen würdest.
Ich spring' darauf an.
Also komm (komm), du bist mein Mann (Mann)
Wir gehören zusammen (sammen).
Wenn nich' jetzt, wann (dann)?
Ich hör' mein Herz (bamm)!

SAMBA BATUCADA

Kompetenzen

Die Schülerinnen und Schüler können ...

- ihre Stimme für unterschiedliche Ausdrucksformen und Stimmexperimente einsetzen (z. B. Beatboxing, Vocalpercussion).
- Texte mit oder ohne Begleitung rhythmisch darstellen.
- ausgewählte Rhythmus- und Melodiepatterns (z. B. aus verschiedenen Kulturen, Epochen und Stilen) spielen und deren Besonderheit erkennen.
- Musik aus verschiedenen Kulturen, Epochen und Stilen im Klassenarrangement spielen.
- Elemente aus Musikstilen adaptieren oder verfremden.
- eigenen musikalischen Präsentationen und denen der Mitschülerinnen und Mitschüler kritisch und gleichzeitig wertschätzend begegnen.

Material

- Instrumente: Woodblock mit Schlägel, Rhythmus-Ei (oder Schüttelrohr), Doppelglocke (zwei Töne, evtl. auch Sambapfeife), Surdo, Tamborim (oder Tambourin) mit Brushes (besenartige Schlägel) gespielt
- Evtl. Metronom

🎵 D40

INFO!

Samba Batucada am Karneval von Rio de Janeiro

Der Straßenkarneval in Rio ist das größte Volksfest der Welt. Die 44 Sambaschulen der Stadt führen dabei während eines Umzugs ein Thema ihrer Wahl auf. Pro Schule ziehen teilweise mehrere Hundert Musiker und Tänzer durch den Sambódromo (siehe Bild), lassen sich dort von 60'000 Zuschauern feiern und von der Jury bewerten.
Zu den Kriterien gehört etwa auch, dass kein Blasinstrument eingesetzt werden darf.
Der erstplatzierten Sambaschule ist ein hohes Ansehen in ganz Brasilien gewiss.

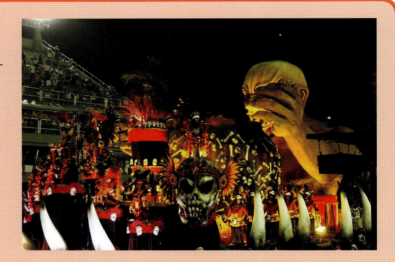

Samba Batucada Airdrummers 🎵 D40

1

Nach einem ersten Anhören des Stücks erfolgt das Erarbeiten der einzelnen Perkussionsstimmen bewusst zuerst über die notierte Rhythmussprache. Sie imitiert den späteren Klang des jeweiligen Instruments und hat gegenüber einem realen Instrument den Vorteil der deutlich geringeren Lautstärke. Wenn die einzelnen Rhythmen der jeweiligen Formteile stimmen, kann die Klasse sukzessive mit Perkussionsinstrumenten ausgerüstet werden.
Ein besonderes Augenmerk soll die Klasse auf die Dynamik (auch Decrescendo und Crescendo) legen. Ist sie den Noten entsprechend umgesetzt, erzielt sie spätestens beim Einsatz der Instrumente in Aufgabe 2 einen wirkungsvollen Effekt.

SUS

❷ Das Stück wird nun mit Instrumenten umgesetzt. Als Ersatz für das im Samba charakteristische Tamborim bieten sich die weit verbreiteten und ähnlich klingenden Tambourins an.

a Ein analoges oder digitales Metronom kann diesen Schritt der Erarbeitung unterstützen. Dabei kann die Lehrperson das Tempo behutsam erhöhen.

b Folgende Fragen bieten sich vor dem Experimentieren mit den kleinen Trommeln und Hölzern an:
- An welcher Stelle des Instruments spiele ich (Fellmitte, Fellrand, Rahmen, Körper, Längs- oder Breitseite, Öffnung usw.)?
- Womit spiele ich (mit offener oder leicht gewölbter Handfläche, mit besenartigen Schlägeln, mit Xylofon- schlägeln, mit Drumsticks usw.)?
- Wie spiele ich (laut, leise, mittlere Lautstärke, kurzer Kontakt mit Instrument, Hand oder Schlägel kurz am Instrument liegen lassen)?

c Das notierte Arrangement und die entsprechende Aufnahme sind ein Vorschlag zur Umsetzung. Die Lehrperson kann mit der Klasse aber auch einen eigenen Ablauf der einzelnen Formteile festlegen oder sogar weitere Formteile wie ein eigenes Unisono-Break erfinden. 🎧 D40

>> TIPP: Soll aus Zeitgründen oder zugunsten einer einfacheren Umsetzung nicht das ganze Arrangement umgesetzt werden, so eignet sich auch folgende Variante:
Die Klasse spielt z. B. nur den A-Teil. Dieser wird dabei solange wiederholt, bis die Lehrperson mit der Apito (Sambapfeife) auf ein oder zwei Tönen das untenstehende Signal zum Wechsel in das Outro gibt. Anschließend spielt die Klasse ohne Unterbrechung wieder den A-Teil bis zum nächsten Signal.

Signal zum Wechsel in das Outro (Achtung: Jeweils im dritten Takt des gespielten Formteils starten):

Apito
(Samba-
pfeife)

KLANG-WELTEN

Eine Collage ...

Der Begriff stammt vom französischen „coller" (kleben) ab und bedeutet eigentlich „Geklebe". Die Collage ist eine Technik, bei der eine Bildkomposition durch Aufkleben von verschiedenfarbigem Papier, Zeitungsausschnitten, Fotos, Watte, Lametta usw. entsteht. Mit einer musikalischen Collage meint man im übertragenen Sinn das Aneinander- und Übereinanderkleben von musikalischem Material wie Audiodateien oder selbstmusizierten Klängen.

• Comics 🔵 D41

Comic Franz Liszt (SB, Seite 224)

Es gehörte schon immer zum guten Ton, einem Aristokraten nicht ins Wort zu fallen und zu verstummen, wenn ein solcher zu sprechen begann. Franz Liszt (1811–1886) nahm sich dies zu Herzen und brach tatsächlich sein Konzert beim russischen Zaren Nikolaus I. ab, als er merkte, dass dieser sich mit einem Nachbarn unterhielt.
Liszt war der Popstar seiner Zeit, wurde als Komponist und Konzertpianist von Berufskollegen hochgeachtet und von den Damen vergöttert.

Comic Ray Charles (SB, Seite 225)

Der Comic zeigt, wie Ray Charles (1930–2004) an einem Konzert einen Welthit nach dem andern intoniert. Der seit seinem siebten Lebensjahr erblindete „Hohepriester des Soul" war ein überaus erfolgreicher Sänger und Komponist. Besonders die Frauen lagen ihm zu Füßen. Dass er sich dessen durchaus bewusst war, zeigt seine letzte Äußerung im Comic, die etwa so interpretiert werden kann: „Du bist zwar eine schöne Frau, aber du kannst dich mal schön hinten in der Schlange anstellen, bis du dran bist".

Liszt und Charles weisen Gemeinsamkeiten auf: Beide waren sie herausragende Künstler ihrer Epoche, und beide hatten sie ein ausgeprägtes Selbstbewusstsein.

• Eine Collage gestalten

Die Vorschläge für Collagen beziehen sich auf die beiden porträtierten Musiker Franz Liszt und Ray Charles. Nach Bedarf können diese Gestaltungsmethoden auch bei Recherchen zu anderen Musikerinnen und Musikern, Komponistinnen und Komponisten oder allgemein bei einem anderen musikalischen Thema zum Einsatz gelangen.

Künstlerische Collage: Das Resultat ist ein Poster. Auf einem Papierbogen in Farbe im Format A3 oder größer kleben die Jugendlichen die zugeschnittenen Ausdrucke der im Internet gesammelten Bilder, Lebensdaten, Auftrittsorte, Notenausschnitte und Kritiken auf.

Musikalische Collage: Das Resultat ist eine Audiodatei.

>> TIPP: Empfohlene kostenlose Recording-Programme sind etwa „Garage Band" auf iOS-basierten Geräten oder „Audacity" für Benutzer von Android-Geräten.

>> HINWEIS: Die musikalische Collage ist relativ zeitaufwendig. Mindestens zwei Unterrichtsstunden sollten hierfür eingeplant werden.

Interpretatorische Collage: Das Resultat ist eine Live-Präsentation.

>> TIPP: Noten oder passende Akkorde für selbst gespielte Ausschnitte finden sich im Internet.

Hit the Road, Jack (Ray Charles) 🎵 A23

Die Klasse erarbeitet das Lied als ergänzende Aufgabe zum SB mit Gesang und Instrumenten. Ein Leadsheet zum gesamten Song ist im Anhang auf LB, Seite 261 abgedruckt. 🖎

Zweitaktiges Begleitpattern:

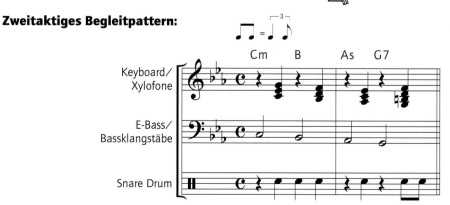

MUSIK NACH PROGRAMM

> **Kompetenzen**
>
> Die Schülerinnen und Schüler können ...
>
> - musikalische Aspekte bewusst verfolgen und aufzeigen (z. B. Instrumentierung, Form, Interpretation).
> - einzelne Musikerinnen und Musiker sowie Komponistinnen und Komponisten der Gegenwart kennenlernen und deren Musik mit eigenen Fragen begegnen und besprechen (z. B. Komponistin oder Komponist der Postmoderne, Musikerin oder Musiker der Popszene).
> - die Wirkung eines Musikstücks aus persönlicher Sicht darlegen und begründen.
> - Atmosphären von Musikwerken und deren Wirkungsfelder differenziert wahrnehmen und dazugehörige Hintergründe erarbeiten (z. B. soziale, geschichtliche Aspekte).
> - musikalische Impressionen zu Stimmungen und Emotionen erfinden, spielen und Gegensätze herausarbeiten (z. B. heiter/bedrohlich, Glück/Trauer).
>
> **Material**
> - Instrumente: nach Bedarf (siehe Aufgabe 6)
> - A4-Papier
>
> 💿 D42–47

>> HINWEIS: Jede der sechs Gruppen beschäftigt sich in den Aufgaben 1 und 3–5 mit dem gleichen Bild, jede Gruppe mit einem anderen.

1 **a** Mögliche Antworten:

Bild	Wie könnte eine passende Musik dazu klingen?
Flusslandschaft	Fließend, manchmal quirlig (Strudel), sanfte Streicherklänge, langsam, mächtig
Blüten	Fröhlich, sprunghaft, Flöten (Vogelstimmen), Tanzmusik, schnell
Steppe	Getragen, entspannt, breiter Klangteppich (Streicher?)
Gussofen	Dramatisch, laut, wild, Blechinstrumente, metallene Klänge, schnell
Dampfzug	Rhythmus der Dampflokomotive wichtig, Pfeifen, Blechinstrumente, Tempo und Lautstärke verändern sich mit Geschwindigkeit des Zugs.
Hummel	Schnelle Flügelschläge, Lautstärke leiser und lauter in Wellen (Flug von Blüte zu Blüte), Klavier

b Bestimmt werden die Vermutungen der Jugendlichen Gemeinsamkeiten und Unterschiede aufweisen. Die Lehrperson kann diese Chance wahrnehmen und jeweils eine kurze Diskussion anregen: Weshalb vermutet ihr hier alle gleich? Weshalb gehen eure Vorstellungen manchmal auseinander?

>> HINWEIS: Auch hier darauf achten, dass eine gesunde Gesprächskultur beibehalten wird, in der unterschiedliche Meinungen respektiert werden.

2 Die Hörbeispiele erscheinen in der Reihenfolge der sechs Komponistenportraits von links nach rechts.
💿 D42–47

Lösung:

Hörbeispiel	Komponist und Werktitel	Bild
D42	Vivaldi – Der Frühling	Blüten
D43	Smetana – Die Moldau	Flusslandschaft
D44	Rimski-Korsakow – Der Hummelflug	Hummel
D45	Borodin – Eine Steppenskizze aus Mittelasien	Steppe
D46	Mossolow – Die Eisengießerei	Gussofen
D47	Honegger – Pacific 231	Dampfzug

GESTALTUNGSPROZESSE

HO

❸ a Lösung: 💿 D42–47

- Frühling: helle, fröhliche, tänzerische Melodie in Dur = Sonnenschein, Freude an der Natur
- Moldau: sanfte Melodie in Violinen und Bläsern (deutlich hörbar: Oboen) = die ruhig fließende Oberfläche des mächtigen Flusses; wellenhafte Auf- und Abbewegungen der tief klingenden Celli = das Wasser im Untergrund
- Hummelflug: nervöse, hektische Melodieführung = schwirrende Hummel
- Steppenskizze: flächig, getragene Melodik = sehnsuchtsvoll endlose Weite
- Eisengießerei: rhythmische Motive (abwechselnd, wiederholend), rasche Streicherlinien, dumpfe Schläge = rotierende Maschinen, ineinandergreifende Zahnräder, „kreischendes" Eisen
- Pacific 231: wuchtige rhythmische Motive in immer kürzer werdenden Notenwerten (dadurch schneller) mit Einwürfen der Bläser = anfahrende Dampflokomotive

b Das Schildern des persönlichen Empfindens ist zentral. In diesem Sinne ist alles Geäußerte richtig, soll aber auch verständlich begründet werden.

❹ Lösung:

Titel	Komponist	Dauer (zirka)	Gesamt-dauer	Instrumentierung	Jahr der Entstehung
Jahreszeiten (Frühling)	Antonio Vivaldi	9'10"	1h 7'	Barock-Orchester	1725
Die Moldau, (2. Teil des Zyklus „Mein Vaterland")	Bedřich Smetana	12'	1h 23'	Symphonie-Orchester der Romantik	1874
Hummelflug (Interlude zur Oper „Märchen vom Zaren Saltan")	Nikolai Rimski-Korsakow	3'26"		Symphonie-Orchester der Romantik, Solo-Violine	1899
Steppenskizze (sinfonische Dichtung)	Alexander Borodin		6'42"	Symphonie-Orchester der Romantik	1880
Die Eisengießerei (aus dem Ballett „Stahl")	Alexander Mossolow	3'12"		Großes Orchester mit viel Perkussion	1926
Pacific 231 (Tondichtung)	Arthur Honegger		6'40"	Großes Orchester mit viel Perkussion	1923

❺ a Jede Gruppe funktioniert als Multiplikator, und die Klasse erhält einen Einblick zu allen sechs Werken und Komponisten.

b Die Kurzreferate werden angehört, eventuell mit kurzen Rückmeldungen kommentiert.

Eine musikalische Skiabfahrt

❻ a Beispiele gemäß SB. Die Jugendlichen ergänzen mit eigenen Ideen, z. B.:

- Kleiner, steiler Aufstieg zurück auf die Piste nach dem Sturz.
- Aufgeschrecktes Reh springt über die Piste.
- Unterwegs ein Lied singen, das gute Laune macht.

b Die Jugendlichen wählen aus den abgedruckten Vorschlägen und den eigenen Ideen aus Aufgabe 6a sieben Abschnitte für ihren Plan aus.
Ideen für eine passende klangliche Umsetzung der gewählten Abschnitte:

- Abfahrt mit kurzen Schwüngen: halbmondförmige Wischbewegungen mit flacher Hand auf einem Trommelfell, etwa einer Djembé
- Alpenpanorama: Jodelgesang mit Echo
- Schussfahrt und Sturz: Glissando abwärts auf einem Marimbafon oder Xylofon, lauter Knall mit Becken usw.

c Ziel der Aufgabe soll es sein, dass die Zuhörenden herausfinden, was die sieben Abschnitte der präsentierenden Gruppe beinhalten. Evtl. kann es unterhaltsam sein, wenn die Sequenzen auf Video aufgenommen werden und am Ende der Schulzeit nochmals gemeinsam angeschaut werden.

HÖREN UND SICH ORIENTIEREN

GESTALTUNGSPROZESSE

HÖ

GESTALTUNGSPROZESSE

DER KLANG DER LEEREN QUINTE

20

Kompetenzen

Die Schülerinnen und Schüler können ...

- musikalische Aspekte bewusst verfolgen und aufzeigen (z. B. Instrumentierung, Form, Interpretation).
- Atmosphären von Musikwerken und deren Wirkungsfelder differenziert wahrnehmen und dazugehörige Hintergründe erarbeiten (z. B. soziale, geschichtliche Aspekte).
- ausgewählte Rhythmus- und Melodiepatterns (z. B. aus verschiedenen Kulturen, Epochen und Stilen) spielen und deren Besonderheit erkennen.
- Musik aus verschiedenen Kulturen, Epochen und Stilen im Klassenarrangement spielen.
- Patterns und Ostinati anwenden und verändern (z. B. Improvisationsmuster).
- schriftliche Darstellungen umsetzen (z. B. Partiturausschnitt, Tabulatur, Akkordbezeichnung) und als Vorlage für eigene Ideen verwenden.
- aus einem gewählten Musikstil eine kurze Reproduktion oder Improvisation entwickeln und zeigen.

Material

- Instrumente: Melodieinstrumente, Cello, Keyboard, Bassklangstäbe oder E-Bass, evtl. Drumset oder Perkussionsinstrumente
- Metronom

🎧 D48/49

Das alte Schloss (Anfang) 🎧 D48

1

a Zu hören sind nur die Melodiestimme des Fagotts und die Bordunstimme der Celli (siehe erste Notenzeile im SB, Seite 228). In der zweiten Zeile übernimmt ein Altsaxofon die Melodie. Die Jugendlichen verfolgen beim Anhören dieser beiden Stimmen die Noten mit dem Zeigefinger.

>> HINWEIS: In der Bordunstimme steht eine kleine „8" unter dem Notensystem.
Das bedeutet „Octava bassa" und meint, dass man eine Oktave tiefer spielen soll als notiert.

b Es kann hilfreich sein, während des Hörens mit dem Finger dem Melodieverlauf in den Noten zu folgen. Je mindestens einmal beide Stimmen verfolgen.

>> HINWEIS: Die Bordunstimme hält sich im Hörbeispiel dezent zurück und ist daher rhythmisch nicht differenziert wahrnehmbar. Dies erschwert ein genaues Verfolgen der Stimme, die Jugendlichen können sich aber an der Melodiestimme orientieren.

c Möglichkeiten der rhythmischen Unterstützung in dieser Übung:
- Metronom
- Begleitung mit Tamburin durch eine rhythmisch sichere Person.

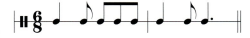

d Die Melodie kann z. B. von einem Klavier, Flöte, Violine oder Keyboard gespielt werden. Spielt jemand die Melodie mit einem transponierenden B-Instrument (z. B. Klarinette, Trompete) muss die zweite Stimme auch einen Ton höher klingen, also auf dem Ton E.

HÖ

MUSIZIEREN

INFO!

Wie funktioniert Dudelsack spielen eigentlich?

Der Dudelsackspieler bläst in einen Luftsack und pumpt die Luft weiter in die Spielpfeife und die beiden Bordunpfeifen. Dazu drückt er mit seinem Arm auf den Luftsack. Aus den Bordun-pfeifen ertönt schließlich je ein Dauerton. Auf dem Spielrohr unterhalb des Sacks kann der Dudelsackspieler die Grifflöcher bedienen und so eine Melodie anstimmen, die durch die Spielpfeife erklingt.

Bordunpfeifen des Dudelsacks 💿 D49

❷ >> TIPP: **Quizfrage zum Einstieg:** „Wie viele Instrumente sind im Hörbeispiel zu hören?"

Lösung: nur eines, nämlich ein Dudelsack. An dieser Stelle mithilfe der Info!-Box die Spielweise eines Dudelsacks thematisieren.
„Scotland the Brave" ist übrigens eine von drei inoffiziellen Nationalhymnen Schottlands.

a Wie bei Aufgabe 1a empfiehlt sich, mithilfe eines Fingers den Melodieverlauf zu verfolgen.
Variante: Die Lehrperson stoppt die Aufnahme mehrmals und fragt: „Bei welchem Ton in den Noten sind wir jetzt stehengeblieben?" Dies erlaubt der Lehrperson auch zu kontrollieren, wie gut sich die Klasse mit dem Hörbeispiel im Notenbild orientieren kann.

b Zum Mitpfeifen oder Mitsingen werden die Jugendlichen höchstwahrscheinlich gleichzeitig die Noten verfolgen: Damit wenden sie das Erarbeitete erfolgreich an. Allenfalls kann die Lehrperson darauf hinweisen.

c **Lösung:** F und C.

d Mit tiefen Instrumenten sind wiederum z. B. Cello, Keyboard, Bassklangstäbe oder E-Bass gemeint. Die Lehrperson greift nur dann unterstützend ein, wenn ein Rhythmus deutlich neben dem Metrum gespielt wird und das Gesamtspiel erheblich stört.

❸ **a** Die Jugendlichen spielen die fünf Töne auch unterschiedlich lange und mehrmals hintereinander: Innerhalb der pentatonischen Tonleiter besteht die Gefahr eines disharmonischen Klangs nicht.

b Der Anfang dieser Melodie enthält die Töne der pentatonischen Tonleiter von F-Dur oder d-Moll abwärts. Die Klasse erarbeitet anschließend die ganze Melodie.

>> HINWEIS: Je nachdem, ob die Melodie in F-Dur oder d-Moll gespielt wird (siehe Schlusston), können unterschiedliche Borduntöne eingesetzt werden:

F-Dur: Borduntöne   F und C
d-Moll: Borduntöne   D und A

c Anstelle oder ergänzend zur Improvisation in zwei Gruppen spielen die Jugendlichen das auf SB, Seite 229 unten notierte Arrangement.

Variante für beide Versionen: Die beiden Gruppen tauschen ihre Rollen ohne Unterbrechung auf ein zuvor definiertes Zeichen.

MUSIK IN COMPUTERSPIELEN

Kompetenzen

Die Schülerinnen und Schüler können ...

- musikalische Impressionen zu Stimmungen und Emotionen erfinden, spielen und Gegensätze herausarbeiten (z. B. heiter / bedrohlich, Glück / Trauer).
- in der Gruppe eine Performance oder einen Videoclip zu einem Thema produzieren und vertonen.
- eigenen musikalischen Präsentationen und denen der Mitschülerinnen und Mitschüler kritisch und gleichzeitig wertschätzend begegnen.
- den Wert von Vorbereitung und Übung in einem Projekt erkennen und Einsatz und Leistungen von Projektmitwirkenden wertschätzen.

Material

- Computer / Tablets
- A4-Papier und Stifte
- Diverse Instrumente
- Wandtafel oder Plakat
- Dicke Stifte (für Plakat)
- Farbige Magnete

Ein kurzer geschichtlicher Überblick zum Videospiel:

- 1952 wurde das erste Videospiel mit eigenem Namen, OXO, entwickelt (siehe Abbildung).
- In den 70er-Jahren wurden Videospiele mit den ersten Heimkonsolen massentauglich.
- Ende der 80er-Jahre erschienen erste Konsolen als handliches Gehäuse, so etwa der „Game Boy".
- Aufwändige 3D-Grafiken gab es ab Mitte der 90er-Jahre, etwa bei der Konsole „Play Station". Netzwerkfähige Spiele erlaubten es zudem erstmals, in größeren Gruppen miteinander oder gegeneinander zu spielen.
- Ein weiterer Meilenstein war 2006 die „Nintendo Wii", die mit einem Controller mit Bewegungssensoren ausgerüstet war.

Euer Soundtrack zu Tetris

a Im Internet kann das Game „Tetris" kostenlos und mit Originalmusik gespielt werden. Ein installierter Flashplayer ist dafür oftmals Voraussetzung. Suchwort: „tetriskostenlos".

Tetris-Versionen:

- Flashblox Tetris
- Classic Tetris
- Mario Tetris (mit anderer Hintergrundmusik)

b Zieht man trendige Videogames wie „Grand Theft Auto" oder „Fortnite" zur Analyse bei, könnte etwa eine solche Tabelle als Lösung zu dieser Aufgabe entstehen:

Instrumente	• Oft druckvolle Drumset- und E-Gitarren-Patterns • Klangteppiche mit Keyboards oder Synthesizern
Effekte	• Authentische Geräusche zu vielen kleinen Details und Bewegungen
Sounds	• Sphärische, mystische Klänge • Modernster Standard von synthetischen / elektronischen Klängen
Vielfalt der Musik	• Große Vielfalt • Musikwechsel bei Szenenwechsel • Musikalische Veränderungen in kleinen Stufen, Loops mit vielen Variationen

c Im Gegensatz zu den Beobachtungen in Aufgabe b sind hier wieder Klänge oder Geräusche gefragt, die mit geringem Aufwand im Unterricht einsetzbar sind. **Beispiel:**

	Hintergrundmusik	Spielstein drehen	Schneller bewegen	Zeile voll, löschen
Instrument(e)	Keyboard	Lotusflöte	Guiro	Triangel
Musik-beschreibung	„Weltall"-Klangteppich mit leichten Wellen-bewegungen, verändern mit Modulationsrad am Instrument	Schnell und stufenlos aufsteigender Ton	Mit Stab übers Instrument „rattern".	Einmal anschlagen und ausklingen lassen.

2 a In Gruppen mit fünf Jugendlichen haben gemäß Aufteilung aus Aufgabe 1c alle eine Funktion: vier musizierende, eine spielende Person. In diesem Fall wird „Tetris" auf einem Tablet oder einem Laptop gespielt.

>> TIPPS:
- Präsentation vor der Klasse: Jeweils eine Gruppe spielt und musiziert während etwa zwei Minuten, die anderen geben ein Feedback dazu.
- Tetris wird via Beamer auf eine Leinwand projiziert.

b Fragestellungen für die Besprechung der Resultate:
- Ist die Wahl der Instrumente passend?
- Erklingen die Instrumente möglichst zeitgleich mit den Spielaktionen?
- Welche weiteren Sounds könnten das Spiel verbessern?

Eure Game-Story

3 Im kommerziellen Entstehungsprozess zu einem Game sind bei der Entwicklung der Story zahlreiche Experten über Monate hinweg involviert. Für unsere Zwecke reicht es aus, sich nach etwa 15 Minuten auf einen roten Faden der Geschichte zu einigen. Die Lehrperson oder jemand aus der Klasse hält die wesentlichen Inhalte in Stichworten fest.

>> HINWEISE:
- Die Entwicklung einer Game-Story kann im Sinne einer fächerübergreifenden Zusammenarbeit mit der zuständigen Lehrperson im Fach Deutsch vorbereitet und/oder im Fach Bildnerisches Gestalten mit Bildtafeln zur Story ergänzt werden.
- Es empfiehlt sich, einen Zeitstrahl zu zeichnen, der die Geschichte und die passenden Geräusche in Stichworten markiert:

Der Heißluftballon schwebt hinunter,	setzt auf dem Boden auf.	Im Hintergrund sieht man die Burg.	Geharnischte Männer sind erkennbar.	Taja steigt aus.
Absteigendes Motiv Ton (pitch Bender)	dumpf, tiefer Ton (gr. Trommel)	tiefes Brummen Keyboard	Kommandos Fanfaren	Taja-Motiv Schritte

durchgehend: sphärische Hintergrund-Klänge

Die Musik zur Game-Story

4 a Die Lehrperson kann viel Zeit einsparen, wenn sie das Modell bereits in ausgedruckter Form und ausreichender Größe in den Unterricht mitbringt – oder an der Wandtafel gezeichnet hat. Der Nachteil einer ausschließlich digitalen Form ist, dass Melodien und Rhythmen nicht direkt eingetragen werden können. Diese Aufgabe kann mit der ganzen Klasse oder in Gruppen erfolgen. Wichtig wird sein, ausreichend Zeit für das Ausfüllen des Modells einzuplanen und beim Notieren von Melodien und Rhythmen Hilfe anzubieten.

5 a Schreitet die Handlung der Geschichte zügig voran, kann die Person mit den farbigen Magneten an der Loop-Maschine schnell überfordert sein. Es ist durchaus denkbar, dass die Klasse stattdessen vorher gemeinsam bespricht, wer wann genau im Verlauf der Story mit seiner Tonspur zum Einsatz kommt – und wie lange.

b >> TIPP: Von der Sequenz (Erzähler und Musik) kann eine Tonaufnahme gemacht werden. Anschließend wird sie gemeinsam angehört. Im Gespräch selbstkritisch herausstreichen, was im nächsten Durchgang verbessert werden könnte. Vielleicht gelangt die Live-Vertonung der eigenen Game-Story ja sogar zur Aufführung?

Name: _____

Kompetenzbereich Hören und sich Orientieren – SUMMATIVE BEURTEILUNG
(auch für Selbstbeurteilung möglich)

Kompetenz: Die Schülerinnen und Schüler können in mehrstimmigen Liedern ihre Stimme halten.

Aufgaben zu Doppelseite 118/119:
- Höre „Funky Rondo" aufmerksam. 🎧 B32
- Schreibe seine Form auf oder gestalte sie mit Farbstiften, während du die Aufnahme mehrmals hörst.
- Lass auch die Instrumentierung in deine Darstellung einfließen.

Beobachtbare Beurteilungskriterien*	4 P	3 P	2 P	1 P
Wie viele unterschiedliche Formteile sind erkennbar?				
	4 Form-teile	3 oder 5	2 oder 6	1 oder > 6
Wie viele Formteile sind insgesamt erkennbar?				
	8 Form-teile	7 oder 9	6 oder 10	< 6 oder > 10
Ablauf korrekt dargestellt				
Ablauf verständlich dargestellt				
Korrekter Einbezug Instrumentierung				
Kreativität, weitere Elemente				

4 Punkte = sehr gut; 3 Punkte = gut; 2 Punkte = genügend; 1 P = ungenügend

Totale Punktzahl: 24   Erreichte Punktzahl: _____

Beurteilungsvorschlag**

Beurteilung	sehr gut	gut	genügend	ungenügend
Punktzahl	=/> 21	=/> 15	=/> 9	< 9

* Lösung korrekte Form CD B32: Intro – A – B – A – C – A – B – A. Nur die Beurteilungskriterien dieser Aufgabe sollten den Schülerinnen und Schülern kommuniziert werden, nicht aber die Bewertung in Punkten: Sie nimmt die Lösungen der ersten beiden Beurteilungskriterien vorweg.

** Aufgrund unterschiedlicher Beurteilungssysteme in Deutschland, Österreich und der Schweiz verzichten wir hier auf eine Notengebung in Zahlen.

Kompetenzbereich Hören und sich Orientieren – FORMATIVE BEURTEILUNG
(auch für Selbst- oder Fremdbeurteilung durch andere Jugendliche möglich)

Kompetenzen: Die Schülerinnen und Schüler können …
- musikalische Verläufe hörend verfolgen, zeigen und beschreiben (z. B. Melodieverlauf, Lautstärke).
- musikalische Aspekte verfolgen und bewusst aufzeigen (z. B. Instrumentierung, Form, Interpretation).

Aufgaben zu Doppelseite 126/127:
- Höre dir den Kanon an und verfolge die Einzelstimmen im Buch auf Seite 126 mit dem Finger. B36
- Sieh dir auch die Visualisierung an und erkläre, wie sie mit den Noten zusammenhängt. Nr. 32

Phase 1 – Erproben: Die Lehrperson überprüft und beurteilt die akustische und optische Orientierung, das Verständnis des Visualisierungsprinzips und seinen Zusammenhang mit den Noten.

Beobachtbare Beurteilungskriterien	ja	eher ja	eher nein	nein	Bemerkungen
Die Schülerin oder der Schüler kann mit dem Finger den einzelnen, einsetzenden Stimmen folgen.					
Die Schülerin oder der Schüler kann Zusammenhänge zwischen Noten und Visualisierung selbstständig erkennen und treffend beschreiben (z. B. Zusammenhang Farbe – Stimme: Aufleuchten entspricht aktuell hörbaren Tönen usw.).					

Aufgaben zu Doppelseite 128/129:
- Höre dir das Arrangement auf Seite 129 an. Wähle eine Stimme und verfolge sie mit dem Finger. C1
- Sieh dir auch die entsprechende Visualisierung an und erkläre die unterschiedlichen Positionen und Größen der Symbole. Nr. 33

Phase 2 – Reflexion über bereits Entstandenes: Die Lehrperson überprüft und beurteilt ein vertieftes Verständnis des Visualisierungsprinzips und des Zusammenhangs von Symbolen und Musik.

Beobachtbare Beurteilungskriterien	ja	eher ja	eher nein	nein	Bemerkungen
Die Schülerin oder der Schüler kann einer bestimmten, selbst gewählten Stimme mit dem Finger folgen.					
Die Schülerin oder der Schüler kann die Funktionen unterschiedlicher Größen und Positionen der Symbole erklären, selbstständig erkennen und treffend beschreiben (Dauer, Lautstärke, hoch – tief usw.).					

Aufgaben:
- Schau und hör dir die Visualisierung 2 des ganzen Stücks an (Original). Hebe dazu die linke Hand, wenn du Streichinstrumente hörst, die rechte, wenn du Blasinstrumente hörst. Nr. 34, C2
- Sieh dir gleichzeitig auch das Arrangement auf SB, Seite 129 an. Beschreibe die wesentlichen Unterschiede der beiden Versionen.

Phase 3 – Weiterentwicklung: Die Lehrperson überprüft und beurteilt die Verarbeitung der Erkenntnisse, die Verbesserungen, neue Ideen, die vertiefte Analyse (Original versus Arrangement).

Beobachtbare Beurteilungskriterien	ja	eher ja	eher nein	nein	Bemerkungen
Die Schülerin oder der Schüler kann Streich- und Blasinstrumente erkennen und unterscheiden.					
Die Schülerin oder der Schüler kann Unterschiede zwischen beiden Versionen erkennen und treffend beschreiben: Ab der letzten Partiturzeile weicht das Arrangement im Buch vom Original (C2) ab; das Original dauert länger, enthält auch Passagen mit nur einer Stimme, es hat auch einen B-Teil usw.					

Kompetenzbereich Tanzen und Bewegen – SUMMATIVE BEURTEILUNG
(auch für Selbstbeurteilung möglich)

Kompetenz: Die Schülerinnen und Schüler können zu Musikstücken vorgegebene Bewegungsabläufe übernehmen, variieren sowie Improvisationen entwickeln.

Aufgaben zu Doppelseite 42/43:
- Sieh dir das Video „Pommes mit Ketchup!" aufmerksam an. Nr. 19
- Erarbeite drei der fünf Stimmen und spiele sie zur Musik (z. B. A35) mit jeweils einer Wiederholung.
- Erfinde zum Break (mit Wiederholung) eine eigene Bodypercussion.
- Hänge die vier Teile aneinander und präsentiere sie.

Beobachtbare Beurteilungskriterien*	4 P	3 P	2 P	1 P
Ablauf korrekt vorgezeigt (gewählte Stimme 1 mit Wdh., gewählte Stimme 2 mit Wdh., gewählte Stimme 3 mit Wdh., Break mit Wdh.)				
Gewählte Stimme 1: korrekter Rhythmus				
Gewählte Stimme 1: korrekte Bewegungselemente				
Gewählte Stimme 2: korrekter Rhythmus				
Gewählte Stimme 2: korrekte Bewegungselemente				
Gewählte Stimme 3: korrekter Rhythmus				
Gewählte Stimme 3: korrekte Bewegungselemente				
Break mit eigener Bodypercussion, korrekter Rhythmus				

4 Punkte = sehr gut; 3 Punkte = gut; 2 Punkte = genügend; 1 P = ungenügend

Totale Punktzahl: 32   Erreichte Punktzahl: _____

Beurteilungsvorschlag**

Beurteilung	sehr gut	gut	genügend	ungenügend
Punktzahl	=/> 28	=/> 20	=/> 12	< 12

* Es lohnt sich im Sinne einer möglichst korrekten und objektiven Beurteilung ohne Zeitdruck, die Präsentationen zu filmen.

** Aufgrund unterschiedlicher Beurteilungssysteme in Deutschland, Österreich und der Schweiz verzichten wir hier auf eine Notengebung in Zahlen.

Name: _____

Kompetenzbereich Tanzen und Bewegen – FORMATIVE BEURTEILUNG
(Umsetzung als Gruppe, Beurteilung von Einzelpersonen aber möglich, ebenso für Selbst- oder
Fremdbeurteilung durch andere Jugendliche geeignet)

Kompetenz: Die Schülerinnen und Schüler können zu bestehender Musik eine bildnerische, theatralische oder tänzerische
Gestaltung entwickeln.

Aufgabe zu Doppelseite 200/201: Lest die Doppelseite zuerst genau durch und befolgt anschließend die Aufträge.

Phase 1 – Erproben: Die Lehrperson überprüft und beurteilt die erstellte Ideensammlung über die tänzerischen Möglichkeiten im Spiel mit der Gruppenanzahl, den Räumlichkeiten, der Zeit und eventuell den Requisiten.

Beobachtbare Beurteilungskriterien	ja	eher ja	eher nein	nein	Bemerkungen
Die Schülerin oder der Schüler kann Ideen im Prozess des Ausprobierens von Bewegungselementen einbringen.					
Die Schülerin oder der Schüler kann die Wirkung von Bewegungselementen einschätzen.					
Die Schülerin oder der Schüler kann Bewegungselemente variieren.					

Phase 2 – Reflexion über bereits Entstandenes: Die Lehrperson überprüft und beurteilt die vorgenommene Auswahl der erprobten Bewegungselemente, die Zuweisung zu bestimmten Liedstellen, das Bestimmen der individuellen Rollen, die Anordnung in definierter Reihenfolge.

Beobachtbare Beurteilungskriterien	ja	eher ja	eher nein	nein	Bemerkungen
Die Schülerin oder der Schüler kann sich bei der Wahl von geeigneten Bewegungselementen einbringen.					
Die Schülerin oder der Schüler kann die Wirkung von Bewegungselementen gezielt und passend zum Lied einsetzen.					
Die Schülerin oder der Schüler kann Bewegungselemente passend zum Lied verfeinern und abschließend definieren.					

Phase 3 – Weiterentwicklung: Die Lehrperson überprüft und beurteilt das Verfeinern der genauen Reihenfolge der Bewegungselemente, das Erarbeiten einer exakten Umsetzung, evtl. das Einbauen improvisierter Passagen, das Ausreizen der eigenen körperlichen Möglichkeiten, die Synchronisation in der Gruppe, die Optimierung von Gestik und Mimik, das Abschließen des Prozesses mit einer Aufführung.

Beobachtbare Beurteilungskriterien	ja	eher ja	eher nein	nein	Bemerkungen
Die Schülerin oder der Schüler kann den ganzen Körper in der Choreografie wirkungsvoll einsetzen.					
Die Schülerin oder der Schüler kann sich an einen definierten Ablauf von Bewegungselementen während eines Musikstücks halten.					
Die Schülerin oder der Schüler führt die tänzerischen Elemente qualitativ gut aus (Genauigkeit, Körperspannung).					
Die Schülerin oder der Schüler zeigt vielfältige und kreative tänzerische Elemente.					
Die Schülerin oder der Schüler hat die Elemente passend zum Song gewählt.					

* Es lohnt sich im Sinne einer möglichst korrekten und objektiven Beurteilung ohne Zeitdruck, die Präsentationen zu filmen.

Kompetenzbereich Musizieren – SUMMATIVE BEURTEILUNG
(auch für Selbstbeurteilung möglich)

Kompetenz: Die Schülerinnen und Schüler können ausgewählte Rhythmus- und Melodiepatterns
(z. B. aus verschiedenen Kulturen, Epochen und Stilen) spielen.

Aufgaben zu Doppelseite 50/51:
- Erarbeite das Begleitpattern 1 mit Schlagzeug, Perkussionsinstrumenten oder mit deinem Körper gemäß SB, Seite 47 und spiele es mehrmals ohne Unterbrechung vor.
- Erarbeite das Begleitpattern 2 mit E-Bass, Keyboard, Klangstäben, Gitarre oder Tablet und spiele es mehrmals ohne Unterbrechung vor.
- Erarbeite das Begleitpattern 3 mit einem der drei Beispiele auf SB, Seite 51 mit Keyboard, Mini-Keyboard, Klavier oder Tablet und spiele es mehrmals ohne Unterbrechung vor.
- >> TIPP: Die Originalaufnahme kann beim Erarbeiten aller Patterns hilfreich sein. ◉A40

Beobachtbare Beurteilungskriterien*	4 P	3 P	2 P	1 P
Begleitpattern 1: korrekter Rhythmus				
Begleitpattern 1 wird auch mit einem von der Lehrperson vorgegebenen Tempo korrekt musiziert. (Maximalpunktzahl: 3 P)				
Begleitpattern 2: korrekter Rhythmus (Maximalpunktzahl: 3 P)				
Begleitpattern 2: korrektes Tonmaterial (Maximalpunktzahl: 3 P)				
Begleitpattern 3: korrekter Rhythmus				
Begleitpattern 3: korrektes Tonmaterial				

4 Punkte = sehr gut; 3 Punkte = gut; 2 Punkte = genügend; 1 P = ungenügend

Totale Punktzahl: 21   Erreichte Punktzahl: _____

Beurteilungsvorschlag**

Beurteilung	sehr gut	gut	genügend	ungenügend
Punktzahl	=/> 19	=/> 14	=/> 9	< 9

* Es lohnt sich im Sinne einer möglichst korrekten und objektiven Beurteilung ohne Zeitdruck, die Präsentationen zu filmen.

** Aufgrund unterschiedlicher Beurteilungssysteme in Deutschland, Österreich und der Schweiz verzichten wir hier auf eine Notengebung in Zahlen.

Kompetenzbereich Musizieren – FORMATIVE BEURTEILUNG
(auch für Selbstbeurteilung möglich)

Kompetenz: Die Schülerinnen und Schüler können schriftliche Darstellungen umsetzen (z. B. Partiturausschnitt, Tabulatur, Akkordbezeichnung) und als Vorlage für eigene Ideen verwenden.

Aufgaben zu der Doppelseite 186/187:

- Erarbeite ein Begleitpattern aus der Instrumentalbegleitung zu „Shotgun" mit einem Instrument deiner Wahl. Spiele es zur Originalaufnahme oder zum Playback. D17, D18
- Entwickle mehrere Varianten deiner Begleitung und entscheide dich für eine Fassung, die dir gut gefällt.
- Präsentiere sie der Klasse.

Phase 1 – Erproben: Die Lehrperson überprüft und beurteilt die Ausführung der Rhythmen des gewählten Begleitpatterns (klatschen), das gewählte Tonmaterial, das Ausprobieren am Instrument, das Wiederholen im Zusammenhang, das Ausprobieren eigener Varianten des Patterns.

Beobachtbare Beurteilungskriterien	ja	eher ja	eher nein	nein	Bemerkungen
Die Schülerin oder der Schüler kann selbstständig Rhythmen erarbeiten oder gezielt Hilfe holen.					
Die Schülerin oder der Schüler kann selbstständig benötigtes Tonmaterial erarbeiten oder gezielt Hilfe holen.					
Die Schülerin oder der Schüler kann das Pattern im Zusammenhang wiederholt spielen.					
Die Schülerin oder der Schüler kann das Pattern variieren.					
Bemerkungen					
Beim Suchen und Variieren des Begleitpatterns ist Folgendes gut gelungen:					
Beim Suchen und Variieren des Begleitpatterns hat Folgendes Schwierigkeiten bereitet:					

Phase 2 – Reflexion über bereits Entstandenes: Die Lehrperson überprüft und beurteilt die Analyse der erprobten Variationen, das Abwägen der Stärken und Schwächen von eigenen Varianten, die Auswahl der eigenen Begleitpattern-Variante.

Beobachtbare Beurteilungskriterien	ja	eher ja	eher nein	nein	Bemerkungen
Die Schülerin oder der Schüler kann einschätzen, welche Varianten musikalisch funktionieren und kann eine geeignete Auswahl treffen.					

Phase 3 – Weiterentwicklung: Die Lehrperson überprüft und beurteilt die rhythmische und tonale Erarbeitung und Präsentation des gewählten Begleitpatterns, evtl. das Einbauen anderer Varianten für andere Formteile, das spontane Ausbauen oder Reduzieren.

Beobachtbare Beurteilungskriterien	ja	eher ja	eher nein	nein	Bemerkungen
Die Schülerin oder der Schüler kann das Pattern in einer musikalisch guten Qualität spielen (Rhythmus und Tonmaterial korrekt?).					
Die Schülerin oder der Schüler kann ein musikalisch passendes Pattern spielen und Varianten für andere Formteile erarbeiten.					

* Es lohnt sich im Sinne einer möglichst korrekten und objektiven Beurteilung ohne Zeitdruck, die Präsentationen zu filmen.

Kompetenzbereich Gestaltungsprozesse – SUMMATIVE BEURTEILUNG
(auch für Selbstbeurteilung möglich)

Kompetenz: Die Schülerinnen und Schüler können ihre instrumentalen, tänzerischen und stimmlichen Fähigkeiten vor Publikum oder auf der Bühne präsentieren.

Aufgaben zu Doppelseite 142/143:
- Bildet Vierergruppen und erarbeitet gemeinsam alle Stimmen des Rhythmicals „Wild Style".
- Jedes Gruppenmitglied wählt einen der „neuen Sounds" aus Aufgabe 2 (jeweils eine Person für „Digitale Sounds", eine Person für „Perkussionsinstrumente" usw.).
- Spielt gemeinsam mit diesen neuen Sounds den Ablauf aus Aufgabe 1c der Klasse vor. Die Audioaufnahme könnt ihr als Hilfestellung bei der Erarbeitung, nicht aber bei der Präsentation einsetzen. ◉C10

Beobachtbare Beurteilungskriterien*	4 P	3 P	2 P	1 P
Ablauf korrekt				
Alle vier Stimmen sind gemäß Aufgabe 2 auf SB, Seite 143 zugeteilt.				
Wahl des Tempos geeignet (Maximalpunktzahl: 2 P)				
Gespielte Einzelstimme Teil A: korrekter Rhythmus				
Gespielte Einzelstimme Teil B: korrekter Rhythmus, genaues Zusammenspiel				
Schluss: korrekter Rhythmus, genaues Zusammenspiel				
Tempo während des ganzen Stücks gleichmäßig				

4 Punkte = sehr gut; 3 Punkte = gut; 2 Punkte = genügend; 1 P = ungenügend

Totale Punktzahl: 26   Erreichte Punktzahl: _____

Beurteilungsvorschlag**

Beurteilung	sehr gut	gut	genügend	ungenügend
Punktzahl	=/> 22	=/> 18	=/> 11	< 11

* Es lohnt sich im Sinne einer möglichst korrekten und objektiven Beurteilung ohne Zeitdruck, die Präsentationen zu filmen.

** Aufgrund unterschiedlicher Beurteilungssysteme in Deutschland, Österreich und der Schweiz verzichten wir hier auf eine Notengebung in Zahlen.

Kompetenzbereich Gestaltungsprozesse – FORMATIVE BEURTEILUNG
(Umsetzung als Gruppe, Beurteilung von Einzelpersonen aber möglich, ebenso für Selbst- oder Fremdbeurteilung durch andere Jugendliche geeignet)

Kompetenz: Die Schülerinnen und Schüler können den Wert von Vorbereitung und Übung in einem Projekt erkennen und Einsatz und Leistungen von Projektmitwirkenden wertschätzen.

Aufgaben zu Doppelseite 172/173:
- Bildet Gruppen und wählt einen Song, der euch allen gefällt. Besorgt euch eine Audioaufnahme, idealerweise ein Playback.
- Erarbeitet dazu eine Performance, so, als würdet ihr sie live in einer TV-Show präsentieren (z. B. mit Gesang, Tanz).
  Lest dazu zuerst die Tipps zu einer Bühnenperformance auf SB, Seite 173.
- Präsentiert euer Resultat der Klasse.

Phase 1 – Erproben: Die Lehrperson überprüft und beurteilt die erarbeitete Ideensammlung von gesanglichen, tänzerischen und anderen künstlerischen Möglichkeiten im Spiel mit der Gruppenanzahl, den Räumlichkeiten, der Zeit und eventuell den Requisiten.

Beobachtbare Beurteilungskriterien Die Schülerin oder der Schüler kann:	ja	eher ja	eher nein	nein	Bemerkungen
Ideen im Prozess des Ausprobierens einbringen.					
die eigenen Fähigkeiten und deren Wirkung einschätzen.					
künstlerische Elemente ausprobieren und variieren.					

Phase 2 – Reflexion über bereits Entstandenes: Die Lehrperson überprüft und beurteilt die Auswahl aus der Ideensammlung der erprobten Elemente, die Zuweisung zu bestimmten Liedstellen, das Bestimmen der individuellen Rollen, die Anordnung in definierter Reihenfolge.

Beobachtbare Beurteilungskriterien Die Schülerin oder der Schüler kann:	ja	eher ja	eher nein	nein	Bemerkungen
sich bei der Organisation der Bühnenperformance einbringen.					
gesangliche, tänzerische und andere unterstützende Elemente gezielt und passend zur Musik und dem Inhalt des gewählten Lieds einsetzen.					
diese Elemente verfeinern und abschließend definieren.					

Phase 3 – Weiterentwicklung: Die Lehrperson überprüft und beurteilt das Verfeinern der genauen Reihenfolge der Bewegungselemente, die Erarbeitung einer exakten Umsetzung, das Ausreizen der eigenen gesanglichen und tänzerischen Möglichkeiten, die Synchronisation in der Gruppe, die Optimierung von Gestik und Mimik, evtl. das Einbauen von Kostümen, Requisiten, Lichteffekten oder improvisierter Passagen, den Abschluss des Prozesses mit einer Aufführung.

Beobachtbare Beurteilungskriterien Die Schülerin oder der Schüler kann:	ja	eher ja	eher nein	nein	Bemerkungen
Stimme und/oder Körper in der Bühnenperformance wirkungsvoll einsetzen.					
sich an einen definierten Ablauf von gestalterischen Elementen während eines Musikstücks halten.					
die gesanglichen Elemente in guter Qualität präsentieren (Rhythmus, Melodie, Intonation).					
die tänzerischen Elemente in guter Qualität präsentieren (Genauigkeit, Körperspannung).					
Vielfalt und Kreativität in der Präsentation zeigen.					
die Elemente passend zum Song wählen.					

* Es lohnt sich im Sinne einer möglichst korrekten und objektiven Beurteilung ohne Zeitdruck, die Präsentationen zu filmen.

Kompetenzbereich Praxis des musikalischen Wissens – SUMMATIVE BEURTEILUNG
(auch für Selbstbeurteilung möglich)

Kompetenz: Die Schülerinnen und Schüler können rhythmische Sequenzen und zusammengesetzte Taktarten mit Stimme, Bewegung und Instrumenten umsetzen (z. B. 7/8-Takt, 5/8-Takt).

Voraussetzung: Vorab Behandlung der Doppelseite 176/177 im Musikunterricht

Aufgaben zu Doppelseite 176/177:

- Übe die unregelmäßigen Rhythmen ① ② ③ mit Körperinstrumenten.
- Schreibe selber einen unregelmäßigen Rhythmus auf ④ und übe ihn ein, ebenfalls mit Bodypercussion.
- Nimm alle vier Rhythmen mit je vier Wiederholungen auf (z. B. durch Aufnahmefunktion im Handy) und sende die Datei an deine Lehrperson – oder lass dich von der Lehrperson aufnehmen.

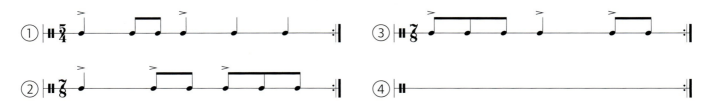

Beobachtbare Beurteilungskriterien*	4 P	3 P	2 P	1 P
Rhythmus ①: eingehaltenes Metrum, korrekter Rhythmus				
Rhythmus ①: korrekt gesetzte Betonungen				
Rhythmus ②: eingehaltenes Metrum, korrekter Rhythmus				
Rhythmus ②: korrekt gesetzte Betonungen				
Rhythmus ③: eingehaltenes Metrum, korrekter Rhythmus				
Rhythmus ③: korrekt gesetzte Betonungen				
Verständlich notierter Rhythmus ④				
Notierter Rhythmus ④ stimmt mit Aufnahme überein.				
Die Bodypercussion-Elemente passen zum notierten Rhythmus ④.				

4 Punkte = sehr gut; 3 Punkte = gut; 2 Punkte = genügend; 1 P = ungenügend

Totale Punktzahl: 36   Erreichte Punktzahl: _____

Beurteilungsvorschlag**

Beurteilung	sehr gut	gut	genügend	ungenügend
Punktzahl	=/> 32	=/> 23	=/> 14	< 14

* Es lohnt sich im Sinne einer möglichst korrekten und objektiven Beurteilung ohne Zeitdruck, die Präsentationen zu filmen.

** Aufgrund unterschiedlicher Beurteilungssysteme in Deutschland, Österreich und der Schweiz verzichten wir hier auf eine Notengebung in Zahlen.

Kompetenzbereich Praxis des musikalischen Wissens – FORMATIVE BEURTEILUNG

Kompetenz: Die Schülerinnen und Schüler können kurze Tonfolgen notieren.

Aufgaben zu Doppelseite 180/181:

- Du hörst den ersten Takt des Notendiktats (Takt unten) mehrmals (Lehrperson am Klavier).
- Schreibe seinen Rhythmus in die obere Hälfte der Vorlage (ein Feld entspricht der Dauer einer Viertelnote) auf.
- Du hörst den ersten Takt des Notendiktats wieder mehrmals. Schreibe seine Melodie in der unteren Hälfte der Vorlage (der erste Ton ist ein c' und liegt auf der kurzen Hilfslinie unter dem Notensystem) auf.

Rhythmus				
Melodie				

Notendiktat (für die Lehrperson):

Phase 1 – Erproben: Die Lehrperson überprüft und beurteilt die Notation eines einfachen kurzen Rhythmus und eines einfachen kurzen Melodieverlaufs.

Beobachtbare Beurteilungskriterien	ja	eher ja	eher nein	nein	Bemerkungen
Die Schülerin oder der Schüler kann einen einfachen kurzen Rhythmus heraushören und aufschreiben.					
Die Schülerin oder der Schüler kann einen einfachen kurzen Melodieverlauf heraushören und aufschreiben.					

→ **Fortsetzung nächste Seite**

Aufgabe zu Doppelseite 180/181: Folge den Anweisungen der Aufgabe 5a–c auf SB, Seite 181.

Für die Lehrperson: 🎵D12

Phase 2 – Reflexion über bereits Entstandenes: Die Lehrperson überprüft und beurteilt die korrekte musikalische Notationsvorbereitung (siehe Aufgabe 5a), das Setzen der passenden Notenwerte (in diesen Beispielen: „lang" = halbe Note, „mittel" = Viertelnote, „kurz" = Achtelnote), die Fähigkeit, gehörte Notendiktate in Verbindung mit den relativen Notennamen zu bringen, das korrekte Aufschreiben der Noten.

Beobachtbare Beurteilungskriterien	ja	eher ja	eher nein	nein	Bemerkungen
Die Schülerin oder der Schüler kann ungefähre Tonhöhen und Tonlängen als konkrete Notenwerte und Tonhöhen erkennen und aufschreiben.					
Die Schülerin oder der Schüler kann sich an den relativen Notennamen orientieren, um die Notendiktate korrekt aufzuschreiben.					

Aufgabe: Die Lehrperson spielt drei Notendiktate vor (④⑤⑥), jedes mehrmals nacheinander. Notiere sie auf einem Blatt Papier mit Notenlinien.

Phase 3 – Weiterentwicklung: Die Lehrperson überprüft und beurteilt das korrekte Notieren von Notendiktaten mit größerem Tonumfang, ohne Vorübungen (dieses Mal am Klavier, nicht vom Hörbeispiel).

Beobachtbare Beurteilungskriterien	ja	eher ja	eher nein	nein	Bemerkungen
Die Schülerin oder der Schüler kann das Notendiktat ④ korrekt aufschreiben.					
Die Schülerin oder der Schüler kann das Notendiktat ⑤ korrekt aufschreiben.					
Die Schülerin oder der Schüler kann das Notendiktat ⑥ korrekt aufschreiben.					

Vois sur ton chemin, komplettes Leadsheet (Blatt 1)

zu Seite **12**

Text und Musik: Bruno Coulais, Christophe Barratier
© Sony/ATV Music Publ.

Vois sur ton chemin,
komplettes Leadsheet (Blatt 2)

im • puls 2 · © Helbling, Esslingen · Innsbruck · Bern-Belp

Rhythmus- und Aktionskarten

zu Seite 31

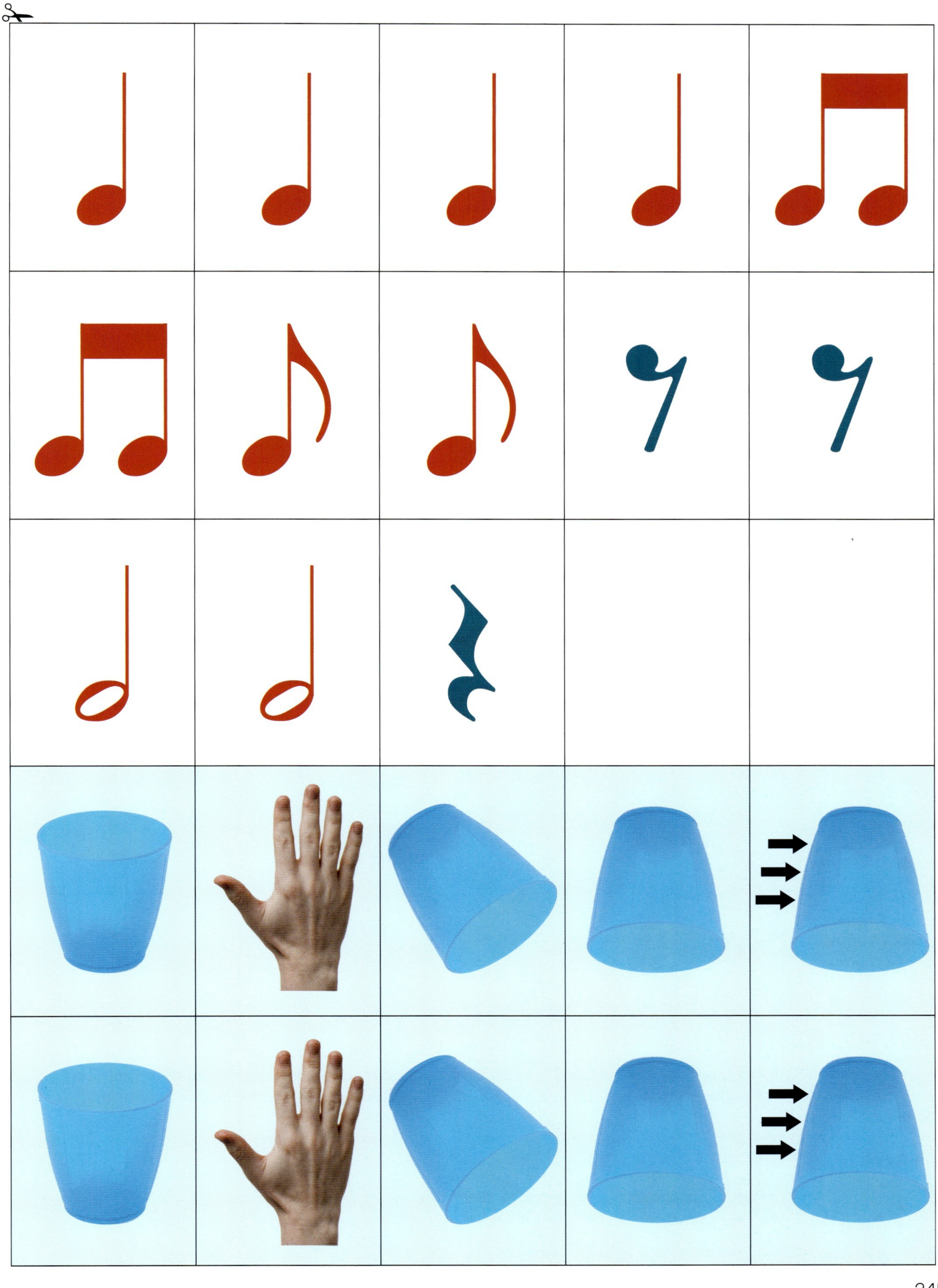

im•puls 2 · Von dieser Kopiervorlage ist die Vervielfältigung für den eigenen Unterrichtsgebrauch gestattet. © Helbling, Esslingen · Innsbruck · Bern-Belp

Rhythmussprachen

zu Seite
32

Notenwert	Kodály	Taktsprache	Bewegung
	ta-o	ta-a	stehen
	ta	ta	Schritt
	ti-ti	ta-te	laufen (ternär: schlendern)
	ti-gi-ti-gi	ta-ga-te-ge	schneller laufen
	ti-i gi	ta-e-ge	hüpfen
	ti- ti-gi	ta-te-ge	Lauftraining
	ti-gi ti	ta-ga-te	Dauerlauf
	gi ti-i	ta-ga-e	stolpern
	ta-i-a ti	ta-a-te	hinken
	gi ti gi	ta-ga-e-ge	ausweichen
	ti ta ti	ta-te-a-te	spazieren
	Triola	ta-te-ti	Marathon

Edwin E. Gordon

Das System der Rhythmus-Silben von Gordon bezeichnet die Schwerpunkte mit „du", die Unterteilung davon mit „dei", und die ungerade Unterteilung mit „da" und „di" (z. B. im 6/8-Takt). Die jeweils nächst-kleinere gerade Unterteilung erhält die Silbe „te".

Beispiel:

du   du   du dei du te dei te   du   dei te du te dei   du   dei   du dei - dei du

Eine kleine Nachtmusik: Rondo, mit Begleitstimme

(Blatt 1)

Musik: Wolfgang A. Mozart
Bearb.: Kurt Rohrbach
© Helbling

Eine kleine Nachtmusik: Rondo, mit Begleitstimme

(Blatt 2)

We Are the World, komplettes Leadsheet

(Blatt 1)

Text und Musik: Michael Jackson, Lionel Richie
© Mijac / Sony / ATV / Brockman / Brenda Richie / Imagem

We Are the World, komplettes Leadsheet

(Blatt 2)

im • puls 2 · © Helbling, Esslingen · Innsbruck · Bern-Belp

Geschichte des Hip-Hop – _____
Lückentext 🎥 Nr. 27 💾

Name / Klasse   Datum

Zwischen den Jahren _____ und _____ wanderten in den _____ aufgrund des Arbeitskräfte-bedarfs viele Menschen von _____ Gebieten des Südostens in die _____ _____ des Nordostens und nach Kalifornien aus. Hier lebten nun viele Menschen auf engem Raum.

Es bildeten sich die ersten so genannten _____ , in denen vorwiegend afroamerikanische Menschen beengt und ärmlich wohnen mussten. Für die meisten Ghettobewohner bestand kaum Hoffnung, den schlechten _____ und der Perspektivlosigkeit einmal zu entkommen. Darum stieg die _____ innerhalb der Ghettos stark an. Das Leben dort war von Unzufrieden-heit, Angst und Aggressivität geprägt.

Die Jugendlichen suchten nach _____ und so entstand auf den Straßen eines New Yorker Ghettos _____ Anfang der 1970er Jahre die Musikrichtung des Hip-Hop. Unter freiem Himmel wurden so genannte _____ veranstaltet. Die Menschen eines Stadtviertels kamen zusammen, um gemeinsam zu _____ und zu _____ .

Der DJ _____ zapfte sich den nötigen Strom für sein Soundsystem oft illegal aus dem Netz der _____ . Der Jamaikaner Clive Campbell (alias _____) beeinflusste die _____ des Hip-Hop ganz entscheidend. Er kam auf die _____ nicht nur ein Musikstück abzuspielen, sondern mischte mit zwei Plattenspielern kurze Ausschnitte aus _____ Musikstücken zusammen. So entstand eine völlig neue Art von Musik und der Kreativität waren keine Grenzen gesetzt. Der MC _____ kam hinzu, der anfangs die Aufgabe hatte, die _____ anzuheizen und den DJ anzupreisen. Zur Begeisterung der Menge sprach er seine Texte rhythmisch und in _____ über die Musik des DJs, sodass beides miteinander zu einem Klangerlebnis verschmolz. Daraus entwickelte sich schließlich der _____ .

Hip-Hop stellte für viele Ghettobewohner nicht nur eine neue Musikrichtung, sondern eine neue, befreite _____ dar. Viele Menschen fanden durch sie wieder einen _____ in ihrem Leben.

Folgende vier Elemente sind fester Bestandteil der Hip-Hop-Kultur:

_____ , _____ , _____ , _____

Die Hip-Hop-Kultur war eine Bewegung der _____ und bot ihnen eine Ausdrucksform, empfundene _____ zwischen Schwarzen und Weißen kund zu tun. Die Veranstaltung von _____ bot zudem die Möglichkeit, Rivalitätskämpfe der verschiedenen _____ auf _____ Art und Weise auszutragen.

Auswahlwörter:

Straßenlaternen / Ghettobanden / Ausdrucksmöglichkeiten / (Disk-Jockey) / „Ghettos" / tanzen / Rap / MCing / Stimmung / Lebensbedingungen / 1970 / USA / ländlichen / Idee / Ungerechtigkeiten / B-Boying (Breakdance) / Industriegroßstädte / 1940 / Armen / Kool DJ Herc / Reimen / Kriminalitätsrate / (der „Bronx") / Lebensweise / Block Partys / Sinn / feiern / Graffiti / Rap- und Dance-Battles / Entwicklung / verschiedenen / (Master of Ceremony) / DJing / friedvolle

Geschichte des Hip-Hop – Lückentext (Lösungen) 🎬 Nr. 27

zu Seite
108

Zwischen den Jahren 1940 und 1970 wanderten in den USA aufgrund des Arbeitskräfte-
bedarfs viele Menschen von ländlichen Gebieten des Südostens in die Industriegroßstädte des Nordostens und nach Kalifornien aus. Hier lebten nun viele Menschen auf engem Raum.

Es bildeten sich die ersten so genannten „Ghettos", in denen vorwiegend afroamerikanische Menschen
beengt und ärmlich wohnen mussten. Für die meisten Ghettobewohner bestand kaum Hoffnung, den
schlechten Lebensbedingungen und der Perspektivlosigkeit einmal zu entkommen. Darum stieg
die Kriminalitätsrate innerhalb der Ghettos stark an. Das Leben dort war von Unzufrieden-
heit, Angst und Aggressivität geprägt.

Die Jugendlichen suchten nach Ausdrucksmöglichkeiten und so entstand auf den Straßen eines
New Yorker Ghettos (der „Bronx") Anfang der 1970er Jahre die Musikrichtung des Hip-Hop.
Unter freiem Himmel wurden so genannte Block Partys veranstaltet. Die Menschen eines
Stadtviertels kamen zusammen, um gemeinsam zu tanzen und zu feiern.

Der DJ (Disk-Jockey) zapfte sich den nötigen Strom für sein Soundsystem oft illegal aus dem
Netz der Straßenlaternen. Der Jamaikaner Clive Campbell (alias Kool DJ Herc)
beeinflusste die Entwicklung des Hip-Hop ganz entscheidend. Er kam auf die Idee
nicht nur ein Musikstück abzuspielen, sondern mischte mit zwei Plattenspielern kurze Ausschnitte aus
verschiedenen Musikstücken zusammen. So entstand eine völlig neue Art von Musik und der
Kreativität waren keine Grenzen gesetzt. Der MC (Master of Ceremony) kam hinzu, der anfangs
die Aufgabe hatte, die Stimmung anzuheizen und den DJ anzupreisen. Zur Begeisterung der Menge
sprach er seine Texte rhythmisch und in Reimen über die Musik des DJs, sodass beides
miteinander zu einem Klangerlebnis verschmolz. Daraus entwickelte sich schließlich der Rap.

Hip-Hop stellte für viele Ghettobewohner nicht nur eine neue Musikrichtung, sondern eine neue, befreite
Lebensweise dar. Viele Menschen fanden durch sie wieder einen Sinn in ihrem Leben.

Folgende vier Elemente sind fester Bestandteil der Hip-Hop-Kultur:

MCing, DJing, Graffiti, B-Boying (Breakdance)
Die Hip-Hop-Kultur war eine Bewegung der Armen und bot ihnen eine Ausdrucksform,
empfundene Ungerechtigkeiten zwischen Schwarzen und Weißen kund zu tun.
Die Veranstaltung von Rap- und Dance-Battles bot zudem die Möglichkeit, Rivalitätskämpfe
der verschiedenen Ghettobanden auf friedvolle Art und Weise auszutragen.

Grundschritt Tango

zu Seite **116**

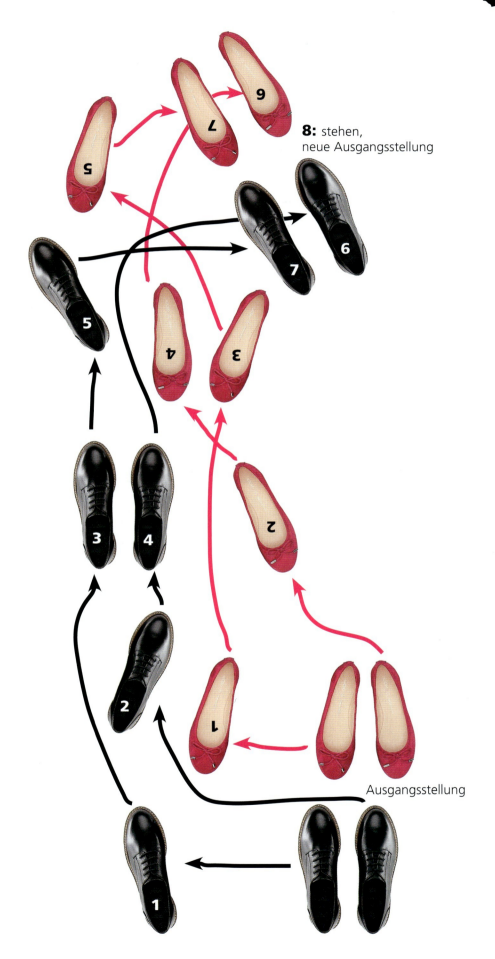

8: stehen,
neue Ausgangsstellung

Ausgangsstellung

Dreiklang-Melodie in B- und D-Dur

In B-Dur

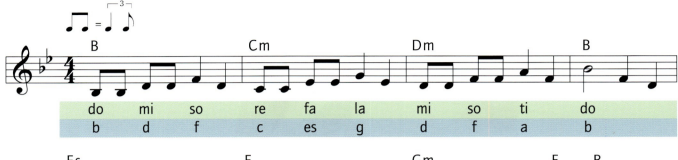

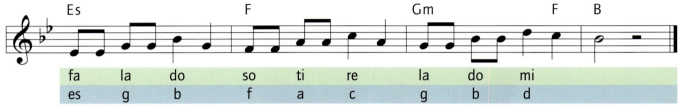

In D-Dur

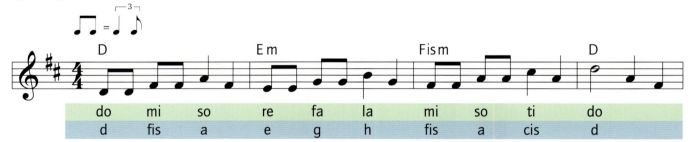

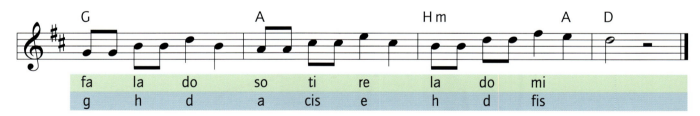

c	cis	d
dis	e	f
fis	g	gis
a	ais	h

Die geheime Melodie

Name / Klasse   Datum

Bei dem Spiel „Die geheime Melodie" werdet ihr zu Komponistinnen und Komponisten. Ihr erfindet einen kleinen Rhythmus und eine Melodie mit höchstens zehn Noten und schickt sie verschlüsselt ab.

Ihr selber empfangt ebenfalls die Melodie einer unbekannten Person und dürft diese „entschlüsseln".

INFO: Jede Melodie besteht aus Rhythmus und Tönen.

1 Erfinde zunächst einen Rhythmus. Benutze dazu folgende Notenwerte und Pausen (auch mehrmals):

2 Aus dem erfundenen Rhythmus kann nun deine Melodie entstehen. Ersetze die Noten des Rhythmus nun mit den Noten deiner eigenen Melodie und übertrage sie in das Notensystem!

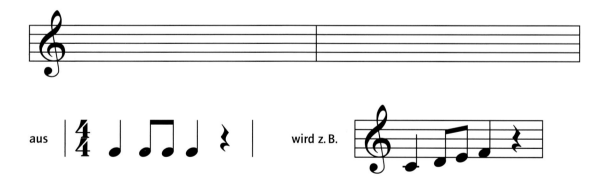

3 Übe deine Komposition auf einem Melodieinstrument ein!

4 Wenn du deine Melodie spielen kannst, denke dir eine Geheimzahl aus und schreibe diese unter die Notenzeilen. Gib das Arbeitsblatt anschließend in die Post (zur Lehrperson).

5 Die Melodien aller Schülerinnen und Schüler werden nach dem Zufallsprinzip neu ausgeteilt. Jede Person trägt die Melodie, die sie bekommen hat, vor. Wer erkennt die eigene Melodie wieder? Stimmt die Geheimzahl?

I Need a Dollar,
komplettes Leadsheet in e-Moll (Blatt 1)

Text und Musik: Egbert Dawkins, Leon Michels, Nicholas Movshon, Jeff Silverman
© Kobalt / Aloe Blacc / Jeffrey Scott / Universal / EMI

I Need a Dollar,
komplettes Leadsheet in e-Moll (Blatt 2)

im·puls 2 · © Helbling, Esslingen · Innsbruck · Bern-Belp

I Need a Dollar,
komplettes Leadsheet in e-Moll (Blatt 3)

4. Strophe

Your mom-ma may_ have blessed the child___ that's got his own._ (Hey, hey.) If God has plans for me,___ I

hope it ain't writ-ten in stone._ (Hey, hey.) Be-cause I've been work-ing, work-ing my-

self down to the bone._ And I swear on Grand-pa's grave_ I'll be paid when I come home._ (Hey, hey.)

Refrain

Well, I need a dol-lar, dol-lar, a dol-lar is what I need. (Hey, hey.) Well, I need a dol-lar, dol-lar, a

dol-lar is what I need. (Hey, hey.) Well, I need a dol-lar, dol-lar, a dol-lar is what I need._ And if I

share with you___ my sto-ry, would you share your dol-lar with me?___ Come on,

Coda

share your dol-lar with me.___ Go___ a-head, share your dol-lar with me.___ Come on,

share your dol-lar, give me your dol-lar, share your dol-lar with me.___ Come_ on,

share your dol-lar with me._____

im • puls 2 · © Helbling, Esslingen · Innsbruck · Bern-Belp

I Need a Dollar,
Begleitstimmen in e-Moll

Strophe und Refrain

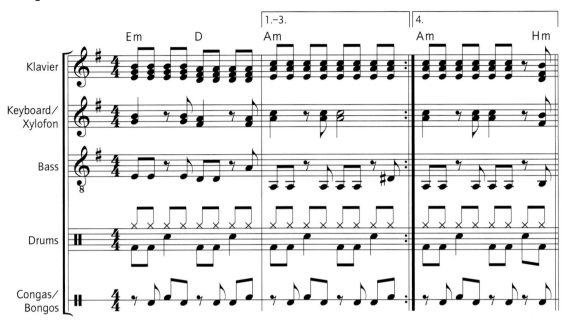

Bridge 1

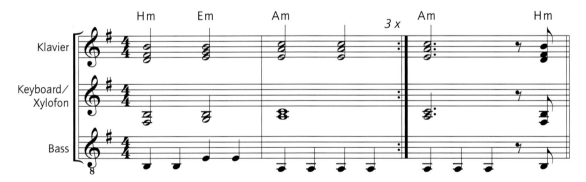

im•puls 2 · © Helbling, Esslingen · Innsbruck · Bern-Belp

Hit the Road, Jack

Text und Musik: Percy Mayfield
© Tangerine / AME Kassner

Quellenverzeichnis

Verzeichnis der Multimedia-Apps auf der CD-ROM

KAPITEL	ART DER ANWENDUNG	SEITE IM SCHÜLERBUCH
Kapitel 1: Hohe und tiefe Stimmen		
Happy Ending (Mika)	interaktive Präsentation	16
Kapitel 2: Ohrenspitzer 1		
Die Songstraße	Übung	22
Was wäre ein Film ohne Musik?	Videosequencer	24
Kapitel 3: Tanz mit!		
Workshop Rhythmussprachen – Rhythmusbaukasten	Übung	32
Workshop Rhythmussprachen – Rhythmustrainer	Übung	32
Kapitel 4: Play that beat!		
Notationsarten – Bild „Bleu II"	digitale Ansicht	56
Workshop Dreiklänge – Look & Click	Spiel	59
Kapitel 5: Überall Musik		
Musikproduktion am Computer	Sequencer- und Recording-Programm	72
Kapitel 6: Musikalisches Wissen		
Musikalisches Wissen	Präsentation	76
Musikberufe	Übung	81
Workshop Parallele Tonleitern	Präsentation	83
Kapitel 7: Stimmen im Chor		
Everyday Is Christmas (Sia)	Taktkreise	94
Kapitel 9: Move your feet!		
Workshop Tonarten und Dreiklänge – Tonarten-Memory	Spiel	123
Workshop Tonarten und Dreiklänge – Dur-Moll-Bestimmungsmaschine	Übung	123
Kapitel 11: Gestalten und experimentieren		
Musik für jede Gelegenheit	Spiel	138
Einen Werbeclip produzieren	Videosequencer	140
Kapitel 14: Dein Auftritt!		
Mikrofon – Aufbau einer Verstärkungsanlage	Übung	168
Mikrofon – Am Mischpult bei den „Wise Guys"	interaktive Präsentation	169
Kapitel 15: Musik lesen und schreiben		
Workshop Tonsprünge – Look & Click	Spiel	178
Noten schreiben	interaktives Notenschreiben	180
Schallwellen und Obertöne	interaktive Präsentation	182
Kapitel 17: Auf der Bühne		
Musicaltheater	Präsentation	195
Kapitel 19: Band-Feeling		
Workshop Septakkorde	Präsentation	214

Verzeichnis der Arbeitsblätter

ARBEITSBLÄTTER	SEITE IM SCHÜLERBUCH	SEITE IM HANDBUCH FÜR DIE LEHRPERSON
Vois sur ton chemin, komplettes Leadsheet	12	243
Rhythmus- und Aktionskarten ⬒	31	245
Rhythmussprachen ⬒	32	246
Eine kleine Nachtmusik: Rondo, mit Begleitstimme ⬒	96	247
We Are the World, komplettes Leadsheet	104	249
Geschichte des Hip-Hop – Lückentext (mit Lösungen) ⬒	108	251
Grundschritt Tango ⬒	116	253
Dreiklang-Melodie in B- und D-Dur ⬒	123	254
Notenkarten zum Ausdrucken ⬒	136	255
Die geheime Melodie, Arbeitsblatt ⬒	137	256
I Need a Dollar, komplettes Leadsheet in e-Moll	218	257
I Need a Dollar, Begleitstimmen in e-Moll ⬒	218	260
Hit the Road, Jack, Leadsheet	225	261

>> HINWEIS: Arbeitsblätter mit diesem Symbol ⬒ finden sich auch im Downloadbereich dieses Buches zum Ausdrucken. Folgen Sie dazu den Anweisungen vorne auf Seite II dieses Handbuchs.